alchemist

用對方法富足資產．聽好故事富足人生

通貨膨脹擋不住？
攸關全人類的金融革命即將到來！

失能貨幣

LYN ALDEN
琳・奧爾登

吳書榆 譯

BROKEN MONEY

CONTENTS

致謝 ……… 006
導言 ……… 007

PART 1
什麼是貨幣？

第 1 章　帳本是貨幣的基礎 ……… 014
第 2 章　商品成為貨幣的演變過程 ……… 025
第 3 章　黃金如何在商品戰中勝出 ……… 044
第 4 章　貨幣統一論 ……… 052

PART 2
銀行的誕生

第 5 章　原始銀行體系與哈瓦拉系統 ……… 068
第 6 章　發明複式簿記 ……… 075
第 7 章　自由銀行體系與中央銀行體系 ……… 084
第 8 章　交易速度與結算速度 ……… 097

PART 3
全球貨幣制度的興衰

第 9 章　為了打仗去印錢 ……… 110
第 10 章　布列敦森林體系 ……… 117
第 11 章　石油美元興起 ……… 127
第 12 章　把混亂推到周邊國家 ……… 137
第 13 章　頭頂皇冠，必承其重 ……… 147

PART 4
法定貨幣帳本的熵

第 14 章　現代金融體系 ……… **168**

第 15 章　如何創造與毀棄法定貨幣 ……… **176**

第 16 章　制定價格是理出秩序的機制 ……… **205**

第 17 章　萬事萬物金融化 ……… **226**

第 18 章　坎蒂隆效應的受益者 ……… **235**

第 19 章　長期債務循環 ……… **243**

PART 5
網路原生貨幣

第 20 章　非政府貨幣之誕生 ……… **272**

第 21 章　比特幣的貨幣化之路 ……… **289**

第 22 章　加密貨幣與各種相關取捨 ……… **308**

第 23 章　閃電網絡 ……… **318**

第 24 章　工作量證明與權益證明之比較 ……… **326**

第 25 章　比特幣的能源使用狀況 ……… **347**

第 26 章　加密貨幣風險分析 ……… **374**

第 27 章　穩定幣與央行數位貨幣 ……… **388**

PART 6
金融技術與人權

第 28 章　隱私陷落 ……… **400**

第 29 章　不對稱防禦 ……… **419**

第 30 章　要一個開放的世界，還是一個控制的世界 ……… **429**

參考書目 ……… **445**

致謝

要寫出篇幅這麼長的一本書是一件大工程，一定要得到大量的支持才辦得到。

首先，我要感謝直接參與本書寫作工程的各位。感謝我的丈夫穆罕默德・巴卓恩（Mohamed Badran）幫我做了非常重要的架構編輯工作，並在早期提供寶貴的回饋意見，確保給讀者清晰明確的閱讀體驗。裘金姆・布克（Joakim Book）是專業貨幣史學家，他在編輯上與研究上給予我很多協助，有助於大幅提升本書品質。

本書的資料來源超過四百種，過去和現在的人留下的無數心血結晶，促成了本書的誕生。很重要的是，從研究觀點來說，我認為，提到一些我不認同的參考資料，和引用與我想法一致的研究一樣寶貴，因為前者有助於驗證我的想法，並讓結論更加犀利。我無法在這裡一一說盡，因此我鼓勵讀者詳細檢視註腳和參考書目，我很感謝大家寫出來發表的所有素材，讓我得以在本書中引用或是從中汲取靈感。

本書所有內容受史上知名作者影響，除此之外，書中也大量引用一些當代作家、投資人、人道主義者及／或商業領袖的作品，或者深受他們影響，其中包括艾力克斯・格拉德斯坦（Alex Gladstein）、瑞・達利歐（Ray Dalio）、史丹利・卓肯米勒（Stanley Druckenmiller）、巴里・艾肯格林（Barry Eichengreen）、喬治・塞爾金（George Selgin）、盧克・格羅門（Luke Gromen）、塞費迪安・阿穆斯（Saifedean Ammous）、尼克・薩博（Nick Szabo）、亞當・貝克（Adam Back）、伊莉莎白・史塔克（Elizabeth Stark）、麥克・塞勒（Michael Saylor）、傑夫・布斯（Jeff Booth）、約翰・費佛（John Pfeffer）、凱特琳・朗恩（Caitlin Long）、琪琪（Gigi）、尼克・卡特（Nic Carter）、歐比・沃蘇（Obi Nwosu）、嚴恩・普瑞茲克（Yan Pritzker）和安妮塔・波什（Anita Posch）。

本書前一千本的利潤，將捐給美國人權基金會（Human Rights Foundation），這是一個助人的機構，也是我從事研究工作時有用的資料來源。

導言

2022年9月，黎巴嫩湧現一股老百姓搶銀行的熱潮。

這些事件之所以比一般銀行劫案更值得報導，是因為這些人搶銀行，大都是為了拿回他們自己的錢。由於黎巴嫩發生金融危機，各銀行有很長一段時間，都不讓人們調度自己的現金存款。

其中一個登上新聞版面的「銀行劫匪」，是一位擔任室內設計師的年輕女性。她持槍（後來證實是一把造型逼真的假槍）打劫貝魯特（Beirut）一家銀行，把她家人們的存款盡數領出，好讓罹癌的姊妹接受治療；此前這些存款一直被銀行凍結而無法動用。這可能是最引人注目的一例，但在這段期間，還有好幾樁為求拿回自家存款的銀行劫案，有些人甚至用上了真槍實彈。

這些發生在黎巴嫩的事件，有特定的國家與時機背景，卻也是全球故事的一環。

有著2億人口的奈及利亞，過去十年的年化通貨膨脹率達13％。[1] 他們的央行在2021年推出一種數位貨幣，叫電子奈拉幣（eNaira），但到目前為止，用的人少之又少。在此同時，加密貨幣（尤其是比特幣〔bitcoin〕和美元穩定幣〔stablecoin〕）雖然被奈國國家銀行體系拒之門外，在國內的採用程度卻高得多，不可同日而語。奈及利亞政府之後推出一套政策，意欲減少使用實體現金、推動人民轉向數位支付，卻最終助長了一段政治動盪、暴亂橫行的時期。

2016年秋天，埃及忽然將埃及鎊兌美元的價值大砍一半，讓近1億人的多年積蓄憑空消失。該國在2022與2023年時，再度多次讓埃及鎊重貶，導致兌美元匯率再次砍半。就我所知，為了能在這沒完沒了的困局裡求點保障，埃及人會去黑市買進並持有實體美元。為此，他們得支付高昂的手

---

[1] IMF, "Consumer Prices, End of Period," Datamapper.

續費，且手中的美元紙幣也沒辦法讓他們賺到利息。只要貨幣一貶值，馬上就讓薪資以本國貨幣計價的國內員工感受到壓力，讓他們想盡辦法去協商調高薪資，以彌補損失的購買力。

同為二十國（G20）成員的土耳其和阿根廷，兩國人口數合計超過1.3億人，近年來一直在對抗失控的通膨。土耳其2022年的通膨年增率達85%，阿根廷2023年的通膨更超過100%。[2]

1990年代的巴西是全球人口數排名第五的國家，當時也經歷了極為嚴重的惡性通膨。一般人想到惡性通膨，心裡浮現的通常是1920年代的德國，或是現代某些失敗國家（failed state）。但在二十世紀後半葉，曾在某個時間點經歷過這種事的國家多到驚人。自1980年代（或稍晚）以來，巴西、阿根廷、南斯拉夫、辛巴威、委內瑞拉、波蘭、哈薩克、祕魯、白俄羅斯、保加利亞、烏克蘭、黎巴嫩以及另外好幾個國家，都歷經了惡性通膨。其他如以色列、墨西哥、越南、厄瓜多、哥斯大黎加和土耳其等，在這段期間的通膨也都來到三位數（近乎惡性通膨）。

從2016年到2021年，歐洲各地以及日本許多富裕國家的主權債市場的名目利率，都出現接近零值、甚至來到負值的情況。高峰期間，負利率債券的總規模達到18億美元，[3] 你得付錢，才有榮幸借錢給政府和大企業，而不是借錢給他們然後等著收利息。金融體系的誘因就此翻轉。接下來幾年，一波全球通膨潮，嚴重削弱了這些債券持有人的購買力。

在整個2010年代，美國聯準會（Federal Reserve）多位資深成員不厭其煩指出，美國經濟的通貨膨脹低於平均目標值的時間太久了，他們希望拉高通膨。2021年初國會舉辦聽證會，當時美國的整體通膨率（headline inflation）為1.7%，國會議員對聯準會主席提問，講起由於近期採行的財政刺激措施導致廣義貨幣供給年增率達25%（這是1940年以來的最高峰）的問題，以及對於通膨或美元的價值是否有任何潛在意義。主席駁斥了這

---

[2] Zeynep Dierks, "CPI Inflation Rate in Turkey," Statista, March 3, 2023; Patrick Gillespie, "Argentina Inflation Surpasses 100% as Economic Recession Looms," *Bloomberg*, March 14, 2023.
[3] Cormac Mullen and John Ainger, "World's Negative-Yielding Debt Pile Hits $18 Trillion Record," *Bloomberg*, December 11, 2020.

些疑慮,說廣義貨幣數量大增沒有什麼重大經濟意義,我們可能要「砍掉重練」,不要再認為貨幣總數會對經濟造成什麼重大衝擊。[4]

但到了2021年,物價通膨開始大漲,聯準會主席一開始不以為意,說這只是暫時的,聯準會仍持續透過量化寬鬆(quantitative easing,簡稱QE)來擴大貨幣基數(base money)供給。但接著,等到了2022年,通貨膨脹率來到四十年高點,聯準會主席與其他主管慌了,急著將貨幣政策轉向,改口說物價通膨是當前要因應的最大問題。他們試著以大動作升息來平抑通膨(並在隔年以創紀錄的速度減少貨幣基數),最後導致各銀行的政府公債以及其他低風險的資產,蒙受超過上兆美元的未實現虧損。聯準會火速把銀行系統的存款吸走,觸發美國史上最嚴重的幾場銀行倒閉事件。到了2023年,由於快速升息,全美銀行的資本率(capital ratio)受到重創。就連聯準會本身都因為高利率而出現營業損失,因為他們要支付的債務利息,比資產賺得的利息高多了,現代史上還是第一次有這種事。[5]聯準會的這些決策,是由僅僅十二人組成的小組、靠著人力所做的主觀決策,影響了3.3億美國人民,以及幾十億外國人的財務狀況。

全世界有接近160種[6]貨幣,每一種在自家的管轄區內都享有在地壟斷權;而在自家管轄區外,多數貨幣都很少或幾乎不會被其他地區接受。從這方面來說,全球金融秩序實際上是一套以物易物系統。有一小群貨幣相當優質,他國銀行會持有以作為儲備貨幣,發行國以外的國家也會接受到一定程度。然而,這些貨幣的價值逐漸流失,多年來,利率根本追不上通膨。至於其他貨幣,大多數常會面臨嚴重貶值,長期出現兩位數的通膨,偶爾還有惡性通膨,且他國很少會接受或根本拒之於門外。如果自家貨幣屬於第二群,人民通常會想辦法去弄到美元這類外國貨幣,以保護自己的儲蓄,通常也不太信任替自己保管存款的當地銀行。

即便在貨幣最穩定的轄區,要存錢都是一大挑戰,萬一你剛好生在「錯」的地區,那更是一場恐怖的硬仗。

---

[4] Howard Schneider, "Powell's Econ 101: Jobs Not inflation. And Forget About the Money Supply," *Reuters*, February 23, 2021.
[5] Erica Jiang et al., "Monetary Tightening and U.S. Bank Fragility in 2023."
[6] XE.com. "ISO 4217 Currency Codes."

我們怎麼會走到這個地步？我們的貨幣為什麼不能比現狀**更好一點**？

在現代史上，對開發中國家來說，全球金融系統一直都是崩壞的，近幾十年來，就連已開發國家都出現了嚴重的失衡。全球金融系統的基底已不再穩固，有一部分理由，是其核心技術已經過時。

我認為，整個美國、歐洲以及幾個開發中國家，自 2008 年以來竄起民粹主義，有很大一部分也是因此而起。不管在政治傾向上屬於左派還是右派，人們都可以感受到不對勁，有些東西「被動了手腳」，但又無法具體講出來到底是什麼。在這個難題中，有一大塊是我們所知的金融系統，已經無法再發揮作用。

我們看到，過去幾十年來，由於經濟失衡不斷累積、地緣政治重新調整以及新技術問世，全球金融秩序逐漸分崩離析。發生這種事情時，我們會局部或全面改造舊有秩序，重新打造新秩序；本書中就會講到這類事件的範例。多數跡象指出，我們自 1970 年以來建立的金融秩序，已經走到了末期，正在啟動重構與重整的過程。

這是一本透過技術發展來講貨幣的書，涵蓋內容包括了貨幣過去的演進，以及為何我們用了很久的貨幣技術和制度，到了現在會讓人失望；也會提出某些可能的解決方案，來因應我們目前面對的貨幣問題。本書寫得很白話，設計上會分成幾個單元，因此，讀者可以把重點放在自己最感興趣的部分。

第 1 部要為讀者詳細說明古代的帳本（ledger）與商品貨幣（commodity money），分析為什麼貨幣會自然而然出現，以及為何有些貨幣會比其他的好用。這可以幫我們理解貨幣應具備哪些理想特質，以及為何無論其他社經條件如何變化，這些理想特質在整個歷史上都一再出現。這一部也探討了社會信用與商品貨幣之間的關係，為兩種通常意見相左的經濟思想學派搭起和解的橋梁。

第 2 部重點放在古代的原始銀行服務，以及全方位服務型銀行的興起，要檢驗各種加速貨幣交易、並將貨幣交易與速度較慢的實物貨幣結算抽開來的技術發展；將兩者分離有很多好處，但也有一些缺失。這一部最後要討論的是，待通訊時代一展開，交易與結算的速度差距是如何愈拉愈大，使得銀行與央行成為可在全世界快速傳輸貨幣的主要實體機構，從而獲得極大的權力。

第 3 部描述自二十世紀初建構的全球金融體系，也包括打造出體系背後的地緣政治，以及系統長期下來的變化。本章涵蓋的時間範圍，從約在一次大戰期間的金本位制失效開始，接著談 1940 年代到 1970 年代初期的布列敦森林系統（Bretton Woods system），然後再講到 1970 年代到現代的接替系統：歐洲美元／石油美元（Eurodollar/Petrodollar）系統。最後，這一部要說明當前系統中某些擾人的面向，是如何導致這近幾十年的全球結構性失衡。

第 4 部分析現代金融體系中創造貨幣的細節，以及債務為何本質上長期必會導致系統動盪。之後，這一部會檢視當貨幣單位的價值持續下跌，存款人改買其他非貨幣性資產以保有購買力，這會引發哪些失衡以及哪些造成其他問題的動機。這裡也會講到民意代表如何從靈活的公共帳本中得到不用徵稅就敢開戰的權力，如何透過貶抑其他人存款的價值來進行選擇性的紓困，以及如何大致上以不透明的方式來替支出融資。

第 5 部要看二十一世紀的數位貨幣發明，包括比特幣、穩定幣、智慧型合約（smart contract）和央行數位貨幣。這是本書臆測性成分最高的一部，因為此處要講的重點是現在和未來，而不是過去。這一部會講到一些目前已經可用的新科技，也會特別檢視這些科技帶來的取捨與風險，以及它們可以提供的機會。

第 6 部探索錢和溝通的道德層面；錢和溝通正好是商業的兩大要素。這一部會從整體面來討論現代銀行系統與網路基礎建設中非常重要的密碼學（cryptography），拿開放式與封閉式金融網絡做比較，也會講到金融科技和人權的交會點。

從核心來說，錢就是帳本。商品貨幣自然而然是一部帳本，銀行貨幣因為國家政體的規定而成為帳本，開放原始碼貨幣則因為使用者而成為了帳本。本書做了探索之後，得出的結論是：科技的演進，改變了一代又一代環繞金錢的主流權力架構與誘因。

我的背景結合了工程與金融，我使用系統工程法（systems engineering

approach）分析全球金融系統的各個面向。系統工程法是一門跨學科領域，聚焦在設計、整合、操作與維護複雜系統，涵蓋完整生命週期。全球金融體系實際上是一種工程系統，我也用這樣的角度來切入，而我發現，這樣的分析方法可以得出新結論，有時還可挑戰一下傳統經濟思維。

我寫本書的目的，是想幫助人們更理解貨幣如何運作，以及全球金融系統為何無法如同過去一樣發揮功能。這本書不只是要講為何金融系統今年或這十年來成效不彰，而是用一套更深入的分析，去講解何謂貨幣、我們是如何造成今天這種局面，以及目前有哪些根本性的問題。

我並不能針對所有問題給出答案，也講不出金融世界在未來幾十年會是什麼模樣，但在這本書裡我會盡力分享我所做的研究，讓讀者或許也有能力替自己找到更多解答。政治會對局勢造成局部性、暫時性的影響，科技則會造成全面性、永久性的影響，正因如此，我才會主要從技術的觀點切入來分析貨幣。

這不是一本講黃金的書，不是講銀行系統的書，不是講比特幣的書，也不是講政治的書，這是一本探索貨幣技術的書，爬梳過去、現在與未來多到讓人眼花撩亂的貨幣形式，觸及這所有主題和其他相關面向，讓我們或能更清楚知道我們從哪裡來，以及未來又有哪些路可走。

PART 1

什麼是貨幣？

「各種貨幣的前身，再加上語言，讓早期的現代人可以解決各種問題，做到包括互惠利他、親緣利他與平抑攻擊，達成了其他動物做不到的合作。這各種貨幣的前身都具有非法定貨幣的具體特質：這些都不只是象徵性或裝飾性的物品而已。」[7]
——尼克・薩博，美國電腦科學家、法學家與密碼學家

---

[7] Nick Szabo, "Shelling Out: The Origins of Money."

第 1 章

帳本是貨幣的基礎

很多人都認為，貨幣的概念始於錢幣或貝殼等等物品，但貨幣史的開端比這些東西更早；貨幣史始於帳本。

帳本是交易摘要，用來追蹤記錄誰擁有什麼。目前已知最古老的帳本可以回溯到五千年以前古美索不達米亞（Mesopotamia）的黏土板。大英百科全書（*Encyclopedia Britannica*）說，蘇美語（Sumerian）是目前已知存在過最古老的書寫形式，而最早已知的蘇美人書寫範例，是用來記錄商品的黏土板帳本。[8] 這些黏土板上繪畫出各種商品的圖案，圖案旁加註小點來代表數量。換言之，目前已知人類最早用原始書寫體記下來的想法，就是列出所有權、信用或交易的清單。[9]

但帳本的概念其實比上述範例更單純。帳本出現的時間必定早於書寫的發明，在人的記憶與口說紀錄中早就存在到一定程度了。任何時候，只要有人欠別人什麼東西，不管是正式還是非正式，當事人本來就都會有一套基本的口語紀錄帳本。

如果以現代為例，在最簡單的情況下，我們假設有兩姊弟，姊姊叫艾莉絲（Alice），弟弟叫巴比（Bobby）。兩人都到了父母可以要他們做點家務事的年紀了，隨著年紀漸長，兩人的生活也開始愈來愈複雜，偶爾還需要重新安排一下行程。比方說，艾莉絲某天晚上要跟朋友出門，可能沒辦法做家事。為達目的，她可以對弟弟提議，如果弟弟今晚能幫她的忙，那明天晚上就換她做弟弟的工作。當巴比接受提議，他們就創造出了一套記在心裡的簡單帳本，以及一種信用形式。現在，艾莉絲欠巴比一組家事。要履約，只能仰賴信任和名譽：如果艾莉絲不償債，巴比日後很可能拒絕

---

[8] Ignace Gelb, "Sumerian Language."
[9] William Goetzmann, *Money Changes Everything: How Finance Made Civilization Possible*, 15–25.

交易。如果事情就這麼簡單，那他們的小型帳本就只會是一套口頭帳；但如果他們的行程變得很複雜，兩人經常性地針對家事做交易，那很可能就需要用行事曆來維護一套書面帳本。這套帳本裡沒有用到特定的貨幣單位，只是一套以物易物系統，唯一涉及的單位只有個別的家事。這套帳本僅記錄不同期間交換的個別家事項，是一種信用形式。

我們也可以假設，幾千幾萬年前，在某個地方的部落有一群獵人，他們會計算每個人獵回來的戰利品，或者記錄誰給了誰什麼好處。過去（現在也是），全世界的部落都會用各種方法選出正式或非正式的領袖，評選的基準，某種程度上通常考量的是一個人優不優秀。不管是不是刻意，人們心裡幾乎都會記下別人的行為和名聲，看誰為整個群體創造出餘裕，誰又是負擔。

早期人類社交群體一般由幾十人組成，形成一種小團體。同一個地區內會有各種相關文化緊密的小團體，之後他們會互相認可，把彼此都當成更大型、互有牽連的部落文化中的一分子。群體內的成員彼此認識，除了口頭與以記憶為準的帳本之外，並不需要用到錢。大家會大概記住人際之間的恩惠好處，而且會清清楚楚記住誰做好了分內之事、誰則沒有。這種自然形成的群體，通常都有親緣與友誼的成分，因此通常不需要記錄精準的「積分」。這樣的帳本是大致性的、鬆散的，而且很有彈性。[10]

講回到我還在從事工程相關工作時，我常和我一小群同事一起外出吃午餐。我們會大致記得每次是誰開車載這群人，所以大概都可以達成一個平衡。我們不會用白紙黑字寫下這些東西，也不會去精算，但這確實是一份我們都在心裡共同記錄的概略帳本。關於誰載同事去技工那裡或去機場、之後有沒有回報（當時共乘應用程式尚未普及），或是誰在對方剛好手頭沒錢時出借了一點錢（比方說在付現的餐廳要拆帳；那時候比較常有這種事），道理也是一樣。從來不會有人想著「這次我幫了你，下次你就必須禮尚往來」，反之，這是一種當對方請求時我們都樂意給予的小惠，一般也會假設，如果日後要求對方投桃報李的話，人家也會很樂意出手。

---

[10] Justin Pack, *Money and Thoughtlessness*, 51–70.

人類學家對狩獵－採集式部落做了很多研究，發現類似的禮尚往來行為反覆出現。每個部落的文化當然天差地遠，但成員互相認識的部落，通常會贈禮或施恩，並自然地期待對方同樣也會回報。[11] 這是友誼裡很重要的成分。[12]

　　一旦我們得開始和自己不那麼熟悉的人互動，我們或許不信任對方，或許預期以後也不會再見，那情況就變得比較棘手了。舉例來說，如果兩群人在原始環境下狹路相逢，有可能引發暴力，但也開啟了交誼的機會。

　　現貨交易，顯然是我們和不熟悉的人做交易時的第一步。面對這樣的人時，我們不會像對待親友那樣，以贈禮當做非正式的信用；理想上，我們會希望**當場**完成交易，因為我們非常可能永遠再也不會見到對方。兩群人相遇了，這些人各自都有資源，但如有必要，也有能力展現暴力，他們會透過基本的語言或手勢姿態來完成交易。這一群人可能擁有很多矛，但他們需要毛皮；另一群人則有很多毛皮，但他們需要矛。兩群人可以當場交換矛和毛皮，兩邊都會變得更好。人類學家記錄了多個不同狩獵－採集群體之間的儀式化交易範例，通常也涉及婚配的可能性。

　　如果當地各個相對平等的群體之間沒有行之有年的儀式流程，人們也只會偶然巧遇，那麼就算想做交易，仍舊很可能因無法滿足「慾望雙重巧合」（double coincidence of wants）的條件而無法如願。慾望雙重巧合是一種經濟學上的說法，這是指交易要能成功，必須是雙方手上多出來的東西剛好是另一方想要的東西。如果兩邊都想要矛，這樁交易就會失敗。如果兩邊都想要毛皮，交易也會失敗。導致交易失敗的組合，遠遠多於成功達成交易的組合。

　　和友善的小團體中成員交易，會比和陌生人交易容易，因為我們會給親戚朋友大量的信任和時間，我們可以把這想成是一種靈活的社會信用。有人請我幫忙時，就算我現在對對方一無所求，我也可以幫忙。我可以留著多出來的食物、毛皮與工具，當我認識的人有欠缺什麼或需要我花時間

---

[11] 比方說，參見 Marcel Mauss, *The Gift*; Marshall Sahlins, *Stone Age Economics*; and Paul Einzig, *Primitive Money*.
[12] Elise Berman, "Avoiding Sharing."

幫他們做什麼時，我可以施惠，出手幫他們忙。[13]

我之所以會給我認識的人這種贈禮信用，除了這麼做讓我感覺良好之外，也因為我預期自己總有一天也會需要點什麼。我可能會生病、受傷或懷孕，有一段時間無法出門採集食物，必須仰賴我現在施惠的對象來幫忙。我給人很多恩惠，也提高了我在群體裡的社會地位和我的社會安全度。在現代社會中，我們會幫忙朋友、鄰居和家人，也是出於同樣道理。當然，我樂善好施時並不會一直都在想著這番道理；我會出手，很可能是因為當我幫助別人時就是會感到身心舒暢，這是幾千代以來的生物選擇。也就是因為這個選項，才讓我們的祖先能成為有智慧又慷慨的社會性動物，不僅活下來了，而且還能活得好。只是，在我心深處也有看不見的刻意計算：我做好事，能讓這個團體更強，包括我自己，而且這是替自己或近親密友的未來保了個人保險，或者說存一些社會儲蓄。我在自己有餘裕的現在，多做一點工作或付出一點資源，以交換我可以在我們的集體社會帳本裡，得到一些存款。這種非正式的社會帳本是一種社會信用，是在近親好友群體中解決「慾望雙重巧合」問題的辦法。有了這種靈活度高的社會信用，當某人需要幫忙、但另一方目前什麼都不需要時，我們也很容易彼此幫助。

2010 年有項名為〈狩獵－採集者之間的財富傳遞與貧富不均〉（Wealth Transmission and Inequality Among Hunter-Gatherers）的研究，研究人員參考了各式各樣的現有文件之後，指出在某些情況下，一個社會願意為有需要的人提供多少保障，會以當事人的名聲及其所在社會網絡的品質，作為評估根據：

> 在狩獵－採集社會中，多數成年人會積極主動做出貢獻，他們會生產與加工食物，也會製造與維修保養工具。此外，照料與養育兒童通常是父母要擔負的責任。要執行這些型態的勞動，多半需要具備相當的勞力和耐心、敏銳的視力以及其他代表健康狀態良好的特質。因此，我們可以預期，生理非常健全會是決定幸福成敗的主要因素。另一方面，因為天生在生理上比較差的人會不時受苦，他們通常要仰賴其他人的協助，比方說靠別人

---

[13] Paul Seabright, *The Company of Strangers: A Natural History of Economic Life*, 2–5, 91–105.

分享食物、分擔育兒以及在發生爭端時獲得保護。這種社會保障是基本標準而且普遍可得，但某些證據指出，有需要的個人或家庭所能得到的協助品質，會因其「關係財富」（即個人擁有的名聲與社會網絡的規模與品質）不同而有所差異（Gurven, et al. 2000; Wiessner 2002; Nolin 2008）。[14]

在早年的知名電影《教父》（The Godfather）裡，有個男人請黑手黨的大老維托（Vito）幫忙，維托答應幫此人一把，要求的回報代價不是錢，而是未來某個時候，對方得答應幫他現在還不知道是什麼的忙。換言之，他想要的是靈活的社會信用。這是因為此人對維托有所求，但維托此時對此人無欲無求，然而維托很清楚此人的底細，並把此人視為他廣大社群中的一分子。維托做的是廣施恩惠，等到對他來說有好處時就要求回報。隨著電影演下去，維托的確也要求對方回報；他有了正適合由這人出手替他去做的事，而且是在之前都沒有出現過的需求。維托的故事，講的是一個人想辦法維護著一部超大型恩惠帳本，藉此讓家族累積出最大量的關係財富；在黑手黨的影子經濟體中，這些恩惠就是一種信用導向的貨幣。

我們回過頭來講不同團體間的人做交易的情況；他們之間沒有這種靈活社會信用或帳本的選項（他們並不信任對方，而且很可能這次之後永遠不會再見），他們可以把什麼東西引進交易中，並期待這是對方很有可能會想要的東西？如果我處在這種狀況下，我能不能想到什麼是幾乎大家都想要、而且是永遠都想要的東西？換言之，有沒有一種最好賣的東西？對多數部落來說，早期出現的答案是貝殼。

貝殼，尤其是經過雕琢打磨、變成飾珠的貝殼，幾千年前在很多地方就已經被當成像錢一樣的資產。這種東西的功用是美學性的：飾珠可以串起來變成手鐲、製成腰帶、做成耳環、縫進衣服裡或是編進頭髮裡。貝殼在交易中具有優勢，因為貝殼很小、很稀有，而且很耐久。再加上，貝殼可以用線繩串起來穿戴，這種特殊的優點讓人們無須用手拿就可以帶著走，也使貝殼具備了可攜性。

---

[14] Eric Smith et al., "Wealth Transmission and Inequality Among Hunter-Gatherers," 21.

尼克‧薩博在2002年寫了一篇論文「拿出你的貝殼錢來：貨幣的起源」（Shelling Out: The Origins of Money），提出了詳盡的資料，說明貝殼與其他可採集的原始貨幣為什麼會變成錢。他在摘要中寫了這一段：

> 各種貨幣的前身，再加上語言，讓早期的現代人可以解決各種問題，做到包括互惠利他、親緣利他與平抑攻擊，達成了其他動物做不到的合作。這各種貨幣的前身都具有非法定貨幣的具體特質：這些都不只是象徵性或裝飾性的物品而已。[15]

北美太平洋岸的部落會收集象牙貝（dentalium），這是一種看起來像牙齒的長型貝殼。象牙貝扮演了貨幣的角色，交易範圍可遠至北達科他州（North Dakota）內陸。象牙貝是自然長成的管狀物，兩端都有開口，可以用長長的線繩串起。某些部落裡的男子會在手臂上刺青，交易時將之當成衡量象牙貝串繩長度的基準。也有些部落專業分工，專門去深水域採集這些象牙貝。[16]

在大西洋這一岸，則用另一種名為白貝珠串（wampum）的貝殼當成錢。這些是用牡蠣殼做成的貝串，需要大量打磨，並用弓鑽（bow drill）在上面鑽出小孔，然後用線繩串在一起。製作這些貝殼的人通常不太把這些東西視為「錢」。人們崇尚貝串，是因為這些曾是活生生的生命；貝串通常都用在典禮儀式上，比方說加工製成貴重的腰帶，為締約或其他重大場合增色。然而，其他部落，甚至殖民主義者，確實開始把貝串當成錢，或是視為儲存價值的工具或地位的代表。內陸的部落也大量收集貝串。[17]

在印度洋周邊、亞非兩洲交界處，有些地方會基於類似的理由把瑪瑙貝（cowrie shell）當成錢來用。國際貿易商隨身攜帶瑪瑙貝做交易，有大量的歷史紀錄指出，這樣的作法一直延續到最近幾世紀。[18]

---

[15] Szabo, "Shelling Out."
[16] Dror Goldberg, "Famous Myths of 'Fiat Money'," 962–963.
[17] Marc Shell, *Wampum and the Origins of American Money*.
[18] Bin Yang, "The Rise and Fall of the Cowrie Shell: The Asian Story."

雖然貝殼是最常見的原始錢，但也有其他形式的串錢。用鴕鳥蛋殼製成的蛋殼串，或獅子、狼等大型掠食性動物的牙齒串，有時也扮演類似角色。薩博在「拿出你的貝殼錢來」一文中講到一個「昆部落」（!Kung）的例子：

> 昆部落的人跟多數狩獵－採集部落一樣，一年裡多數時間都和分散各處的小團體一起過生活，只會有幾個星期才和其他幾個小團體聚在一起。這樣的聚會有點像嘉年華，但多了一些特質：完成交易、鞏固結盟、強化夥伴關係以及締結婚姻。在為聚會預作準備時，他們要做很多可交易的物品，有部分是實用的東西，但其餘多半屬於收藏性質。這套交易系統被昆部落稱為「哈薩羅」（hxaro），過程中會涉及大量飾珠交易，包含用鴕鳥蛋殼做的垂飾，這和在非洲找到的四萬年前的東西非常相似。

我們可以預料的是，目前已知最古老的珠串應該出現在非洲。在南非的考古基地布隆博斯洞窟（Blombos Cave）裡，就找到了上面有小孔的小型蝸牛殼，據估計有 75,000 年之久。美國國家科學基金會（U.S. National Science Foundation）於 2024 年時就提報了相關發現：

> 在南非布隆博斯洞穴發現的打孔貝殼，看來是約在 75,000 年前串成了珠串，比過去找到的任何個人裝飾早了 30,000 年。在印度洋邊挖出這個基地的考古學家，在中石器時代（Middle Stone Age，簡稱 MSA）的沉澱層裡面，找到了 41 個殼，所有的殼在相似位置上，均有孔洞與磨蝕的痕跡。
>
> 「布隆斯博洞窟的珠串是很確切的證據，指出這可能是人類最早除了人腦之外的資訊儲存裝置。」布隆斯博洞窟專案主持人兼挪威卑爾根大學（University of Bergen）發展研究中心（Centre for Development Studies）教授克里斯多福・亨希爾伍德（Christopher Henshilwood）如是說。
>
> 這些貝殼（最多以 17 個串成一串）來自於小型的軟體食腐動物：生活在河口灣的克勞斯織紋螺（Nassarius kraussianus）。這些貝殼想必是從最近的河口（在海岸東方或西方 20 公里處）被帶到了洞窟。貝殼的大小顯然有經過挑選，上面還有刻意打出來的小孔，推測是在這裡或是在帶進洞窟前

就被做成串珠。紅赭石的痕跡顯示，這些貝殼珠串本身，或是用來打磨貝殼的表面，就覆有這種被廣泛使用的氧化鐵顏料。[19]

食物會腐壞，因此，在沒有冰箱的世界裡，人沒有誘因保有超過自身所需的食物。同樣的，矛和毛皮很沉重，不利於攜帶，而且，到了某個程度之後，擁有過多了矛和毛皮也不太有什麼價值。要用這些東西和其他部落做交易很困難，因為兩邊都要剛剛好持有對方想要的東西。但是，**擁有經過雕刻且打磨過的貝殼串可以解決這個問題**。貝殼串不會腐壞，體積也不大，所以，就算其他的需求都已經滿足了，多收集一些也沒問題（甚至人們還很樂意去收集）。在一個只有基本技術水準的世界裡，貝殼串是幾乎人人都想要的東西。某人自己可能不喜歡配戴，但他們總會有配偶、手足或朋友喜歡。他們也知道，其他多數部落裡的人也很喜歡貝殼串，這開啟了未來的交易機會。

製作經過雕刻與打磨的貝殼串，是勞力密集度非常高的過程。首先要先靠人力在岸邊撿拾貝殼，之後根據不同的形態來雕刻、打磨，然後再靠人利用弓鑽鑽孔，才能用線繩把貝殼串起，全部串成一串或綁在別的東西上，把貝殼變成有用的裝飾品。這些貝殼串做好後，可以放很長時間，而且，由於這些貝殼串很有吸引力，再加上要花很多工才能製成，因此，雖然體積小、重量輕，卻還是很有價值。人可以用多出來的食物來交換貝殼串，或是把空餘的時間拿來製作貝殼串，他們可以持有貝殼串數個月甚至數年，直到看到自己想要或需要的東西，再用貝殼串去換。在此同時，貝殼串還可以拿來穿戴，增添美感，讓人愉快。

換言之，貝殼串是一種人們會蓄積的東西，可以擴大或取代人對於靈活社會信用的需求，也可以代替口頭帳本（至少，在和不受信任或日後可能永不相見的人做交易時是這樣）。貝殼串是一種幾乎人人都愛且可以耐久的東西，讓人就算當下對於對方別無所求，也可以順利成交，因為他們永遠都可以要求拿到貝殼串就好；貝殼串有預留的作用，等下次他們看到

---

[19] National Science Foundation, "Shell Beads from South African Cave Show Modern Human Behavior 75,000 Years Ago."

需要或想要的東西時，就可以拿來用了。而且，他們能用的貝殼串數量，永遠多於當下手上有的，這是因為，貝殼串代表的是可攜帶、儲存起來的價值，之後可用來和自己所屬小團體或其他群體成員交換資源。相比起會腐敗的食物，或是太過笨重、難以儲存或攜帶的矛與毛皮，這些小型、可穿戴的貝殼，可以說代表了長期儲蓄技術的發明，就像是一種可以把多餘的時間或資源存進去的金融電池。人們可以把一串串的貝殼串綁在腰上，有人會掛在頸間，有的會繫在腳踝，有的會綁進頭髮裡，也有人當成腰帶來用，凡此種種。人們可以把貝殼串裝飾在小孩身上，或是送給配偶。每件貝殼小飾品基本上都受人喜愛，也代表了一定的工作量。

貝殼串擔當起最好賣（「熱銷」）商品的角色，每一串都像是一個教父維托當下沒有明講、但會在未來要求對方幫的忙。花了很多額外時間與資源收集到很多貝殼串（或是上一代先做了這些事情得到貝殼串，下一代得以繼承）的個人或群體，現在就掌握了更多價值，以後他們如果需要馬上動用某些資源，就可以把這些價值拿出來交換。不過，貝殼串也和施惠幫忙有不同之處，貝殼串代表了最終的結算，決定貝殼串存續價值的，並不是受惠對象的記憶。

人們會喜歡配戴貝殼串，除了自身的審美觀外，也因為貝殼串通常也是地位的象徵。有很多貝殼串的人代表擁有很多財富，包括實質財富和社會財富。如果以部落來說，當我們看到某人身上掛滿美麗的貝殼腰帶、手鐲、項鍊，甚至縫在衣服上時，我們可以假設他們過去必然為別人提供了很多價值，才能累積到這麼多貝殼串；或者，他們和其他擁有大量貝殼串的人關係很好。基本上，他們是把很多儲存起來的寶貴恩惠戴在身上，可想而知，他們有很長一段時間都擁有多餘的資源。這種人顯然是好人，應該去認識、尊重，或許還有婚配的機會。他們在對社會發出信號，講出他們過去擁有的豐厚。

在之前提到的「狩獵－採集者之間的財富傳遞與貧富不均」研究中，研究人員提到，狩獵－採集社會中的個人通常會擁有動產，土地則多半為共有：

實質動產，例如工具、衣物和貴重物品，大致上被視為個人財產，通常會轉移給後代近親。在多數採集狩獵社會中，任何合乎正確性別規範的成年人，通常都可以生產創造這類財產，或者取得已經創造出來的財產；例外的項目包括：涉及高度專業化製程或是要透過受限制交易聯繫才能取得的財產，以及在某些定居型且比較不注重平等主義社會裡代表財富與特權的商品。[20]

顯然，「涉及高度專業化製程的項目」和「代表特權的商品」，指的就是那些無法隨意取得的財產。換言之，這類財產實際上具備稀少性。研究人員接著得出結論，指出狩獵－採集社會雖然在許多方面都採共有制，但大致上來說，並不見得像我們想像中那麼講究平等主義：

確實，在本論壇裡由鮑爾斯等人（Bowles et al.）提出的前導論文中詳細說到，$\beta=0.25$ 代表一個出生於財富在前 10% 家庭中的孩子，其享有財富仍為前 10% 的機率，比父母財富位居最低 10% 的孩子高了 5 倍。就算 β 值僅為 0.1，也代表生於財富位居前 10% 家庭的孩子留在這位置的機率，要比出生在最低 10% 的孩子高了 2 倍。這些結論指出，在狩獵－採集社會中，就算是大量分享食物與用其他方式拉平不均的社會（參見 Cashdan 1982），較富裕者的後代多半也比較富裕，反之亦然。[21]

與書面帳本不同的是，交易中並無任何一方知道貝殼串的完整帳本是什麼樣子。就算我和你做了一筆交易，我們兩方也不會知道這個地區實際上有多少貝殼串。然而，我們很清楚貝殼串具備哪些特質、要做出貝殼串又有多辛苦，我們也知道有多常看到有人配戴貝殼串，這可以幫助我們判別貝殼串的稀有性，以及我們可以考慮用哪些東西來交換貝殼串。

貝殼串，以及更廣義的商品貨幣，都是自然界出現的分權式帳本

---

[20] Smith et al., "Wealth Transmission," 21.
[21] Smith et al., "Wealth Transmission," 31.

（decentralized ledger）。把貝殼給別人以換取別的有價值物品，也意味著我們更新了帳本上的狀態；這部帳本完整的狀態，靠著持有實物來維護與更新。所有參與者都能理解這套自然帳本的某些部分並與其互動，但任何人都無法窺見帳本全貌。

那誰掌控這部帳本？大致而言，這個問題的答案是「大自然」。若務實來講，這代表沒有任何人或群體有能力掌控。要製作出貝殼串，得用正確的方式處理正確的材料，需要付出精力和時間，這代表誰也不能作弊。靠海的人可以把多餘的時間都花在製作貝殼串上，內陸的人則可以把時間花在累積別種多出來的資源，然後用多出來的資源交換貝殼串。不管是哪一種，貝殼串都是指標，衡量多餘時間與資源，也衡量儲蓄與價值，通常還要加上過程中附帶的很多儀式。

關於誰掌控帳本這個問題，還剩下一小部分答案、或者說邊緣情況，這部分的答案是：擁有最先進技術的人。商品貨幣帳本系統要能運作順暢，先決條件是所有人的生產能力大致相當；以這個世界來說，幾千年來大部分地方都滿足這個條件。如果某個非常先進的文明跨海而來，不但帶來特製的金屬工具，還弄清楚貝殼串貨幣系統的運作方式，他們每單位工時能製作的貝殼串，很可能比其他群體高出十倍以上。這些人可以用自家製造的貝殼串淹沒市場，讓其他人的貝殼串貶值；原本的部落需要一點時間，才會明白新文明可以用比別人更快的速度製作貝殼串，因此新來的群體可以搶在這個過程中累積到很多資源。只是，由於供給量快速增長，經過數個月或數年後，貝殼串的稀有性，整體來說會愈來愈低，也愈來愈沒有價值。

我們在下一章會看到，商品貨幣的故事，講的也就是技術進步的故事。有各式各樣的貨幣曾經成為公平公正的帳本系統，直到技術發展到某個地步，有一群人得到不平等的優勢，之後迫使其他人要不跟著適應調整，要不就失敗虧損。

第 2 章
商品成為貨幣的演變過程

我們在前一章討論到，在小型親族、友族群體裡的人並不需要貨幣，他們憑藉自身人力就足以安排資源分配，了不起就是用到非正式的口頭帳本。他們可以追蹤記錄哪些人一再地多為群體付出，哪些人又向來都是拖累。在小團體裡，根本不用等到發生「以物易物的問題」，人們早就自然而然用靈活的社會信用解決了一切。

但是，固定會和外部族群交易或發展出農耕的群體，靜態人口開始壯大到超過部落一般會有的規模時，必然會開始尋找並使用某些形式的貨幣，這樣他們才會有流動性更高、可切分、可攜帶且廣為人接受的記帳單位，用來儲存價值，並和不認識的人交換價值。除了仍沿用社會信用系統之外，他們也會仰賴自然帳本，這樣就可以避開會拉低交易成功率的慾望雙重巧合問題。

可透過採集得到的原始貨幣要花很多時間製作，在非屬該文化的外部人士看來，使用這些貨幣常顯得莫名其妙，比方說，為什麼要花這麼多時間製作貝殼串呢？在嚴峻、技術層次低的狩獵－採集環境中，所有資源都很寶貴，還有三分之一的孩子根本無法長大成人，把資源花在貝殼串上，不是一種浪費嗎？有多餘的時間，不應該花在別的事情上嗎？答案是，在物資充裕的期間，去做這樣的工作反而是善用了資源，最後得到的回報遠高於成本，這是因為有了標準化且可靠的交易媒介與價值儲存工具，可以讓所有其他經濟性交易更有效率。

當經濟體愈來愈複雜，不同類型的商品與服務之間可能出現的以物易物交易組合，就會愈來愈龐大。舉例來說，如果一個經濟體生產 5 種商品，那就會有 10 種不重複的交易配對。如果一個經濟體生產 20 種不同產品，就會有 190 種不重複的交易配對。一個經濟體如果生產 100 種不同商品，就會有 4,950 種不重複的交易配對。到了最後這個程度，除了基本必需品之外，多數的以物易物交易類型，效率都很低。

所以說，如果一個社會需要做的交易很複雜，而且無法以信任為基礎，不是靈活社會信用可以應付的，那麼，這個社會就需要一些標準的計價單位（或者貨幣），作為每一種商品或服務交易配對中的另一方。

具體來說，如果一個社會可做交易的資產有很多種，當中一、兩種最稀有、可分割、可耐久、可攜帶而且具流動性的資產，常會成為首選貨幣。如果有位種蘋果的果農需要工具（要找鐵匠）、肉品（要找牧場主人）、維修（要找木匠），還需要替孩子找點藥品（要找醫生），他無法耗這麼多時間到處奔波，去找到那些手中握有他需要的東西、且當時也剛好需要大量蘋果的人。光靠左鄰右舍，無法自然而然發展出這麼龐大的以物易物系統。他該有的操作，是賣掉他的蘋果（有季節性，而且壽命很短），換得一些可耐久且廣為接受的儲蓄單位，讓他可以在不同的時間裡買到他需要的東西。

1776 年，亞當・斯密（Adam Smith）在《國富論》（Wealth of Nations）裡講到，貨幣的出現，是為了解決以物易物的問題。信用貨幣學派（credit theory）人士反對他講的範例，整體來說也反對以物易物主題為核心的各種說法，本書第 4 章會詳細說明他們的反對意見，以及以此為中心的更廣泛辯證。亞當・斯密探討這個主題之後，商品貨幣變成一個有人詳細探究的主題，並極受奧地利經濟學派重視；該學派由卡爾・門格爾（Carl Menger）於 1800 年代開創，之後由路德維希・馮・米塞斯（Ludwig von Mises）、弗雷德里希・海耶克（Friedrich Hayek）以及其他許多人發揚光大。

在商品貨幣思維之下，貨幣應該可分割、可攜帶、可耐久、可替代、可驗證，而且很稀有，通常（但不見得一定）還有某些用途。我們可以用這些指標來思考不同類型的貨幣，每一種的「分數」也都不一樣：

- 可分割性：貨幣要可細分為各種不同的尺寸（面值），以用來進行規模不同的買賣。
- 可攜帶性：貨幣要便於長途移動，這就表示，必須把很多價值濃縮在相對輕的重量當中。
- 耐久性：貨幣要能跨越時間儲存，不能很容易腐敗、鏽蝕或毀壞。

- 可替代性：每個單位的貨幣，彼此之間不能有太大差異，每一個都要像別的一樣好。
- 可驗證性：出售產品或服務來交換貨幣的賣方要能輕鬆查核，檢查拿到的到底是不是真的錢。
- 稀少性：貨幣供給量不會快速增加。
- 有用處：貨幣在某些方面本來就受人喜歡，比方說可以拿來耗用或有美學上的價值。

綜合這些特質，貨幣就是社會裡「最熱銷的商品」，這意味著貨幣是最好賣的東西，最容易賣掉。人們都想要錢，或者說，大家都知道可以拿東西換錢、之後也可以用錢輕鬆可靠地換到他們想要的東西，從這個角度來說，錢堪稱最普遍的商品。門格爾在〈論貨幣的起源〉（On the Origin of Money）一文裡講到，理想的貨幣可以跨越時間與空間以傳輸價值，亦即人們可以用很高的效率攜帶貨幣跨越長距離，也可以把錢存下來留待日後花用。[22] 此外，「熱銷」有個很重要的面向，就是流動性，這是指人們應可相對輕鬆就買到或賣出大量的貨幣，且不會因為價差太大或交易數量不夠大而損失太多價值。流動性在很多方面，都是貨幣接受度高不高的指標：愈是廣為人接受且愈是有很多人持有，通常交易的流動性就愈高。

如果有兩種商品互相競爭要成為貨幣，稀少性通常是決定哪一方能勝出的關鍵因素。然而，稀少性並不只是看這種資產有多罕見。事實上，以流動性來說，極為稀少是很糟糕的事，也會讓商品變成很糟糕的貨幣（不好賣）。在這裡，有個人們相對熟悉的概念可以拿來使用，那就是庫存流量比（stock-to-flow ratio），這個數值衡量某個地區或世界上現有多少的供給量（庫存），然後除以一年裡會出現多少新的供給量（流量）。

舉例來說，金礦每年挖出來的黃金，約可讓存世黃金（above-ground gold）的供給量增加 1.5%；[23] 而與多數大宗商品不同的是，大部分的黃金

---

[22] Carl Menger, "On the Origin of Money."
[23] Nuno Palma, "The Real Effects of Monetary Expansions: Evidence from a Large-Scale Historical Experiment"; Saifedean Ammous, *The Bitcoin Standard: The Decentralized Alternative to Central Banking*, 28–29.

都不會消耗掉，黃金會一再地被熔掉，以不同的形態儲存在不同的地方。

黃金不像多數物質那麼容易腐壞、生鏽或磨蝕。其化學惰性很強，幾乎不會形成任何化合物。黃金可以熔掉千百次，甚至可以用某些類型的酸溶解，然後過濾出來。它可能被炸毀或碎裂，但不像其他材料，它不會鏽蝕成無用之物，反而可以修補回來。除了一些電子電路板用掉的黃金，以及因船難沉入海底的黃金之外，開採出來的黃金至今大部分都還在人的掌控中（而且，就算是這些損失的黃金，嚴格來說也可以找得回來，只要價格對了就可以）。黃金基本上可說是不會壞的東西。[24]

持續開採黃金，再加上開採出來的黃金很少丟失，使得黃金的庫存流量比平均約為 100/1.5 = 67，這是可以打敗任何大宗商品的數值。根據世界黃金協會（World Gold Council），全世界整體擁有的黃金，數量約為 67 年的平均年產量。過去一個世紀以來，供給量的成長率在 1% 到 2% 之間波動，算起來相當低，而且波動區間很窄。[25]1970 年代以美元計的金價狂漲，但即便如此，也不太能影響到每年供給量成長對現有持有量的占比。在此之前，只有在工業社會發現新大陸並探勘到很容易開採的礦藏之時，或是發明出新技術、可以在有利可圖的條件下開採之前不具經濟價值的礦藏之時，純金供給量才會出現加速成長。

如果某種資產除了純粹的實用價值外還有相當的貨幣溢價（monetary premium），那麼，市場參與者就很有動機想辦法多做一點出來。唯有相對現有總供給量極具抗性、新供給量不會快速成長的資產，才能通過挑戰，從而在全球成為廣為人接受的貨幣，並持續維持此地位。

另一方面，假設有一種幾乎沒人擁有的罕見資產，如果這種資產還兼具實用性，那可說是相當寶貴，但是不太能當成貨幣來用；這種資產沒有流動性，持有的人不多也沒有很多人接受，因此買賣這種資產的摩擦成本（frictional cost）會很高。某些化學元素，比方說銠（rhodium），比黃金還稀有，但銠一開採出來很快就會被產業界拿去用，因此庫存流量比很低。

---

[24] Ammous, *The Bitcoin Standard*, 27–8.
[25] World Gold Council, "Above-Ground Stock."

有人會買銠做成的硬幣或金屬條,當成小眾的收藏品或是用來儲存價值,但它沒有好用到能成為廣為社會接受的貨幣,也就無法自然而然地成為主流。隕石或其他非常罕見的東西也一樣。截至 2022 年,已知美國共找到 1,878 顆隕石[26],其他地方也找到了幾萬顆;由此可見隕石很罕見,是很有價值的收藏品,但它依舊不是好的貨幣。像銠或是隕石這些東西,流動性不夠也不具備可分割性,無法成為好用的貨幣。

所以說,在考慮某項物品能否成為貨幣時,最佳的稀少性指標,是長期是否具備高庫存流量比(並搭配上述的其他特質),而不是去看絕對的稀缺程度。要成為貨幣的商品,必須是生產上有難度但庫存流量比高,而且**已經**生產出相當的數量,這種商品還不能很快就被人拿來用掉、甚至要完全不會用掉,才能廣為分布與被人持有。這是相當難找的特質組合,但有些東西也因此成為貨幣,而不只是收藏品。

在人類的歷史上,石頭、珠子、羽毛、貝殼、鹽、毛皮、紡織品、糖、椰子、牲口、銅、銀、黃金以及其他各式各樣的東西,都曾經是貨幣。這些東西,在貨幣特質上的「得分」各不相同,通常同時具備某些優點和缺點。沒有任何一種貨幣可以在所有方面都拿到高分,因此常有的情況是,同一時間至少會有兩種被廣泛使用的貨幣。

以鹽為例,鹽可分割、很耐久、可驗證、可替代,而且有很重要的用途,但是每單位重量的價值不高,也不是很罕見,因此在可攜性和稀少性這兩方面分數不高。英文裡的薪資叫「salary」,源頭就是拉丁文中的「*salarium*」,這個詞指的是用鹽來計價的所得。

黃金在每個指標中幾乎都最出色,更是到目前為止庫存流量比最高的商品。黃金與其他商品相比的缺點是,黃金不太可分割。金幣就算很小,也比我們購買的多數物品更有價值,而且要花很大量的努力才能換到。黃金是商品之王,它是很理想的裝飾品,基本上是另一種技術更先進的貝殼串,最常見的用途是拿來穿戴或當成彰顯財富的表徵,在各種不同文化裡都可見到。這是一種人們很輕鬆就能隨身攜帶的貨幣,人們也可以用黃金

---

[26] Randy Korotev, "Meteorite Numbers in the United States, Canada, and Mexico," Washington University in St. Louis.

來向他人昭告自己的社會地位。

在人類史上，白銀在日常用途上有很長一段時間都是優勝者。以多數貨幣應具備的特質來看，白銀整體來說是僅次於黃金的第二名，庫存流量比也是第二高；然而，白銀在可分割性這一點上勝過黃金，因為小型銀幣非常適合用來做日常交易。白銀是商品之后。就像西洋棋一樣，國王是最重要的棋子，但最有用的卻是王后。

也因此，富人常會持有黃金，當成長期的儲存（或展示）價值工具，並用做大額買賣的交易媒介，白銀則是實戰性比較強的貨幣，多數勞動階級會把白銀當成價值儲存的工具與交易媒介。由於黃金的可分割性受限，全世界有很多地方常見金銀複本位（bimetallic standard）貨幣體系，但多貨幣制也會帶來相關的挑戰就是了。

為什麼黃金和白銀會打敗其他商品貨幣，到了現代變成有用的貨幣？答案是，即便這兩種商品有相當的貨幣溢價，但仍能抵禦人類技術進步，維持相當高的庫存流量比。黃金白銀都能長期保有稀少性，同時又能廣為人接受、廣為人持有，而且具備耐久性、可攜性、可分割性，還可以重組。

商品貨幣的購買力，在概念上可以分成兩部分：實用價值，以及高出實用價值部分的貨幣溢價。實用價值，指的是商品在經濟目的上的實際用途（消費或生產）；貨幣溢價，則是指是很多人因為沒有更好的東西可供持有，因此持有該商品當成儲蓄，使得該商品有了額外的價值。一般商品與商品貨幣之間的差異，是人們持有商品貨幣並不是要用於商品本身能達成的最終目的，他們持有商品貨幣是當成儲蓄，因為這是一種很好賣的商品，未來可以輕鬆轉手。非貨幣商品，例如原油，大部分的價格都以其實用價值來計算。市場上有實際的需求，也有人生產供應，會長期持有的人少之又少。然而，一地區的主要商品貨幣，比方說黃金，則會有非終端使用者廣為持有，因此出現超額需求，大幅提高該種商品的市場總價值。人們會持有金幣，並不是因為想要拿金幣來做什麼，而是因為知道黃金可以滿足很多目的，持有一些金幣，就是把價值存到了具備高度流動性且全球都接受的物品裡。

對人們來說，這種貨幣溢價（超出實用目的價值以上的超額價格）是強大且永恆的廣告,讓他們努力想辦法多取得一點這種商品。只有最稀缺(庫存流量比最高)的商品,才能長期經得住這樣的廣告。貨幣溢價也可以套用到其他資產上,比方說水岸住宅或是藝術畫作,因為持有這些資產的人比較多是當成儲蓄,而不是為了享受物品的本身。用這樣的角度來看這類非貨幣資產的問題是,這些資產本身並不具備黃金與其他貨幣的可攜帶性、流動性、可取代性與可分割性。

很多人會認為貨幣是一種集體幻覺。在這種思維認定,只要多數人都相信某種東西是錢,那這個社會就可以隨心所欲挑選任何東西當成錢來用。比方說,只要我們都同意的話,迴紋針也可以是錢。這種說法乍看之下可以成立,但經不起檢驗。如果被選定貨幣的供給量可以快速擴大,那每個人的存款就會被快速稀釋。貨幣溢價對人們來說是很大的誘因,只要有可能的話,大家就會想要多取得一點這種商品,因此,如果一個社會沒有明智地選出使用的貨幣,只要有一小群人突破了社會的集體幻覺,發現這社會使用的貨幣一點也不稀有,那他們就能靠著大量製造貨幣,從別人身上榨取價值。或者,其他社會的成員也可以利用這個社會的共同錯覺。所以說,只有真正稀有到相當程度的貨幣類型,才能讓一個社會長久使用,成為真正可行的方案。

貝殼貨幣在不同地區沿用了幾千年,最終因工業革命而不再堪用。毛皮、牲口、鹽、菸草和其他貨幣,也在不同時間裡發揮了用處,但隨著文明的技術實力不斷茁壯,最終也讓這些東西不再是可行的貨幣。它們會持續運作,直到科技導致這些東西無法繼續用下去為止。以下各節要來詳細檢視幾個範例,以說明這個概念。

貝殼

之前提過,在美洲、非洲和亞洲的許多地方,有很長時間都使用貝錢。某些地區貝錢的用途比較偏儀式性,某些地區基本上則偏向交易性,就像錢一樣。

白貝珠串是貝殼串的變化型,在北美洲東岸很常見,最初發展出這種錢的部落,用法比較偏向儀式性。然而,新英格蘭殖民主義者在1600年代初期將白貝珠串納入他們的貨幣系統，制定了白貝珠串兌換錢幣的固定比率。[27] 紫色的白貝珠串比較罕見，因此價值比白色的白貝珠串高兩倍。

固定兌換率的法律最後被撤銷，白貝珠串改以市值計價。1812 年，約翰‧坎貝爾（John Campbell）在紐澤西州開了一家坎貝爾白貝珠串作坊（Campbell Wampum Mill），使用現代鑽孔技術大量製作白貝珠串，其生產速度之快，是過去完全比不上的。[28] 美國毛皮公司（American Fur Company）的約翰‧雅各‧阿斯特（John Jacob Astor），買下了這種工業化生產的白貝珠串，拿來和加拿大的原住民交換毛皮。

長期來看，全球各種型態與地區的貝幣，因為工業的威力而不再堪用。金屬工具與其他技術，使貝幣變成不適當的儲存價值媒介。在某些地區，過去使用白貝珠串的原住民後代，將手工製作白貝珠串的傳統保留了下來，把白貝珠串重新用在更儀式性、更細微的用途上，當作保留文化傳統的手段。

菸草

1600 年代初期，維吉尼亞州、馬里蘭州和北卡羅萊納州，開始把菸草當成錢，甚至包括具備政府規定的法償效力（legal tender）。然而，長期下來，這套系統就像工業化後的白貝珠串一樣，發生了類似問題。

菸草有高於實用價值的貨幣溢價，因此，人們大有動機多種一些，為了賺進更多貨幣溢價而想盡辦法（也因此最終侵蝕了貨幣溢價）。[29] 跟黃金不同的是，菸草並沒有天生的稀少性，因此無法抵禦人們濫用貨幣溢價，使得其溢價最終消散。當菸草具有貨幣溢價，自然而然的結果就是菸草供給量大增，導致以菸草計價的產品與服務發生嚴重價格通膨。為因應菸草超額供給，殖民政府執法限制種植菸草，例如限定某些族群才能夠生產菸草，在本來不具備稀少性的物品身上，營造出人為的稀缺性。[30] 換言之，只有受到政府青睞的某些群體，才能成為「菸草貨幣發行人」。這顯然是有

---

[27] Claire Priest, "Currency Policy and Legal Development in Colonial New England," *The Yale Law Journal,* 1324–26; Glyn Davies, *A History of Money: From Ancient Times to the Present Day*, 40–41.
[28] Kristin Beuscher, "From Pasack to the Plains." *Northern Valley Press*, May 21, 2019.
[29] Milton Friedman, "Understanding Inflation," 3:01–5:28.
[30] Ron Mitchener, "Money in the American Colonies," *EH.net*.

缺陷的解決方案,而且很難長遠維持下去。

另一個問題是,菸草並不具備完全替代性。菸草的品質有高有低。如果所有菸草都用某個交換率定價,那麼,人們就有很強烈的動機,在當地消費掉最劣質的菸草,並把優質菸草賣到定價公允的海外市場。倉儲業務應運而生,用來處理菸草的存放與分級,並發放標準化的書面單據。這樣一來,就等於是創立了「菸草本位」制。對持有書面收據的人來說,除了現存標的菸草貶值的相關風險外,又多了交易對手風險。[31]

整體來說,把菸草當成貨幣的問題是,當人們想要多種一點菸草,根本擋不了,而貨幣溢價是一個會讓人想多種一點的大誘因。不管是哪一種商品貨幣,增產都是沉重到難以負荷的壓力。黃金幾千年來擋下了這樣的挑戰,但菸草沒辦法。菸草在美國南方殖民地,有段時間扮演了很有用的角色,因為菸草體積很小,而各殖民地早年發展狀況不佳,也沒有足夠硬幣,然而,一旦社會規模擴大且逐漸發展成熟,菸草貨幣體系就再也沒有用處了。政府試過各種方法來延續這種貨幣的有效期限,讓菸草貨幣苟延殘喘一段時間,推遲無可避免的末日,但這套體系在與更穩健的貨幣類型相較之下,終究明顯不堪用,到頭來完全消失不見。[32]

可可豆

中南美各個地區的文明都用過可可豆當作貨幣,歐洲人來到此地時實際上就是使用這套操作,從各種壁畫上可看出,這可以回溯到幾個世紀之前。[33] 可可豆很小,可替代性相當高,而且可以存放的時間相當長。最重要的是,人們很愛可可豆的美味!這些特質使可可豆成為相當適合的貨幣形式。[34]

中南美洲這些文明就和許多工業發展前的社會一樣,有靈活社會信用和以物易物的行事方式,這類操作通常都使用一、兩種極熱銷商品作為強

---

[31] Sharon Ann Murphy, *Other People's Money: How Banking Worked in the Early American Republic*.
[32] Farley Grubb, "Colonial Virginia's Paper Money, 1755–1774"; Barry Eichengreen, *Exorbitant Privilege: The Rise and Fall of the Dollar and the Future of the International Monetary System*, 9–11.
[33] Stefania Moramarco and Loreto Nemi, "Nutritional and Health Effects of Chocolate," 134–35.
[34] Ingrid Fromm, "From Small Chocolatiers to Multinationals to Sustainable Sourcing: A Historic Review of the Swiss Chocolate Industry," 73.

化貿易的方法。在信用不足的條件下，一、兩種稀有且流動性高的商品，常常就成為貨幣。墨西哥的阿茲特克人（Aztec）以銅為貨幣，每個銅幣都被打造成裝飾性的鋤頭或斧頭。如果有人需要進行大額交易，或是要長期把高流動性的財富儲存在小型可攜帶的單位裡，就可以用幾千顆可可豆來換一單位的銅幣。[35]

歐洲人來到美洲時，他們也接受了把可可豆和銅幣當成貨幣來用，但就像世界上其他地方，這種作法最終被更稀有的貨幣形式取而代之。

雅浦島石幣

南太平洋雅浦島（Yap）上的居民，使用大石頭當成貨幣。這種石幣（當地語言將石幣稱為「rai」或「fei」）雕刻成圓形，中間有一個孔，有很多種尺寸，直徑小到幾英寸（1 英寸為 2.54 公分），大到超過 10 英尺（1 英尺為 30 公分）。很多石幣的直徑都至少達幾英尺，算起來重達幾百磅（1 磅為 0.45 公斤）。最大型的石幣超過 10 英尺，重量達幾千磅。[36]

很有趣的是，我看到一位奧地利學派與一位現代貨幣理論（Modern Monetary Theory，簡稱 MMT）學派的經濟學家，都把石幣當成範例。我說有趣，是因為這兩派的貨幣概念天差地遠。奧地利學派的經濟學家通常強調貨幣是一種商品，而國家主義派（Chartalist）學者（現代貨幣主義學派也就是目前的國家主義派）則強調貨幣是一部公共帳本。[37] 如果我們理解商品貨幣本來就具備成為帳本管理者的性質，可以當成帳本來用，那就可以調和兩方的觀點。本書第 4 章會更詳細討論如何調和。

石幣特別之處，是因為它們要用特殊的石灰岩製成，但這在雅浦島上沒有。雅浦島民要遠航 250 英里（約 400 公里）到鄰近的帛琉島（Palau），開採石灰岩然後帶回雅浦島。

他們會派遣一支由多人組成的團隊前往遠方的島嶼，從大型石板上開採石灰岩，之後用木船載回來。想像一下，用木船載著幾千磅重的石頭穿

---

[35] Dudley Easby, "Early Metallurgy in the New World," 77.
[36] Milton Friedman, *Monetary Mischief*, 3–7.
[37] William Luther and Alexander Salter, "Synthesizing State and Spontaneous Order Theories of Money."

越250英里的海路，那是怎麼一回事。多年來，總會有些人死於途中。要完成這項任務需要耗費大量的時間、心力，還要冒很大的風險。

一旦製作石幣用的石頭回到雅浦島，大型的石頭會就地安放不移動。雅浦是一座小島，所有石頭會根據口述傳統來做分類。**擁有石幣的人可以用石幣來交換其他重要的商品和服務，但他們不會搬動石幣，而是在石幣易主時昭告整個社群，以此為形式完成交易。**[38]

從這一點來看，石幣實際上是一種帳本系統，而且和現今的貨幣系統相去不遠。這套石幣帳本會記錄誰擁有什麼，而這剛好是以口語傳播，理所當然只能在小型社群裡運作。

等到歐洲人過來並留下紀錄之時，雅浦島的石幣已經存在了幾千年，這表示世世代代的雅浦人都在開採、運輸與製作石幣。石幣的庫存流量比很高，這是石幣可以當成貨幣來用的主要原因。

1800年代末期，愛爾蘭人大衛・奧基夫（David O'Keefe）來到島上，發現了這件事。他於是憑藉著更好的技術，輕鬆地從帛琉開採石灰岩，帶回雅浦島製成石幣，成為島上最富有的人，驅使當地人替他效命、拿各種東西來跟他交易。麥克・戴許（Mike Dash）在《史密森尼雜誌》（*Smithsonian Magazine*）上發表的文章〈大衛・奧基夫：硬貨幣之王〉（David O'Keefe: The King of Hard Currency），將此事摘要如下：

> 隨著這個愛爾蘭人更了解雅浦島，他發現當地人民很渴望一種商品，且僅此一種：「石幣」；雅浦島正是以石幣而聞名，島上幾乎所有高價交易都使用這種貨幣。這些石幣透過開採霰石（aragonite）製成，霰石是一種在光照下會閃閃發亮的特殊石灰石，因為在島上找不到，所以非常有價值。奧基夫很機敏，他發現，只要他替新朋友們運來這些石頭，他就可以用石頭換到勞力，在雅浦島上種椰子。這位貿易商手上有些大洋洲其他地區通用的貨幣，但雅浦人不太想辛辛苦苦工作去跟他換這些小玩意（一位訪客也不由得認同，在「各種食物、飲水和衣物隨手可得，這裡沒有以物易物

---

[38] Friedman, *Monetary Mischief*, 4.

也沒有負債」的情況下，島民沒興趣也是應該的），但他們會為了石幣而像小精靈般賣命工作。[39]

基本上，更好的技術會讓流量大增，最終打破石幣的庫存流量比。像奧基夫這種身懷更先進技術的外來者，想要給雅浦島多少石幣都做得到，他成為島上最富有的人，並提高了石幣的供給量，長期下來貶抑了石幣的經濟價值。

然而，當地人也很聰明，到最後也讓整個過程緩和下來。他們開始賦予較古老的石幣（已經過驗證，是幾十年前甚至幾百年前徒手開採出來的）更高的價值，因為這一小群的石幣仍然稀有。就好像不管人們創造出多少新的藝術作品，梵谷（Vincent van Gogh）的畫也不會再多了，因此，梵谷的畫作價格只會上漲，別的畫家推出新作品，並不會壓低他的畫作價格。然而，最後的結局早已寫下：石幣再也不是好的貨幣系統。

情況之後愈來愈糟糕。戴許在《史密森尼雜誌》上的文章繼續寫道：

隨著奧基夫過世與德國人全面入侵，1901年後，雅浦島人的處境愈來愈糟糕。新的統治者徵召島民去開挖一條貫穿群島的運河，當雅浦人表示不願，統治者就沒收他們的石幣，用黑漆塗汙錢幣表面，並對島民說他們只能用勞力換回石幣。最糟糕的是，德國人制定法律不准雅浦島人離開島嶼超過200英里。此規定一出，馬上使開採石灰岩的工作停了下來；然而，直到太平洋諸島落入日本手裡、之後又在1945年遭美國占領，石幣仍繼續通用。[40]

這些石幣後來被日本人拿去用，二戰期間權充臨時的船錨或建材，使得島上的石幣數量大為減少。

石幣是一種很值得關注的貨幣形式，這些石幣可以一直流傳下去，純

---

[39] Mike Dash, "David O'Keefe: The King of Hard Currency," *Smithsonian Magazine,* July 28, 2011.
[40] Dash, "O'Keefe."

粹是因為這些東西的美學價值，此外別無其他實務用處。石幣是展示與記錄財富的方法，沒別的了。很多石幣根本不會移動，只有口語紀錄（或者，之後德國人有實際標示）來決定擁有者是誰，本質上，這是一種正式公共帳本最早期的版本。

羽毛

全世界有很多把羽毛當成貨幣來用的部落。有很多文化，都會從大型鳥類（例如老鷹或鸚鵡）身上，收集非常大型或豔麗的羽毛。

有時候，這些鳥類羽毛有很高的儀式性價值，例如，部落領導人會以老鷹的羽毛當作頭飾。有時候，人們是出於一些非正式的目的來收集鳥類羽毛，比方說認為羽毛很美麗或出於個人興趣，偶爾也會用來交易。[41] 羽毛的缺點是很不耐久，放久了會磨耗並毀壞，如果一直把羽毛放在身上帶來帶去，這個問題就更嚴重。

在所羅門群島（Solomon Islands），部落工匠用羽毛做出了一種像腰帶一樣的環圈，這是一種貨幣。每一個環圈裡有從幾百隻小型紅色食蜜鳥（honeyeater）身上取得的紅色羽毛，再加上樹液和其他東西串在一起，這樣就做出比較耐久且獨特的羽毛錢。然而，從本質來看，這樣的錢可替代性會受限，從地理上和文化上來說，也只能在很小的地方流通。

非洲珠子

在西非有些地方，幾世紀以來都使用貿易珠（trade bead）當成貨幣，時間至少可以追溯到 1300 年代甚至更早以前。有很多罕見材料都可以做成貿易珠，例如珊瑚、琥珀與玻璃。威尼斯玻璃珠也透過貿易，逐步進入撒哈拉沙漠以南的西非。在這方面，我們找到的最早期有紀錄參考資料之一，來自伊本·巴圖塔（Ibn Battuta），這位著名的十四世紀摩洛哥旅行家到處探險旅行，走遍非洲和亞洲。

埃米爾·山德斯泰德（Emil Sandstedt）在《被廢除的貨幣：歷史之旅》

---

[41] David Jones, *Native North American Armor, Shields, and Fortification*, 41.

（*Money Dethroned: A Historical Journey*）中，引用了巴圖塔對於西非貨幣實務系統的觀察：

> 在這個國家旅行的人，都不會隨身攜帶簡單的食物還是調味料，也不帶黃金或白銀。旅行者都只帶著一點鹽和人們稱為珠子的玻璃裝飾品，和一些香氛香料。[42]

這些都是遊牧社會，經常遷徙，將你的錢做成美麗珠串帶在身上，會是種很有用的能力。人們會持有這些珠串，並當成貨幣來做交易。在此同時，以他們的技術水準來說，要製作出珠串是件難事，因此珠串可以維持住高庫存流量比。

到後來，歐洲人開始更頻繁地探訪西非，在各地進進出出，注意到當地使用貿易珠後便善加利用。歐洲人擁有製作玻璃的技術，不需太費力即可做出美麗的珠子，因此，他們可以拿大量的珠子，來交換大宗商品和其他財貨（很不幸的，當中也包括奴隸）。[43]

由於技術上的不對稱，歐洲人在西非各地大量供給玻璃珠串，導致玻璃珠串價值大跌，並在過程中從這些社會裡擷取了大量的價值。西非人持續拿當地珍稀貨物來交易，從重要的大宗商品到寶貴的人命都有，以交換數量比他們想像中更龐大的玻璃珠子。[44] 他們這是用真正有價值的東西，去換虛假的價值。挑錯了貨幣類型，比方說挑到這一種，就會出現嚴重惡果。

但我們也不能說是因為歐洲人玩了套把戲才導致這種結果，事情沒這麼簡單，因為非洲人對不同類型珠子的偏好會隨著時間推移而改變，且不同部落的偏好也不相同。貿易珠和石幣的發展經歷很相似：當工業技術開始帶動新石幣的供給量以更快的速度成長，雅浦島人賦予舊石幣的價值也開始高於新石幣；換成貿易珠，西非人的品味喜好則顯然是根據美學和稀有性而改變。然而，以這套系統來說，貿易珠幣在貨幣特徵中的可替代性

---

[42] Emil Sandstedt, *Money Dethroned: A Historical Journey*, 43.
[43] Emil Sandstedt, "Tales of Soft Money — The Trail of Beads," *Medium* May 26, 2019.
[44] Laure Dussubieux et al., "European Trade in Malawi: The Glass Bead Evidence."

得分很低,降低了這種貨幣當成交易媒介使用時的可靠性。貿易珠跟石幣一樣,面對技術的進步,到最後都無法維持高庫存流量比,最終,其貨幣地位就被取而代之。

大東亞戰爭軍票

日本帝國使用一種本身並非商品貨幣的弱貨幣,用來取得其掌控區域的稀有商品和服務。

二次大戰期間,日本帝國入侵亞洲各地,他們徵收當地的硬貨幣,發行特殊的紙幣取而代之,稱為「大東亞戰爭軍票」(invasion money)。[45] 遭到侵略的人民,被迫儲藏與使用這些沒有擔保、供給上也沒有稀缺性的紙幣,長期下來,其價值最終蕩然無存。這是日本榨取子民儲蓄,同時又在這些地區提供臨時性計價單位、好讓經濟性交易持續下去的辦法。

我在本書稍後會提到,今天很多開發中國家的情況,雖然不如前述這麼極端,但很讓人難過的是,同樣的現象仍然存在:人民一直用當地的法定貨幣儲蓄,但幾乎每一代的存款都遭受嚴重的貶值,被統治階級和富裕階級吸走了。

穀物

古代巴比倫使用銀謝克爾(silver shekel)當成重要的貨幣單位,但也經常使用穀物來作為支付形式。穀物是當地的主食,經常用來支付當天的薪資,也常被當成其他交易的單位。[46]

歷史將近四千年的《漢摩拉比法典》(Code of Hammurabi),規定穀物具有法償效力:

第108條:如果酒販不接受以穀物當成賣酒的價金,而是要收取用大石頭做的貨幣,或是收取穀物時給予的酒量比較少,那可以對酒販追究責

---

[45] Dazmin Daud, "A Study on Two Varieties of $100 Malaya Japanese Invasion Money (Pick #M8A)," 43.
[46] Goetzmann, *Money Changes Everything*, 59–69.

任,並把她丟進河裡。

第111條:如果酒販以賒帳的方式出售60卡(KA)的酒,收成時她應拿到50卡的穀物。

第114條:如果一個人不欠另一人的穀物或貨幣債務,另一方卻強行扣押此人,每一次扣押就要支付三分之一瑪納(mana)的白銀給對方。

第115條:如果一個人欠另一方穀物或貨幣債務,債權人為了債務扣押對方,被扣押的人在扣押人的房子裡身亡,此案不會有任何刑罰。[47]

用農產品當貨幣,其難點在於:在整個年度裡,貨幣供給量會出現巨幅變化。收成的季節會出現很多新的穀物貨幣,之後,在一年裡的其他時間,穀物的供給會因人們把穀物拿去做麵包與釀啤酒而減少。農民通常要借錢才能支付開銷,然後拿收成(順利的話)付給債權人,償還他們在非收穫季時借來的債。

在許多這類社會裡,歉收可能意味著農民的財務狀況完蛋了,農民及/或他們的家人,很可能成為債務奴隸。不過,很多君王不時會寬免債務,或是藉由某些事件赦免債務人,或限制償付債務必須履行的苦役,以對債權人設限。

第48條:如果某人欠債,而暴風雨淹沒了他的田地、毀了收成,或者因為缺水導致田裡的作物無法成長,當年他得以不用償還任何穀物給債權人,他得以修改契約板,而且當年他得以不付利息。

第117條:如果某人欠債因此賣掉他的妻子、兒子或女兒,或者讓他們一起去提供服務,他們應在買方或主人家中工作三年,他們應自第四年獲得自由。[48]

巴比倫為我們提供了一些最早的制度化範例,包括度量衡、商品貨幣、

---

[47] Hammurabi, *The Code of Hammurabi, King of Babylon*, 37–39.
[48] Hammurabi, *Code of Hammurabi*, 27, 41.

書面信貸、保管契約與法償效力等。君王訂出基本的商業規則，以處理在他們統治之下到處都會發生的結構性失衡；神廟則擔負起行政管理系統的功能，帶動制度化的商業活動。

電玩遊戲貨幣

大型多人線上遊戲造成了一個非常有意思的結果：無意間引發了各種經濟實驗。基本上，這類遊戲就是用新的規則組合，在各種不同的經濟環境下重新運作，而這也帶動了關於新興經濟現象的案例研究。

一個很知名的範例，是線上遊戲《暗黑破壞神 II》（*Diablo II*）中形成的新興貨幣；這套 2000 年推出的動作奇幻多人遊戲極受歡迎，賣出了幾百萬套（買家包括青春期的我）。多年來有些人分析遊戲中的經濟，而《21 條心法》（*21 Lessons*）[49] 的作者琪琪（Gigi）2022 年發表的一篇文章，才引起我的注意。[50]

《暗黑破壞神 II》遊戲裡有一種稱為「金幣」（gold）的貨幣（就像我們想像中的世界裡會有的東西），而設計上有意無意間造成的阻礙，使得「金幣」無法成為遊戲中最好的貨幣形式。首先，玩到等級高了之後自然會得到大量「金幣」，但你的遊戲角色身上能攜帶的金幣數量是有限的。其次，每當你的遊戲角色死亡，你會失去一部分隨身攜帶的金幣，而其他東西則都可以拿回來。既然「金幣」有這些限制，玩家自然而然會想把自己的財富，儲存在其他寶物上。

此外，這套多人遊戲裡有很多罕見道具，也有很多方法可以把次級道具升級成更高級的寶物，玩家自然會想互相交易。遊戲中的角色分成德魯伊（druid）、野蠻人（barbarian）、聖騎士（paladin）、法師（sorceress）等等職業。在這些職業框架下，每個角色都能有不同的配點方式，技能發展與裝備也有很多可能的方向，因此，對某個玩家來說很有用的罕見寶物，可能對另一位玩家來說沒有太大用處，一個充滿活力的交易經濟體於焉成形。

---

[49] Gigi, *21 Lessons: What I've Learned from Falling Down the Bitcoin Rabbit Hole.*

[50] Gigi, "Bitcoin Is Digital Scarcity," DerGigi.com, October 2, 2022. See also Solomon Stein, "The Origins of Money in *Diablo II*."

以物易物要能成功，需要滿足慾望雙重巧合的條件。如果一個野蠻人和一個法師要碰頭交易寶物，他們很可能無法成交。野蠻人想要的或許是一把重型斧頭，法師想要的則可能是一柄法杖。遊戲裡有幾百種寶物，他們各自都擁有對方想要東西的機率，有多高呢？

　　為了滿足交易需求，玩家間迅速在遊戲中催生出另一種除了「金幣」以外的貨幣。由於特性上的差異，某些道具本來就會比其他道具更值錢。每個玩家可攜帶的道具空間是有限的，道具愈大，占的位置愈多，因此，被當成貨幣的道具，其價值要與其所占據的空間相稱。此外，可以當成貨幣的寶物也必須是大家喜歡的，不能是只有野蠻人可用的小眾寶物，必須是多數職業都會用到的東西。

　　在遊戲發展最初幾年，一種罕見的戒指「喬丹之石」（Stone of Jordan，簡稱 SoJ）成為《暗黑破壞神 II》玩家普遍通用的貨幣。不管是哪種角色，只要戴上喬丹之石，就可以提升法力值和所有技能，因此對每個人來說都有用，且對各法系職業而言用處更大，因為法力值對他們而言是非常重要的資源。對特定角色來說，喬丹之石可能是、也可能不是「最佳」裝備，但每個角色都可善加利用；而對某些角色來說，喬丹之石確實是非常值得配戴的頂尖寶物。除實用性之外，由於每個人都收集喬丹之石當成儲蓄，並把它們當成很好賣的商品用來交易，因此它也有了貨幣溢價。喬丹之石在角色可攜帶容量中，占據空間極小，所以具備極高的價值密度。稀罕的武器與裝備都會用喬丹之石計價；一柄稀有魔法劍可能值 8 顆喬丹之石，一把稀有魔法弓可能值 5 個喬丹之石。

　　某個法師可能在旅程中收穫某些稀有道具，他可以賣給其他玩家以換取喬丹之石，收下來後長期持有。如果有一天他碰到一個野蠻人，對方剛好有他想要的稀有法杖，他就可以用這些喬丹之石換取。之後，這個野蠻人最終可能會碰到某個人，擁有他想要的重型斧頭，於是也拿出喬丹之石來換。這會比排著隊、拿著特定的法杖，要求直接換取特定的重型斧頭，來得更加輕鬆。

　　喬丹之石自然而然出線，成為玩家間的貨幣，是因為此物在遊戲道具中具備最佳的貨幣特質。遊戲開發人員並沒有刻意要把喬丹之石當成貨幣來用,也不是玩家某天聚在一起、隨意地挑選這種道具當成錢;而是透過快速分析與來回驗證,千百萬玩家得出了一個結論:喬丹之石是遊戲中最好的貨幣。一旦成為遊戲中的貨幣,喬丹之石就比其他非貨幣道具有更高的流動性。很多人把喬丹之石當成儲蓄,也有很多人願意接受喬丹之石,因此,這種道具會比其他道具好賣。多數玩家不會引用《國富論》或類似的經濟學文獻,來說明他們使用喬丹之石的理據;他們只是直覺上曉得:遊戲裡要是有貨幣的話會很有用,可以解決無信用世界裡的以物易物問題,而這種罕見、小型且用途廣泛的道具,最適合成為貨幣。

　　喬丹之石有個缺點,那就是這東西很寶貴但不可分割。因此,遊戲中也有另一種名為「完美骷髏」(perfect skull)的道具出線,成為次要貨幣。完美骷髏所占空間很小,用途也很廣,但不像喬丹之石這麼罕見。5個完美骷髏可以換到1個喬丹之石,至於用幾個喬丹之石可以換到傳奇魔法武器和裝備,則不一定。換言之,喬丹之石就像是用來做大額交易的銀行鈔票,完美骷髏則像是做小額買賣或當成零錢的硬幣。

　　最後,有玩家發現遊戲裡出現程式漏洞,他們可以複製喬丹之石,喬丹之石隨即大量湧入市場,價值跟著貶低。遊戲開發人員嘗試找出錯誤的程式碼,並刪除因此複製出的道具,於是玩家們打開遊戲後發現,他們擁有的某些喬丹之石就這樣不見了。到了這個時間點以後,喬丹之石已不再是良好的貨幣了,這跟很多商品貨幣一樣,因為技術進步導致它們過時。程式出現漏洞導致玩家得以複製,這種「技術」把喬丹之石打入了不良貨幣之列。

　　遊戲開發商推出《暗黑破壞神II》擴充版時,引進了更多道具,其中包括符文(rune)。符文可以插進各種裝備,讓裝備力量更強大,也可以用特定方式組合,創造出全新裝備。符文很小、很寶貴且很有用處,不同類型的符文,稀少的程度也不相同,這種特質實際上就像是不同面額的鈔票一樣。從那時候開始,暢銷的符文也就自然而然成為遊戲裡的貨幣。

　　這個案例研究(以及其他類似的研究),基本上講了一個快轉過程,闡明某種商品如何因具備某些特徵而炙手可熱,自然而然成為社會中的貨幣,之後又隨著條件變化,失去了人們的青睞。

第 3 章

黃金如何在商品戰中勝出

　　從前一章中可以看到,在任何使用某種形式商品貨幣的社會裡,這種商品會自然而然控制帳本。大自然決定了生產這種貨幣的難易度,從而決定這種貨幣多能抵禦貶值。如果社會中每一個人的技術發展程度大致相當,就沒有人可以愚弄帳本。每個人都需要付出類似的心力,才能創造出新的貨幣。

　　然而,當工業化社會遇上了工業化之前的社會,工業化社會就能有效掌控前工業社會的帳本;他們具備技術能力,可以稀釋前工業社會使用的商品貨幣,但反向操作則不可行。要讓整個前工業社會都理解到這點並傳揚開來,需要時間;很遺憾的是,這就讓工業化社會有時間剝削前工業社會,拿走他們寶貴的資源。

　　因此,不同的商品貨幣是成是敗,有個自然的篩選面向,比較沒那麼稀少的貨幣會慢慢消失、不再存在,最稀有的貨幣則可以一直存在下去,世界上各個不同的人類群體時不時會碰上彼此,使用中的商品貨幣數目也因此慢慢減少到只剩下一些。

　　如果用型態沒那麼理想的貨幣來儲存財富,無法確切衡量或理解所用貨幣的供給成長狀況,可能會對個人或整個社會造成很嚴重的苦果。很不幸的是,就連實體紙鈔與電子帳本系統也會碰到這樣的問題,或者,其實應該說這些技術讓問題更加嚴重;這個問題,本書會留待稍後再來討論。幾千年來,有兩種商品持續打敗其他競爭對手,在多個地區都能保有貨幣特質:黃金和白銀。古往今來,面對全世界各個文明不斷強化技術實力,唯有黃金和白銀,仍維持可成為貨幣的高庫存流量比,同時還保有貨幣溢價。[51]

---

[51] C.R. Fay, "Newton and the Gold Standard," 117–18.

人類想出了辦法，基本上，我們需要的所有珠子、貝殼、石頭、羽毛、鹽、毛皮、牲口、穀物和工業材料，都可以靠更先進的技術製成或取得，這也就壓低了這些東西的庫存流量比，它們也就無法再當成貨幣使用。但即便技術這麼進步，除了罕見的情況，比方說工業化社會找到還沒有人開採過的新大陸可以開採，或是發明了如氰化萃取法（cyanide extraction）來提取黃金，大致上我們仍無法明顯地壓低黃金和白銀的庫存流量比。[52] 在整個現代史中，黃金的庫存流量比都維持在 25 倍到 100 倍之間，大致來說，平均值為 50 倍或高一點；十九世紀中葉的淘金熱期間，這個數字曾短暫下跌，但也未低於 16 倍[53]。換言之，除了找到新大陸或其他一次性事件外，從歷史上來看，我們無法長期將每年黃金的供給量提高超過約 2%，就連 1970 年代、金價十年內上漲十倍的時候也都一樣。[54] 白銀的庫存流量比，通常在 10 倍或更高一些，依舊是個相對高的水準。

大多數其他商品的庫存流量比都低於 1 倍或 2 倍。就算是最罕見的元素，比方說鉑（platinum）或銠，由於產業界快速消耗這些東西，因此庫存流量比相當低。

人類在新技術協助下更有能力開採黃金，但黃金本來就是很稀有的東西，我們已經把最容易開採的地表儲量都開採的差不多了，現在剩下的都是位置很深、很難抵達的礦藏。開採這些礦藏的難度，會根據技術進步的動態調整。或許有一天，我們可以派出無人機，進行小行星採礦或深海採礦，或者擁有某些類似的科幻小說技術水準，最終打破這樣的循環；但在那天到來之前，黃金仍能保有高庫存流量比。那些礦藏環境絕不宜人，開採黃金的成本很可能相當高。

基本上，無論何時，當任何商品貨幣碰上黃金和白銀，爭著想要成為貨幣，勝出的永遠是黃金和白銀。其他商品可以在特定區域的特定期間內維持貨幣地位，但黃金和白銀則已經證明自身的能力，可以在全球競逐貨幣地位，而且每次都贏。這是因為，當文明與貨幣相遇，持有黃金和白銀

---

[52] Alan Lougheed, "The Discovery, Development, and Diffusion of New Technology."
[53] Hugh Rockoff, "Some Evidence on the Real Price of Gold," 621.
[54] Greg Cipolaro and Ross Stevens, "The Power of Bitcoin's Network Effect," 6.

的人，有相當的技術實力讓其他形式的貨幣貶值，但持有貝殼、珠串、牲口、鹽、紡織品和非貴金屬的人，卻無法讓黃金和白銀貶值。

貴金屬錢幣

當權者會制訂標準化的單位，以進一步強化黃金和白銀的貨幣地位，通常都是透過製作錢幣。很多地方都有鑄造貴金屬錢幣的紀錄，位於現代土耳其的呂底亞（Lydia），是其中一個目前已知最早鑄造金銀幣的文明，時間可以回溯到西元前六世紀。

由廣受認同的權力機構（在當時多半是王國或帝國）來發行錢幣，有其好處，那就是這些錢幣的大小、重量和純度，都會有標準化的單位，這樣一來，商業結算就會比較輕鬆。如果沒有特定的單位，每次交易時就要去衡量使用到的金銀成色有多少，而標準化的單位尺寸，可以把這步驟剔除到交易流程之外。錢幣上印上帝王的臉龐，錢幣的邊緣還可能有一些鋸齒，以防有人把金屬刮下來，進一步證明錢幣品質和貴金屬含量確實通過了驗證。即便時至今日，如果你去買現代主權國家發行的金幣，例如美國鷹揚金幣（American Eagle），相對買一整塊的金塊金條，買金幣時每盎司都要多付一點溢價，大家願意這樣做，是因為他們知道自己買到的是真正的黃金，而且也知道以後這東西也可以很容易就賣出去。

此外，王國通常會指定這些錢幣享有法償貨幣的地位，由於具備了有保證的可接受度與流動性，這些錢幣可以換得價值高於純金屬含量的東西，在轄區內的價值也高於金屬含量類似的外國錢幣。換言之，我們可以把具有法償效力的貴金屬錢幣想成擁有三層價值：第一層價值是貴金屬含量本身的價值。第二層價值是與單純的金屬相比下，錢幣具備驗證溢價，也享有便利性溢價；本國錢幣與外國錢幣都適用這道理，但程度不同。第三層價值是流動性溢價，這只限於本國錢幣，因為本國錢幣廣獲接受（通常是法律規定的），且在轄區內商人認可這具有法償效力。以錢幣單位計價的薪資和物價，多半都有一定程度的「固著性」，這是指，就算貴金屬或錢幣的供給量在短期內發生變動，整個社會薪資和物價也需要一段時間才會出現變動。

從古到今,這幾層價值不斷遭人濫用。當政府發現因為戰爭、貪婪或管理不當導致預算無法平衡時,最後就會屈服於讓貨幣貶值的誘惑。舉例來說,國王可以在收稅時收取 1,000 個純金金幣,熔掉之後做出 1,111 個含金量各為 90％的金幣(其他 10％用比較便宜的熔填金屬製作),然後把這些金幣用掉,讓它們回到經濟體裡;在這樣的操作下,黃金的總量相同。多數人會覺得這些金幣跟之前沒什麼差別,薪資和物價的變動也很緩慢,國王甚至還可能強迫人民用之前的記帳單位,來接受含金量較少的金幣,比方說,他可以用相同數量的新金幣來付士兵的薪水。幾年過後,如果國王還是負債,他可以把收到的稅收再度熔掉,鑄造含金量 80％的金幣,然後把這 1,250 個金幣花掉,回到經濟體裡。如果這樣還不夠,他(或是繼位者)可以再把含金量降到 70％,依此類推。

一開始,人們通常會以過去的面值接受這些含金量僅 90％、價值稍微遭到貶抑的金幣,特別是,人們會因服從法律而這麼做。這是因為,金幣本身有一部分的價值,是獨立於根本的金屬價值之外的。[55] 等到含金量少的金幣流通時間長了,且又因被稀釋、導致貨幣數量更多,要想堅持過去的面值,顯然就會變得愈加困難。物價上漲,人民繳稅時從儲蓄裡拿出含金量較高的金幣,賺的所得卻是新近鑄造出來、貶值的錢幣,他們的薪資與存款價值也就隨之下跌。由於人們需要更多金幣來支應費用,長期下來,薪資會被推高。商人會想辦法留下最純的金幣,把被稀釋的金幣放出去,到了這個時候,金幣已經不再是標準化的單位了,整體貨幣基數中的可替代性也就隨之被削弱。非由鑄幣政府所管轄的海外商人,很快就會要求,在用價值減損的金幣計價時要提高價格,這樣他們才願意提供商品與服務,而且會更嚴格以金屬含量來評定金幣的價值。到最後,因為國王後續收稅時收不到最純的金幣,再加上被人們藏起來、或者被外國商人帶到轄區之外,優質的純金幣就不再流通。

像這樣讓錢幣貶值的過程,通常要花上好幾年、甚至好幾十年。我們用羅馬第納烏斯銀幣(silver Roman denarius)來舉例;這種西元前 211 年

---

[55] Thomas Marmefelt, *The History of Money and Monetary Arrangements*, x and ch. 3.

推出的小銀幣，純度超過95％，之後的尺寸有縮小，但銀的純度仍超過95％。在提比略（Tiberius）統治之下，曾有一小段時間提高銀幣的純度，但到了約西元64年，尺寸再度縮小，而且含銀量降至不到94％。之後，這樣的大小維持了幾個世紀，但純度三不五時就會減少幾個百分比。到最後，純度開始快速降低，到了西元274年時，含銀量只剩下約5％。各種薪資，包含政府發的，並不會把每次第納烏斯銀幣的稍微貶值考慮進去，並且馬上跟著調整；因此，帝王在啟動貶值行動時，他可以用自己手上的白銀換到更多價值。[56] 長期下來，隨著市場上銀幣的供給量愈來愈大，物價最終會往上拉，士兵也會要求領到更高的薪資。

以全世界來說，隨著銀行系統強化，對錢幣的需求也跟著減少，在此同時，也提高了黃金有限的可分割性（本書之後也會討論到這些部分）。人們可以把黃金存進銀行，拿到代表有權利贖回所儲黃金的紙本收據憑證。銀行知道大家不會同一時間都跑來要求贖回黃金，於是先做布局，發出高於銀行所持黃金數量的可贖回憑證，開始經營部分儲備銀行體系（fractional reserve banking）。[57] 隨著時間過去，很多國家把銀行體系整合納入中央銀行系統，整個國家放棄了代表可以贖回特定數量黃金的紙本憑證。[58]

從十九世紀末到二十世紀初這個時代，黃金終於在貨幣用途上勝過了白銀。白銀失去了一部分的貨幣溢價，與黃金之間的相對價值因此貶損，不如幾千年前那般強勢。

巴里・艾肯格林在《全球化的資本：國際貨幣體系史》（*Globalizing Capital: A History of the International Monetary System*）書中解釋了為何金本位勝過銀本位：大致上來說是意外。艾肯格林指出，1717年時，英國鑄幣廠主管（不是別人，就是大名鼎鼎的伊薩克・牛頓爵士〔Sir Isaac Newton〕本人）把官方的金銀比率訂的太低。[59] 因此，多數銀幣不再流通，金幣成為英

---

[56] Colin Elliott, "The Acceptance and Value of Roman Silver Coinage in the Second and Third Centuries AD."
[57] Stephen Quinn, "Goldsmith Banking: Mutual Acceptance and Interbank Clearing in Restoration London," *Explorations in Economic History* 34: 411–414.
[58] Charles Goodhart, *Evolution of Central Banks*.
[59] Barry Eichengreen, *Globalizing Capital: A History of the International Monetary System*, 5–10

國國內毫無爭議的錢幣。[60] 之後，隨著英國在十七世紀成為最強帝國，在國際上崛起，進而取得主導地位，金本位（而不是銀本位）網絡效應傳遍全世界，多數國家也把自家貨幣與金本位制掛鉤。有些國家長期堅守銀本位，例如印度和中國，則會發現自家的貨幣價值，隨著北美和歐洲的白銀需求下降而走弱。

另一方面，塞費迪安・阿穆斯在《比特幣本位：中央銀行的去中心化替代方案》（*The Bitcoin Standard*）一書裡強調，黃金的可分割性因為銀行體系技術的進步而大有改善。[61] 我們之前提過，黃金在貨幣的多數特質上都和白銀相當或是更好，唯獨可分割性例外。白銀的可分割性優於黃金，也因此，幾千年來，白銀多是日常使用的貨幣，而黃金大部分是皇家、商家和宗教界在使用。銀行系統的技術進步，以及以黃金擔保的紙幣推出不同面值，強化了黃金實質上的可分割性。之後，除了交換紙幣之外，人們最終可以藉由電信通訊線路「傳送」貨幣到世界上其他地方，把銀行和帳本當成保管中間機構來用。這就是金本位：以黃金來擔保紙幣和金融交換系統。到了這個時候，已經沒有什麼理由去使用白銀了，黃金是庫存流量比很高的稀少且耐久金屬，現在由於進一步的抽象化，其可分割性基本上就跟白銀一樣了。

我想，兩種說法中都有事實的成分，而我個人認為阿穆斯一開始就從更深處的貨幣特質相關公理切入，他的解釋比較完整。紙鈔提高了黃金的可分割性，使這種更強勢的貨幣長期下來得以勝出，但政治決策造成的網絡效應也有關係，影響了這些改變散播出去的時間點，以及受影響的地區。

到了二十世紀後半葉，全球銀行體系讓黃金與白銀都失去了貨幣的地位，但即便在這之後，黃金還是能擁有另一種超越白銀的新貨幣溢價，因為黃金是一種很理想的儲蓄形式。幾千年來，不同地區的黃金，交易價格都比白銀高，價差為 10 倍到 16 倍。[62] 然而，在上一個世紀，金銀價比平均約為 50。等到洲際電信通訊系統問世，1860 年代建立部署起連線式銀行帳

---

[60] Fay, "Newton," 111.
[61] Ammous, *The Bitcoin Standard*, 28–29.
[62] J.B. Maverick, "A Historical Guide to the Gold-Silver Ratio," *Investopedia,* July 27, 2022.

本之後，相對於黃金，白銀在結構上失去了很多過去在歷史上享有的貨幣溢價，我認為這並非巧合。

圖 3-A [63]

金銀價比，1693 － 2023 年

隨著黃金白銀不再當成交易的媒介來用，白銀優越的可分割性也變得幾乎可有可無。黃金是庫存流量比高的稀少且耐久金屬，以儲蓄來說，這些都是極為重要的特質，因此，黃金很可能接收了部分白銀的貨幣溢價。全球央行金庫裡仍儲有黃金，很多央行每年也會買進更多黃金，當成外匯儲備的一部分。央行們持有的黃金規模達幾百噸，甚至幾千噸，對於這些大量且長期的儲蓄人來說，黃金的價值比白銀更高，是很有用處的特點。所以說，雖然政府發行的紙幣不再以具體數量的黃金作為擔保，但黃金身為央行儲備資產，仍是全球貨幣體系中間接且重要的一分子。沒有任何自然而然出現的商品，能夠取代黃金的地位。

---

[63] Silvan Frank, "Gold to Silver Ratio."

如果這麼好的貨幣，都還會有一些天生的限制（比方說黃金的可分割性受限），那自然就有了多種貨幣共存的空間。長期來說，需要有雙本位制、甚至三本位制，以修正黃金的可分割性限制。另一方面，如果最好的貨幣沒有任何限制，那這種最好的貨幣就會愈來愈強勢，到最後排擠了其他所有貨幣。人們已不再廣泛把黃金和白銀當成交易的媒介使用，但還是會把這兩種金屬當成長期的價值儲存工具。黃金的耐久性比較好、庫存流量比較高，且每單位質量與數量的價值也比較高，因此對多數大額持有人來說，是更有吸引力的選項。

　　時至今日，黃金和白銀在全世界仍廣受認可，享有一定程度的貨幣地位。雖然它們並非廣獲接受的支付方式，但如果我帶著一些金幣或黃金珠寶，幾乎在每個國家都可以到交易商或商家，以合理市價讓他們用當地貨幣跟我買下這些黃金商品，且通常沒什麼難度。不管是金幣、金條還是金飾，當人們想要用沒有交易對手風險的高價值密度、有流動性且可替代的不記名資產形式來儲存價值時，實體黃金仍是最好的辦法之一。

第 4 章

貨幣統一論

關於貨幣的定義與起源，相關的說法在經濟學上主要分成兩大陣營，這兩大陣營之下又各有子陣營。

其中一派稱之為商品貨幣理論（commodity theory of money），相反的另一派則是信用貨幣理論（credit theory of money）。本書前幾章兩派的說法都有講到，本章則要更具體討論要如何調和這兩派理論。

以西方經濟學文獻來說，商品貨幣理論至少可回溯到古希臘亞里斯多德（Aristotle）的《政治學》（Politics）；1776 年，亞當・斯密的《國富論》又詳加闡述，這套理論因此風行起來。之後，卡爾・門格爾、路德維希・馮・米塞斯，和其他在十九與二十世紀建構奧地利經濟學派的經濟學家，又發展出更多細節。商品貨幣理論主要講的概念是，要達成以物易物的交易，必須滿足慾望雙重巧合的條件，非常沒有效率，因此，社會中自然會用可以抵禦貶值力道的熱銷商品（例如黃金和白銀）當成計價的單位、交易的媒介以及儲存價值的工具，以降低商業的摩擦力。卡爾・門格爾在他所寫的《經濟學原理》（Principles of Economics）裡主張：

> 貨幣並非國家政體的發明，也不是立法行動的結果。就算政治性權力機關採取強硬措施，貨幣也不必然就能存在。某些商品自然就會成為貨幣，是因為經濟性的關係，與國家政體的權力無關。[64]

信用貨幣理論則常被用來反駁商品貨幣理論，其最早可回溯至十九世紀下半葉的經濟學家亨利・鄧寧・麥克勞德（Henry Dunning Macleod）以及格奧爾格・弗里德里希・克納普（Georg Friedrich Knapp），但直到比較近期

---

[64] Carl Menger, *Principles of Economics*, 262.

才有更完整的論述。阿爾弗雷德・米契爾－英尼斯（Alfred Mitchell-Innes）在1900年代初期，簡要闡述了這套理論；約翰・梅納德・凱因斯（John Maynard Keynes）則受到這套理論影響，將其納入他自己開立的經濟處方箋裡。[65] 1940年代，阿巴・勒訥（Abba Lerner）建構了現代貨幣理論[66]，1990年代，由華倫・莫斯勒（Warren Mosler）、比爾・米契爾（Bill Mitchell）和賴瑞・蘭德爾・雷（Larry Randall Wray）等經濟學家振興，進一步發揚這套思維。[67] 之後，人類學家大衛・格雷伯（David Graeber）寫的負債史相關作品大受歡迎；相對於商品貨幣理論，他通常更偏好信用貨幣理論。信用貨幣理論的主調，強調貨幣的核心是信用，而非商品。米契爾－英尼斯於1910年代發表了幾篇影響力深遠的論文，他在第二篇〈貨幣信用理論〉（The Credit Theory of Money）裡，總結出以下論點：

簡言之，信用理論的論點如下：買賣是用商品來交換信用。這套主理論衍生出次理論，認為決定信用或貨幣價值的因素，並非單一或多種金屬的價值，而是因為債權人取得了「接受支付」（為結清信用）的權利，而債務人承擔了「支付」債務的義務；還有，之後反過來的，債務人在清償欠債權人的債務金額後、得以擺脫債務的權利，以及債權人要接受對方償付以結清信用的義務。

這是基本理論，但在實務上，當債務人取得信用時，這名債務人不見得就是提供信用者的債務人。我們都是買方和賣方，所以，每個人都同時既是彼此的債務人也是債權人，透過效率極高的銀行機制，我們賣出自己的信用，銀行也成為了商業的結算所，整個社會的負債和信用都集中在一起，彼此相抵。因此，實務上，任何好的信用都可以拿來償付任何債務。[68]

這些議題天生趨向於政治化，從而導致兩大陣營彼此間的對立，也讓

---

[65] John Maynard Keynes, "A. Mitchell-Innes. *What Is Money?*"
[66] Abba Lerner, "Money as a Creature of the State."
[67] Dylan Matthews, "Modern Monetary Theory, explained," *Vox*, April 16, 2019.
[68] Alfred Mitchell-Innes, "The Credit Theory of Money," 152.

現代以此為核心的討論更加複雜。偏好小政府的經濟學家，傾向於接受貨幣的概念是一種由下而上出現的現象。關於國家政體在發行貨幣上應涉入到何種程度，支持小政府觀點的人通常主張，應該以某些具備自然稀有性的東西來限制國家政體創造貨幣的能耐，例如以特定數量的黃金來做擔保並允許贖回。另一方面，偏好大政府主義的經濟學家，傾向於接受貨幣的概念是國家政體由上而下施政的產物，或者，至少是一種許多面向本來就和社會政治組織綁在一起的東西。很多支持這種思路的人認為，不應用自然的稀有性來限制國家政體的能力；反之，應該讓政府擁有高度的彈性，掌控發行貨幣的供給量，以利達成各種目標。

本書第 1 章討論狩獵－採集社會，原始商品貨幣和信用的概念，都可以回溯到最早期、最基本的人類互動，商品貨幣理論和信用貨幣理論，都有助於從最根本處全面理解貨幣的定義與起源。拿這兩套不同的理據來做比較，我們就可以得出最廣博且最精準的貨幣定義。

直接畫出時間線

要調和兩種相左的貨幣理論並找到根本的基礎，要先探討這兩者的差異，看不同的理論各自講對了哪些、又講錯了哪些。

要做這項練習的話，我們要回過頭去看《國富論》，亞當·斯密在這本書裡講到了以物易物的問題，也提到為何會自然而然出現熱銷商品貨幣來解決這個問題：

> 剛出現勞動分工時，這股交換的力量在運作時必會遭受重重阻礙，萬般窘迫。我們假設有一個人握有的某種商品多過他本人所需，另一個人則需求不足。因此，前者會很樂意處裡掉一部分多出來的東西，後者則願意向對方購買。但如果後者剛好沒有前者所需的東西，兩人之間就無法達成交易。肉販店裡的肉太多，他自己吃不完，釀酒人和烘焙師傅兩人都很願意跟他買一些。然而，他們都只有自身從事產業生產出的產品，沒有別的東西可以拿出來交換，但肉販擁有的麵包和啤酒，已足以供應他當下的需求。以這個例子來說，他們之間不會有交易。他無法成為他們的商家，他們也

無法成為他的顧客,他們所有人對彼此來說都不太適合。若要避免這類情況造成的不便,在一開始確立了勞務分工之後,社會中每個階層的每個明智之人,必定會自然而然用某種方法來管理自己的生活事務,除了自己所從事產業的產品之外,時時刻刻也會備有一、兩種他認為不太會被拒絕、大部分的人都樂於用自家產品來交換的東西。歷來人們想過、也用過許多不同商品來達成此目的。在比較原始的社會中,牲口被當成普遍的商業工具;雖說牲口想必是一種最不方便的工具,然而我們發現,古時候常有很多東西,是用可以換得的牲口數目來衡量價值。荷馬在《伊里亞德》中就說,阿爾戈斯國王迪奧米德(Diomede)的鎧甲值九頭牛,但特洛伊盟軍勇士葛勞克斯(Glaucus)的鎧甲值百頭牛。鹽據說是阿比西尼亞(Abyssinia,衣索比亞舊稱)最常用的商業與交易工具。印度海岸地帶使用某種貝殼;紐芬蘭(Newfoundland)用鱈魚乾;維吉尼亞州用菸草;西印度某些殖民地用糖;某些國家使用獸皮或是整理過的皮革;我還聽說,現在在蘇格蘭某個村中,工人不帶錢,而是帶著釘子去麵包店或酒館,而且這麼做的人並不少見。

然而,不管是在哪個國家,在這方面,人們到最後都會在不可抗拒的因素下放棄自己的偏好,改用金屬。持有金屬的耗損率不會比持有其他任何商品更高,金屬的稀少性勝過其他商品,也比其他商品不容易腐壞,而且,金屬產品的相似度很高,可以在沒什麼耗損之下就分割成更小的尺寸,還可以透過熔化把個別金屬再次融合在一起。其他同樣耐久的商品就不具備這種特性,這種特性讓金屬更適合當成商業與流通的工具。[69]

我們幾世紀後再回過頭去看這段摘要,亞當・斯密的通篇論述已歷經了歲月,他說的還蠻對的。第一,他說,商品貨幣是一種自然而然出現的現象,為的是因應勞動專業分工世界裡的慾望雙重巧合問題。其次,他解釋了為何貴金屬特別能經得起時間考驗,在這方面比任何其他商品都更能發揮用處:因為金屬具備一些獨特的性質。換言之,全世界的各種文化都偏好黃金白銀作為理想的商品貨幣,並非偶然。

---

[69] Adam Smith, *Wealth of Nations, Book I*, Chapter IV, 37–39.

很有趣的是，第 2 章提到《暗黑破壞神 II》裡，喬丹之石由下而上自然出現成為貨幣，剛好是一個可檢視的實驗，用來驗證亞當·斯密提出的關於貨幣起源講法。這個案例連同其他類似範例，讓我們不光是僅從理論上來看，更得以親身見證貨幣發展的過程。《暗黑破壞神 II》的開發人員創造出遊戲內的環境，千百萬玩家快速評估環境，自然而然傾向把喬丹之石拿來當成主要的儲存、支付以及記帳單位型態，以避開在交換高價道具時需要滿足慾望雙重巧合的問題（也就是以物易物的問題），這並不是開發人員刻意為之的結果。這個環境遭遇的主要限制，是玩遊戲的人來自全世界，他們大多互不相識，因此通常無法使用信用機制。在一個全是陌生人、沒有或少有信用的世界裡，市場裡的個別參與者之間，確實會自然而然拱出某種商品貨幣；而具備最佳貨幣特質的商品，就會成為最頂尖的商品貨幣。[70]

只是，在亞當·斯密時代之後的人類學證據顯示，他很可能弄錯了一件很重要的事：專業勞動者間的以物易物，並不如他所想的那般，早於貨幣的出現。在人類歷史上，從來沒有哪個時期是因還沒發展出貨幣概念，導致肉販、釀酒人和烘焙師傅這些專業勞動者間潛在的交易，經常「遭受重重阻礙，萬般窘迫」。在出現肉販、釀酒人和烘焙師這類專業分工時，貨幣概念早就已經發展到某種程度了。具體來說，人類社會早已經有了靈活的社會信用安排，部分免除了必須滿足慾望雙重巧合的要求，讓相識的人彼此間可以達成交易。信用的概念早於錢幣，和最早靠採集得到的原始貨幣（比方說貝殼錢幣）出現的時代相當。[71]

從最廣義的範疇來解讀，債務和信用的概念可以追溯到有人類之前。一隻大猩猩替另一隻搔背抓蟲，之後牠們會交換位置回報對方，這就是一種很短期的負債和信用。先得到對方服務的大猩猩，也有可能不會投桃報李。當然，人類大幅拓展了這種作法，在一個社會架構下，可用的信用與負債類型複雜得多，期間也更長。

---

[70] 例如，請見：Narayana Kocherlakota, "Money is Memory"; Stefano Ugolini, *The Evolution of Central Banking: Theory and History*, 165–175.

[71] David Graeber, *Debt: The First 5,000 Years*; George Selgin, "The Myth of the Myth of Barter."

米契爾－英尼斯在1913年的〈貨幣是什麼？〉（What is Money?）論文中扭轉了亞當·斯密的事件發生順序，他的說法如下：

> 亞當·斯密的講法要成立，前提是以下的命題為真：「如果烘焙師傅或釀酒人想要從肉販那裡得到肉，但沒有什麼東西可以拿來交換（因為肉販已經有了足夠的麵包和啤酒），那麼，他們之間就不會有交易。」如果這個前提成立，那麼，貨幣作為交易媒介的論述可能是正確的，然而，這真的成立嗎？
>
> 假設烘焙師傅和釀酒人都是誠實的人（誠實可不是現代才有的美德），肉販可以跟他們要證明，載明他們向他拿了多少肉，我們只需要再假設一件事：這群人都同意，肉販出示憑證時，烘焙師傅和釀酒人就要履行義務，根據村子市場裡當下的相對價格，用麵包和啤酒贖回這些憑證。這樣一來，我們就有了適當又足夠的貨幣。根據這套理論，銷售並不是用一種商品去換另一種稱為「交易媒介」的中介商品，而是用一種商品去交換信用。
>
> 如果只要一套這麼簡單的系統就能達成必要功能，絕對沒有理由去假設需要笨重的工具來當成交易的媒介。我們要證明的是，社會中並沒有簽署什麼接受黃金與白銀的奇特通用協議，有的只是不可違背義務的一般性認知。換言之，要證明的是，現在的貨幣觀點是以古代的債務律法為基礎。
>
> 我們很幸運地在歷史裡面找到扎實的證據。從最早有歷史紀錄開始，就有債務律法。很肯定的是，在比偉大的漢摩拉比王（他於西元前2000年編纂巴比倫律法）更早的歷史紀錄中，我絕不懷疑我們也會看到同樣律法的蹤跡。不可違背義務確實是所有社會的基礎，不僅所有時代都如此，而且不管文明處於任何階段也都適用。至於有些被我們稱之為野蠻人的群體，他們不懂信用，只用以物易物，他們就沒有基礎建構出這種貨幣概念。從中國的商人到美洲的原住民，從沙漠中的阿拉伯人到南非的何騰托人（Hottentot）或紐西蘭的毛利人（Maori），他們都同樣熟悉債務與信用，也知道如果違背了自己承諾過的話或是拒絕履行義務，都是很丟臉的事。[72]

---

[72] Alfred Mitchell-Innes, "What is Money?" 391.

換言之，米契爾－英尼斯在整篇論文中以人類學的證據為根據，主張靈活的社會信用早就解決了一部分以物易物的難題，也減緩了狩獵－採集階段鄰人之間的商業摩擦，而這一切都比亞當‧斯密講的專業勞務分工階段早很多。

釀酒人和烘焙師傅還是可以得到肉，他們靠的是承諾日後定會償還；而他們最有可能的償還方法，是提供自己生產的產品（例如，「感謝你給我的肉，這是一張五條麵包的信用憑證，如果你想的話，也可以拿著去和別人交易，不管是誰拿來，我都會照付。」）。同樣的，肉販同樣也可以靠著承諾日後必會償付，來得到啤酒和麵包。他們之間的很多交易可以彼此勾銷。肉販因為賣肉品給烘焙師傅而換得麵包憑證，他可以把麵包憑證賣給別人。如果雙方有一定程度的持續往來且互相信任，或者可以藉由當地的權力機構來履行信用，使用信用，即可解決以物易物的問題。

反之，時不時會出現的商品貨幣，主要功能是降低陌生人之間的交易摩擦，或是成為最終結算與長期儲蓄的形式，藉此擴大與強化仰賴靈活社會信用的系統。同屬一個群體的人，可以維護複雜性在一定程度之下的人為控制小型帳本；換成陌生人，則要靠當場完成最終結算才能得益。這就是需要商品貨幣來取代或擴大靈活社會信用的理由。[73]

我們就以漢摩拉比時代的古巴比倫當成最早期的範例之一，他們使用穀物和白銀當成商品貨幣，但也用黏土板帳本展現信用概念。穀物畢竟是季節性很強的商品，農民在收成季之前要靠著信用購買各式各樣物品過活，等到收成時收割然後賣掉作物，在一個大季節就結清所有債務（但願如此）。此外，研究狩獵－採集社會與考古學證據後，可以發現以榮譽和親族為基礎的非正式信用體系廣為人使用，與使用採集來的貨幣如貝殼珠串等原始貨幣相輔相成，這代表著，早在出現明顯的專業勞務分工之前，就已經有信用貨幣和商品貨幣了。

---

[73] Ugolini, *Central Banking*, 169–171.

信用貨幣理論錯在哪裡

支持信用貨幣理論的人，從人類學下手尋找信用概念證據，並批評早期支持商品貨幣理論的人所講的先後順序有誤；他們是對的。信用出現的時間，確實和商業與貨幣的源起差不多，並不是後來才有的東西。看到這一點是很有用的論點，有立場去修正《國富論》。從核心來說，人類的互動是一系列與他人之間的正式與非正式信用和債務，透過儀式與規則來安排，與人類的演化本能、最早期的宗教信仰和最初的治理架構綁在一起。

然而，信用貨幣理論的支持者多半過度放大這個概念，常常完全輕忽商品貨幣的重要性，而且一般來說樂觀過了頭，美化了一個社會長期管理大規模靈活信用導向帳本的能力。

評論時，我們首先要指出，小眾商人在這種信用導向系統中會面臨的麻煩。肉販、釀酒人和烘焙師傅可以用便於交易的單位發行憑證（比方說一磅重的牛肉，與三品托的啤酒或五條麵包等價），但高價、小眾的服務供應商，比方說外科醫師，那怎麼辦？如果一名外科醫師要買麵包，那他要發出憑證，寫明他日後會提供手術服務嗎？一場手術值幾條麵包？手術又是哪一類的手術？手術是高價的小眾服務，不同的手術替代性很低，也不常有人需要。顯然，若要促進交易的便利性，此時就需要小額的記帳單位，從歷史上來說，這類記帳單位通常都和具體的商品有關係，比方說幾公克的白銀或一餐的穀物。如果沒有標準化記帳單位的話，就會變成抽象的以物易物，用各式各樣的信用憑證來交換商品。從歷史上來看，當人們把信用當成實際的交易工具來用時，信用工具通常會用某種因性質合適而自然熱銷的商品，來作為計算單位。

來到第二點，要問的是以下問題：如果某個人脫離了某個社會、轉而加入另一個，那會怎麼樣？世界上很少有所謂真正的封閉性社群；自有人類以來，不同的社群都會彼此互動。要在不同的社群間移轉財富，就要有比較實質或普遍接受的財富形式。單一社群內的日常交易可以透過信用完成，但如果有人想要到遠方旅行，就需要有其他社群也承認的更根本性財富形式。[74] 自然而然出現的貨幣，可以把多個原本只限於內部流通的信用生態系統串接在一起。

第三點評論是，光憑直覺就知道，小規模可行的操作方式，放在大規模之下不見得能運作。彼此相識的人之間，以榮譽和個別交易為基礎的小型社交信用，無法照搬到全國性的層次運作，因為後者涉及要管理千百萬彼此多半陌生的人。唯有你認識並信任對方，信任的概念才可行。榮譽的概念在人類互動中非常重要，但無法順利放大到不講人情的管理體系。[75]

米契爾－英尼斯在他1914年的〈貨幣信用理論〉裡主張，如果可以讓貨幣和黃金脫鉤，貨幣將會升值：

> 我們以為，固定黃金的價格，就代表了我們固定了貨幣單位的價格，但事實上是反其道而行。由於黃金的數量會一直像現在一樣多，我們讓黃金維持在目前價格的時間愈長，就會讓貨幣貶值的幅度愈大。[76]

當時，實際上的情況恰恰相反，寫到這裡時，自米契爾－英尼斯寫這篇論文之後已經過了幾十年，美元與英鎊和黃金脫鉤之後，與黃金之間的兌換價分別貶值了98％與99％。對大部分國家來說都是很大的跌幅，而且，每個國家推出法定貨幣之後，與黃金之間的相對價格都重貶。

即便米契爾－英尼斯的預測嚴重失準，但他1914年據以為憑的論點，表面上看起來並不牽強。他主張，過去國家政體發行的貨幣貶值，根源並不是本質上沒什麼道理可言的貶值，而是因為戰爭、疫病以及其他損毀生產力的因素導致的貶值。他說，只要能不斷地維持和平與秩序，國家政體發行的貨幣就能抗拒貶值：

> 讓貨幣貶值的不是約翰王（King Jean）、腓力王（King Philippe）、或愛

---

[74] Brian Albrecht and Andrew Young, "Wampum: The Political Economy of an Institutional Tragedy"; Lawrence White, *Better Money: Gold, Fiat, or Bitcoin?*, 17.

[75] Seabright, *Company of Strangers,* 86; Avner Greif, "The Fundamental Problem of Exchange," 261–62.

[76] Mitchell-Innes, "Credit Theory," 160.

德華（Edward）或亨利（Henry）這些國王，而是戰爭這個王，戰爭是創造負債的能手，在軍隊人力、疫病、傳染病、歉收等等因素推波助瀾之下，實質上導致人們無法按期擺脫債務。要恢復貨幣的價值，靠的並不是重新鑄幣，而是和平，和平是創造信用的能手。貨幣信用理論大致上仰賴的，就是此堅定不變的事實。[77]

講到這裡，他大概都是對的。除了一些極為腐敗或心理不健全的例外統治者，君主通常不會某天醒來後突發奇想，毫無來由決定要用更廉價的金屬來鑄幣，讓國境內的貨幣貶值。戰爭、疫病以及其他損毀生產力的因素，確實是這些君王到頭來必須讓貨幣貶值的根本理由。為了保有權位，統治者想的是要強化自己的政治地位、安撫子民與化解統治期間必會出現的各種問題。貨幣貶值是一種君王可以使用的手段，透過貶值，他就可以多花錢，而且不用加稅來支應額外支出，讓即便新貨幣金屬含量已經不同、或供給上已不像過去那般稀有、但仍以舊面值接受新貨幣的人，去承受那被推高的成本。

然而，我認為，米契爾－英尼斯忽略了一點：讓貨幣貶值的能力，很可能在一開始助長了發生戰爭以及其他有損生產力的因素。讓貨幣貶值的誘惑太強，統治者難以抗拒，這是因為一旦出現問題時，這麼做通常是抗力最小的辦法。如果君王知道，完全靠加稅來支應戰事需求，很可能導致革命，但透過讓貨幣慢慢貶值來支付戰爭費用則不會，那他就大有理由靠第二種方法來打仗。如果他和可能的對戰方都堅持用第一種方法來支付戰爭費用，靠加稅來籌錢而不讓貨幣貶值，那很可能不會開戰，因為戰事一起，人民可能會造反。戰爭的成本在這套融資機制下立刻清清楚楚，而且讓人不悅。反之，有辦法利用讓貨幣貶值來支應戰爭費用，讓主事者一開始敢於宣戰，且有一部分成本會遞延到日後，這會提高開戰的機率，並在開戰後擴大戰爭的規模。如果真的可以讓貨幣貶值，最後就會有百百種理由觸發貨幣貶值。貶值的可能性確實存在，而且無時不在、無所不在且極

---

[77] Mitchell-Innes, "Credit Theory," 157.

為誘人,當政府無法隨心所欲花錢時,這就是他們可以採取的手段。

如果以長遠來思考,存錢的人會認為,直接持有稀有的商品貨幣,幾乎永遠都勝過王國、帝國或民族國家所承諾的貨幣。前者受制於穩固的自然法則,後者則受制於人性的不可靠。

米契爾－英尼斯在〈貨幣是什麼?〉一文裡說信用是最寶貴的財產,我們可以從中更清楚看出他在論據上的錯誤:

> 第一級信用(first class credit)是最寶貴的一種資產。信用沒有實體,沒有重量也不占空間。信用很容易移轉,通常沒有特定形式。只要下個指示,信用可以隨意從一個地方移動到另一個地方,要付的成本就只有一封信函或是一份電報。信用可以馬上用來供應任何想要的物質,用極低的費用就防止損壞與遭盜。這是各類資產中最容易處理的一種,也是最長久的一種。信用與債務人同活,分享他的財富,當他死亡,信用會轉移給他的財產繼承人。只要財產還在,義務就會延續,在有利的環境與健康的商業狀態下,信用沒有理由惡化。[78]

他的錯誤,在於「有利的環境與健康的商業狀態下」這句。認定一個人的一生都能處於這樣的條件下是很大膽的假設,更別說要維持幾個世代了。不管是個人的有生之年,還是考量到政府的治理,期間一定會發生某些問題,必會有各式各樣的債務價值遭到貶低或被清償,也會有人違約。以上個世紀來說,這段期間,貨幣大部分時候都和貴金屬自然的稀有性脫了鉤,與其他選項相比,持有「第一級信用」是最糟糕的資產。自米契爾－英尼斯發表這兩篇文章以來,全球有幾十個國家的信用與基礎貨幣都發生極嚴重的惡性通膨。就算是在大型戰事中成為戰勝方、並擁有強健金融制度的最成功國家,其第一級信用雖大致免於遭受惡性通膨的命運,可實質表現仍落後於房地產、企業股票、貴金屬、藝術品和美酒佳釀。[79]

---

[78] Mitchell-Innes, "What is Money?" 392.
[79] Òscar Jordà et al., "The Rate of Return on Everything, 1780–2015."

換言之，當信用貨幣理論的支持者把他們的分析套用到規模龐大的治理實體時，通常必須假設有很稱職且願意為人奉獻的公共帳本管理人員，整個構成一條牢不可破的鎖鏈。這條假設，在不同的時間點、不同的文化與不同的時代裡一次又一次崩壞。他們揚棄了貴金屬或任何自然的限制，認為用這種方式來維持公共帳本的秩序並無必要，或者說反而早成限制，這在根本上忽略了商品貨幣通過了幾千年時間考驗的理由：即便人們很有理由大量生產這些商品貨幣，也沒有能力快速做到。此外，這類商品貨幣代表了最終的結算，而不是永遠仰賴中央化實體機構的承諾。

　　有趣的是，雖然米契爾－英尼斯對貨幣提出諸多主張，但他確實很清楚一件事：在整個金融史上，由人定義的貨幣單位，向來都是結構性的**貶值**，從來不會有結構性的**升值**。他在〈貨幣信用理論〉裡寫道：

儘管貨幣單位可能貶值，卻看似永遠沒有升值的時候。時快時慢的普遍物價上漲，是金融史上常見的特徵；雖然急漲之後，隨之而來的很可能是下跌，但看來最多就是跌回均衡狀態，不會更低。我想，應該找不到任何物價跌到低於上漲前水準的例子，也不會有物價不斷下跌、亦即貨幣價值持續上漲的情況。[80]

　　順著這個思路，我們可以說，由人掌控的中央化帳本，與熱力學的第二定律有相似之處。這條定律說，長期來說，任何封閉系統裡的熵（entropy）只會增加（熵是一種用來講「失序」的科學用語），從來不會減少。只有近乎完全效率的系統，沒有摩擦也沒有熱耗損（但這並不存在），才能避開熵的持續成長。同樣的，只有完美統治者構成的牢不可破鎖鏈，才能維持不會貶值的靈活貨幣系統，而這樣的完美鎖鏈並不存在。每一套統治架構會出問題，權力機構會一而再、再而三地用創造更多貨幣來緩解問題，並用不透明的方式讓各種債務貶值。

　　大致上可歸類於信用貨幣理論陣營的大衛·格雷伯，在其著作《債的

---

[80] Mitchell-Innes, "Credit Theory," 159.

歷史》（*Debt: The First 5000 Years*）裡觀察到，社會的信任程度和使用的貨幣類型之間，存在一定關係：

> 所以說，雖然信用系統在社會相對平和的期間，或是在有信任的網絡（可能是由國家政體打造出來，或者在大部分時候，由跨國機構負責建置）中，通常居於主導地位，但在到處都是戰爭與劫掠的時代，信用多半會被貴金屬取而代之。[81]

格雷伯在書中多半以負面的用詞來講貴金屬，舉例來說，他就說貴金屬在戰爭期間被當成貨幣使用的理由之一，是因為那時人們會大肆搜刮貴金屬，所以有很多可用。戰勝方的士兵，會從戰敗方的金庫與神廟裡搶走各式各樣的庫存貴金屬與裝飾品，然後或直接交易、或透過拿去鑄造更多錢幣，讓搶來的貴金屬廣為流通。

然而，比較中立的分析是去強調社會中信任程度的變動。在社會帳本很可靠、且商品與服務的供需相對穩定時，由於信用很方便，因此輕輕鬆鬆就會擴大。反之，在社會帳本不可靠、且商品與服務的供需不穩時，信用的風險很大，很容易違約或貶值，但貴金屬仍保有其稀有性與受歡迎的特性，因此可以變成人們偏好的交易媒介與價值儲存工具。

貨幣統一論

與其在商品貨幣理論或信用貨幣理論中擇一謹守並排斥另一方，比較完整的理論，必然是找到兩套理論共有的根本邏輯或基礎。這兩套理論的共通之處，在於各自都代表了一種維持帳本的方法，只是負責維持帳本的主角不同。

在信用貨幣理論裡，由人負責維護帳本，使用的是各種仰賴信任的方法。小群體裡可以用非正式的作法達成目的，並以親緣、友誼和榮譽導向的關係為基礎。在包含陌生人的大型群體裡，由中央化的行政機構以及法

---

[81] Graeber, *Debt*, 215.

律規章，來維護信用導向的帳本；而自古以來，每當發生不可避免的問題或失衡時，這套體系總會面臨各式各樣的重整與貶值。

在商品貨幣理論裡，人們使用最不需要動用信任的方法，靠著大自然以及物理法則來維護帳本。交換熱銷的實體商品，是讓並不存在信任的雙方當場結算帳本的辦法；特定時間點的帳本全貌，則靠著持有實體商品來維護。任何人都無法光憑大筆一揮就讓貨幣貶值，反之，他們必須強力說服人們把貨幣交出來，或者，他們必須動用資源，透過開採找到更多材料以生產更多貨幣。

說起來，我們可以用「貨幣帳本理論」（ledger theory of money）來統合這兩套理論，因為帳本可以代表這兩套理論憑據的深層邏輯或基底。靈活社會信用與可靠採集取得的原始貨幣，都可以回溯到人類剛剛出現的時候，兩種當涉及規模大小不同的群體用來維護群體內的帳本，以避免要滿足慾望雙重巧合的條件、降低有益交易會遭遇的摩擦，並且當成一種具有流動性的儲蓄。兩者的差別，在於受託維護帳本的權力機構不同。

在信任度很高的環境下，比方說小型群體之間或是運作順暢的中央集權國家，人們會很安於使用榮譽導向或是以書面法律規定的帳本，作為支付與儲蓄的方法。這類帳本系統通常都有很高的便利性與效率，但長期下來多半會惡化，偶爾還會發生嚴重的違約或重整。在信任度很低的環境，比方說不同群體之間、或是過去受人民信賴的帳本卻於近日崩壞，人們就會改為仰賴最不需要動到信任的帳本用以支付與儲蓄，比方商品貨幣，即便必須付出較沒那麼方便、效率沒那麼高的代價，也無所謂。

貨幣帳本理論得出的結論是：有了可持有、且可跨越時間與空間進行移轉的熱銷記帳單位，即可強化多數的交易形式；而這種記帳單位就代表了帳本的存在，可能是實體的，也可能是抽象的。這些貨幣單位以及定義貨幣單位的帳本，仰賴行政管理人員或自然法則，在不同的時空下維護其穩定性。

PART 2

銀行的誕生

「商業的目的是獲得信用。銀行是把人類的債務集中並讓彼此相抵的地方。銀行是商業的結算所。」[82]
——阿爾弗雷德・米契爾－英尼斯，英國外交官、經濟學家

---

[82] Mitchell-Innes, "Credit Theory," 168.

第 5 章
原始銀行體系與哈瓦拉系統

我們認為的現代銀行型態，起源於文藝復興初期的義大利各個城邦，但原始銀行體系則可以追溯到幾千年前，世界各地都可見其蹤跡。廣義來說，銀行體系是人們以商品貨幣為基礎，在其上發展出來的一系列、一層又一層的法律與技術。

近四千年前的巴比倫成文法典《漢摩拉比法典》，就有多條講到貸放款和存款的律法。[83] 聖經的《申命記》（Book of Deuteronomy）也講到，可以對外人收利息，但不能對以色列同胞收息。[84] 古希臘在 2,500 年前已經有了原始的銀行家，稱為「trapezite」，以他們用來辦公的「trapeza」為名，後者指的是「朝聖者放置供品的修道院桌子」。[85]

歷史上發展出一種值得注意的正式信用，名為「蘇夫塔吉」（suftaja）以及其各式各樣的前身。「蘇夫塔吉」是一種信用狀，在整個北非、中東以及絲路沿線，都有穆斯林和猶太商人使用，其時間至少可以回推到西元八世紀。「蘇夫塔吉」是一種很有用的產物，因為商人帶著錢長途跋涉時需要有方法防止被盜或提高效率，以及／或者要能委託信使來代表他們移轉資金。[86]

專注於非洲與中東研究的歷史學教授吉絲琳・萊登（Ghislaine Lydon），在她 2019 年的研究論文〈非洲早期經濟體的書面工具，以及蘇夫塔吉備受爭議的角色〉（Paper Instruments in Early African Economies and the Debated Role of the Suftaja）裡，記錄了蘇夫塔吉的發展歷程。她在文章裡這樣描述蘇夫塔吉：

---

[83] Goetzmann, *Money Changes Everything*, 46–48.
[84] Edward Chancellor, *The Price of Time: The Real Story of Interest*, 5–6, 17–20.
[85] Goetzmann, *Money Changes Everything*, 82–83.
[86] Ghislaine Lydon, "Paper Instruments in Early African Economies and the Debated Role of the Suftaja."

蘇夫塔吉是一種債務契約文件，身在遠方市場裡的商人彼此間可以移轉資金；這些人在既有的貿易網絡裡以國際資金放款人的角色提供服務。蘇夫塔吉基本上可達成兩個目的。首先，這是一種可以跨越長距離的支付或結算債務的方法，功能跟電匯很相似。其次，蘇夫塔吉就像旅行支票一樣，讓旅程不會因為要攜帶大量且笨重的現金而受阻。[87]

她接著又提了一個例子：

有一位行商會乘坐蓬車，往來奧達戈斯特（Awdaghust）與錫吉勒馬薩（Sijilmasa）之間做生意。為了保護他在奧達戈斯特買進的資本，他花了一點手續費，向另一位商人A換得了一張蘇夫塔吉，這位商人A在錫吉勒馬薩有一位親戚及／或商業夥伴，也就是商人B。之前，商人A和商人B已事先締結信託關係，包括交換長距離的金融與商業服務。行商找來見證人，把資本存進商人A那裡，支付手續費，換到一張蘇夫塔吉。這份文件（通常為信函形式）會指示商人B付錢給行商，並載明金額。行商一到目的地，就可以兌現支票。同樣的文件也可以用來做遠程支付，差別在於這封內有付款指示的信函會由信使攜帶與傳遞。商人B一收到信函，就會付錢給第三方。由商人B履行支付的蘇夫塔吉，可用以償還他過去欠商人A的全部或部分未清償債務。從另一種角度來看，就像法律學者經常會討論的案例一樣，行旅商人或想進行國際支付的當事人，貸放一筆「貸款」給商人A，這筆錢可以由他在其他地方的同儕商人B償付或支付，對象可能是行商本人或是第四方人士。由於商人A和商人B經常聯繫且互有生意往來，他們可透過這種雙邊交易結算餘額。[88]

萊登引用了和這個主題有關的可得文獻，指出「蘇夫塔吉」一詞可以

---

[87] Lydon, "Paper Instruments," paragraph 21.
[88] Lydon, "Paper Instruments," paragraph 22.

追溯到西元八世紀，當時中東與非洲某些地區的穆斯林和猶太商人，便以前述方式使用這種文件。她也引用了多個古埃及人寫在莎草紙上的債務契約範例，這些時間至少可以回溯到西元前三世紀的文件，很可能就是蘇夫塔吉這種交易方式的前身。她提到的另一範例是西元四世紀的一份文件，在烏茲別克與中國之間的絲路段會用這種文件來轉帳。也有重要文獻提到中世紀印度的「hundi」發展，這是當時的印度人用來講「匯票」的詞彙。

關於蘇夫塔吉常見的計價貨幣是什麼，萊登指向了兩種貴金屬：

> 第納爾（dinar）是中世紀穆斯林最常用的國際計價單位，蘇夫塔吉上面大量出現這個詞。第納爾有很多種，各有特定的鑄幣規格與市場特性，其中還包括摩洛哥和巴格達的變化型，都釘住當地的黃金價格。[89]

寫在莎草紙上（到最後會寫在紙上）的匯票隨著時間不斷擴大發展，變成一種稱為哈瓦拉體系（hawala system）的原始銀行體系，這可以追溯到1,200年前印度與阿拉伯早期的貿易商身上。這套體系在時間與地區上，大致都跟隨著伊斯蘭教的傳播，其範圍起自非洲，拓展到歐洲某些地區，並且貫穿中東，一直延伸到印度，且穆斯林和非穆斯林都會使用這套體系，現在也還是一樣。

哈瓦拉體系是由名為哈瓦拉經紀人（hawaladar）的專業化貨幣經紀商構成的地方分權網絡，靠著信任與聲譽運作。系統至今仍存在，但改用現代的電子郵件與電話科技，每年處理的資金量達幾千億美元。

今天的系統運作時，「A某」可以去找一位「哈瓦拉經紀人A」，把錢交給對方後會拿到一組密碼，並指定這筆錢要轉給「B某」。這兩人會各自行事，A某告訴B某密碼（透過電子郵件或其他通訊方式），哈瓦拉經紀人A則聯繫身在B某所在國家的「哈瓦拉經紀人B」，告訴他密碼（透過電子郵件或其他通訊方式）。最後B某去找哈瓦拉經紀人B，把密碼講給他聽，哈瓦拉經紀人B就把錢交給他。兩邊的哈瓦拉經紀人會收取一點

---

[89] Lydon, "Paper Instruments," paragraph 29.

服務手續費。雖然沒有任何錢流過邊境，也沒有經過任何正式銀行，但A某實際上就是透過國際匯兌，把錢轉給B某。哈瓦拉經紀人做的事，只是更新雙方之間的管道導向（channel-based）帳本而已。經紀人A現在欠經紀人B錢，他們之後會結算。即便業務操作的距離很長，但由於兩邊的經紀人都認識也信任對方，或者是透過其他哈瓦拉同業，間接認識與信任對方，因此，他們可以和彼此維持信用，這是互無信賴基礎的當事人之間所做不到的。

早期，通訊管道都是實體的，例如一位商人告訴另一位商人密碼，或是用載明的書面文件，當成實體貨物交易的一部分，而不會隨身攜大大量的錢幣。哈瓦拉經紀人也可能和商人同行，或是透過短途網絡傳遞密碼。如今，則是透過網際網路通訊。

系統中，A某和B某不必信任對方，但他們得信任哈瓦拉經紀人。哈瓦拉經紀人也必須信任對方，特別是，經紀人B必須相信經紀人A會償付這筆錢，因為經紀人B已經把錢給了B某，現在經紀人A欠了他這筆錢。這套以信任為基礎的系統有用，是因為哈瓦拉經紀人都是專業商人，他們是憑著自己的聲譽才能在這一行活下去。如果某個哈瓦拉經紀人無法結清某樁有效的交易，其他哈瓦拉同業就不會再信任他，他也就無法再留在網絡裡面。

由哈瓦拉經紀人來進行長距離結清帳款，會比一般人更安全也更有效率。他們處理的交易數量龐大，而且可以透過「淨勾銷」交易。以中世紀的情況為例，當哈瓦拉經紀人A發出一張價值10個金幣的憑證給A某，他就欠哈瓦拉經紀人B這麼多錢（付錢給B某的是經紀人B）。到了下個星期，或許有個C某又來找這位經紀人B，請他透過經紀人A轉6個金幣給D某。現在，經紀人A只欠經紀人B 4個金幣了，因為這6個金幣可以和上個星期反向轉送的10個金幣互相勾銷。他們每年可能要做幾十樁這類來來回回轉帳的交易，年底時只要透過一次安全的實體結清流程，就可以一次結算。範例中的計價單位如果換成美元、盧布或其他，也可以適用。

這套系統讓人們可以做長途支付，但又不用真的經常把錢移來移去。整體來說，這些哈瓦拉經紀人構成了一部地方分權的帳本和一套管道導向

第 2 部　銀行的誕生　**071**

的支付系統，一般用戶可以透過當地的經紀人使用這套網絡。沒有人知道網絡中完整的帳本是怎麼樣，也沒有人追蹤；他們不用向任何經紀人大總管報告。反之，操作這套系統的是個別的經紀人，他們只維護自己和其他經紀人聯繫的帳簿，並在眾多經紀人彼此相識的廣大區域裡，維護自己的聲譽。

在二十一世紀裡，哈瓦拉系統主要用在國際電匯，通常都以法定貨幣計價。這套系統繞過了正式銀行系統（因此也得以繞過國際邊境衝突問題），也替無法使用銀行系統的人提供了與銀行相類似的基本服務。舉例來說，在阿拉伯聯合大公國（United Arab Emirates）的印度移工，可能想要把部分收入轉給在印度的家人，就可以使用這套哈瓦拉系統進行。

哈瓦拉系統可以匿名將錢轉出國境，因此今日的某些國家並不鼓勵使用，甚至根本定調為違法。雖然這套系統的歷史可以追溯回到中世紀，但在某些情境下一直和恐怖主義有牽連，這是因為恐怖分子確實會想盡辦法，只要可用的工具都會拿來用。在某些國家，例如阿拉伯聯合大公國，容許操作這套系統並加以規範，此地也成為現代版哈瓦拉網絡的中心了。

對歷史學家而言，要判斷紙本導向交易型態中的特定用語或技術的源頭到底是什麼、又與哪些事件相扣，是一大挑戰。關於為何無法講清楚，常有人提到的一個理由是，即便蘇夫塔吉及／或範疇更廣的哈瓦拉系統主要以穆斯林地區為中心，但因為當中涉及了債務和套利，中世紀的穆斯林學者經常辯論這套作法的正當性，而且不鼓勵使用；也因此，在很多情況下都不會提到這套系統。2007 年，有一篇參考書目洋洋灑灑的文章〈放錯地方的責難：伊斯蘭、恐怖主義和哈瓦拉系統的起源〉（Misplaced Blame: Islam, Terrorism, and the Origins of Hawala），[90] 作者艾德溫娜・湯普森（Edwina Thompson）在歸類哈瓦拉系統與蘇夫塔吉之間的關係時，引用了理查・葛拉斯霍夫（Richard Grasshoff）的看法：

葛拉斯霍夫證明，哈瓦拉一詞指的是移交債務的法律概念，而不是一

---

[90] Edwina Thomson, "Misplaced Blame: Islam, Terrorism and the Origins of *Hawala*."

種實際上的應用，反之，蘇夫塔吉指的是匯票，是一種以哈瓦拉為基準的可用商業工具。……嚴格來說，我們可以說顧客是在蘇夫塔吉的層面上運作，至於交易商，比較精準的說法是經營一套哈瓦拉導向的系統。[91]

最後，穆斯林與基督徒之間的經濟與軍事聯繫，把這些應用以及相關的貨幣技術傳播到歐洲。亞特蘭大聯邦準備銀行（Federal Reserve Bank of Atlanta）提出了一份報告〈支票作為支付工具的演進：歷史調查〉（The Evolution of the Check as a Means of Payment: A Historical Survey），兩位作者史蒂芬·奎恩（Stephen Quinn）和威廉·羅伯德茲（William Roberds）在描述支付技術的傳播時這麼說：

第一個千禧年間，東地中海有很多人使用支票。到了第十世紀，穆斯林世界也廣為使用支票（參見 Ashtor 1972）。反之，歐洲此時的貨幣系統還極為原始，價值可靠的錢幣很少，也沒有銀行，更別說支票了（參見 Usher 1934; Spufford 1988）。

在十字軍東征期間，歐洲人加速與穆斯林世界聯繫，稍做修改之後，他們採用了在東地中海看到的銀行與貨幣系統。十三世紀，巴塞隆納、佛羅倫斯、熱那亞和威尼斯等商業城市，已經有了初步的銀行，這些銀行的主要目的是便利在地商人的支付，而不是供應信用。[92]

同樣的，十二世紀時，名為聖殿騎士團（Knights Templar）的天主教武裝修士組織，看來也採用了這些操作。[93] 聖殿騎士團的基地在耶路撒冷，經營著一套廣大的網絡，協助基督徒的十字軍東征，對抗穆斯林。打算長途跋涉參與十字軍東征的歐洲貴族，可以把貴重的財物存在歐洲的聖殿騎士團，拿回一張專用憑證，等他們來到耶路撒冷，再向不同的聖殿騎士團憑券取回等價財富。

---

[91] Thomson, "Origins of *Hawala*," 294.
[92] Stephen Quinn and William Roberds, "The Evolution of the Check as a Means of Payment: A Historical Survey," 2.
[93] History.com Editors, "Knights Templar," *History.com,* July 13, 2017.

來到本章尾聲，我們要以「誰控制帳本」這個問題作結。以這些系統來說，問題的答案是哈瓦拉經紀人（以及各種商人、神廟以及其他管道導向的原始銀行家）。網絡用戶必須相信個別的哈瓦拉經紀人會如實運作，個別哈瓦拉經紀人也必須信任彼此。

第 6 章

發明複式簿記

1494 年，義大利人盧卡・帕西奧利（Luca Pacioli）寫了《算術、幾何、比例總論》（*Summa de Arithmetica Geometrica, Proportion et Proportionalita*），內容豐富，並詳細說明了複式簿記（double-entry bookkeeping）。這本書讓他成為「會計學之父」，因為他做的相關研究，革新了整個歐洲的會計與銀行體系。[94]

複式簿記把帳本分成兩部分，這兩部分的帳彼此要相合。舉例來說，如果一個人向銀行借了 10 個金幣，那麼，這 10 個金幣就會變成債務人的負債，以及銀行的資產。債務人與銀行在帳本上各占一邊，兩邊的帳要相合，某個人的資產會等於另一個人的負債；有了這套系統之後，就可以孕育出沒有這套技巧之前所做不到的複雜金融體系。銀行可以維持複雜的資產與負債，也可以提供精密的金融服務。

然而，發明複式簿記的並非帕西奧利。早在他發表研究之前，義大利某些地方已經出現這套操作的早期階段；帕西奧利的研究，有部分就源自其義大利同胞，皮耶羅・德拉・弗朗切斯卡（Piero della Francesca）。在此之前，伊斯蘭商人已在使用類似技術（例如哈瓦拉系統），並透過貿易將之帶到義大利，相關內容如前章所述。如果我們往回看得夠遠，可以把相關發展追溯到印度的阿拉伯數字系統，這項重要發展最終使複式簿記更加可行；還有，如本書第 1 章講到的帳本，我們也可以把最初的會計系統追溯到美索不達米亞。帕西奧利整理與發表這些技術，在歷史上非常重要，也有助於之後讓這套技術變成標準作法並傳播出去。

很重要的是，這些技術發展有助於強化威尼斯、佛羅倫斯與位在如今義大利其他地方的支付系統。到了這個時候，各式各樣的資金放款人已經

---

[94] Alan Sangster et al., "The Market for Luca Pacioli's *Summa Arithmetica.*"

存在了幾千年，而義大利城邦裡的會計師，把貸放資金操作帶入了全新的階段，並催生出現代銀行系統。英語裡的銀行「bank」，源自義大利文裡的「banco」，意為「板凳」。在當時，與歐洲其他地方相比，威尼斯和佛羅倫斯的商業更加自由開放，並和阿拉伯商人有大量貿易往來。會計師會在商人群聚的廣場上搬張板凳坐下來，為商人階級扮演起銀行家的角色。[95]

由於發展出銀行體系，商人不必隨身攜帶大量錢幣，降低了貿易的摩擦與風險。如果兩位商人都在某個銀行家那裡開戶，在他們完成交易時，只需請銀行家更新帳本即可。銀行家要做的，只是變更他替兩位商人保有的信用紀錄，把買方的錢從帳戶裡扣掉並加到賣方帳戶，中間扣一點服務手續費。如此一來，便降低了商人為存取、提領實體黃金而和銀行家進行結算的頻率，也讓此事能在更安全的條件下進行。以此為基礎，銀行家得以把這樣的作業流程結合銀行票據，從而搖身一變，成為大型機構。

許多地方已發明了紙本的金融工具。前一章提過，至少早在古埃及、古代中國與絲路沿線，已經有人在用莎草紙或紙製的匯票了。這類早期匯票，一般來說會與特定人物綁定。我們舉個最簡單的例子，我拿到一張紙本收據，上面寫了「琳‧奧爾登得獲得由 XYZ 支付的五盎司黃金」，只有我本人或可以代表我操作法律事務的人，才可以用這張紙，從特定人士那裡提取這個數量的黃金。

到最後，出於方便，許多這類紙本憑據變成了數量標準化的不記名資產，這意味著不論持有紙本憑證的人是誰，都可以提取黃金。[96] 同樣的，用最簡單的條件來舉例，這樣的紙本憑證會寫說：「持有本銀行票據者，有權從 XYZ 存款機構提取五盎司黃金。」商人不僅能用這些紙本憑證來維護在銀行開立的帳戶，還可用紙本憑證取代實體黃金，和彼此進行交易。與管道導向的蘇夫塔吉／哈瓦拉系統不同的是，這種視同不記名資產的銀行票據，會被當成通用的交易媒介，並與某個相對大型金融機構的聲譽息息相關。[97]

---

[95] Ugolini, *Central Banking*, 11.
[96] Markus Denzel, "The European Bill of Exchange."
[97] Jim Bolton and Francesco Guidi-Bruscoli, "'Your Flexible Friend': The Bill of Exchange in Theory and Practice in the Fifteenth

以支付技術來說，我們可以用愈來愈高的「可轉讓性」（negotiability）為核心，分成三個基本階段，來摘要從原始銀行體系過渡到全方位服務銀行體系的過程。在金融用語上，可轉讓，意味著某種書面工具可以移轉給不同的相關方。在第一階段，就像一開始創造出這類紙本憑證時所載明的，只有簡單的不可轉讓紙本工具，僅能由特定人士兌換成錢。在第二個階段，紙本工具發給特定人士、並設定可由這些人兌換，但可以轉讓，因此可以在實體紙本上背書給另一方，改由此人兌換。這會牽涉到大量交易對手之間要有比較複雜且受信任的金融網絡。到了第三階段，銀行票據等紙本工具本質上變成了不記名資產，上面沒有任何人的名字，不同的相關方之間不需要簽名背書，任何人都可以自由交換，或者說，要移轉所有權只有一種方法，就是實體持有者易主。要到第三階段，需要有大型且受到公認的機構才能運作。[98]

　　銀行帳戶與銀行票據，加上不可轉讓的管道導向紙本憑證系統擴大成廣泛可轉讓不記名紙本系統，長期下來，這樣的組合大大強化了黃金的可攜帶性、流動性以及實際上的可分割性。抽象化的黃金法律所有權，現在可以比實體黃金更頻繁流動，[99] 這提升了處理大額資金時的便利性與安全性，但也可能引發交易對手風險與套利。我們幾乎可以用網際網路的發展來想像這些網絡的發展（差別只在於後者是紙本的）：早期都是管道導向的連結，最後發展壯大，變成一套非常複雜且互相連結的不同實體集合；這些實體都認得彼此，並配合彼此運作。所有紙本憑證資產都代表了對黃金的請求權，都必須信任黃金的保管人會善盡保管之責。[100] 此外，在這個時候，銀幣仍舊好用，因為這樣的銀行體系運作起來管理成本很高，還不適合一般人使用，尤其不適合財富水準在後半段以下的人。

　　在中世紀的歐洲，很多地方在維護複式簿記時，也使用了一定數量的符木（tally stick）。如果債權人把錢借給債務人，他們會在特製的木棍上

Century,"
[98] Larry Neal, The Rise of *Financial Capitalism*, 7–16; John Munro, "Rentes and the European 'Financial Revolution'," 236.
[99] Donald McCloskey and Richard Zacher, "How the Gold Standard Worked."
[100] Eichengreen, *Exorbitant Privilege*, 15–16.

使用一系列符號來記錄這筆貸款的細節,然後從中間把木棍折成兩半。債權人和債務人會各留一半木棍,之後合起來以證明兩邊都沒被竄改過。符木是另一種維護帳本的辦法,可以避免竄改,但從債權人的觀點來說,這些實體的東西很沒效率,因為他們得保留很多符木。[101]

轉向部分儲備體系

最基本的銀行系體提供的是保管服務,有百分之百的資產擔保。人們存入黃金或其他貨幣資產,保管銀行根據這些存入的資產發出紙本收據;銀行的責任就是確保資產安全,再無其他。保管銀行通常會就提供的服務收取手續費。

放到今天來看,相關的範例包括當你要把實體黃金放在金庫裡,通常就要持續支付倉儲費用。使用保險箱也一樣。如果你買了一檔以股票構成的指數股票型基金(exchange-traded fund,簡稱 ETF),基金也會向你收取管理費。這些是完全儲備(full reserve)的保管與行政管理服務。他們不是靠著把你的資產借出去來賺錢(這樣的話,他們得要冒著錢有可能拿不回來的風險),而只是負責保管,向你收手續費以支應他們的行政管理成本,並從中賺得利潤。

在自由市場裡,銀行家自然而然會收取不同額度的手續費來和彼此競爭,到最後,銀行家必定會發現,多數黃金都不會同時被提領,就一直放著。舉個例子,假設有位銀行家發現,根據過去十年經營完全儲備銀行的經驗,所有客戶同時提領黃金的數量最多就是 40%。也因此,他判斷,如果他手邊至少備有 80% 客戶的黃金,那就高枕無憂了。他可以活用其他的 20%,審慎地把錢借出去賺取利息,藉此賺一點利潤,因此,他決定提供零手續費的服務,讓他的銀行可以爭取到更多存款。這樣一來,他就發明了部分儲備(fractional reserve)銀行體系。

如果銀行家沒有告訴顧客他在做什麼,那就會變成詐欺,因為客戶並不知道他們的黃金有 20% 被銀行借了出去,承擔了風險。如果他告訴客戶

101　Martin Slater, *The National Debt: A Short History*, 15–44.

他的操作且客戶也同意了，那這就是一場刻意做出的取捨。從潛在存款人的觀點來看，銀行手中握有他們80%的存款、把剩下的20%變成無流動性的貸款，藉此多賺點收益並讓存款人不用支付手續費，看來合情合理。如果這確實是顧客想要的取捨，那麼，就會有愈多銀行被迫為了免收手續費而僅保留部分存款，只剩一些仍保有完全儲備並收取費用的銀行，服務那些很清楚這麼做會引發哪些問題、且最厭惡風險的顧客。

如果多數銀行都採用部分儲備的原則經營業務，那麼，整個市場裡，人們有權贖回的黃金，將會高於實體的黃金數量。一開始，經濟很可能會因信用擴張而景氣活絡，因此，轄區內的統治者很喜歡這套部分儲備的作法，甚至有可能大加鼓勵。

然而，銀行有可能做得太過火。如果80%的儲備量加上零手續費的銀行經營模式是很有吸引力的組合，那麼，改為60%的儲備量，再加上不僅不用收手續費，銀行還可以支付存款利息，把一小部分貸款的利潤拿出來分給客戶，聽起來如何？這當然會引來大量存款；而所有存款人同一時間提領超過60%所存黃金的機率，又有多高？這套部分儲備系統裡的銀行家，會不斷地拓展極限，導致儲備在存款中所占之百分比節節下滑，存款人則因承擔更高的保管借貸風險而得到獎勵（他們可能知道，也可能不知道）。這是這類設計當中既有的不穩定性，因為這套系統最初能夠成立，靠的是一個虛假的承諾：活期存款人隨時可以把所有錢領走；但是，如果有很多人試著同時這麼做，他們就都領不到錢。

有個重點必須一提，根據部分儲備原則經營的銀行，假設只要他們擁有的資產至少和負債一樣多，就不會因壞帳而破產；但是，並非所有流動資產都能同時變現。真正的問題是，一套金融體系裡會有許多部分儲備銀行，整個系統裡的存款量，遠高於實際上的黃金量。某家金融機構放出的款項，可以存進另一家機構，並馬上又被貸放出去（儘管只有一部分），結果就是相對於貨幣基數的存款被重複計算了兩次、三次、四次，依此類推。到這個時候，人們能請求的黃金數量，高於系統裡實際存在的黃金，從某個意義上來說，他們的財富是假的。這使得這系統天生就不穩定，很容易引發一連串銀行擠兌。任何銀行擠兌，都很容易導致許多其他銀行跟著發生擠兌。部分儲備銀行系統就像是大風吹的遊戲，有一陣子可以玩得下去，然而，一旦有什麼事件導致音樂暫停，很快就會分崩離析。

雪上加霜的是，導致部分儲備銀行發生擠兌的誘因，比表面上看起來更加棘手。假設有家銀行放出貸款（這是其資產組合的一部分），然後，有些貸款違約了。現在，這家銀行僅有90%存款有黃金或其他資產擔保，其他的則因貸款違約而虧損。一開始，這看來不是什麼大問題；存款人多年來都支付很低的手續費，甚至還可以收利息，現在，他們因為銀行的風險管理不當，必須損失10%的存款。可惜的是，如果放任系統自行處理，情況就不太妙了。當有些彼此密切聯繫的存款人嗅到情況不對，驚覺銀行可能倒閉，他們就會一起快速把資金抽走。其他人看到這些人這麼做，也會開始效法。如果沒人出來喊停，最終所有存款都會被提領一空，慢了半拍、來不及把存款拿走的人，就什麼都沒了。這樣可就不是每個人的存款均攤10%虧損了；迅速把錢領走的人避開了損失，最後才想要抽資金的人則可能什麼都不剩，因為到那時候，所有儲備都被領光了。最早把錢抽走的存款人會得到獎勵，這種固有的誘因助長了銀行擠兌，一有蛛絲馬跡指向銀行可能倒閉就會掀起波瀾。由於不斷發生危機，有關當局開始實施規範與保險相關方案，試著驅散風險，抑制存款人的這類行為。

要解決這類影響系統穩定度的問題，根本之道是要讓存款和放款的期間互相配合。若是期間匹配的系統，「活期存款」（demand deposit）和銀行票據隨時都可提領或贖回，因此需百分之百的黃金擔保。在此同時，定期存單（certificate of deposit）以投資契約或「定期存款」的形式拉長期限，鎖住存款人的存款，銀行就可以在相同或稍短的期限內，拿這些錢去貸放。透過這些方法，銀行就避免了對活期存款人做出流動性承諾卻無法履行的局面，同時也可防止部分儲備銀行體系在經營上仰賴過度再質押（rehypothecation），與存貸期限不匹配。然而，一般社會並不採用這種期間匹配的銀行體系，反之，從歷史上來看，銀行家（以及監管人員和客戶）走向了部分儲備銀行體系，這表示，他們的生存基本上靠的就是期限不匹配，然後「希望」不要有太多活期存款人同時想把錢拿回去。隨處可見的部分儲備銀行系統，是助長金融風暴頻繁出現、且在每個地方都會發生的重大因素。

現代銀行持有的存款，通常比流動現金儲備高了 5 到 10 倍（代表槓桿率是 500％到 1000％），另外還有各種不同的證券與貸款等資產。他們手上的流動現金儲備甚至還不是實體的現金，而是抽象的央行儲備；[102] 也因此，只要有一小部分的人把資金抽走，也會導致流動性不足。現代的儲備系統並非由黃金擔保的銀行系統，而是央行在有需要時就可以創造出更多貨幣基數，靠著稀釋每個人的錢來修補銀行擠兌的問題。[103]

次頁圖 6-A 顯示的是美國商業銀行存款與美國商業銀行現金向來的比率。從 1980 年代到 2008 年，這個比率從約 6 倍暴增至 23 倍，這表示，在倍數最高時，銀行每有 23 美元的存款，才有 1 美元的現金儲備，槓桿率為 2300％。之後，銀行業遭逢全球金融危機，美國聯準會創造出大量的新銀行現金，用來向銀行買資產。存款現金比也因此大幅下滑，之後愈來愈低，數值約為 5 倍到 6 倍（代表系統的槓桿率「僅」為 500％或 600％）。

到了 2022 年底，美國的銀行替客戶持有的總存款約為 18 兆美元，但銀行流動現金僅比 3 兆美元多一點。

考慮到 2022 年底銀行的總資產為 22.6 兆美元（其中有 3 兆美元是銀行流動現金），這聽起來不算（太）可怕。他們的其他資產包括房貸、政府公債以及商業貸款。整體上來說，銀行的資產高於負債，但大部分的資產都是放款和債券，而不是手上的現金。金融系統承受不住高比例存款人同時提領現金；如果顧客真的試著這麼做，也會遭到拒絕。[104] 事實上，在 2022 年底，美國的銀行手邊真正握有的現金僅 1,000 億美元，其餘的現金是在央行帳本上列示為其資產的隱形銀行儲備。2023 年，有些銀行在聯準會快速緊縮貨幣政策期間無法妥善管理某些資產，他們也真的遭遇了銀行擠兌，引發了美國史上幾場最嚴重的銀行倒閉事件。

---

[102] Federal Reserve Economic Data, "Deposits, All Commercial Banks"; "Cash Assets, All Commercial Banks."
[103] Michael McLeay et al., "Money Creation in the Modern Economy," 21–25.
[104] Jiang et al., "U.S. Bank Fragility."

圖 6-A [105]

美國銀行的存款現金比，1973 － 2023 年

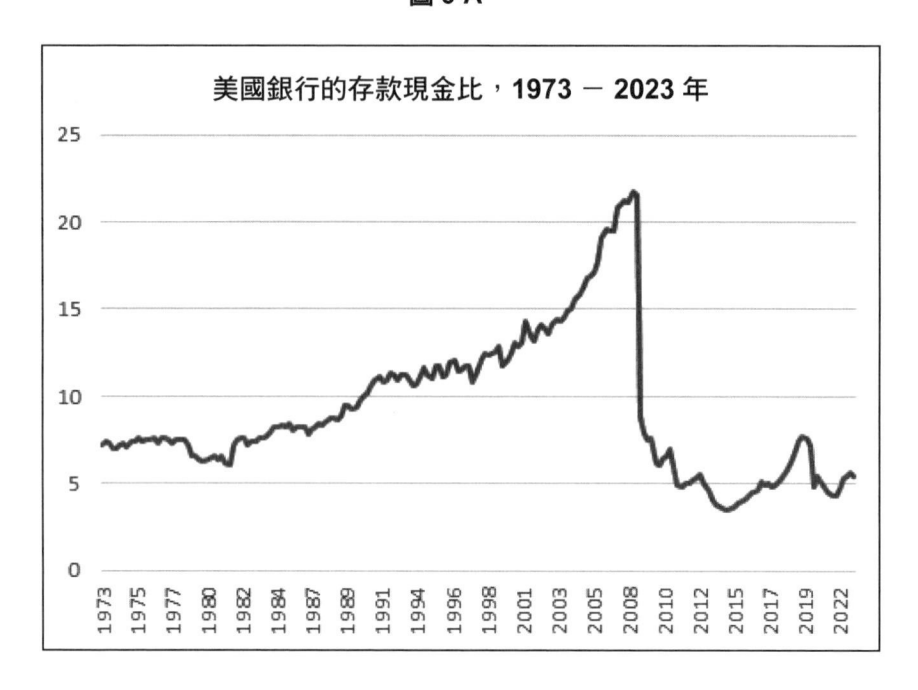

　　本書第 4 部會多講一點範例，把黃金擔保的銀行系統放在一邊，談在法定貨幣銀行系統下的部分儲備貸放與創造存款。但在此時，我們要先把焦點放在比較古老的黃金擔保銀行系統，並來探究一個問題：「是誰控制帳本？」

　　答案是每一家銀行控制自家的子帳本。[106] 當顧客把錢存進銀行，他們相信，不論銀行是把錢完全留下來（這是完全儲備保管服務），還是明智地冒風險把錢放出去（這是部分儲備銀行系統），在道德上和能力上都可以管好錢。

　　此外，我們可以說，政府也控制了部分整體帳本。一國國內的銀行不會多到讓人管理不了，因此，政府官員大可以去每家銀行要求他們做這做那。比方說，他們可能想要凍結或沒收某人的存款。不管政府做這些事情

---

[105] Federal Reserve Economic Data, "Deposits, All Commercial Banks"; "Cash Assets, All Commercial Banks."
[106] Michael McLeay et al., "Money Creation in the Modern Economy," 18–20.

有沒有充分理由，銀行都必須遵循。政府可以因為某個人的宗教信仰、政治聯繫、性別傾向或是講了什麼逆耳實話而起訴此人，這種事就很可怕。或者，政府也可以因為某個人是小偷或騙子而起訴此人，這是落實正義的合理執法行動。政府還可強迫轄區內所有銀行把黃金交給某個中央機關，然後發一張紙本欠條給銀行；自古以來，這種事在各個國家層出不窮。政府從一小撮銀行手上拿到黃金，會比從每一戶人家搜刮更輕鬆。

整體來說，銀行加上政府這個組合，有力量掌控任何銀行體系裡大部分人當成錢來用的帳本。在黃金擔保的銀行體系裡，個人有權控制的帳本部分，是他們留在自己手中的貴金屬錢幣，而他們仰賴自然界的特質來維護帳本的完整性。一旦他們把錢幣放到銀行體系裡，就是開始仰賴他人的階層制度，來掌控他們的錢。

第 7 章

自由銀行體系與中央銀行體系

幾個世紀以來，人們用過各式各樣的銀行體系模式。以本章的目的來說，我們可以把全國性的銀行系統分成兩類：自由銀行體系（free banking）與中央銀行體系（central banking）。

前一章講到的，是自由銀行體系的範例。自由銀行體系持有貨幣基數（例如黃金），並對擁有這筆錢主權的存款人負有債務。他們也會發行代表這筆錢請求權的銀行票據，這是一種不記名資產，不設定給任何特定的人，而是讓任何持有銀行票據的人，都可以拿到儲備的貨幣。個別的銀行票據常被當成不記名的資產貨幣流通，偶爾才會用來向銀行提領儲備貨幣。[107]

圖 7-A 是完全儲備、黃金擔保之自由銀行系統的範例。

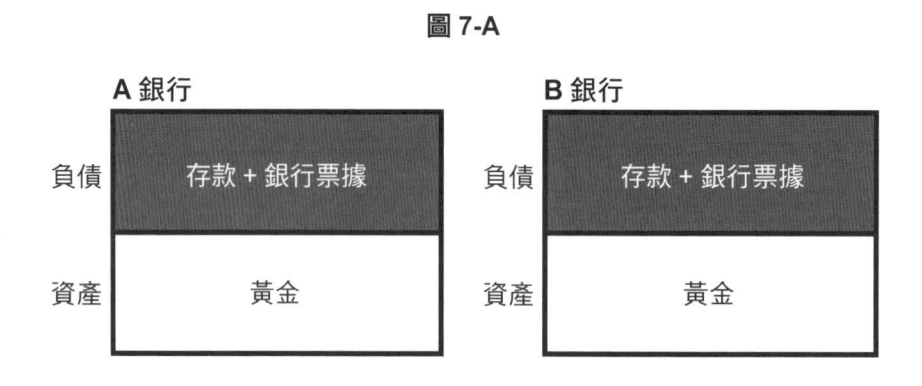

圖 7-A

A 銀行		B 銀行	
負債	存款 + 銀行票據	負債	存款 + 銀行票據
資產	黃金	資產	黃金

然而多數時候，自由銀行使用的是部分儲備模式。他們會接受客戶存黃金，在金庫裡存著部分黃金，然後把一部分黃金借出去賺利息。透過貸放，可以用這些存款賺錢，銀行可以不收存戶的手續費，甚至還可以付利

---

[107] Quinn, "Goldsmith Banking."

息。這種經營手法會拉高銀行和存戶的風險,因為如果太多人同時想要把黃金要回去,銀行就必須暫停提領。[108]

圖 7-B 是 50％儲備、黃金擔保之自由銀行系統的範例。

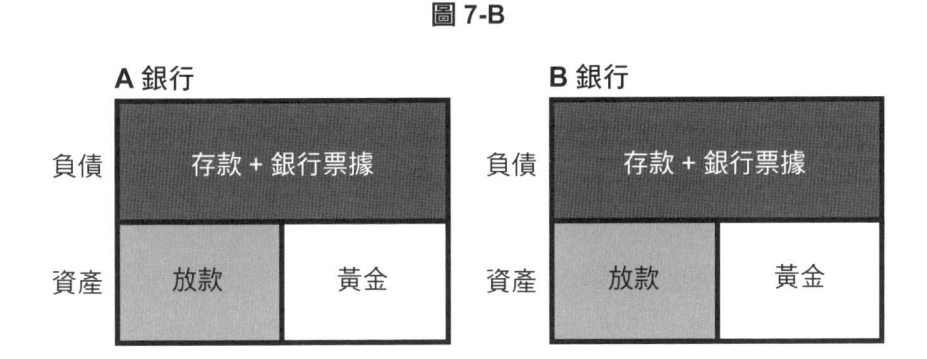

圖 7-B

A 銀行

負債　存款 + 銀行票據
資產　放款　　黃金

B 銀行

負債　存款 + 銀行票據
資產　放款　　黃金

在這種情境下,「誰控制帳本」這個問題的答案,就是自然界再加上個別的銀行。在以黃金或其他自然界的貨幣基數為基礎的自由銀行體系裡,一國的貨幣基數由大自然和國際貿易的力量決定。發現新礦藏會讓黃金的供給大增(比方說加州的淘金熱)。或者,貿易順差或逆差也會讓黃金的供給增加或減少。如果一國人民向外國購入商品服務的金額持續大於他們所賣出去的,那這個國家就會出現結構性貿易逆差,黃金會持續流出該國,進入其海外貿易夥伴囊中。如果一國生產力很高,人民賣到海外的商品與服務高於其買進的,這個國家就會出現結構性的貿易順差,黃金就會持續流入該國。

在整個十八與十九世紀,自由銀行系統普遍見於很多國家。即便經營上要仰賴期限的不匹配,但在加拿大、瑞典和蘇格蘭仍大大成功。從 1830 到 1860 年代的美國,是自由銀行體系動盪的時代,銀行倒閉不計其數,通常被指為自由銀行體系概念失敗的證據,但這段充滿麻煩的時間相對短,如果把時間拉長,並且從全球格局來看自由銀行體系,一般會認為成功率大約是一半一半。喬治・塞爾金於 1988 年寫了一本自由銀行體系理論的

---

[108] Lawrence White, *The Theory of Monetary Institutions*, 57–73.

書，就十九世紀的自由銀行實務，提出了很有用的研究。[109] 塞爾金之後針對這個主題寫了很多書和學術性文章，幾十年來提出更多研究結果，至今仍寫作不輟。

格林‧戴維斯（Glyn Davies）寫了一本貨幣史的書，一州一州列出美國各式各樣的自由銀行監管範例。在麻州，幾乎每個人都可以開銀行，要求的條件最低。紐約州的條件嚴格一點，有各式各樣的資本要求，還要再加上必須持有至少等於12.5％流通銀行票據的貴金屬錢幣。路易斯安納州對銀行票據的儲備要求更高，規定保留的貴金屬錢幣至少要等於流通銀行票據的三分之一，還有其他的資本與流動性規範。[110]

中央銀行體系與自由銀行體系相反，前者將全國的帳本和銀行票據標準化，並由中央統一管理。在這類系統裡，政府認可或設立一家央行，每家銀行都使用央行的帳本當成其貨幣基數。各家銀行不再以金庫裡的黃金作為儲備，他們持有的儲備是央行帳本上的帳目，持有黃金的是央行（或其政府），暫且假裝系統仍和過去一樣，都以黃金擔保。央行取代了個別銀行，成為鈔票的發行人。[111]

央行本身也有資產和負債。他們的負債主要是個別銀行存放的儲備，以及所有由央行發行的流通中鈔票。他們的資產則有很多不同類型，不同時期會不一樣。比方說，他們可能會以黃金作為主要資產。在現代法定貨幣時代，央行會以政府公債當成主要資產。

圖 7-C 是部分儲備、黃金擔保之中央銀行系統的範例。

在這套架構中，主要由央行決定系統裡的貨幣基數（實體貨幣加銀行儲備的總額）。如果發生危機，央行可以創造更多貨幣基數，而因為有這樣的彈性，央行也就成為了最終放款人（lender of last resort）。特別是，如果系統運作很順暢，關於貨幣基數要有多少實體黃金擔保，他們還能享有彈性。在十九世紀末和二十世紀初的許多時候，各國央行被要求至少要有

---

[109] George Selgin, *The Theory of Free Banking: Money Supply Under Competitive Note Issue.*

[110] Davies, *A History of Money*, 461–68, 482.

[111] Goodhart, *Evolution*, 85–99; Lawrence White, *Free Banking in Britain: Theory, Experience, and Debate, 1800–1845*, 21–63.

35％或40％的黃金擔保，大多時候，他們會讓數字高於法定門檻。[112] 簡單來說是這樣：如果太多人從系統裡提領黃金，央行可以提高利率（比較專業的講法叫貼現率〔discount rate〕），引誘一些不論是國內還是國外的黃金再度存回來。若央行手上握有豐沛的黃金，他們則可以調降利率（貼現率），刺激信用成長與經濟擴張。

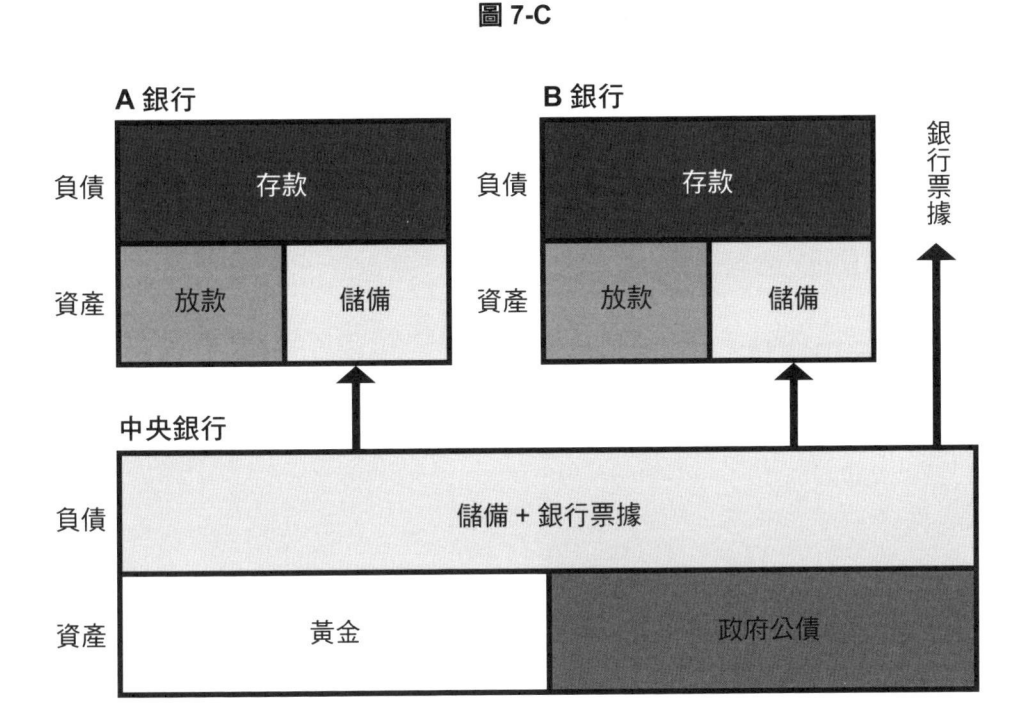

圖 7-C

中央銀行體系有好幾層抽象化與中央化的組織。銀行的個人存戶在這類系統裡完全沒有施力點，各家銀行實際上也毫無力量，因為銀行的所有資產都以請求權的形式構成。央行大權在握，而控制央行的可能是政府。當我們再度提出那個常問的問題時（「誰控制帳本？」），可以看到，答案會因為是自由銀行體系還是中央銀行體系而有不同。

在黃金擔保的自由銀行系統中，這個答案是大自然和各家銀行掌控帳

---

[112] David Wheelock, "Monetary Policy in the Great Depression," 14–19.

本，回過頭來，政府可以選擇對銀行施加不同程度的影響力或是乾脆接收。自然界仍決定了標的貴金屬的稀有性，人們也直接持有貴金屬錢幣、金銀條和珠寶首飾。他們把多少錢存進哪家銀行裡，那家銀行就控制了這部分的帳本。

在黃金擔保的中央銀行系統中，答案是大自然仍決定了標的貴金屬的稀有性，但這個特性和系統的日常運作關係愈來愈遠。各家銀行基本上已經無掌控力，這是因為，他們不再直接把黃金放進金庫裡，改為以央行帳本上的帳目當作儲備。他們可能因壞帳而虧損掉這些資金（包括虧掉顧客的存款），但他們對於自己的儲備有多少價值，完全沒有置喙的餘地，因為在他們自己與標的金屬之間，還有一層抽象化的存在。如今，是央行控制全國存款與標的儲備的帳本。個人唯一保有控制權的部分，就是他們自己手裡握有的貴金屬錢幣。

美國貨幣史快覽

長期來說，銀行系統朝向中央化發展。歐洲有很多國家已經出現了這種情況，之後，美國與其他國家也經歷了類似的過程。美國相對近期且連續的歷史，是很有用的中央化發展歷程快覽。

美國及其貨幣系統，是分階段慢慢建立起來的。美國獨立戰爭始於1775年，《獨立宣言》寫於1776年。戰爭期間，大陸議會（Continental Congress）發行了銀行票據大陸鈔（Continental），最後發生惡性通膨。[113] 1789年美國立憲，1792年的《鑄幣法案》（Coinage Act）規定美元銀幣是美國的基本記帳單位，並設立美國鑄幣局（U.S. Mint），發行標準化的法償錢幣。在該法案裡，規定1美元銀幣等於371.25喱（grain，英制重量單位，約為64.8毫克）的白銀（換算成公制為24.1公克）。一套結合三種金屬與十進制的貨幣系統，便以此為核心建立起來：

- 鷹揚金幣：247.5喱黃金，面值為10.00美元。

---

[113] Farley Grubb, "The Continental Dollar: What Happened to It after 1779?"

- 半鷹揚金幣：123.75 喱黃金，面值為 5.00 美元。
- 四分之一鷹揚金幣：61.875 喱黃金，面值為 2.50 美元。
- 美元銀幣：371.25 喱白銀，面值為 1.00 美元。
- 半美元銀幣：185.625 喱白銀，面值為 0.50 美元。
- 四分之一美元銀幣：92.8125 喱白銀，面值為 0.25 美元。
- 一毛錢：37.125 喱白銀，面值為 0.10 美元。
- 半毛錢：18.5625 喱白銀，面值為 0.05 美元。
- 一分錢：264 喱銅，面值為 0.01 美元。
- 半分錢：132 喱銅，面值為 0.005 美元。[114]

1791 年，美國第一銀行（First Bank of the United States）成立，但這不是一家真的中央銀行；當時的社會對於美國要不要成立一家中央銀行深陷爭議，因此其業務範疇也受限。這家銀行的營業執照為二十年，於 1811 年到期。1816 年，美國第二銀行（Second Bank of the United States）成立，業務範疇同樣受限，營業時間也延續了二十年，一直到 1836 年。[115]

此時有各式各樣的商業銀行，這些銀行都可以發行紙鈔，以貴金屬和其他資產當作儲備，以贖回這些紙鈔。因此，政府的角色是為全國制定標準化的記帳單位並鑄造錢幣，把發行紙鈔的業務交給各家銀行。政府能夠放多少數量的錢幣進入市場裡流通，要看能取得多少貴金屬；政府不能憑空鑄幣。銀行可以使用各式各樣的資產來擔保自家的鈔票，而為了維持信譽，如果有人要求，他們必須要用貴金屬贖回自家鈔票。

各州之間，各自管轄區內的各家銀行。關於誰能經營銀行，常有很多貪汙腐敗之事，因為有權在部分儲備下發行鈔票，是獲利豐厚的業務。政府通常會限制甚至完全不允許開立分行，這意味著，一家銀行不得在各州設立不同分行。這項規定阻礙了銀行適度地將存款與放款的風險分散到不同地理區，因此很容易發生擠兌與各式各樣的流動性和償債危機。與加拿

---

[114] U.S. Mint, "Coinage Act of April 2, 1792."
[115] Andrew Hill, "The Second Bank of the United States," 2–5.

大、瑞典和蘇格蘭相比，美國的自由銀行體系限制較多，在轄區之外，各家銀行整體來說也不是非常安全。[116]

1860年代的美國南北戰爭期間，在亞伯拉罕・林肯（Abraham Lincoln）總統的執政下，美國開始把銀行系統集中到了中央。1863年和1864年的《國家銀行法案》（National Banking Act），根據嚴格的規範，設立了幾家全國性的銀行，規定全國性的紙幣由以政府公債作為部分擔保的全國性銀行發行，並擴大聯邦政府發行戰爭債券的能力。每家全國性銀行在成立過程中都要買進政府公債，並存入貨幣監理局（Comptroller of the Currency）。1865年更進一步立法，針對各州發行的銀行票據課稅，實質上讓這些銀行票據無法生存下去，讓全國性的鈔票在發行貨幣方面，取得了近乎壟斷的地位。[117]

1860年代，美國聯邦政府為籌募資金以支應南北戰爭，開始發行「綠背鈔」（greenback）當作法定貨幣，起初的形式是即期票據（demand note），後來成為美國紙幣。到了此時，美國聯邦政府已經在操作鑄幣稅（seigniorage），可以用接近零的成本發行貨幣與債務（譯註：鑄幣稅指的是發行貨幣的組織或政府，以貨幣面值減去發行成本之後有利得，效果就如同收稅）。這讓他們有能力吸走人民的儲蓄（前提是政府仍有一定程度的可信度和聲譽），把這些儲蓄導向戰事用途。綠背鈔與黃金相對的價值會不斷變動，但與大陸鈔相比，綠背鈔的各種貨幣特質維持的比較好，避免了惡性通膨。戰場的另外一邊是南軍美利堅合眾國邦聯（Confederate States of America），他們也發行了法定貨幣，把人民的存款導向戰爭；輸了這場仗之後，他們的貨幣也經歷了惡性通膨。[118]

戰爭結束後，債權人與債務人之間出現歧見，時間長達數十年。債權人（尤其指的是以美國東北方為中心的較富裕金融階級人士）希望盡可能緊縮貨幣供給，包括廢掉綠背鈔並不再流通銀幣，讓美元僅與黃金掛鉤。債務人（指的是農民以及某些勞動階級）集結在「自由鑄造銀幣」（Free

---

[116] Kurt Schuler, "The World History of Free Banking," 14–37.
[117] George Selgin and Lawrence White, "Monetary Reform and the Redemption of National Bank Notes, 1863–1913."
[118] Ben Baack, "America's First Monetary Policy: Inflation and Seigniorage During the Revolutionary War."

Silver）運動之下，多半比較希望繼續流通綠背鈔，維持同時以金幣和銀幣作為貨幣，因為這樣的話，美元的供給量會比較大。[119] 這把重點帶向一個很重要的議題：美元只是抽象化的價值，可以用某些有價值的東西贖回。這就表示，當某個政治群體偏好緊縮或擴張其供給量，就有可能改變美元的定義。握有美元的存款人和債權人自然希望美元強一點，欠美元的的債務人自然希望美元弱一點。以這個例子來說，主張強勢貨幣這一邊贏了；1873年的鑄幣法案和1900年的《金本位法案》（Gold Standard Act）廢除了銀幣，為美國立下金本位制，直到1933年才廢止。

許多針對通膨所做的分析，都會譴責政府和央行印鈔票。確實，現代常常發生多印鈔票這種事，但我們也應該關注中央摧毀貨幣的問題。存款人以他們預期很穩定的記帳單位來存錢，某個中央權力機構卻快速發行這個記帳單位，或將之重新定義成比較弱的單位（降低了購買力），那麼基本上，這就是違背了與存戶的合約。反之，債務人用他們預期很穩定的記帳單位借錢，某個中央權力機構卻快速摧毀這個記帳單位，或將之重新定義成比較強的單位（提高了購買力），同樣的，這也是違背了與債務人的合約。

美國根據1913年的《聯邦準備法案》（Federal Reserve Act）成立了第三家全國性的銀行，這也是美國第一家真正的中央銀行：聯邦準備體系（Federal Reserve System）。聯準會作為一套系統，是由十二家聯邦準備銀行所構成，這些銀行的所有權人是商業銀行，但由一個聯邦政府制定官員組成的委員會監管。《聯邦準備法案》賦予聯準會權限，可監督銀行系統、成為最後放款人並發行聯邦準備鈔票。聯準會持有的資產裡有黃金，管理這個國家當成貨幣基數使用的帳本，商業銀行的儲備就是放在聯準會帳本上的帳目。[120]

在1933年的大蕭條期間，小羅斯福總統（Franklin Roosevelt）簽署了6102號行政命令（executive order 6102），規定美國人在全世界任何地方擁

---

[119] Gretchen Ritter, *Goldbugs and Greenbacks: The Antimonopoly Tradition and the Politics of Finance in America*, 1865–1896.
[120] Allen Meltzer, *A History of the Federal Reserve, Volume I: 1913-1951*, 65–68.

有的黃金超過某個很小額的量（比方說婚戒），就觸犯了法律，可以處最高十年有期徒刑。美國人民被要求交出黃金，他們可用現有的固定匯率換成錢拿回去，一盎司黃金換 20.67 美元。隔年，1934 年的《黃金準備法案》（Gold Reserve Act）禁止任何銀行用黃金贖回鈔票，並要求聯準會把所有黃金送交美國財政部。透過這些行動組合，人民把大量黃金交給美國聯邦政府，換取紙幣和銀行存款。

實施 1934 年的《黃金準備法案》之後，接著，聯準會讓美元相對於黃金快速貶值，一盎司黃金本可以換到 20.67 美元，後來漲到 35 美元。這讓他們可以擴充相對於黃金儲備的美元貨幣基數，從而讓人民以美元計價的存款貶值；同時，各式各樣的負債也跟著貶值，包括聯邦政府的負債。聯邦政府在諾克斯堡（Fort Knox）興建了金條儲藏處（Bullion Depository），把黃金移到此地。[121]

美國人持有黃金就違法的規定，維持近四十年，但很多人都偷偷藏，實務上也沒有嚴格落實禁令。政府要把銀行擁有的黃金都收過來很簡單，大筆一揮就行了，但是要從各個家庭搜刮小量的黃金，那就需要成本比較高、比較嚴酷的行動了。政府必須滿足於收到相當高比例的黃金就好，主要來自於銀行，以及願意及早把黃金交出來、以避免遭逮（雖然機率極低）的個人。

從 1933 年到 1971 年，外國的央行還是可以用貶值後的新匯率換回黃金，但美國人民不行，外國的私人實體也不行。1971 年，美國也不讓外國央行拿回黃金了，規定不可用任何東西贖回美元。在這之後，美元加速貶值。到了 1980 年到 1990 年，由於美元快速貶值，每盎司黃金可換得的美元大概比過去多十倍（約為 300 到 400 美元之間，不同年度價格不同）。到了 2010 年和 2020 年，每盎司的黃金價格超過 1,000 美元，有時甚至高過 2,000 美元。

圖 7-D 顯示以整體物價通膨衡量的美元長期購買力變化，並標出了幾個比較重要的時刻。

---

[121] Henry Mark Holzer, "How Americans Lost Their Right To Own Gold And Became Criminals in the Process."

圖 7-D

1792 年的 100 美元經通貨膨脹調整後的價值（1792－2023 年）

100 美元的長期購買力（1792－2023 年）

標記：戰爭、戰爭、創立聯準會、《黃金準備法案》、戰爭、尼克森衝擊（Nixon Shock）、戰爭

從圖 7-D 中可以看出，1812 年戰爭（第二次獨立戰爭）與 1860 年代的南北戰爭，導致美元暫時貶值，但由於順利打完這幾場仗、國家生產力

第 2 部　銀行的誕生　093

提高,以及基本上的美元與黃金的固定匯率政策,逆轉了貶值,回到之前的價值水準。[122] 1913年成立聯準會、之後兩次世界大戰、1933年取消美國國內贖回黃金以及1971年又取消國際贖回黃金,自此之後,美元就大幅跌出過去的歷史區間。即便如此,在這段期間內,美元仍是全世界表現第二好的貨幣,其他貨幣的跌價速度多數更快。

在美元價值穩定的期間,人們很願意長期持有優質銀行發行的實體鈔票,因為他們無須擔心價值不斷下跌。把錢存在銀行裡收利息是個選項,但不是要項。然而在1913年後、尤其是1971年之後的世界裡,美元開始持續且快速跌價,在銀行體系外持有大額鈔票是很沒道理的事,因為美元不斷喪失購買力。如果存款人希望能追上通膨,那就一定要把錢存進銀行裡收利息。自1913年到目前為止,銀行存款的成長表現低於通膨,但落後的程度至少低於持有不付息的實體鈔票。這套會出現結構性通膨的系統,使得每個人更有必要把大筆儲蓄放進銀行,從而強化了銀行的力量。系統也強化了政府的權力,因為如今多數的錢都在銀行裡,而不是化為實體私有的不記名資產,政府也因此更有能力監督帳戶餘額與交易、徵收稅金與要求凍結資金。簡單來說,會通膨的貨幣,有必要透過交易對手與槓桿,靠賺取利息來設法跟上通膨,可保值的強勢貨幣則不必如此。

1970年,美國國會通過《銀行保密法案》(Bank Secrecy Act),規定如果顧客一天內的交易超過10,000美元,銀行就必須向政府申報。當時,這個金額超過美國年所得的中位數,因此,銀行必須申報的頻率很低。然而,《銀行保密法》規定的額度並沒有隨著通膨調整,因此,歷經了五十年後,就相當於政府調低了必須申報的門檻,如果沒有進一步立法,政府每一年都可以持續擴大他們的監督權。這一點再加上限制流通的實體鈔票數量,會讓人不樂意長期持有實體鈔票,因為這會讓人在沒有利息之下面對通膨,而政府監督銀行的存款,就變成有效的監督與控制組合體。

圖7-E是一個簡化版的範例,說明現在的系統概況;政府公債與不動產抵押貸款證券(mortgage-backed security)取代了黃金,成為聯準會主要資產。

---

[122] Alioth Finance, "Inflation Calculator," U.S. Official Inflation Data.

圖 7-E

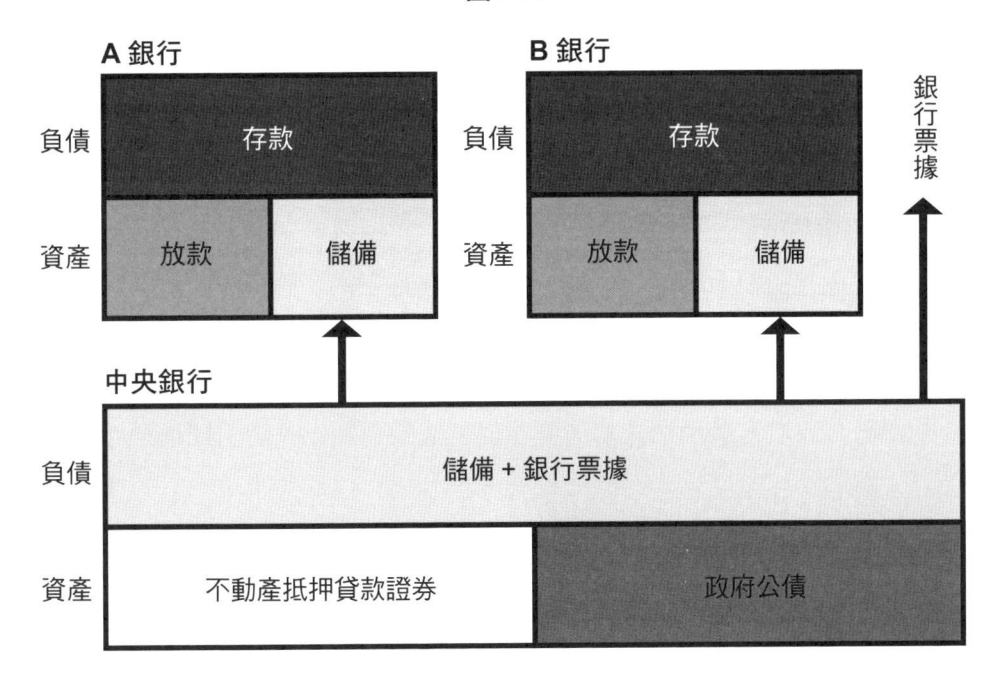

```
A 銀行                          B 銀行                                    銀
                                                                        行
負債  ┌──────────────┐    負債  ┌──────────────┐                        票
      │    存款      │          │    存款      │                        據
      ├──────┬───────┤          ├──────┬───────┤
資產  │ 放款 │ 儲備  │    資產  │ 放款 │ 儲備  │
      └──────┴───────┘          └──────┴───────┘
           ↑                          ↑                        ↑
中央銀行
      ┌──────────────────────────────────────────┐
負債  │          儲備 + 銀行票據                   │
      └──────────────────────────────────────────┘
      ┌────────────────────┬─────────────────────┐
資產  │  不動產抵押貸款證券  │      政府公債        │
      └────────────────────┴─────────────────────┘
```

　　這些行動加總下來，證明了「誰控制帳本」是一個非常重要的問題，也證明了這個問題的答案很快就會出現變化。

　　當人們直接持有貴金屬，就可以靠著自然界替他們管理帳本，因為，決定人們的儲蓄能保有多少購買力的，主要是人類在符合經濟效益下可開採到的金屬有多稀有。此外，人們可以把這些貴金屬給其他人，也因此，可以進行不用仰賴交易對手、具備私密性且不會受到審查的交易。然而，不管人們放在家裡的錢幣是多是少，都很容易遭竊。

　　當人們把部分資金存進替他們儲藏黃金的保管機構或自由銀行，就要同時依靠大自然和銀行來管理帳本。這些用戶必須信任黃金本身的稀有性，還必須信任銀行不會胡亂管理貸款帳目、也不會詐欺騙人。用戶放棄了自己的隱私權。他們的銀行知道他們有多少財富、又跟誰交易；他們的政府知道他們有多少財富、又跟誰交易。如果想要的話，銀行和政府都有力量扣住他們的資金。用戶換得的是更高的便利性，包括執行快速、長距離交易的能力。用戶仍自行持有一些黃金或白銀，因此，可以決定自行持有多少資金、又把多少資金放進銀行，管理資金的風險／報酬。

不論何時，只要是用與某標的掛鉤的記帳單位來計算餘額，控制掛鉤標的物的權力機構，就可以決定存款人與債務人的命運。改變規則、讓記帳單位和更稀有的標的物掛鉤，會對債務人造成重大傷害。同樣的，改變規則、讓記帳單位與數量更多的標的物掛鉤，會對存款人造成重大傷害。

當一國政府成立央行，特別是，如果又宣布持有黃金不合法，那就是剝奪了人民在貨幣上的權力，將之幾乎全部都交給了銀行與政府。到了這個時候，人民自行保管稀有性流動資產的能力已經很有限，必須轉向仰賴中央銀行體系的帳本；他們必須屈服於貨幣貶值的風險，且必須放棄大部分的隱私。政府官員現在更容易剝奪存款人的購買力，導引到他們希望的地方；他們不只可以透過透明的稅務系統，也可以操作不透明的貨幣供給來引發通貨膨脹。政府也因此更容易監督與稽查每個人的財務狀況。

第 8 章

交易速度與結算速度

　　從以莎草紙製成的匯票到複式簿記與紙鈔，銀行體系的主要目的，是要讓交易比起需要運送與驗證實體黃金時，更加快速、更加頻繁。有了銀行體系，也可以使用更廣大的信用體系，由第三方（可以是兌幣商，也可以是銀行）擔任兩個互無信任實體（買方與賣方、債權人與債務人）之間的受信賴中間人。

　　換言之，銀行體系可以把交易（商業）和結算（貨幣）分開來。個別商品和服務可以頻頻交易，在某種信用狀態中持續一段時間，最後再以貴金屬來結算，結算的頻率會低一點，而且整體金額會高一點。這種批量的流程集結多筆交易，進行次數比較少但金額比較高的結算，雖然可以增進交易效率並降低遭竊的風險，但無法克服一項根本上的限制：資訊的流通速度。

　　幾千年來，交易和結算的最高速限都相同：受限於人的步行速度、馬的奔跑速度和船運速度。從移動速度來說，人做交易的能力，以及人拿來做交易的不記名資產（在先進地區主要是黃金和白銀）移動能力，雖然從實務上來說交易的速度效率較高，但事實上並無根本性的差別，都受限於血肉之軀的人類移動速度。就算發明了銀行體系，也無法逃開這項基本限制。運送匯票與鈔票，雖然比運送黃金更簡單也更安全，但速度也不會快過人的步行、馬的奔跑和船運。帳本導向的帳務系統很方便，但如果需要發送資訊到遠方，也不會比既有的實際移動模式更快。

　　然而，發明了電報、接著又出現電話之後，交易的速度大增，堪比光速。1830 年代首次發明了實用的電報，接著，工程師在 1840、1850 年代花了很多時間，想辦法鋪設長距離的電纜線（包括大型水域下的電纜），並在這段期間，將包括倫敦與巴黎在內的歐洲各地金融中心連在一起。失敗過幾次之後，1860 年代建妥了第一批跨越大西洋的耐久型電纜線，在接下來的幾十年，全球銀行體系間快速緊密相連。[123] 從這時候開始，人們可以跨越全世界做交易，用近乎光速的速度，透過電信通訊系統更新彼此的銀行帳本。[124] 一般銀行和中央銀行可以完全控制整個過程。在此同時，金幣銀幣等不記名資產的流動速度仍緩慢，必須更進一步抽象化，才能跟上整個系統的速度。

如前幾章所述，在發明與使用電信通訊系統之前，由於黃金白銀有可分割性有限、安全性與便利性上有疑慮，以及人們想要賺取利息等因素，早已被經常性抽象化為紙本憑證，然而，等到發明了電信通訊科技，貴金屬移動速度慢這一點，更需要抽象化才能跟上整個系統。全世界的人民與機構，都愈來愈仰賴互相連結的銀行帳戶，愈來愈少用實質的錢幣鈔票。[125] 隨著貨幣單位與標的貴金屬分離，貨幣單位也變成了債權人群體與債務人群體間的政治性議題。

1875 年，英國經濟學家與邏輯學家威廉‧史丹利‧傑逢斯（William Stanley Jevons），出版了《貨幣與交易機制》（*Money and the Mechanism of Exchange*）一書，距離英國和法國可以透過電報溝通，還不到 25 年；他在書中詳細描述了全球金融體系的快速中央化。他討論到實物貨幣與金條固有的挑戰，包括各式各樣的不完美、缺乏效率、驗證的複雜度，以及愈來愈中央化的金融中心在執行抽象交易時的效率愈來愈高，在在削弱了金幣和銀幣在日常生活中扮演的角色。

圖 8-A 整合了傑逢斯在這本書裡提出的四套截然不同的範式（如今這本書已經成為公領域資源了），用假設性的銀行組合為例，帶領讀者一步一步去看銀行之間愈來愈強的連結，並從長期的觀點來檢視中央化現象的形成。第一套範式，說的是一家銀行裡的各個帳戶所有人可以把這家銀行當成一個結算平臺，轉帳給彼此。第二套範式顯示了兩家銀行之間可以互相連結，接收彼此的紙本支付工具，因此兩家銀行的帳戶持有人可以輕鬆地跨行轉帳給彼此。第三套範式顯示引進央行之後的情況；有了央行，可

---

[123] William Phalen, *How the Telegraph Changed the World*: 94–99, 120–21.

[124] Catherine Schenk, "Designing Global Payments, Telegraph to Tether."

[125] Meir Kohn, "Money, Trade, and Payments in Preindustrial Europe," 9–12, 14–17.

以帶動多銀行間結算的效率。第四套範式顯示在基礎層有一個連結所有銀行的結算所，這可能是一個位在大型金融中心（例如倫敦）的全國性、甚至全球性機構。

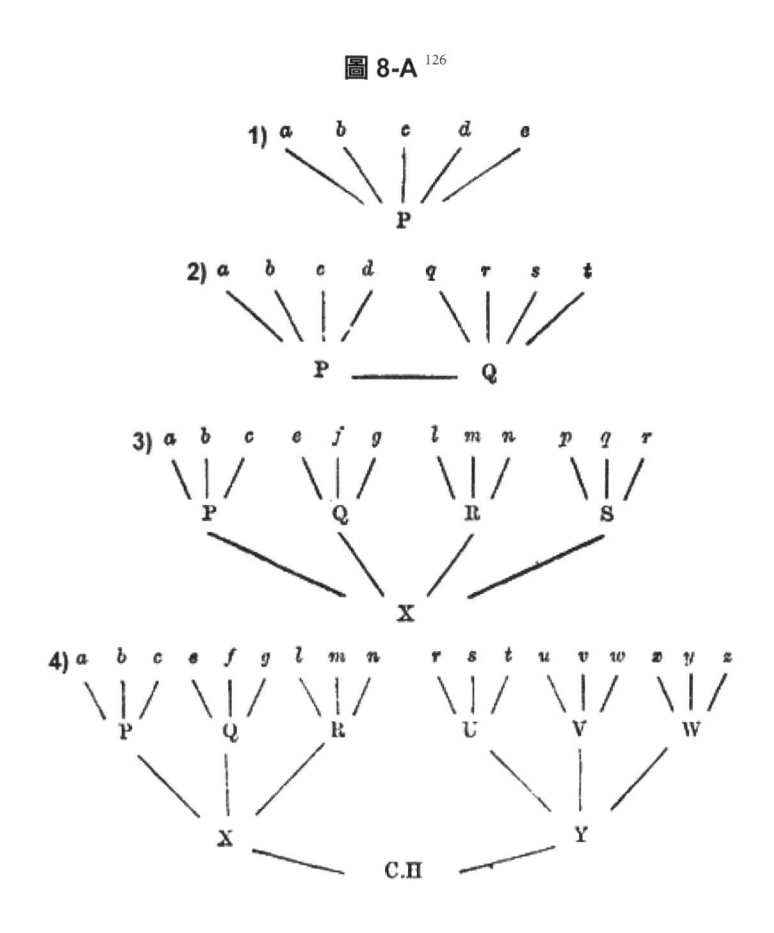

圖 8-A [126]

傑逢斯在整本書裡，興奮地描述著全球商務愈來愈明顯的抽象化與愈來愈高的效率，不同銀行之間的各種支付請求可以互相勾銷，很少需要動用到黃金結算，黃金結算也因此變得非關緊要。該書末有一節叫「世界的結算所」（The World's Clearing House），他說，倫敦的角色會愈來愈重要，

---

[126] W. Stanley Jevons, *Money and the Mechanism of Exchange*, 251-262.

成為全世界的中央帳本管理者，全世界的銀行都會在倫敦設辦事處，和已經存在於當地的金融網絡效應搭上線。

英國每年都向美國購買大量的棉花、玉米、豬肉和很多其他商品，在此同時，美國也向英國購買鐵、亞麻、絲綢和其他工業製品。為了支付商品的價款讓雙倍的貨幣重複在大西洋之間流動，顯然非常荒謬；發明承認負債的紙本文件，就可以讓往某個方向流動商品的價款，勾銷反向流動商品的價款。把棉花運往英國的美國商人，可以寫一張以收貨人為名、金額不超過棉花價值的匯票，在紐約把這張匯票賣給從英國進口等價鐵的人，之後這張匯票會寄給英國的債權人，對英國的債務人提示匯票並要求兌付，等到期限到時，英國債務人支付一筆現金，就結清了整個交易圈。事實上，貨幣會介入兩次，一次是在紐約賣出匯票時，一次是在英國最後沖銷之時；但顯然，在同一座城市裡兩方之間的支付動作，取代了跨越整個大西洋的支付動作。此外，支付時也可以使用支票，或者，匯票到期時可以透過結算所兌付，和其他的匯票、支票勾銷。因此，就沒什麼必要使用金屬錢幣，而且，只要進、出口的平衡沒有遭遇重大干擾，海外貿易就回歸到一種理想的「以物易物系統」。

（......）

在國內使用支票，在海外交易時使用匯票，看起來似乎就是金屬貨幣經濟體制的極限了，但其實還可以更進一步。我們發現，只要同一個城鎮的商人都和同一家銀行往來，他們就根本不需要動到貨幣，在銀行的帳簿上轉帳就可以付錢了。且讓我們假設，全世界的商人都同意在同一個大型商業城裡的各家銀行開立主帳戶，那麼，他們之間的交易就可以由這些銀行結清。等到局面發展到接近這樣的狀態，就會讓倫敦成為商業世界的貨幣總部，以及國際交易的總結算所。要達到這步境地，只需要想辦法讓貨幣經濟的交易集中化，這樣一來，就可以擴大可抵銷所有權的範疇。[127]

---

[127] W. Stanley Jevons, *Money and the Mechanism of Exchange,* 300-301, 304-305.

傑逢斯的書從兩方面來說非常出色。其一，本書從古代一直講到出版當時的1875年，精闢描述了科技在貨幣上扮演愈來愈吃重的角色，以及接下來幾十年有可能以什麼樣的方式進一步提高集中化的程度。其次，雖然傑逢斯本人認為集中化效率很高因此大表支持，就算會有什麼問題，也可以好好處理，但本書仍中肯地點出一些集中化系統可能導致的嚴重問題。

　　特別是，傑逢斯在整本書裡提了一連串的範例，指出由於使用請求權會比使用金屬貨幣來得輕鬆，因此，相對於系統裡的實體黃金數量，黃金的請求權會愈來愈多。他引用當時數據，指出英國銀行系統持有的準備，僅占請求權的4%到7%，而且，即便是這些準備，本身也都是黃金的部分請求權。

　　我們的銀行家、金融從業人員和商人，在規劃安排營運時，都應該充分理解一套他們也參與其中的大型系統，以及過度競爭會遭遇到的混亂風險與失敗。任何人都不該小覷近年來倫敦貨幣市場出現的各種應小心警覺的狀況。如今有一種可貸放資本經常嚴重不足的趨勢，導致利率忽然出現變化，三十年前幾乎沒聽說過這種事。因此，我在下一章會提出一些論述，意在說明大量使用貴金屬的經濟，自然而然會孕育出一個大魔王，這個大魔王會讓銀行體系不斷精益求精，但也很可能太過頭，導引出極端的災難。

　　（……）

　　金屬取代了其他商品，變成貨幣，之後也有人開始審慎考量使用代幣與標準錢幣。我們從用金屬代表錢，進入用紙代表錢，最後發現，透過支票和結算系統，國內交易幾乎可以不動用金屬貨幣。如今的金錢交易，是透過滿屋子的會計人員進行，由他們忙忙碌碌地加總數字。但我們必不可忘，銀行帳冊裡的所有數字都代表了黃金，每一位債權人都可以要求銀行付黃金。在一般的貿易情境中，沒人想帶著大量貴金屬，弄得自己很狼狽，把黃金白銀放在銀行的金庫裡更安全也更好用。但在國際貿易中，黃金白銀仍是支付債務金額的媒介，交易雙方之間若有任何數額不符的情況，可能會造成嚴重後果，而他們用來結算的標準，正是黃金。

　　（……）

因此，顯然，趨勢是，貿易量愈來愈大，用來進行貿易的金屬貨幣數量成長卻不成比例。以使用的貨幣帶動經濟成長來說，銀行體系的成長會比較好。很多銀行彼此競爭，會促使他們膽敢保留最少儲備去做最大量的業務。有些銀行支付的股利達到20%到25%，這只有能夠以最無所畏懼的態度運用大筆存款的銀行才能辦到。即便是銀行保留了儲備，但金庫裡也並未存放太多實體的錢幣或鈔票，因為錢都放在證券交易所隨時動用，或是存在英國央行（Bank of England），讓英國央行又把一部分的錢再借出去。

現在，貿易的金額愈高，就需要用到更多黃金來支應偶爾的支付海外帳款需求，如果倫敦這裡保有的黃金存量成長速度相對愈來愈慢，那麼，時不時就會碰上無法滿足支付需求的困境，而且會愈來愈嚴重。因此，我相信，這就是導致國內貨幣市場愈發動盪脆弱的祕密。請求償付黃金的數量愈來愈多，能滿足請求的黃金相對少了，自然而然常會難以滿足支付請求，利率必須忽然間提高，以激勵握有黃金的人出借，或誘使要求贖回黃金的人暫時放棄。

（……）

殷格里斯・帕爾格雷夫（R. H. Inglis Palgrave）先生寫過一篇重要的文章〈銀行體系隨筆〉（Notes on Banking），分別於1873年3月發表於《統計期刊》（*Statistical Journal*）之第xxxvi卷第106頁，也登載在另一本書裡；他探討這個主題之後得出結果，指出英國的銀行家握有的錢幣數量與英國央行鈔票，在他們的負債占比中不高於4%或5%，或者說僅有二十分之一到二十五分之一。曼徹斯特史多克波市（Stockport, Manchester）的莫克森（T. B. Moxon）先生，之後仔細探究了同一主題，他發現，銀行的現金準備不超過應付存款與票據的7%。他說，即便有這些準備金，但裡面有很多是從事銀行業務日常交易絕對不可少的，根本不可能挪出來用。廣大商業的整個結構，都取決於商人以及銀行的其他顧客，非常不可能忽然同時想要提領他們在銀行營業時間隨時可拿走的那二十分之一黃金貨幣。[128]

---

[128] W. Stanley Jevons, *Money and the Mechanism of Exchange*, 308-312, 321.

全球銀行體系愈能以高效率抵銷與結算帳務的不平衡，一般營運期間需要動用的金屬貨幣，在交易量與存款量中的占比就愈低。顧客也樂於接受這種情況，因為這讓他們更輕鬆方便。不過，效率愈來愈高這件事，很可能正是讓銀行體系的基礎沒有支撐、動盪不安的亂源。多數人不喜歡領取與保管麻煩的實體金屬貨幣，讓相對於實體黃金的黃金請求權肆無忌憚大增。

到了距離傑逢斯的書出版過了近四十年的二十世紀初，由於貨幣抽象化的程度極高，再加上各國政府為支應一次大戰的軍費，寬鬆地創造出很多黃金請求權，導致全球金本位制度崩盤，從此再未復興。再之後的幾十年，各國政府最終在金融系統中完全拋棄黃金白銀擔保，我們就此走進了現在的這個世界：全世界有 160 種會引發通膨的法定貨幣，每種法定貨幣在各自轄區都享有在地壟斷地位。商業交易與不記名資產貨幣商品之間的流動速度不一致，讓政府和銀行有大好機會，可以進行保管套利（custodial arbitrage）。中央化且全球緊密相連的銀行系統，因為在長距離快速移轉價值上享有壟斷地位，變得威力無比且十分便利，黃金難以望其項背，但黃金仍是更好的私人儲蓄標的。1950 年代發明信用卡，1990 年代出現電子商務，2010 年則有了智慧型手機行動支付，進一步強化電信通訊導向支付的重要性。

這是歷史上絕無僅有的時刻，弱勢貨幣在使用上勝過強勢貨幣，而且全球都是這樣。[129] 會出現這種情況，是因為電信通訊系統在競爭裡加入了一個新變數：**速度**。黃金的運輸與驗證速度本來就比較慢，無法和英鎊、美元以及其他結合了速度和便利性的法定貨幣相比，就算黃金的供給比較稀有也無濟於事。法償法律、稅務機關加上更快的流動速度，疊加起來讓全世界的法定貨幣在使用上勝過速度較慢但較稀有的貴金屬貨幣對手。這個世界在過去一個半世紀以來金融化程度愈來愈高，根本原因就在於這種速度上的不對稱或落差。貨幣帳本得以日漸擺脫自然界的限制或稀少的結算單位，是因為其他具有稀有性的貨幣選項，比方說黃金，移動的速度太

---

[129] Saifedean Ammous, *The Fiat Standard: The Debt Slavery Alternative to Human Civilization,* 48.

慢,根本不足以成為對手。

巴里‧艾肯格林在《全球化的資本:國際貨幣體系史》書中指出,我們所知的央行國際金本位始於1870年代,[130] 這大概和前述傑逢斯的書時間差不多。在這之前,金銀複本位和自由銀行體系也常有人用。在金本位架構下,歐洲各國央行持有黃金,以黃金當作擔保發行貨幣(以部分準備制進行),再結合電信通信系統和銀行帳戶的可分割性,創造出速度快又方便、全球互相連通的帳本。美國正式制訂1873年《鑄幣法案》與1900年《金本位法案》,也逐漸往這個方向靠攏。

我在第4章講過信用的貨幣理論,出現了各式各樣的版本,時間上也剛契合十九世紀下半葉的技術發展。隨著貨幣的請求權(或者說欠條)跟著電信通訊的速度在效率極高、全球連線的銀行體系裡流通全世界,很多貨幣理論學者開始想:「我們為何還需要金屬?」

1905年,格奧爾格‧弗里德里希‧克納普出版《國家貨幣理論》(*The State Theory of Money*)一書,他說貨幣理論是一種國家主義論,國家主義也就是貨幣理論的基礎。這一派的思路是現代貨幣理論的先驅,主張貨幣的起源是國家試圖主導經濟活動,賦予貨幣價值的並非商品,而是國家,因為人民只能用國家的貨幣來繳納國家徵收的稅捐。

阿爾弗雷德‧米契爾－英尼斯1914年寫了〈貨幣信用理論〉,他特別強調貨幣理論原創者亨利‧鄧寧‧麥克勞德從1850年代末期到1890年的作品,並審慎提出論據,指出貨幣和金屬價值無關。麥克勞德、克納普、米契爾－英尼斯和其他人提出理論且盛極一時的時間點,正是和電信通訊導向的帳本逐漸成為日常標準之時,我想,這並非巧合。米契爾－英尼斯就寫道:

> 本文作者並非闡述信用貨幣理論的第一人,這項榮譽要歸於出色的經濟學家亨利‧鄧寧‧麥克勞德。當然,很多學者都主張某些信用工具必須包含在「貨幣」一詞裡,而就我所知,幾乎只有麥克勞德這位經濟學家以

---

[130] Eichengreen, *Globalizing Capital*, 38.

科學的態度來看待銀行體系與信用，更別說有人把貨幣當成和信用是一樣的東西，他寫的文章，都和他的教學內容很一致，是順理成章發展出來的論述。麥克勞德所寫的東西超前於時代，再加上缺乏精確的歷史知識，讓他無法理解信用的歷史還早於人類最早使用金屬錢幣的時間。也因此，他的想法無法完全不證自明，他也不能建構基本理論指出買賣交易是以商品交換信用，而不是交換金屬或任何其他財產。這套理論才是整個貨幣科學的本質。

然而，當我們去理解事實時，當中仍有一些連現代的知識都無法完全驅散的模糊不清之處。

什麼是貨幣單位？什麼是一塊錢？

我們不知道。我會說，我們能確知的是——在這裡，我想要重述並強調事實，指出雖然我只有快速帶過這些文章裡提到的證據，但這些證據都清楚明確——我們確實知道一塊錢是衡量所有商品價值的單位，但它本身並不是商品，也不能體現在任何商品上。一塊錢是無形的、非物質的、抽象的。這是一種衡量信用和債務的單位。[131]

塞費迪安・阿穆斯等經濟學家主張，從貨幣觀點來看，始於1914年的一次世界大戰，從未真正結束。在整個歷史上，過去一發生戰爭，籌資方法就是靠儲蓄、徵稅，或是用很慢的速度讓貨幣貶值。當政府要讓人民握有的實物貨幣貶值，通常只會慢慢來，而不會一下子就稀釋其價值，因為政府無法魔杖一揮就改變家庭持有的錢幣的特性；政府只能拉長時間，在徵稅時收取成色較純的錢幣，發出各種政令把成色較純的錢幣收進來，然後再讓比較沒那麼純的錢幣回到經濟體裡（並說服一開始接受錢幣的人，就算錢幣裡的貴金屬成分少了，也要用和過去相同的面值接受新錢幣，這套把戲只能有效一陣子，但一開始很可能根本沒人注意到）。但是，當人民普遍持有的是可贖回一定黃金數量的中央發行鈔票和銀行存款，政府大筆一揮就能改變可贖回的價值，甚至根本完全不准贖回。這就給了政府快

---

[131] Mitchell-Innes, "Credit Theory," 159.

速（實際上是一夕之間）減少一大部分人民儲蓄價值的權力，然後再把購買力導向政府判定有必要支應的戰爭或其他政府支出。[132]

英鎊是世界上目前仍使用中最古老的持續使用貨幣。在八世紀的盎格魯薩克遜英格蘭（Anglo-Saxon England），英鎊定義為一磅重的白銀。當時一磅重的定義和如今的定義並不相同，大概等於現在的四分之三磅重。[133]在接下來九個世紀，英鎊慢慢貶值，到了十八世紀初，價值已減少超過三分之二。這種貶值速度很緩慢，相當於在這幾百年間、每年複合貶值率平均不到0.15%，只是說，貶值多半是時不時小幅度來個一次兩次，而不是持續性。[134] 到了1800年代，英國轉向金本位，一直維持到二十世紀初。一戰時，英鎊完全和貴金屬脫鉤，英鎊直到那時才快速貶值，僅過了一、兩代人就差不多完全沒有價值了。到了今天，一英鎊價值不到兩公克白銀。

靠著彈性帳本來融資的國家政體，他們愈來愈吃重的角色，定義了二十世紀與二十一世紀。一方面，這讓國家得以建置中央化且廣泛的社會安全網，這類安全網通常很受歡迎，因此可以透過徵稅用更透明的方式籌資。另一方面，這也讓世界各地可以快速開戰與進行選擇性的紓困，反正只要持續用不透明的辦法稀釋別人的存款就好。企業可以巴結政府，並影響立法，導引公共赤字支出要花在哪裡（這些都是透過持續貶低貨幣、鬼鬼祟祟從人民存款裡挖出來的錢）。[135]

雖然存世黃金供給量每年平均以近1.5%的速度成長，[136] 但多數主要國家的廣義貨幣供給，自1960年以來，年化成長率介於6%到12%之間；分配的長尾極端部分是開發中國家，他們的貨幣供給一般來說成長率達二位數，在這段期間的某些時候，甚至來到惡性通膨的程度。[137] 因此，世界各地的人們一再眼見自己的存款貶值，開發中國家更是明顯，而且，在這段

---

[132] Ammous, *The Bitcoin Standard*, 44–46.
[133] Albert Edgar Feavearyear, *The Pound Sterling: A History of English Money*, 2–5. Will Kenton, "What is a Quid? With History of the British Pound Sterling" *Investopedia*.
[134] Carmen Reinhart and Kenneth Rogoff, *This Time Is Different: Eight Centuries of Financial Folly*, 176–78.
[135] 例如，參見：George Selgin, *The Menace of Fiscal QE*; Mohamed El-Erian, *The Only Game in Town: Central Banks, Instability, and Recovering from Another Collapse*; and Sarah Binder and Mark Spindel, *The Myth of Fed Independence: How Congress Governs the Federal Reserve*, chs. 1, 2, 7, 8.
[136] Cipolaro and Stevens, "Bitcoin's Network Effect," 6.
[137] Ammous, *The Bitcoin Standard*, 63–66.

期間的大部分時候，他們都別無選擇。人們還是可以把黃金當成長期利基資產，儲存金條、金塊與珠寶首飾，但黃金流動的速度慢，在現代也未被人們普遍接受當成支付工具，再加上法償法律的推助，除非透過受信任的交易對手大幅加以抽象化，不然的話，黃金並不是可行的全球法定貨幣支付系統選項。在全球緊密數位相連的世界裡，一般人如果想要收付，就必須經常性地透過法定的鈔票和中央化的銀行系統存款做事。

許多評論央行與政府貨幣政策的人認為，脫離金本位是一種道德上的墮落，「要是政府可以堅守金本位該有多好，那麼，情況就會好得多」這種話，可以總結他們很多意見。或者，也有很多人往回退得更遠，他們主張：「如果我們從來不曾用過部分儲備銀行體系的話，現在就能有一套比較誠實且可長久的銀行體系。」

雖然我可以體諒這些觀點，我個人也希望貨幣能保住價值，但我的看法不同。而我的主要著眼點是，交易與結算之間的速度落差，長期下來更加擴大，在技術上必然會引發一些結果。人們會轉以流動速度快的黃金請求權來做交易，不會常常提領實體黃金，以確保請求權仍然「行得通」，因此，請求權的數量增生速度會比黃金快很多，之後，政府就放棄了黃金，讓請求權流通就好了。世界各地都出現這種情況。

寫作本書時，全世界有近兩百個國家，無一使用金本位。瑞士是維持金本位時間最長的國家，1999 年也放棄了金本位，[138] 世界上大部分地方在二十世紀更早期時就已經放手。有些東西過去存在但如今已不復見，多半就是因為已變得格格不入。金本位的誘因架構很薄弱，再加上黃金本身的流動速度很慢，導致金本位很難以任何形式在現代繼續存活下去。世界各國大可輕輕鬆鬆就說不要了，他們也確實這麼做了。就算人們除了貨幣之外想要持有具備稀少性但不具流動性的儲蓄，現在他們更會轉向房地產與企業股票，比較不會持有黃金。黃金主要的角色降為投資組合裡的一個項目，是一種和其他資產沒有相關性的資產。還有，由於黃金的價值／尺寸

---

[138] Jean-Pierre Roth, "Mr Roth Discusses Demonitisation of Gold in Switzerland," Speech at 22nd Annual FT World Gold Conference, June 14, 1999.

重量比很高，人們會願意持有實體，當成總體經濟發生災難時的保險。

如果我們可以把這段期間的人類發展倒回一百次，我認為，由於技術發展本身有路徑相依性（path dependence），以貨幣來說，幾乎可說每一次最後還是會得到類似的結果。發明了電信通訊系統後，就會由銀行控制的帳本當道，這會賦予管理帳本的銀行與央行近乎無法撼動的貨幣權力。為了讓錢快速流通，人們和銀行必須仰賴國家的央行管理最根本的帳本，放在國際脈絡下來講，不同的國家也要仰賴世界儲備貨幣發行國的央行來管理帳本，電信通訊時代剛剛興起時是英國，到二十世紀時又變成了美國。

政治決策造成的影響是局部的、暫時性的，技術變化造成的影響則是全面的、永久性的。不管是威權主義還是民主政治，每個政府都轉向法定貨幣體系，並以更快的速度讓自家的記帳單位貶值。由於運輸與驗證黃金的速度很慢，完全儲備銀行一定會轉向部分儲備銀行，以善用黃金與銀行存款之間出現的落差，進行套利。當銀行把人們極難得提領黃金這點拿來利用，就打造出了本質上不穩定的系統，「大部分時候」運作順暢，可一旦出問題偶爾就需要紓困。這樣一來，部分儲備銀行一定會成為由政府管理的中央化系統，並透過電信通訊系統與全球連上線，接著，等到政府再也不想受限制，就會透過法律命令放棄基本的貴金屬擔保。各個地方使用貨幣的人民一次又一次經歷了這些轉變，幾十年下來也就習慣了。就算某個國家的法定貨幣垮了，該國的人民多半會轉向發行新的法定貨幣或使用他國的法定貨幣（比方說美元），而不會回頭把黃金當成交易媒介。

自然界帳本（黃金）的供給與貶值幅度，在一個很穩當的範圍內，但是在電信通訊時代流動與驗證的速度不夠快。人為帳本（貨幣）流動與驗證的速度很快，但供給與貶值幅度並不在穩當的範疇之內。長期來說，要修正速度落差的問題，只能想辦法創造出一種廣為人接受、具稀少性但也能跨越長距離以光速結算的不記名貨幣性資產。

PART 3

全球貨幣制度的興衰

「藉由持續通貨膨脹的過程，政府可以悄悄地暗中徵用人民很大一部分財產。政府透過這種方法行事不僅是徵用，根本就是任意徵用；而且，雖然這個過程讓很多人一貧如洗，但也真的讓某些人富了起來。」[139]
——約翰‧梅納德‧凱因斯

---

[139] John Maynard Keynes, *Essays in Persuasion*, 77.

第 9 章

為了打仗去印錢

　　一次大戰一開始跟其他地區性衝突沒什麼兩樣，但很快就變成規模大到前所未見的全球性戰爭，導致千萬人死亡，帶來了無法想像的苦難。

　　1914 年，奧地利大公法蘭茲・斐迪南（Franz Ferdinand）遭到波士尼亞塞爾維亞人加夫里洛・普林齊普（Gavrilo Princip）暗殺，背後的動機是因為普林普齊參加了一個組織，想要解放波士尼亞，脫離奧匈帝國的控制。奧匈帝國之後對塞爾維亞宣戰，而蘇俄判斷協防塞爾維亞符合自身利益（主要是因為蘇俄想要強化在當地的影響力）。隨著情勢發展，由於德國之前本來就和奧匈帝國是軍事同盟，而法國則和蘇俄建立了既有的軍事同盟關係，於是德國和法國也很快參戰。英國不想看到德國打敗法國並在歐陸贏得權力，因此，雖然東歐的衝突表面上和英國人民或這個島國都沒什麼關係，但在龐大的政治壓力之下，英國仍選擇參戰，和法國與蘇俄站同一邊。

　　在這場戰爭之前，英國多年來一直是主導全球的強權，也是世界儲備貨幣的發行國。美國代表的是一股新興的勢力（嚴格來說，是當時全世界最大的經濟體），但美國遠在大西洋的另一端，對於當時世界其他地方的事務，抱持的是偏孤立主義的政策立場。當時英國的全球霸權已經過了輝煌盛極的時候，德國是更直接的新興勢力競爭對手，同在歐洲快速強化工業實力。英德兩國之間貿易量很大，當時有很多人認為，這兩國會開戰，簡直是不可思議的事。歐洲各地在之前的幾十年享受了相當的承平歲月，這段期間裡，培養出無數的貿易聯繫與商業合作關係。[140]

　　不管對哪個國家來說，戰爭的問題就是代價高昂，除非這個國家很強盛，且野心勃勃想成為帝國，才會到處征戰、奪走別人的黃金，把敵人變

---

[140] Niall Ferguson, *The Pity of War*, ch. 2.

成會不斷來朝貢的附庸國。要想跟人民講說，政府為了某些講不清楚的國家策略性優勢而要揮軍海外，因此必須在國內徵稅，更是難上加難。

英國在 1914 年時發行戰爭債券，向人民籌募資本，用以參戰，這些戰爭債券支付的利息，高於當時政府公債適用的利息，據大量報導指出，人們大量超額申購戰爭債券。報紙說，愛國人民挹注的資本可以支持政府的戰事，同時又可賺得不錯的報酬。

但問題是，報導並非真相。過了一個世紀之後，2017 年時，英國央行的研究人員在檔案中發現，過去的一切都是一種遮掩手法。「地下銀行」（Bank Underground）是一個由英國央行員工撰寫的部落格，他們在 2017 年發表了〈你的國家需要錢：英國早年為第一次世界大戰努力籌資的精采故事〉（Your country needs funds: the extraordinary story of Britain's early efforts to finance the First World War），道出了真相。這篇文章以一段摘要開頭：

> 為第一次世界大戰籌資時，英國政府要借的錢相當於一整年的國內生產毛額。政府第一次在債券市場的籌資行動，堪稱大敗。1914 年的戰爭貸款債券（War Loan）目標是 3.5 億英鎊，但募得的資金不到三分之一，也只吸引到很少的投資人。在研究分析過英國央行的帳本之後，最近才揭露了這次的失敗以及後續的遮掩彌補。研究顯示，英國央行私底下把不足的資金補齊了，把資金登記在總出納（Chief Cashier；譯註：類似我國央行的發行局長）以及其副手名下，以掩藏資金的源頭。凱因斯是當時知曉此事的一小撮官員其中之一，他說這種掩藏手法是「巧妙的操弄」（masterly manipulation）。[141]

換言之，英國政府去找人民籌資時，就算支付的利率更高，也只有零零落落的錢流進來，沒有大量挹注這種事。一小撮以倫敦為中心的富裕投資人拿了一些錢出來，但遠遠不夠，政府發現自己手上根本沒有打仗必備的銀彈。就像這篇文章寫的，讓大眾知道事實，對政府的財政與大眾對戰

---

[141] Michael Anson et al., "Your Country Needs Funds."

爭的認知來說，都會是一場災難：

1926 年寫成的一段戰爭年代史料中提到，時任英國央行總裁蒙塔古・諾曼（Montagu Norman）兼職祕書的約翰・奧斯本（John Osborne）曾說，揭露籌資失敗一事，將會「大難臨頭」。這篇文章的副本只有英國央行三位大官手上有，完整的版本等到幾十年之後才得以見光。揭露事實無疑會導致所有未到期的戰爭貸款債券價格崩盤，並危及未來的籌資行動。籌資失敗，除了需要補齊不足的資金外，還會變成德國的宣傳攻擊。

就這樣，英國央行私底下拿錢出來買光剩下的戰爭債券，並對人民扯謊說政府發行的戰爭債券大獲成功。具體來說，英國央行把（無中生有創造出來的）貨幣存款借給行內兩位資深官員，這兩人再去買進大額債券。政府並未透過徵稅或戰爭債券，從經濟體中抽取任何資金，但也有了大筆的錢可以灑到經濟體裡。他們就靠著操弄公共帳本，大幅擴張貨幣供給。

巴里・艾肯格林在《全球化的資本：國際貨幣體系史》裡這麼說的：

當局為了戰爭而動員資源時，會課徵新的稅項與發行政府公債。動員出來的資源不足時，他們會暫停適用要求政府必須用黃金或外匯擔保貨幣的法規，他們會發行法定貨幣（無擔保紙鈔）以付錢給士兵並在國內購買軍備。[142]

之後幾年，通膨肆虐英國，讓包括戰爭債券在內的各種政府公債購買力大幅下降。廣義的貨幣供給和消費者物價指數，在五年內成長幅度超過一倍，一開始用來創造新貨幣的債務，很多也因為這樣而消散無蹤了。真的買了戰爭債券的人民，以及一般來說持有英國貨幣或政府公債的人，最後都成為喪失可觀購買力的那群人。

圖 9-A 顯示英鎊因戰爭而貶值的情形，且到現在仍未恢復。

---

[142] Eichengreen, *Globalizing Capital*, 43.

圖 9-A [143]

100 鎊的長期購買力（1750 − 2023 年）

（圖中標註：一次大戰）

　　1910 年代的赤字和債務都貨幣化了。政府和央行不再以徵稅或借錢等透明的管道向人民提取可以兌換黃金的貨幣，而是兩者合作，私下創造出大量的新貨幣，把新貨幣花在購買戰爭相關的產品和服務上。1875 年時，傑逢斯在《貨幣與交易機制》書裡講的黃金請求權與金融體系裡的黃金數量出現重大落差，中央化機構可以說竭盡全力加以善用。這是這種中央化系統第一次真正接受測試，顯然馬上就被當掉了。也因為這樣，英國一般家庭的存款在短短幾年間貶值幅度超過腰斬，英鎊對黃金的贖回承諾也沒了。英國政府與央行操控集中化的國家貨幣帳本，人民就算沒有自願購買戰爭債券，就算政府不用透明的方式對人民強制課徵的戰爭稅，仍能讓人們透過儲蓄來支付戰爭費用。這番操作導致的儲蓄貶值都並非人民自願的，而且還很模糊、難以察覺。

　　從這裡為起點，英國政府開始幾乎掌控了人民生活的每一個面向。他

---

[143] Alioth Finance, "Inflation Calculator."

們強迫企業停止生產因應國內經濟需求的產品，轉向製造戰事所需的各種東西。他們凍結租金，試著抑制他們一開始透過擴張貨幣供給而導致的物價膨脹。2017年「地下銀行」部落格那篇文章裡後面也講到：

面對有可能遭受的嚴重挫敗，英國在好幾個領域都拋棄了他們擁抱了幾世紀的自由市場原則。英國展現出前所未見的意願，出手干預工業與財產的私有權。英國要求工業企業生產政府要求的商品，凍結私人房地產的租金，設下進口品的配額，最後還沒收公民的海外證券（檔案編號：8A240/1）⋯⋯但這還沒完。1915年1月，財政部禁止在沒有得到許可之下發行任何私人證券，英國投資人也不得購買多數新證券（參見 Morgan，1952）。

1914年幫忙傳播不實新聞、指稱戰爭債券超額申購的《金融時報》（*Financial Times*），2017年發出更正啟事，回應最近才發現的、記載了當時實情的檔案內容。他們的更正啟事標題為「103年後的更正：英國央行如何掩蓋戰爭債券銷售失敗之事」（A correction 103 years late: How the BoE covered up failed war bond sale），文章開頭是直指核心的摘要：

澄清：1914年11月23日，《金融時報》刊出一篇報導宣稱英國債府的戰爭貸款債券「超額申購」，申購「湧入」。報導說這是一次「了不起的成果」，足以「證明英國的財政有多麼堅實」。我們現在很樂於澄清上述言論均非事實。[144]

當然，英國並非唯一一為了戰爭發鈔的國家；每個參戰國都這麼做了，而且兩邊都是。美國後來於1917年參戰，他們也是靠著發鈔來打仗。多數的戰敗國看到自家貨幣惡性通膨到毫無價值，戰勝國則僅有「非常高」的通膨，還不至於直接淪入惡性通膨。

---

[144] Patrick McClean, "A Corrections 103 Years Late: How the BoE Covered Up Failed War Bond Sale," *Financial Times* Aug 8, 2017.

然而，英國這次涉入貨幣擴張的行動之所以值得注意，是因為英鎊當時是世界儲備貨幣。全球有多個國家以持有英國政府公債當作國家的儲備，一部分理由是考量效率之後出於自願持有，另一部分則是殖民主義體系下的壓迫所致。為了戰爭，英國不僅讓本國人民自家人民的儲蓄貶值，也讓很多本來與這場戰爭無涉的開發中國家購買力大減。全世界的人民存下來的價值，被某個政府根據中央化的法令掏了出來，轉進歐陸的戰事裡。

能快速且輕易做到這件事，唯有靠將黃金抽象化成錢才能辦到。如果人民和國家主要持有實體黃金或白銀當作錢，要從他們手上把錢榨出來並導入戰事裡，就困難得多。實體錢幣的貶值，向來都是歷史主題，然而，以貶值速度的快慢來說，錢幣的實體特性本身成了一種固有限制。但因為人們與國家只持有紙本與銀行帳戶黃金請求權，只要動一動筆，一夜之間就可以安安靜靜毀了兌換承諾，後果可以放在日後並且用長期分攤的辦法來處理。

政府印錢以因應戰爭或其他危機的能力與意願，就像病毒一樣傳播開來。由於貨幣的中央化與抽象化，政府再也無須受制於金庫中的黃金數量；他們可以利用全體人民的儲蓄。如果政府可以為了打仗用不透明的方法快速抽乾人民的財富，就可以提高勝率；但如果對戰國也這麼做，那就另當別論。發行世界儲備貨幣的國家可以榨取全球各國價值，這樣的能力更是威力無窮。願意犧牲長期來換取短期勝利的國家，會享有優勢。

正因如此，我才主張由於技術上的不對稱，金本位在全球的挫敗勢不可免，而且，實際情況到頭來會是各地的金本位一次崩壞，而不會是只有某些地方行不通。帳本操控起來愈是輕鬆，就愈容易被操控。有黃金擔保的中央化紙幣與銀行體系很容易操控，因為可以先印錢，之後再來看該怎麼處理躲不掉的通貨膨脹與打破了與黃金掛鉤的原則等等後果。

凱因斯說，英國央行 1914 年的戰爭債券祕密融資行動是「巧妙的操弄」，他在戰爭結束不久之後，繼續闡述貨幣貶值的危險：

據說，列寧（Lenin）宣稱摧毀資本主義最好的辦法就是敗壞貨幣。藉由持續通貨膨脹的過程，政府可以悄悄地暗中徵用人民很大一部分財產。

政府透過這種方法行事不僅是徵用，根本就是任意徵用；而且，雖然這個過程讓很多人一貧如洗，但也真的讓某些人富了起來。看到這種任意重新洗牌財富，不僅打擊了安全感，也有損人民對於現有財富分配制度公平性的信心。

有些人靠著系統得到超乎他們應得、甚至超過他們預期或渴望的意外之財，這些人是「賺暴利者」（profiteer），變成中產階級痛恨的眼中釘，後面這一群人因為通貨膨脹而變得貧窮，受傷程度不亞於無產階級。隨著通貨膨脹繼續，貨幣價值每個月大起大落，所有構成資本主義最根本基礎的債權人與債務人長期關係，都因此完全失序，變得可說是毫無意義；獲取財富的過程，降格為賭博和買彩券。

列寧顯然是對的。要推翻社會現有基礎，沒有什麼方法比毀壞貨幣更細膩、更確定了。這個過程中，納入了所有經濟法則隱含的毀滅力量，而且可以靜悄悄地推動，一百萬人裡能察覺出來的人不到一個。[145]

在整段一次大戰期間，世界各國都證明一點：如今他們的政府與央行幾乎完全控制了全世界人民用來儲蓄和收付的帳本。儲蓄可以在不見光的手法之下快速貶值，導入政府認為該花錢的地方。包括英國在內的各國，在一次大戰幾年後又重返金本位制度，但於1930年代時再度打破，之後他們開始永久擺脫用黃金贖回貨幣之類的機制，**轉向常態性的稀釋貨幣供給**。人民如果要想要靠著使用黃金來逃避政府的操作，速度太慢也太不方便，在某些國家甚至是違法行為。

在前述引用了一部分的凱因斯所寫文章裡，即便這位作者本人支持使用由他人控制的帳本，但他也非常明確寫出其中的危險之處。非自願性的徵稅是一件事，可至少人民還看得到有哪些具體行動，必要時也可以加以因應。透過任意又鬼祟的方法所導致的非自願性儲蓄貶值，則完全不同，這種新的能力代表了驚人的權力移轉，從**使用**帳本的人轉到了**控制**帳本的人身上。

---

[145] Keynes, *Essays in Persuasion*, 77–78.

第 10 章

布列敦森林體系

　　一戰之後，包括德國和蘇俄在內的幾個國家，都經歷了嚴重的惡性通膨。另一方面，有些國家如英國，在戰事結束後的狀況比較好，只面臨了很高的通貨膨脹，之後，還試圖讓自家貨幣重新釘住黃金。

　　英國是當時世界儲備貨幣的發行國，即便不久前嚴重貶值，但英國領導階層對於自家貨幣向來的穩健非常自豪。雖然 1925 年時，系統裡貨幣相對於黃金的數量比戰前的水準高很多，但當時他們仍試著讓英鎊以戰前的兌換率釘住黃金。就算是大力支持強勢貨幣的人，比方說路德維希・馮・米塞斯，也批評此舉毫無道理。通貨膨脹已經造成傷害，英鎊要重新釘住黃金的話，要用低一點的兌換率比較符合現實。[146]

　　一戰之後，1920 年代那十年間，英國的失業率居高不下，這是戰前的幾年、甚至幾十年從未見過的景況。這種情況背後有很多肇因，包括戰後曾出現短暫的衰退，但用不合理的兌換率讓英鎊釘住黃金、人為創造出強勢貨幣，也導致了問題。由於貨幣供給大增且物價也出現嚴重通膨，英國以英鎊計價的薪資與十年前相比大幅上漲，但政府仍想盡辦法用戰前的兌換率釘住黃金。換言之，一般勞工每小時工作能賺到的黃金，算起來比戰前更多。這是以人為手段拉高薪資水準，遠高於實際經濟基礎下應有的水準，使得英國在全球市場裡失去了競爭力。[147] 英鎊不再是強勢貨幣，這是一個問題，但還不只於此；現在英鎊變成**人為的**強勢貨幣，這問題更大。此外，由於英國央行的黃金儲備成長與貨幣供給的成長並不相符，倘若要以戰前的釘住交換率來履行贖回，他們很難保有足量的黃金儲備。

---

[146] Ludwig von Mises, *Human Action: A Treatise on Economics*, Scholar's Edition, 565 and 778.

[147] Barry Eichengreen, "The British Economy Between the Wars," 328–39.

英國以及其他幾國由上而下、以人為方式強定貨幣價值的行動，在這十年間助長了全球的超額資本流動與泡沫，最終導致美國 1929 年的信貸與投機泡沫。接踵而來的，就是之後的股市崩盤與 1930 年代的大蕭條。1930 年代，許多政府放棄了金本位，有些是完全廢除用黃金贖回貨幣的可能，有些則是用較弱的貨幣兌換率重新釘住黃金。

　　1920 年代，相對於貨幣供給，美國的債務累積到龐大的金額。1929 年時，系統裡的總債務有 1,730 億美元，貨幣基數則只比 60 億美元多一點，貨幣基數本身只有部分黃金擔保。[148] 算起來，承諾未來會付給人民的美元金額，與現有的美元金額相對比例為 28 比 1，如果用美元可以換的黃金來算，比例就更高了。這顯然無以為繼，當到頭來這種槓桿操作再也無法為經濟體提供動力，最終的命運就是奔向災難的結局。

　　1930 年代初期，美國各地的部分儲備銀行紛紛倒閉，廣義的貨幣供給因此大幅縮水。很多存款人與債權人落得一無所有，許多人也丟了飯碗。自然界的大旱加上失當的農耕技術（農民當時的融資政策也起了部分推波助瀾的效果）引發了塵暴大旱（Dust Bowl），讓人們在 1930 年代歷經雪上加霜的實質貧窮。銀行倒閉，很多人的儲蓄一毛錢都拿不回來，愈來愈多的存款人在銀行門口排隊等著領現，寧願把錢放在床墊下，也不要存在銀行裡。[149] 這進一步加重銀行體系的無能償債與資金不流動；由於貨幣基數的請求權比實質貨幣基數的數量多很多，銀行體系本就有動盪不安的因子。美國的中央化帳本與其金融系統就這樣不斷向下迴旋，朝著完全的崩盤而去。[150]

　　1933 年，聯邦政府宣布放銀行假（bank holiday），銀行關門多日，強化資本後才逐漸開門營業，鼓勵人們把他們的儲蓄放回銀行。紐約聯邦準備銀行於 2009 年發表文章〈為何小羅斯福的銀行假能成功？〉（Why Did FDR's Bank Holiday Succeed?），作者威廉・希爾博（William Silber）寫道：「總

---

[148] Robert Bangs, "Public and Private Debt in the United States, 1929–40," 21; Federal Reserve Economic Data, "St. Louis Adjusted Monetary Base."
[149] James Boughton and Elmus Wicker, "The Behavior of the Currency-Deposit Ratio During the Great Depression,"
[150] Milton Friedman and Anna Schwartz, *A Monetary History of the United States*, 1867–1960. 亦請見 Scott Sumner, *The Money Illusion: Market Monetarism, the Great Recession, and the Future of Monetary Policy*, ch. 7.

統動用法案中的貨幣緊急條款，鼓勵聯準會在重新開放的銀行裡實質上創造出百分之百的存款保險。」[151]

唯有政府和央行有能力無中生有創造出更多美元貨幣基數，才能創造出這種實質上的存款保險。然而，就算他們有能力創造美元貨幣基數，也無法生出更多用以贖回美元貨幣基數的黃金。隨著中央機構創造出美元、銀行重新獲得資本，也就代表有愈來愈多美元沒有黃金擔保。如果容許這種情況繼續下去，將會耗盡央行的金庫。

這有一大部分是因為銀行帳本和黃金之間本來就有速度落差。速度落差長期被人拿來套利，使得經濟體裡流動的黃金擔保美元請求權，比實質黃金的數量多**更多**，直到一根針出現，刺破了脆弱的泡沫。要是黃金本質上可以快速移動與驗證，那就沒什麼理由需要用到黃金請求權。已經存在的各式各樣請求權，也會更常受到測試（即要求贖回），這有助於防範供給面長期累積嚴重的失衡。只是，唉，可惜黃金移動的速度不如電信通訊化的帳本那麼快，因此，這樣的不對稱長久以來都無法處理，只能眼睜睜看著情況嚴重失衡。

1933 年的銀行假之後，過沒多久，聯邦政府發出行政命令，要求所有公民必須以通用的交換率把黃金拿出來換成美元。持有一定數量的黃金就犯了法，最高可判處十年有期徒刑。美國人就連在海外擁有黃金也犯法。換言之，美國聯邦政府集中掌控、槓桿操作的帳本已經陷入了很糟糕的局面，必須用入監與暴力等威脅，靠法律剝奪這種黃澄澄貴金屬的所有權。美國政府也把黃金儲備的所有權，從聯準會移轉給財政部。

收到大量的黃金之後，美國聯邦政府在 1934 年通過《黃金儲備法案》（Gold Reserve Act），重新定義了美元，兌換率從原本的二十分之一盎司的黃金降為三十五分之一，換言之，在掌握大量黃金之後，政府大幅貶抑美元相對於黃金的價值。此舉相當於對人民違約；人民持有美元，長期以來政府承諾可以用每盎司 20.67 美元的價格換回黃金，但如今官方的定價，

---

[151] William Silber, "Why did FDR's Bank Holiday Succeed?," 19.

是每盎司黃金 35 美元，而且，就算用這交換率也不能拿回黃金。[152] 貨幣價值下跌對債務人的好處大於債權人，而美國最大的債務人就是聯邦政府。

在政府如此大規模收回黃金的行動之下，加上美元相對於黃金貶值，政府實質上是提高了能為貨幣提供擔保的黃金數量。雖然聯邦政府不讓人民把美元換成黃金，但仍讓海外債權人可用美元換回黃金，藉此維持這套新中央化帳本系統在國際上的信用。從 1933 年到 1971 年，美國根據一套保證金金本位（marginal gold standard）運作，嚴格來說，美元還是釘住黃金（但交換率比較低），但美國人民完全沒有辦法落實釘住這件事。

1930 年代這十年間，全球經濟停滯，各地的政治民粹主義不斷壯大。很多一戰的後遺症都沒有完全處理好，又重新脹大，浮上了表面。貨幣垮了，儲蓄沒了，各國的勞動階級都厭惡資產階級，差別只在程度不同，戰敗國的人民轉向政治極端主義。有很高比例的人希望有「強人」來帶領他們，告訴他們到底是誰把他們害得這麼慘，根本不介意強人統治意味著要放棄部分的個人自由以及對弱勢族群做出不實指控。這些問題，再加上其他多如牛毛、難以一一細數的問題，最後引出了二次大戰。

二戰期間，各國政府再度大量創造新錢，藉此榨乾人民的儲蓄與支應戰爭費用，導致貨幣嚴重貶值與居高不下的物價通膨。各國政府也再度祭出法令控制物價與薪資，想要抑制因為他們大撒錢製造出來的通膨。政府也施行各式各樣的政策，把民間企業的生產活動導向支援戰事。[153] 多種貨幣發生嚴重的惡性通膨，戰勝國的貨幣價值也少了一半，甚至更多。

隨著 1944 年戰爭開始逐步結束，同盟國（Allied Forces）即將大勝，44 國的代表齊聚新罕布夏州布列敦森林（Bretton Woods, New Hampshire），討論戰後應如何建構貨幣體系。

兩種對立的觀點

全球貨幣體系的核心，講求的是兩個國家如果不見得相信對方的公共

---

[152] George Selgin, "The Rise and Fall of the Gold Standard in the United States," 24–30.

[153] Robert Higgs, "Wartime Prosperity? A Reassessment of the U.S. Economy in the 1940s," 44–53.

帳本，那要用什麼方法才最能結清貿易帳。政府可以根據技術面允許的程度，強制要求自家國民使用本國的中央化帳本系統，但是沒辦法強迫其他國家也認同這些系統確實正當有效。

從歷史上來說，貴金屬錢幣通常是國際間會接受的貨幣，大家都願意使用，因為任何國家都做不到長久操控自然界的帳本。然而，在全球銀行帳本緊密相連的時代，像十九世紀英國這樣的強大帝國，或是二十世紀的美國，都可以在某個期間決定全球貨幣的秩序，把自家的帳本系統放在核心或接近核心的位置。

在 1944 年布列敦森林大會期間，關於應如何打造全球貨幣體系，主要有兩種不同的看法。第一種以英國的凱因斯為首，第二種的代表人物則是美國的哈利・達斯特・懷特（Harry Dexter White）。

凱因斯提議建置一套中立的結算系統，以一種名為「銀行幣」（bancor）的超國家貨幣記帳單位為核心。銀行幣基本上是各個主要全球性貨幣按比例構成的一個籃子，黃金可以換成銀行幣，但銀行幣不可以換成黃金。本・斯泰爾（Benn Steil）在《布列敦森林貨幣戰：美元如何統治世界》（*The Battle of Bretton Woods*）一書裡這樣說銀行幣：

> 會員國每出口一個品項，都會在其國際結算銀行（ICB）帳戶裡加上銀行幣，每進口一個品項，就會減去一點銀行幣。系統會設下限額，一個國家能擁有的銀行幣是海外出口與國內進口之差額，一國積欠的銀行幣則是國內進口與海外出口之差額。這樣一來，各國就無法累積過多的順差或逆差。每個國家的銀行幣限額，會和其在世界貿易量中的占比成比例。用這套方法決定各國銀行幣的額度，最符合英國的利益，這倒不是巧合，而是因為英國沒什麼黃金，但又需要黃金來推動大量貿易。
>
> 一旦打破一開始的配額限度，逆差國便可以開始貶值，順差國的貨幣則可以開始升值。這樣的調整會讓逆差國的貨物變得比較便宜，順差國的貨物變得比較昂貴，用意就在於刺激貿易重新調整以達成平衡。如果一國銀行幣的借方或貸方餘額繼續擴大，則會觸發強制的行動。以長期的債務國來說，這包括強制貨幣貶值、調高支付給國際結算銀行儲備基金的利息、

強迫出售黃金以及限制資本出口。對於長期的債權國來說，則包括強制貨幣升值、超額借方餘額要支付至少5%利息給國際結算銀行的儲備基金，更大額的借方餘額利率則調高為10%。[154]

凱因斯提議的這套系統，優點在於從全球結算的觀點來看，許多方面都複製了金本位：銀行幣跟黃金一樣，都是中立的結算資產，但是運作的速度更快，而且供給上也具備一些彈性。國與國之間的貿易失衡，長期下來必會自我修正。凱因斯提案的缺點是，這是一套以一種會貶值的資產為核心打造出的中央化且須緊密管理的系統，需要很多國家合作無間才能順暢運作，因此在地緣政治上必有其脆弱之處。

另一方面，哈利‧達斯特‧懷特提議，所有與會的政府都應讓自家貨幣釘住美元，美元則繼續以固定的交換率釘住黃金，海外央行可用美元贖回黃金。因此，外國央行應持有美元（主要是持有美國政府公債），因為美元應該會跟黃金一樣好，但又能賺取利息。懷特在提案中還順道提到要幫忙打造國際貨幣基金（International Monetary Fund）與世界銀行（World Bank），作為這套系統的誘因、輔助與執行機構。

提案當時，美國已經擁有強大的地緣政治力量，可以予取予求。很多國家的工業產能都遭受嚴重破壞，連幾個戰勝國都付出了極大代價才能慘勝，但美國與世界上其他地方不同，其本土幾乎未受到大戰踐踏。此外，美國此時是全世界最大的經濟體（在全球國內生產毛額中的占比超過四成），擁有全世界最好的地理位置（緊鄰兩片廣袤的海洋，與兩個友善的國家接壤，有全世界最密集的內陸河流體系，以及大量的石油蘊藏量），還有很多黃金。美國本來就自有大量黃金，之前也有很多同盟國家把黃金運到美國請求保管，以防在戰爭期間被敵軍抄沒。接受布列敦森林體系也是馬歇爾計畫（Marshall Plan）的一部分，這就表示，如果遭到戰爭摧殘的國家想要獲得美國的金援進行戰後重建，就要認同美國對於建構全球貨幣

---

[154] Benn Steil, *The Battle for Bretton Woods: John Maynard Keynes, Harry Dexter White, and the Making of a New World Order*, 143–44.

與貿易秩序的看法。[155]

最終，懷特的提案勝出，1946年戰爭結束後拍板定案，這代表了世界儲備貨幣的發行國從英國切換成美國。[156] 不幸的是，這套系統從一開始設計就出錯了。系統1958年後全面運作，消除經常帳（current account）交易的匯率控制機制之後，這些錯誤很快就出現了。[157]

歐洲美元與布列敦森林體系崩解

在自由銀行體系之下，發行黃金擔保貨幣的是個別銀行而不是政府，體系裡的貨幣數量至少會因為黃金數量而受到一定程度的限制。這是因為個別銀行只有一定數量的黃金儲備，而且他們必須維持適當的擔保數量，以滿足顧客的贖回要求。做不到這一點的銀行最後會發生銀行擠兌，被逐出業界。正因為沒有一個能馬上創造出更多黃金拯救系統的中央機構，因此，雖然體系內的貨幣相對於黃金的數量會有波動，但很快就會出現反作用力抵銷，每當脫鉤太嚴重時就會收縮。只要監理機構許可，自由銀行體系下的各家銀行可以開立分行與謹慎運用貸放政策，管理自身的風險，然而，由於永遠都有可能發生銀行擠兌問題，他們的流動性和償債能力時時都要面對檢驗。[158]

等到多數黃金都集中在央行或主權政府手裡，而且多數人都無法再換回黃金，系統裡的黃金數量就再也無法抑制系統裡的貨幣數量了。用貨幣換回黃金的管道愈是狹隘，創造貨幣的系統就愈不會因黃金的數量而受到限制。就像本書第4章討論過的，創造新貨幣多半都是為了（1）要把政府的赤字支出貨幣化，或者（2）提高部分準備銀行系統下的貸放金額。如果部分儲備系統下的商業銀行把現金儲備放在央行，承作貸款，成為貨幣乘數（money multiplier）放大貨幣基數，長期下來，央行或政府持有的黃金就無法限制能創造出來的貨幣數量。銀行確實不時會遭遇輕重不一的流動性

---

[155] Perry Mehrling, Money and Empire, 154–170; Michael Bordo, "The Bretton Woods International Monetary System: A Historical Overview," 28–38.
[156] Barry Eichengreen and Marc Flandreau, "The Rise and Fall of the Dollar," *European Review of Economic History* 13.
[157] Robert Hetzel, "Launch of the Bretton Woods System."
[158] Selgin, *Theory of Free Banking*, 23–41; White, *Monetary Institutions*, ch. 2.

問題，央行可視情況創造出更多貨幣基數，買進某些銀行的資產，這樣就可以讓系統繼續成長。

從 1920 年到 1950 年，美國官方的黃金儲備從不到 4,000 公噸成長到超過 20,000 公噸。但在 1950 年到 1970 年實施布列敦森林體系期間，黃金儲備從 20,000 公噸快速減少到只比 9,000 公噸多一點，這是因為海外央行換走了黃金。[159] 然而在同一時期，美國的美元貨幣基數倍增，廣義美元的數量增加超過三倍。當 1950 年到 1970 年期間發生這種事，美元背後作為合理「擔保」的黃金數量也快速減少。[160]

會有這種問題，原因出在部分儲備貸放操作與系統裡的黃金數量完全脫鉤，美國國內的銀行體系以及海外用美元計價的銀行體系（通常稱為「歐洲美元」〔Eurodollar〕體系）不斷壯大。聯準會不管財政部並沒有可提供支撐的足額黃金，不斷增加貨幣基數，商業銀行也不斷繁殖儲備，變成金額愈來愈龐大的美元存款。這樣下來，海外央行手上的美元金額就愈來愈高，有些央行就把不斷增加的美元換成了稀有的黃金。隨著美國的黃金儲備快速減少，有些海外債權人開始發現，美元能維持釘住黃金的時間不長了，因此，他們拿更多的美元去換黃金，加速系統的崩解。所謂歐洲美元系統，是指存在於美國以外的美元存款，因此不在美國央行的直接控制範圍內。即便有歐洲一詞，但歐洲美元事實上指稱任何在非美國管轄區的美元，不單指歐洲的美元，只是歐洲確實是這套系統的起點。自 1940 年代的馬歇爾計畫開始，就有大量美元開始流進歐洲。蘇聯人有靠貿易賺來的美元，而由於蘇聯和美國之間彼此競爭，美元有被沒收的風險，因此蘇聯人通常把美元放在歐洲的銀行而不是美國的銀行。[161]

歐洲美元系統在整個 1950 年代與 1960 年代持續發展。我們可以想得到，這是一套以另一種部分儲備系統建立起來的部分儲備系統。聯準會的角色是美國央行，在美國是「銀行的銀行」。美國國內的商業銀行持有的

---

[159] Timothy Green, "Central Bank Gold Reserves," 17–18.

[160] Meltzer, *A History of the Federal Reserve, Volume 2, Book 2: 1970–1986*, 686–88; Michael Bordo and Robert McCauley, "Triffin: Dilemma or Myth?" 5.

[161] Paul Einzig, *The Euro-dollar System: Practice and Theory of International Interest Rates*; Robert Aliber, "Eurodollars: An Economic Analysis," 77–85.

現金儲備，是聯準會帳本上的帳目；而各種散戶與法人存款人持有的現金存款，則是商業銀行部分儲備系統帳本裡的帳目。所以說，這裡面有兩層的錢，一層是貨幣基數，一層是廣義貨幣。在這之上，外國銀行接受美元存款，把這筆錢存在某家美國銀行裡，然後把這些部分儲備銀行系統下的存款貸放給各種國外實體機構。這是第三層的美元部分儲備請求權。

從海外存款人的觀點來說，他們持有的是一條部分儲備系統下的負債鏈，一路通向聯準會。海外存款人的美元資產，是他們存錢的海外商業銀行的負債。海外商業銀行把他們持有的現金資產（這是他們部分的顧客存款）放在某家美國的商業銀行，對這家美國商業銀行來說，這些美元資產是負債。這家美國商業銀行持有現金資產（這是他們顧客存款的其中一部分），放在聯準會，這些美元資產對聯準會來說是負債。聯準會可以看到美國國內所有銀行的存款總數，但要看清楚第三層發生了什麼事情，透明度就有限，因為這些都是海外的美元請求權。[162]

這些「部分的部分」存款，代表了海外央行可以換回黃金的請求權。前述的創造貨幣過程，完全不受諾克斯堡存放的美國黃金儲備數量限制。這種美元的金額很龐大，即便只有一小部分要換回黃金，很快就會耗盡美國的黃金儲備。

當國內外的美元不斷成長、美國的黃金儲備縮水，美國聯邦政府憑著其軍事與地緣政治實力，還有辦法拖延時間。如果有哪個國家要換回太多黃金，美國聯邦政府可以悄悄地施壓，指出他們不應該這麼做。「你們希望我們撤除位在貴國的軍事基地，讓貴國在軍事上暴露在蘇聯的武力之下嗎？不會吧？那麼，或許你們應該停止贖回這麼多黃金，不要挑戰我們的貨幣體系……」

但數字就是數字，有些國家的領導者比較有主見，認知到這套系統終將崩盤，不顧一切就是要把美元換成黃金。到1960年底，系統已經破敗，1971年，尼克森總統（Richard Nixon）正式中止海外央行將美元換成黃金，阻止美國黃金儲備的向下迴旋趨勢。當時，他怪罪投機客，並說終止贖回

---

[162] Nik Bhatia, *Layered Money: From Gold and Dollars to Bitcoin and Central Bank Digital Currency*, 60–79.

是暫時性的，但本書的讀者都知道，後來就變成永久性的了。[163] 布列敦森林體系從一開始就設計失當，注定要崩壞，從 1944 年成立算起，只花了四分之一世紀的時間就走到了盡頭；如果從 1958 年到 1959 年正式推出並完全運作開始算起，則只維持了十幾年。[164]

到 1971 年那時，這個世界進入了現代法定貨幣制度，意味著世界儲備貨幣以及其他貨幣，都不能再換成任何別的東西了。

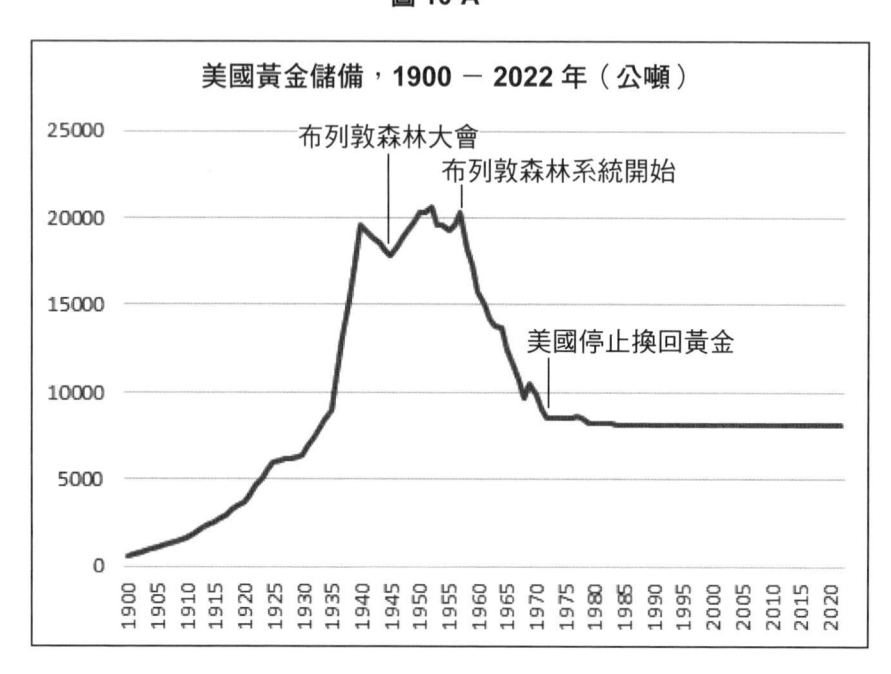

圖 10-A [165]

美國黃金儲備，1900 － 2022 年（公噸）

布列敦森林大會
布列敦森林系統開始
美國停止換回黃金

---

[163] Jeffrey Garten, *Three Days at Camp David: How a Secret Meeting in 1971 Transformed the Global Economy*, 19–45.
[164] Robert Hetzel, *The Federal Reserve: A New History*, 355–56.
[165] Green, "Central Bank Gold Reserve," 17–19; World Gold Council, "Central Bank Holdings."

第 11 章

石油美元興起

　　1971年布列敦森林系統崩壞之後，世界陷入了過去從未曾經歷過的局面：全世界基本上每個人都用的貨幣，完全沒有任何具備稀有性的東西作擔保。過去也有些時候有人企圖改用法定貨幣並最終發生惡性通膨，但那時的範圍都只限於單一國家與單一地區。後布列敦森林系統時代，是全世界第一次嘗試著使用純然的法定貨幣。

　　主權政府可以有效強制國內使用自家貨幣。規定只能用法定貨幣納稅，對商品貨幣加徵資本利得稅，實施法償法律要求所有商人接受用法定貨幣付款，以及透過各種不同的銀行法規試著拖慢貨幣供給成長，主權政府通常可以維持與可用貨幣供給相對之下足量的貨幣需求。然而，一國政府少有或根本沒有辦法強制其他國家接受自家貨幣。他國的貨幣不過就是幾張紙或是銀行帳本，沒有任何實物作擔保，而且也可以片面變更相關的規定。法定貨幣對於任何終端使用者來說都沒有實質效用，也不能換成任何其他能提供實質效用的東西。

　　美國和其他國家1970年代都發生嚴重通膨。美元、英鎊、法郎和其他貨幣供給持續擴張，而且都沒有擔保也不能換回任何東西。在此同時，美國傳統的產油量持續成長近一個世紀，1970年時來到頂峰，之後國內的石油產量開始下滑而且為期多年，使得美國更仰賴進口石油。1973年，沙烏地阿拉伯和其他中東產油國禁止石油運往在贖罪日戰爭（Yom Kippur War）中支持以色列的國家，當中就包括美國。此舉引發了石油供給衝擊，並在石油需求大增的期間引發油價衝擊。

　　只是，美國得天獨厚，不論經濟上還是軍事上都又大又強，如果說有任何國家可以強迫或勸誘其他國家接受該國無擔保貨幣當成實質的支付，那就是美國了。安卓雅・黃（Andrea Wong）於2016年替《彭博社》（*Bloomberg*）寫了篇長文〈你所不知的沙烏地阿拉伯41年美國債務祕辛〉

第 3 部　全球貨幣制度的興衰　127

(The Untold Story Behind Saudi Arabia's 41-Year U.S. Debt Secret），細數美國如何說服沙烏地阿拉伯與該地區其他國家接受美元作為支付工具，以及以美國政府公債的形式持有美元當作長期儲蓄。

1974年，尼克森總統新任的財政部長威廉・賽門（William Simon）飛往歐洲與中東從事外交。政府官員這麼多，為何美國偏偏派遣財政部長執行本項任務？答案是，這趟行程主要和金融外交有關，核心是美國政府公債。以下摘自黃的文章：

> 官方的說法是，賽門為期兩週的旅程，是涵蓋歐洲與中東的經濟外交之旅，就是慣例上的拜會致意和晚宴。但在沙烏地阿拉伯海濱城市吉達（Jeddah）停留的四天當中，他會進行尼克森總統內部人士圈裡絕口不提的實質任務。
>
> 其目標是：要讓原油維持中立，不要再當成一種經濟武器，並想辦法說服心存敵意的王國，拿出他們新發現的石油美元財富，幫忙美國替不斷擴大的赤字融資。根據時任財政部助理部長的傑拉德・帕斯基（Gerald L. Parsky）所說，尼克森講得很明白，絕對不可空手而回。任務失敗不僅會危及美國的金融健全度，也會替蘇聯打開一條縫，讓他們進一步侵入阿拉伯世界。[166]

賽門代表尼克森政府與沙國領導人達成的交易如下：美國會向沙烏地阿拉伯購買大量石油，然後出售大量軍事裝備與輔具作為回報。美國也會順勢運用其無可匹敵的海權，確保沙烏地阿拉伯與敵國伊朗之間、波斯灣最狹窄處的荷姆茲海峽（Strait of Hormuz）維持通暢，讓全球石油貿易暢行無阻，因為美國也要靠這條管道獲取原油。沙烏地阿拉伯會拿到以美元計價的貿易順差（這稱為「石油美元」），然後主要投資美國政府公債，以支應聯邦政府的赤字支出。此外，沙烏地阿拉伯賣石油給其他國家時只能用美元計價；這會強化美元的全球需求，並鞏固美元身為國際交易媒介與

---

[166] Andrea Wong, "The Untold Story Behind Saudi Arabia's 41-Year U.S. Debt Secret," *Bloomberg*, May 30, 2016.

儲存價值工具的地位。

交易最後的條件，是沙烏地阿拉伯希望保密。賣給沙烏地阿拉伯的美國公債會跳脫正常的拍賣流程，多數無紀錄可查。黃繼續說：

> 帕斯基說，之後還開了好幾場審慎的後續會議，才敲定所有細節。然而歷經幾個月的協商之後，臨到尾聲時，還有一件很小但很重要的關鍵：根據彭博社從國家文書暨檔案總署（National Archives and Records Administration）資料庫取得的外交電報指出，費瑟・本・阿卜杜勒阿齊茲・阿紹德國王（King Faisal bin Abdulaziz Al Saud）要求，沙國購買美國公債一事必須「嚴格保密」。

黃為了寫這篇文章，引用了《資訊自由法案》（Freedom of Information Act），取得之前關於本項安排的未公開資訊。此文問世之前，沙烏地阿拉伯與美國之間的金融關係是個「人盡皆知的祕密」，而此次主流媒體的報導，又為之提升了透明度與影響。由於美國支持以色列，因此，在 1970 年代，許多以穆斯林為主的國家都否定美國，所以沙烏地阿拉伯才希望保密兩方的關係。沙烏地阿拉伯的領導階層擔心，和美國走得很近會引來負面眼光。只是，他們也想強化自身的經濟與軍事安全，以對抗鄰近的敵國伊朗，正因如此，石油美元的交易對他們來說才這麼有吸引力。

總結這段期間的歷史，由於美國具備強大的軍事與經濟實力，說服了沙烏地阿拉伯與其他國家繼續使用其中央化且無擔保的法定貨幣帳本。全球石油市場規模很大，說服多個產油國用美元計價、用美元賣油以及用美國政府公債持有石油美元順差，基本上，美國就是用石油來擔保美元。美元不能換成也沒有釘住特定數量的石油，但這套新系統讓美元實際上有了這些特性，因此，任何石油進口國都想持有美元（通常的形式是美國政府公債）當作儲備，以確保他們有需要時就能買到石油。全球對美元的需求因為這樣而愈來愈強，從而使得整體的美元網絡效應愈來愈強。從 1974 年起一直到現在，全世界多半都以這套石油美元本位制運作。[167] 我把這套系

---

[167] Alex Gladstein, *Check Your Financial Privilege*, 38–42.

統稱為歐洲美元／石油美元系統，這個組合，是在交易速度遠快過結算速度的時代，作為全球最大經濟體所自然形成的網絡效應，再加上國際上在設計系統時所做的選擇：強勢的美國鼓勵生產稀有資源的國家使用該國帳本，從而更強化了這些網絡效應。

那麼，美國要扮演何種角色？他們必須維持還算可靠的機構，央行與政府之間也必須高度分權，全球才會把美元視為一種可靠的貨幣。歷經通膨失控十年之後，美國的金融信譽在 1978 年和 1979 年已經糟的可以，必須以瑞士法郎和西德馬克發行某些公債，才能夠累積外匯儲備；這種作法就幾乎像是個開發中國家了，通常也只有開發中國家不得已時才會這麼做。[168] 從 1979 年開始，一直到 1980 年代，聯準會的新任主席保羅・伏爾克（Paul Volcker）將利率拉高到將近 20%，讓美國陷入衰退以穩定美元。卡特總統（Jimmy Carter）和繼任的雷根總統（Ronald Reagan）都支持他的鷹派作風。

當時，拉丁美洲各國以美元計價的總負債金額非常龐大。當聯準會的伏爾克主席用非常高的通貨膨脹調整後利率來強化美元，讓許多拉丁美洲的企業倒閉並讓政府財政崩潰，從而降低他們購買石油的能力。美國可以用更低的價格繼續從沙烏地阿拉伯買到石油，拉丁美洲國家的石油消費量則因為貨幣價值崩盤而停滯。如圖 11-A 所示，1980 年代全球的石油消耗量曾短暫停止成長，主要是因為已開發國家繼續增加石油消耗量，但很多開發中國家（尤其是拉丁美洲國家）必須減少用量。[169]

1999 年，伊拉克（當時擁有全世界第二多的石油儲量）的薩達姆・海珊（Saddam Hussein）開始用新創立的歐元出售石油。約在同時，蘇俄、委內瑞拉和伊朗也嘗試著用非美元來銷售石油。在 911 恐怖攻擊之後，美國在 2001 年領著多國入侵阿富汗，之後又在 2003 年時單方面攻打伊拉克，除了英國之外，國際社會絕少表達支持。

---

[168] Paul Lewis, "U.S. Reported Set To Borrow Marks Worth $1.25 Billion," *The New York Times*, November 28, 1978.
[169] David Spiro, *The Hidden Hand of American Hegemony Petrodollar Recycling and International Markets*.

圖 11-A [170]

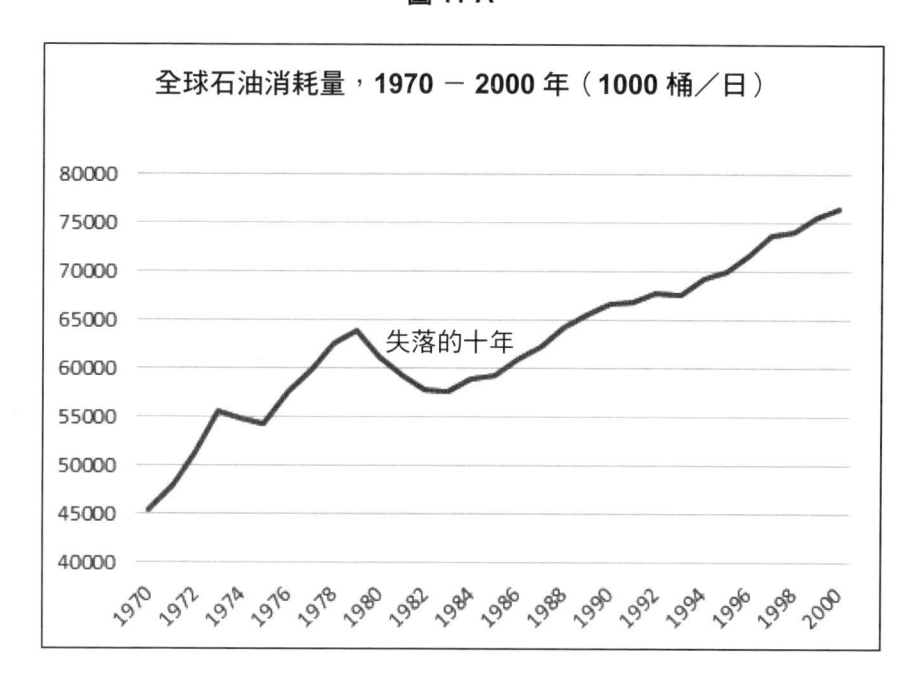

全球石油消耗量，1970 － 2000 年（1000 桶／日）

失落的十年

時至今日，關於美國為何要入侵伊拉克，仍沒有讓人滿意的解釋。當時對一般大眾的說法，聚焦在伊拉克擁有大規模毀滅性武器，但從來沒有人找到過這些東西，從來也沒人在那裡看過這些東西。這個世界從來不缺乏獨裁者，當中確實有一些人擁有大規模毀滅性武器，比方說北韓，那為何美國獨獨要入侵伊拉克？直接涉及 911 恐攻事件的恐怖分子共 19 人，其中 15 人是沙烏地阿拉伯人，沒有任何一個伊拉克人。而且，攻擊事件的主腦集團人在靠近巴基斯坦邊境的阿富汗。

美國入侵伊拉克不久之後，伊拉克就走回頭路，用美元賣石油。美國入侵是因為伊拉克用歐元賣石油，這個想法通常被貼上陰謀論；這可能不是唯一的理由，但美國前科累累，對於跳脫美元基礎系統賣石油的國家向來不假辭色，這一次則是最高調的範例。2006 年，時任美國國會議員的榮恩・保羅（Ron Paul）針對這個主題在國會發表演說，把此事公諸於世。以

---

[170] YCharts, "World Oil Consumption (I:WOCNY)."

下是保羅演說中的重點摘要：

如今已經人盡皆知，白宮對於911之後隨即採取的行動，他們的核心論述是薩達姆・海珊和恐攻事件有關連，以此為理由入侵伊拉克與推翻海珊的政府。即便沒有任何證據證明伊拉克與911恐攻有關，也沒有證據指出該國有大規模毀滅性武器，但透過扭曲與完全的不實陳述以找理由推翻薩達姆・海珊，美國政府仍激起人民與國會的支持。

輿論沒有講到，要推翻海珊，是因為他用歐元計價賣石油，打擊了美元作為儲備貨幣的地位，很多人都相信這正是我國堅持攻擊伊拉克的原因。我恐怕這不是唯一的理由，但在我們開戰的動機當中扮演了很重要的角色。在伊拉克的軍事行動勝利之後，很快的，所有伊拉克的石油銷售都以美元計價了，歐元隨即遭到揚棄。

2001年，委內瑞拉的大使對俄羅斯談到委內瑞拉要全面改用歐元來銷售石油。一年內，就出現了一場試圖針對查維茲總統（Hugo Chávez）發動的政變，據報我們的中央情報局（CIA）也助了其一臂之力。這些想要用歐元取代美元作為世界儲備貨幣的種種嘗試遭到反制之後，逆轉了美元相對於歐元的大幅下滑趨勢。這些事件在維持美元主導地位時扮演的重要角色。

顯然，美國政府很同情策畫推翻查維茲政府的人，也因為政變失敗而困窘。查維茲是民選總統，但這一點並不太影響我們要支持哪一邊。如今，又有人試著對抗石油美元系統。另一個「邪惡軸心」（Axis of Evil）的成員國伊朗，宣布計畫今年3月要啟動新的石油交易所。猜猜怎麼著？以後的石油銷售會以歐元進行，而非美元。

多數美國人忘了，多年來我們的政策一直有系統且無必要地敵視伊朗人民。1953年，中央情報局出手幫忙推翻了民選的穆罕默德・摩薩台（Mohammed Mossadegh），扶植了對美國友好的威權主義國王。時至1979年美國人質被俘時，伊朗人民仍對此事感到憤恨不已。我們在海珊於1980年代初入侵伊朗時與其結盟，無助於解決問題，且顯然對於我們和海珊之間的關係也並無太大幫助。美國政府2001年宣布伊朗是邪惡軸心的一員，無益於改善我們兩國之間的外交關係。最近講到的核武威脅，根本不願事實上伊朗是被擁有核武的國家包圍；就連持續挑釁伊朗的人都不接受這番說詞。從多數穆斯林如何看待我們與伊斯蘭世界間的戰爭以及近期發生的事情來看，伊朗選擇打擊美元以傷害美國，也沒什麼好大驚小怪的。伊朗跟伊拉克一樣，攻擊我們的能力是零，但是這無礙我們把海珊變成準備接管全世界的現代希特勒。現在的伊朗，尤其是在計畫以歐元訂定石油價格之後，已經成為宣傳戰的攻擊目標，這和我們之前入侵伊拉克沒什麼兩樣。

維護美元的超凡地位，不太可能是對伊拉克開戰或是挑動反伊朗的唯一動機。雖然開戰的真實理由很複雜，但現在我們知道，開戰之前講出來的理由，比方說有大規模毀滅性武器及海珊和911事件有關，都是假的。[171]

我們可以再一次回頭探究本書的主題問題：在一個主權帳本互相競爭的世界裡（每一種都沒有擔保且中央化），「誰」控制帳本？答案是，在電訊通訊時代裡，除非等哪一天出現比較好的解決方案，或者除非任何國家都沒有強大到足以對全世界強加意願，不然的話，從地緣政治來看，擁有最強大經濟與軍事實力的國家，就最可能擁有世界帳本的主控權。最強大國家的帳本，是國際交易使用的第三方獨立記帳單位。舉例來說，南韓和沙烏地阿拉伯如果想要和彼此做貿易，他們不用信任對方的帳本，但兩邊都要相信美國。在各種法定貨幣裡，到目前為止，世界儲備貨幣是國際貿易最熱銷的產品。

寫到這裡時，全球有接近160種法定貨幣，出了他們各自的獨占轄區之外，這些貨幣多半不熱銷或者沒人想要。貨幣的本意是避免以物易物的需求，但當世界上有160種不同的政府發行貨幣，就諷刺地複製了以物易物系統，至少在全球貿易的層面上來說是如此。於是乎，有一種主要的結算資產與記帳單位就很重要，這樣一來，不信任對方變化莫測的法定貨幣的國家才仍能和彼此有貿易往來。1944年之前，這種結算資產與記帳單位是黃金。在1944年到1971年間的布列敦森林體系時代仍有使用黃金，只是同時也使用美元（當時的美元可以換回黃金，也代表了全世界經濟軍事

---

[171] Ron Paul, "The End of Dollar Hegemony." Speech before House of Representatives, February 15, 2006.

實力最強大的國家展現出來的充分信心與信用）。從1970年代中期到現在，美元都是國際貿易的主要計帳單位和支付方式，美元存款與美國政府公債也都是海外儲備主要持有的儲蓄資產。

美國維護自家的法定貨幣帳本，其他主權國則因為持有數量可觀的美元（形式可能是美國銀行存款或美國政府公債），而依附在美國的帳本上。如果這些國家的貨幣太弱勢，該國央行可以賣掉一些美元、買回一些自家貨幣，緊縮貨幣從而強化貨幣。另一方面，如果一國有龐大的貿易順差而且貨幣很強，他們可以多發鈔、擴大帳本並且多買美元資產，削弱自家貨幣的單位價值，同時提高國家的美元儲備。雖然數量比較少，但也有些國家還會持有其他主要國家的貨幣以分散風險，很多國家也持有相當數量的黃金。

綜合來說，這個世界基本上是以一套兩層式的金融體系架構在運作。下層的人大部分都堅守使用本地的貨幣支付與儲蓄，而以這160種貨幣來說，多數都不是太妙。開發中國家問題尤大，一般人會發現要存錢很難，因為自家貨幣不斷貶值，偶爾還會發生惡性通膨。在此同時，第二層的是出口企業、進口企業、資產階級以及這些國家的央行，他們使用美元以及其他主要貨幣和全球市場互動。這些開發中國家的領導者（他們常常讓人民的存款貶值），通常自己在境外銀行和避稅港，藏有以美元計價、以法郎計價或以歐元計價的帳戶，不會感受到自家人民時常經歷貨幣總是走弱的痛苦。

貨幣變遷史

本章的結尾，要用一組簡化的圖示摘要自電訊通訊時代以降的貨幣變遷，相關內容在前面三章都談過了。

從1870年到一次大戰前，國際金本位就如圖11-B所示。參與金本位系統的各主要國家，都讓自家貨幣釘住數量固定的黃金（與黃金掛鉤），並且持有數量上上下下變動的黃金儲備，他們的人民與海外債權人都可以拿貨幣換黃金。

圖 11-B

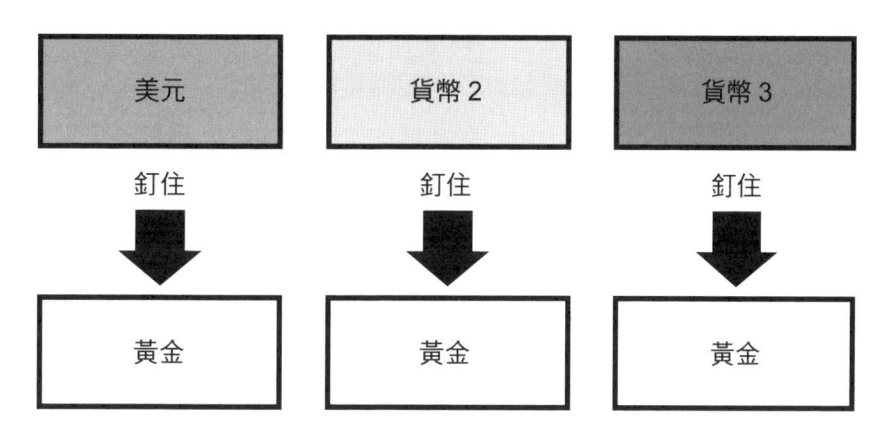

美元	貨幣 2	貨幣 3
↓釘住	↓釘住	↓釘住
黃金	黃金	黃金

　　從 1940 年代到 1971 年的布列敦森林系統，如圖 11-C 所示，裡面有以黃金擔保的美元，但僅有海外債權人可以換回黃金，而且數量有限。海外貨幣釘住美元，並持有美元／美國公債和黃金作為儲備。

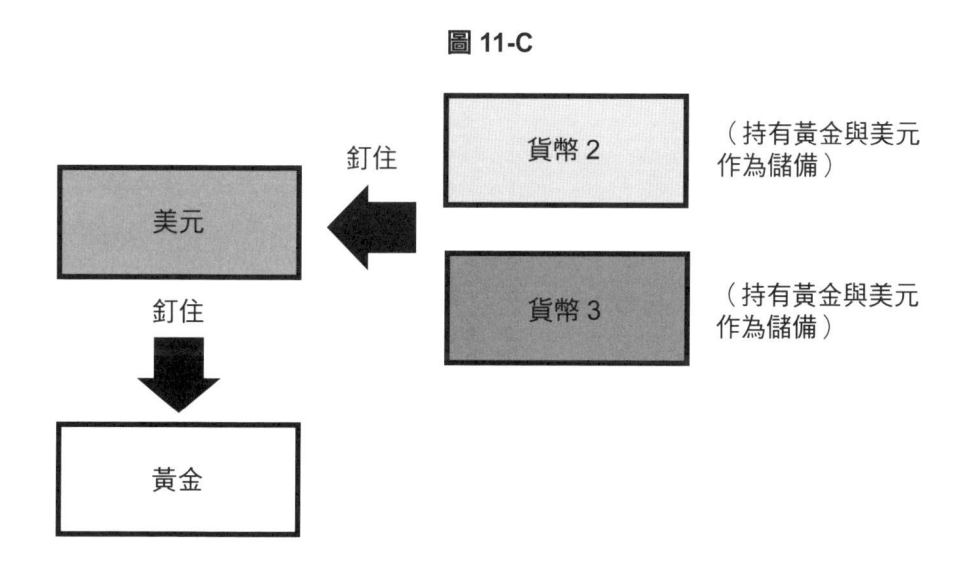

圖 11-C

貨幣 2 ──釘住→ 美元　（持有黃金與美元作為儲備）

貨幣 3 　　　　　　　（持有黃金與美元作為儲備）

美元 ↓釘住 黃金

　　1970 年代至今的石油美元系統，如圖 11-D 所示。在這套系統下，基本上只有用美元才能在全世界買石油，因此，全球各國持有美元、黃金與其他主要貨幣組合作為儲備，重點放在美元。布列敦森林系統建置多年之後網絡效應愈加深化，再加上建置出石油美元系統，美元成為國際貿易以及更廣泛的國際金融全球主要計帳單位。在浮動匯率系統之下，如果一國想要強化貨幣，他們可以賣掉一些儲備然後買回自家貨幣。如果一國想要弱化貨幣，可以多發一點貨幣並且多買儲備資產。

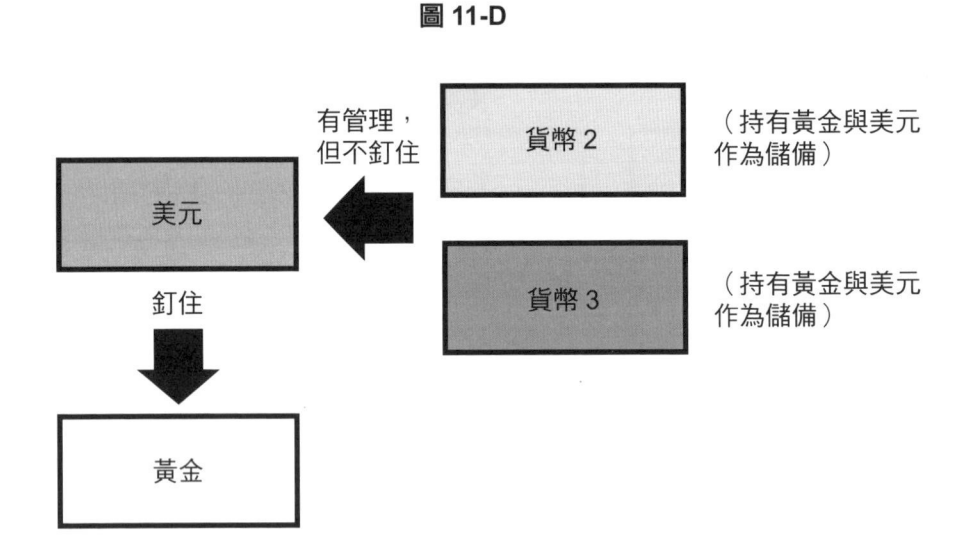

圖 11-D

第 12 章

把混亂推到周邊國家

　　直到二十世紀上半葉，幾個世紀以來，這個世界有很多地方都在歐洲的殖民主義統治之下。西班牙、法國、英國以及其他歐洲強權，在海外對大片土地宣示主權。在整個二十世紀下半葉，許多被殖民地都擺脫歐洲強權取得獨立地位，但殖民主義的遺跡殘留至今。

　　布列敦森林貨幣系統以及後來的歐洲美元／石油美元系統，從很多方面都可說是代表了貨幣新殖民主義，其中為首的就是美國。接近系統核心的富裕國家，針對自己的需求將帳本調整到最佳狀態，尤其會著重於壓制通膨和波動性。然而，要平息波動性通常要付出代價，而且多半只會把波動推到他處或者暫時壓下來，下一次又捲土重來。富裕國家通常把他們的通膨和波動往系統周邊的開發中國家推，開發中國家除了強吞之外，少有其他辦法。開發中國家背負的期待，是要依附在先進國家的帳本上，當大國帳本出現會造成傷害的波動，他們什麼都不能做。

　　雖說美國聯準會官方有三重目標，但他們都稱之為「雙重使命」（dual mandate）。[172] 其一是要讓美國長期就業率達到最大水準，第二是要維持物價穩定，目前的定義是每年平均物價成長率為 2%，第三是要維持適度的長期利率。第四項非正官方的使命，是要維持美國的金融穩定，因為這是支持前三項官方目標的重要前提。

　　讀者應該注意到，即便美國是全球儲備貨幣的發行國，但聯準會的目標中沒有一項和外國有關。美國身為全球儲備貨幣發行國，其貨幣政策幾乎可以說是影響到全世界每一個人，但聯準會講到海外衝擊時，他們的官方說法在乎的，只有這些衝擊是否會反噬或影響到美國的經濟。

　　廣義上來說，已開發國家（如果用人口來說，他們是少數）有別於開

---

[172] Board of Governors of the Federal Reserve System, "Monetary Policy: What Are Its Goals? How Does It Work?"

發中國家（他們的人口占多數）的關鍵因素之一，是已開發國家的負債多數以自家貨幣計價，至於開發中國家的負債，不管是政府層級還是企業層級，有一大部分都是用主要的外幣計價，比方說美元與歐元。舉例來說，身為已開發國家的日本，政府和企業的負債大部分以日圓計價，日圓是他們在有需要時可以多發行的貨幣；相對之下，身為開發中國家的巴西，政府和企業負債大部分以美元計價，他們不能多發行美元，而且，美元會讓他們自家的貨幣和現金流嚴重波動。

這是因為，開發中國家的企業和政府雖有相當的債務融資需求，但海外投資人多半不信任開發中國家的國內帳本。舉例來說，一位法國的放款人通常不想把錢以巴西貨幣計價、借給巴西的企業，因為巴西央行會大量發行貨幣；反之，這位借錢給巴西企業的法國放款人，會以美元或歐元計價，把錢借出去，這兩種貨幣過去的紀錄好多了。萬一他真的以巴西貨幣計價借錢，也會採用更高的利率，以補償要承受高度的開發中國家貨幣風險。只有具備牢固明確網絡效應，與歷史悠久、貨幣管理還算可靠的先進經濟體，才可以用自家貨幣借錢，才能受到海外交易對手的信任。

所以，問題就在於，很多開發中國家政府與企業，其資產與營收流主要以自家貨幣計價，但有高比例的負債以美元計價，如果美元相對於當地貨幣明顯走強，他們以購買力衡量的負債成長幅度，就會高於資產與收入成長幅度，這會引發經濟上的難關與明顯的波動，有些時候甚至會使主權政府乾脆就違約了。這也會助長惡性循環，因為外幣計價的債務會讓開發中國家的貨幣增添風險與波動性，也正因如此，使得開發中國家通常必須以外幣來借貸。在石油美元時代，少有仰賴外幣債務的開發中國家，成功轉型成有權以自家貨幣借貸的已開發國家。

圖 12-A 顯示美元與一籃子主要外幣相比之下的購買力。讀者可以看出，有時候，美元的價值短期間可以暴漲 50％ 到 100％，與開發中國家貨幣相對之下，波動性更大。發生這種情況時，又進一步加重了美元對於開發中國家施加的壓力。

圖 12-A [173]

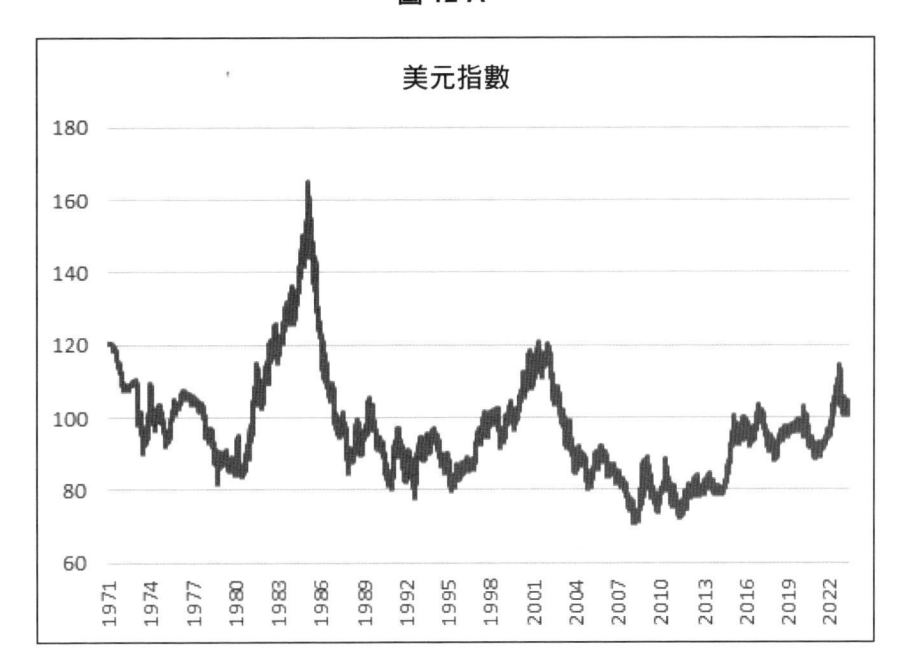

美元指數

美元走強的第一個高峰期在 1980 年代中期，讓拉丁美洲的債務危機更加惡化；本次的債務危機引發了違約、貨幣危機，幾個拉丁美洲國家也經歷了長達十年之久的經濟衰退。美元走強的第二個峰值出現在 1990 年代末期和 2000 年代初期，強力助長亞洲金融風暴與俄羅斯違約，使得亞洲很多地方經歷了深切的經濟痛苦。美元第三個峰值出現在 2010 年代末期與 2020 年代初期，壓榨了全世界很多國家，包括土耳其、阿根廷、黎巴嫩和幾個非洲國家。當美國的決策人士想要緊縮或放寬貨幣政策以穩定美國經濟時，他們就是把波動性和經濟痛苦推給開發中國家。

反之，每當美元明顯走弱時，傷到的就是擁有大額美元順差與美元負債低的國家，比方說沙烏地阿拉伯或中國。如果國家主要以美國公債來儲存主權儲備，而美國公債的表現甚至還跟不上通貨膨脹，那麼，基本上這些國家相當於進貢美國，因為他們適用的通膨調整後利率為負值，替美國

---

[173] YCharts, "ICE US Dollar Index."

的赤字支出融資。

綜合來說，美元相對於其他貨幣走強，就對債務國不利；美元相對於其他貨幣（或相對於實質產品與貨物）走弱，則對債權國不利。只要美國聯準會與財政部覺得有助於達成其目標，他們隨時可以刻意推強或弱化美元。如果說美國出現物價通膨，他們可以調高利率，減少系統裡的貨幣基數，導致金融條件快速緊縮與美元走強。如果美國出現反通膨（disinflation）且經濟停滯不前，他們可以降息、擴大系統裡貨幣基數、推動財政刺激方案，致使金融條件快速放寬與美元走弱。如果他們發現有很多國家背負高額的美元計價債務，他們可以刻意緊縮金融條件並讓美元走強，引發嚴重的經濟難關。一個背負大量以美元計價外債的開發中國家，經濟通常會因此收縮，資源的用量會減少，而且很可能違約。這可以降低美國的資源通膨，美國還可以趁虛而入，貸放美元計價的貸款來拯救這些國家，這些國家得屈從於美國自訂的條件與影響力，最多可能包括讓美國軍隊為滿足地緣政治目的而在其國內設立基地。

很多時候，帶給自家人民痛苦的是開發中國家的政府。他們管理經濟體失當，限制社會經濟自由，沒有能力打造強大的機構把權力分出去，從而造成社會經濟停滯。而他們有高比例的負債以外國強權（美國）的貨幣計價，計價貨幣會因母國的利益而走強或走弱，使得開發中國家管理金融體系的任務更加困難。像開發中國家領導者這樣要管理一套由兩種貨幣構成的系統，勢必本來就比富裕國家領導者管理單一貨幣系統更加困難。

國際貨幣基金組織與世界銀行

當開發中國家遭遇貨幣危機與違約問題，國際貨幣基金就會介入，提供美元融資。1944年隨著世界銀行一起成立的國際貨幣基金，是美國貨幣霸權下的布列敦森林體系裡的一環，雖然表面上是一個超國家實體機構，但深受美國影響。國際貨幣基金和世界銀行的實體總部都設在華府，從多方面來說，這兩個機構自成立以來，就是布列敦森林與歐洲美元／石油美元體系的左右護法。美國有片面否決權，可以推翻這兩個機構做的重大決策。¹⁷⁴ 世界銀行傳統上由美國負責管理，國際貨幣基金則由歐洲負責，但兩個機構都由美國及其親密盟友穩穩掌控。國際貨幣基金幫助各國因應支付問題以達成平衡，世界銀行提供基礎建設發展的資金。一國要能加入世界銀行，前提是要先加入國際貨幣基金；一國要能加入國際貨幣基金，就要付錢取得入場券。

開發中國家若想得到國際貨幣基金的貸款，必須接受各式各樣的條款，通常包括要刻意讓貨幣貶值以壓制國內的薪資，讓出口更有競爭力。掌控國際貨幣基金的先進富裕國家，獨斷決定收取貸款的國家要適用哪些條件。2023年時，美國人權基金會的策略長艾力克斯‧格拉德斯坦寫了一本批評國際貨幣基金和世界銀行的書，《隱藏的鎮壓：國際貨幣基金組織與世界銀行如何把剝削當成發展來推銷》（*Hidden Repression: How the IMF and World Bank Sell Exploitation as Development*），¹⁷⁵ 這本書研究做得很扎實，作者在書裡摘要了一些謝麗爾‧佩耶（Cheryl Payer）寫的內容，講到國際貨幣基金放出貸款時，要求接受國要做的主要改革項目：

1. 貨幣貶值。
2. 放棄或降低外匯與進口控制。
3. 緊縮國內銀行信貸。
4. 調高利率。
5. 加稅。
6. 結束給消費者的食物與能源補貼。
7. 設定薪資上限。
8. 限縮政府支出，尤其是醫療保健與教育。
9. 制定有利於跨國企業的法律環境與誘因。
10. 以跳樓大拍賣的價格拋售國有企業以及自然資源的所有權。

---

[174] Jakob Vestergaard and Robert Wade, "Trapped in History," 2.
[175] Alex Gladstein, *Hidden Repression*, 25–26.

讀者應該注意到，當美國和其他富裕國家遭遇危機時，通常會跳過這些步驟。他們在經濟緊縮期間不但不會刪減醫療保健和教育方面的支出，反而會擴大。他們在經濟緊縮期間不但不會加稅，通常還會以減稅當成刺激手段。雖然他們要開發中國家打開國內市場迎接海外貿易，但他們自己通常抱持保護主義貿易政策。富裕國家很少要求自己撙節財政，但期待開發中國家面臨經濟緊縮時轉向撙節開支，以配合目前架構下的全球金融體系。

要求開發中國家減縮國內銀行的信貸，同時以各式各樣的稅務誘因向跨國企業招手請他們進入本國市場，是一種毒性極強的組合。緊縮國內銀行信貸，本地的小企業會更難生存與成長。在此同時，稅務誘因以及和跨國企業結盟會給跨國企業大好機會，讓他們在本國市場疲弱時進入，搶占當地企業的市占率。這種事一次又一次不斷出現。

自國際貨幣基金成立以來，全世界有很多開發中國家多次接受過這個機構的貸款。舊的債務重整與再融資，延展愈來愈多的新債務。很多時候，因為利率很高，國家已償還的錢已經比貸款價值多了很多倍，但欠的錢還是比他們本來借的更多。

此外，原始的貸款有一大部分很快就會被導引回到美國與歐洲的企業身上，而這筆錢都由開發中國家買單。舉例來說，世界銀行可能會借錢給開發中國家，用以興建鐵路與港口；開發中國家則用他們借來的錢，聘用歐美日等國的基礎建設公司，請他們做設計以及許多營造工作。這筆金流一開始是已開發國家的放款，短暫來到開發中國家，之後又回到已開發國家的企業手上，開發中國家則要背負債務，欠了已開發國家一大筆錢。建好的鐵路和港口，之後的用途主要是運輸和出口自然資源，從開發中國家送到提供金援的已開發國家去，開發中國家當地人民很難從中獲得多少價值，徒然為了這個案子背負債務。當開發中國家快要還不出債務、即將違約時，多半都會重整貸款，當地貨幣會快速貶值（從而衝擊當地人民的儲蓄與薪資）。

讓問題雪上加霜的是，很多開發中國家的統治者，都是貪汙腐敗的威權主義者。國際貨幣基金和世界銀行經常和這些掌控自家法定貨幣帳本的威權主義者打交道，這些人把大部分的資金中飽私囊，讓自己和親信過著奢華的生活，並把財富藏在境外銀行的帳戶裡和房地產裡。這些國家的多數人民對於整個過程無權置喙，一般來說也少能從交易中得益，卻要承擔他們一開始並沒有同意要背負的債務、撙節開支以及貨幣貶值等痛苦。就算威權主義領導者最後失勢，國際貨幣基金通常也預期該國要償還貸款，根本不管他們的人民一開始對於要不要接受貸款根本沒有說話的餘地。

大衛·格雷伯於2011年出版《債的歷史》，描述1895年到1958年之間、法國完全把馬達加斯加變成殖民地之後的狀況；這只是諸多範例的其中之一：

> 舉例來說，1895年，法國入侵馬達加斯加，解散了當時臘納瓦洛娜女王三世（Queen Ranavalona III）的政府，宣布這個國家成為法國的殖民地。在法國人樂於稱之為「和解」的行動之後，法國的迦里尼將軍（General Gallieni）最初做的幾件事之一，就是對馬達加斯加人課以重稅，這麼做，一部分是要馬達加斯加人賠償法國人入侵的成本，還有，由於法國的殖民地在財政上應該要自立，因此得要徵稅來支應建造鐵路、高速公路、橋梁、農場林地以及宗主國法國想要打造的任何東西。沒有人問過馬達加斯加人要不要這些鐵路、高速公路、橋梁和農場林地，他們也無權針對地點以及建造方法提出意見。實際的情況完全相反：在接下來半個世紀，法國的軍方警方屠殺了許多大力反對此等安排的馬達加斯加人（某些報導說，1947年的一場叛亂中，死了十萬人）。這也不是說馬達加斯加並沒有對法國造成相當的損害。但即便如此，馬達加斯加人從一開始就被告知他們欠法國錢，時至今日，馬達加斯加人還背負欠法國錢的義務，世界上的其他地方也都接受這種作法的正當性。[176]

除了馬達加斯加之外，直到今天，法國還對於過去幾個身為法國殖民地的中非與西非國家貨幣擁有部分掌控力。這些國家並沒有自家貨幣，而

---

[176] Graeber, *Debt*, 5–6.

是使用「中非法郎」（CFA franc），這種貨幣過去釘住法國的貨幣，現在則釘住歐元。在這套安排中，這些國家的外匯儲備至少要有一半委託給法國保管，法國對於這些國家的貨幣政策也大有影響力，包括偶爾會調降貨幣釘住的匯率。法國還根據這套系統收取服務費，服務項目包括印製中非法郎鈔票以及讓中非法郎與歐元互換（這是因為即便中非法郎釘住歐元，但除了這些非洲國家以外無人接受中非法郎，連在歐洲都不收）。更黑暗的是，這些國家多數非常貧窮，還有得到法國暗中支持的威權主義領導者。反對中非法郎體系、前途看好的政治新星挑戰者，多半很短命，不是死於謀殺就是遭到政變，法國接著就會支持親中非法郎系統的領導者，透過暴力手段取得政權。[177]

同樣的，在前述格拉德斯坦針對本主題所寫的書中，他也曾詳細描述並引用很多例證，說明國際貨幣基金與世界銀行經常重塑他們提供金援國家的經濟，變成出口導向的經濟模式。很多國家都不能自然而然發展多元化的經濟，反而受制於由上而下的架構，發展是為了滿足富裕國家的特定需求，比方說孟加拉的養蝦產業、辛巴威的銅業和多哥（Togo）的棉花產業。格拉德斯坦就講了：

世界銀行的貸款傳統上是特定專案取向或特定產業取向，聚焦在促進原始大宗商品的出口（比方說：融資興建必要道路、隧道、水壩和港口，以挖出礦藏並送進國際市場），以及把傳統的消費性農業變成產業型農業或產業型水產養殖業，讓這些國家出口更多食物和商品到西方。[178]

一個很微妙的結果是，很多接受這些債權機構指導的國家，會生產並出口高經濟價值、但熱量極低的作物（例如茶、咖啡、棉花等等），給富裕的已開發國家，或者生產對當地人民來說太過昂貴、根本不是他們日常飲食基底的昂貴食材（例如蝦子與可可）。在此同時，貧窮的開發中國家

---

[177] Fanny Pigeaud and Ndongo Samba Sylla, *Africa's Last Colonial Currency: The CFA Franc Story.*
[178] Gladstein, *Hidden Repression,* 18.

從美國和其他國家進口穀物、豆類、油品和其他構成日常飲食基底的食物，他們反而不在自己國家種植這類食物。因此，開發中的市場經濟體被調整成盡量大量出口以賺取外匯，而不是好好發展成自給自足與盡可能平衡。這些開發中國家，就算國內有豐沛的種植基本農作物的能力，卻還是要仰賴要進口且以美元計價，這表示，一旦國際收支（balance of payments）出現危機，就會大傷該國讓自家人民溫飽的能力。當美元快速走強，通常會導致幾個開發中國家馬上遭遇國際收支危機，必須去找國際貨幣基金請求不知道第幾次的援助。[179]

換言之，現代金融架構造成了新殖民主義的榨取價值（惟方式比較間接），就跟純粹的殖民主義如出一轍，只差在當中涉及的方法是金融上的逼迫，而不是暴力的戰爭。2021年發表的一篇研究報告〈後殖民時代的劫掠：量化透過不平等交換從南半球榨取的價值，1960年到2018年〉（Plunder in the Post-Colonial Era: Quantifying Drain from the Global South Through Unequal Exchange, 1960–2018），就總結指出，富裕的北半球國家並沒有幫助貧窮的南半球國家發展，反而持續地從南半球壓榨出價值並送往北半球。研究摘要如下：

> 本文量化自1960年以來透過不平等交換從南半球榨取的價值。根據我們的主要研究方法（仰賴的是匯率的差異），我們發現，以北半球的價格來算，在最近的年度資料中，北半球（簡稱「先進經濟體」）從南半球取用的大宗商品價值，約為2.2兆美元，足以終結極端貧窮15次。在整段研究期間內，北半球從南半球榨取的價值總值為62兆美元（固定以2011年美元的價格計算），如果再計入南半球因此失去的經濟成長，則為152兆美元。透過不平等的交換掠奪的價值，以北半球的國內生產毛額來算占比為7%，以南半球來算占比則為9%。我們也檢驗了幾種替代方法，作為比較：我們捨匯率差異，改以薪資差異來衡量不平等的交換，並以北半球的價格以及全球平均價格來呈現榨取價值。我們發現，無論是哪一種方法，在1980與

---

[179] Daron Acemoglu and James Robinson, *Why Nations Fail: The Origins of Power, Prosperity, and Poverty*, ch. 9 and ch. 13.

1990年代結構性調整期間，剝削的強度與不平等交易的規模明顯加大。本研究證實了，壓榨南半球仍是全球經濟體在後殖民時代的重要特徵，富裕的國家持續仰賴帝國時期的強取豪奪，以維持他們的高所得與消費水準。[180]

國際貨幣基金自成立以來到今天，十二任主管皆是歐洲人，其中五位還都是法國人，但法國在全球國內生產毛額中僅占3%。國際貨幣基金享有不成比例的地位，可獨斷決定全球哪些國家可以獲得緊急融資，條件又是什麼。

目前全球金融系統下有160種法定貨幣，每一種在各自的轄區都享有壟斷地位，每一種都透過美元計價的債務以及美元計價的儲備，和熱銷的美元法定貨幣綁在一起，通常有利於社經高度發展的國家，並由底層的國家付出代價。這麼做，使得開發中國家的人民處於不斷的開發、依賴與債務愈滾愈大的狀態，然後以服務富有的已開發國家為核心，來建構他們的經濟，而不是讓他們發展成自給自足且多元多彩的狀態。不斷貶值的貨幣（可能因為開發中國家領導人的治理失當或因為國際貨幣基金的要求），會壓低勞工薪資與儲蓄的全球購買力。在這樣的過程中，發展中國家領袖富了起來，他們控制自家帳本，靠著讓人民的儲蓄貶值，自己吸乾了所有價值。這讓已開發市場的企業富了起來，他們拿錢辦事，把帳單留給過程中沒有發言權的開發中國家貧窮大眾。替那些貪汙腐敗的領導者紓困並提供重整（可能有十幾次，甚至更多）、並不斷把當下的危機推給未來，也幫了這些領導者一把，讓他們持續掌權。危機的起因，多半是這些領導者一開始用美元借了太多錢，而通常的解決方案，就是幫忙他們背負更多以美元計價的債務，在滾輪上不斷跑著，永遠下不來。

---

[180] Jason Hickel et al., "Plunder in the Post-Colonial Era."

第 13 章

頭頂皇冠，必承其重

「達摩克里斯之劍」（Sword of Damocles）是西元前四世紀時的寓言，因為羅馬哲學家西塞羅（Cicero）而變得有名；故事的主角是臣子達摩克里斯和君主小狄奧尼西奧斯（Dionysius II of Syracuse）。故事中，達摩克里斯對小狄奧尼西奧斯說，他覺得能成為統治者，一定是件幸事，因為可以擁有無上的權力，並被金銀財寶包圍。小狄奧尼西奧斯很厭惡這番奉承，於是要達摩克里斯坐上皇位，花一天時間，體驗被奴僕和奢華包圍的感受。達摩克里斯很高興地答應了，要享受一天的奢華待遇，讓奴僕去滿足他每一個一時興起的念頭。

而整件事的重點是，當達摩克里斯坐上模擬皇位時，發現有一把絲線懸著的利劍朝下指著他的腦袋。達摩克里斯頭上的劍，象徵著以鐵腕手段統治的小狄奧尼西奧斯，為了追求與維持權力和財富，一路上樹立了許多敵人，因此時時刻刻都要擔心遭人暗殺或其他威脅。用莎士比亞的名言來形容，這就叫「頭頂皇冠，必承其重」。這是小狄奧尼西奧斯想告訴達摩克里斯的道理。身為統治者可以享有豐厚的財富，但與過著簡單生活的人相比，也要承擔著極高的成本。一旦達摩克里斯注意到頭上懸著的劍，他就時時刻刻感受到危險，再也無法享受地位帶來的奢華，於是跪求結束這場磨難。[181]

前一章講過，目前的全球金融體系把波動都推到了開發中國家。身為世界儲備發行國的美國穩坐系統中心，其他貨幣帳本多數都以各種方式依附其上。雖然美國確實從這種體制中得到大量的益處，但也付出了極大的代價。

1944 年到 1971 年施行布列敦森林系統，成本是長期下來耗盡了美國

---

[181] Kris Hirst, "What Did Cicero Mean by the Sword of Damocles?"

的黃金儲備,一直到美國違約,不再履行換回黃金的承諾。這個系統從一開始就設計不當,黃金的數量有限,但讓海外債權人可以換回黃金的可複製美元數量卻無限,長期下來必然會崩解。

從1974年到現在的歐洲美元/石油美元系統,全世界許多實體機構都因為沒有更好的替代品而持有美元,造成的成本是人為提高了美元的購買力,多出來的貨幣溢價,壓低了美國出口的競爭力,逐漸掏空美國的工業基礎。為了替全世界供應必要的美元,美國不斷出現貿易赤字。幾十年下來,儲備貨幣發行國享有的權力,也開始造成毒害,讓美國不再適合維持目前的地位。

想要理解目前的歐洲美元/石油美元系統是如何損害美國的競爭力,我們要先來定義四個總體經濟詞彙:貿易餘額(trade balance)、經常帳餘額(current account balance)、資本帳餘額(capital account balance)和國際投資淨部位(net international investment position,簡稱 NIIP)。

貿易餘額:一國的貿易餘額,衡量該國出口商品與服務的價值減去進口商品與服務的價值。一個出口高於進口的國家(亦即,生產高於消費)會有貿易順差,一個進口高於出口的國家(亦即,消費高於生產)則會有貿易逆差。

經常帳餘額:經常帳餘額是個範疇更廣的指標,包括貿易餘額,再加上國與國之間的投資收益,再加上現金移轉。一個經常帳餘額有盈餘的國家,流入的價值較高。一個經常帳餘額有赤字的國家,流出的價值較高。

資本帳餘額:資本帳餘額是經常帳餘額的反面,代表資產所有權的變動。如果一個國家的經常帳餘額出現赤字、但資本帳餘額有金額相同的盈餘,這代表外國人擁有愈來愈多該國的資本資產。如果一個國家的經常帳餘額出現盈餘、但資本帳餘額出現金額相同的赤字,代表他們擁有愈來愈多的海外資產。

國際投資淨部位:一國的國民與政府組織,可以擁有其他國家的資本資產,例如房地產、企業股票、債券等等。一國的國際投資淨部位,代表經常帳與資本帳累積下來的失衡,量化了一國國民與政府所擁有的海外資產總額,減去外國國民與政府所擁有的國內資產總額。

一國的生產量如果長期高於消費量，就會有貿易餘額盈餘與經常帳盈餘，這會帶來正值的國際投資淨部位。換言之，這類國家最後會擁有很多外國資產，包括他國的黃金、房地產、債券以及企業股票，再加上這些資產可以產生的收益流。

　　反之，生產量長期少於消費量的國家，則會有貿易餘額赤字與經常帳赤字，這會帶來負值的國際投資淨部位。這表示，外國的人民和機構最後會擁有很多該國的黃金、房地產、債券以及企業股票，也因此，該國的人民會失去這些資產產生的收益流價值。

修正國際收支的問題

　　當一個國家因為消費與生產間的不對稱而持續出現龐大的貿易赤字時，代表價值不斷流出國家。基本上，這個國家是入不敷出。在此同時，為了因應消費上的失衡，國內各式各樣實體組織（包括個人、企業及／或政府）都必須放棄寶貴資本資產的所有權，轉移給他們的海外實體債權人（包括個人、企業及／或政府）。

　　我們可以先用一個簡單的方法來想整件事，就以非常基本的黃金擔保且沒有信用的貨幣系統為例。我們就以百年前的日本和巴西兩國為起點。巴西出口很多大宗商品，日本則是國內大宗商品供不應求，但出口很多精密工業商品。這兩個國家起初是兩張白紙：日本沒有任何投資人擁有任何巴西資產，巴西也沒有任何投資人擁有日本資產。在這個假設性範例裡，兩國建立起貿易聯繫，日本出口到巴西的商品與服務，超過巴西出口到日本，所有交易都以金幣或金條支付。這麼一來，日本對巴西有貿易順差。巴西用黃金支付商品與服務的價金，這表示黃金會從巴西流向日本，以換得更多商品與服務從日本流入巴西。巴西累積了很多商品與服務，這些東西的價值長期下來會減損；在此同時，日本累積了很多來自巴西的黃金，黃金能永久存在，可視為儲蓄。然而在未來，日本可能在某個時候進口金額開始高於出口。舉例來說，如果未來某個時間點，全球大宗商品供不應求，價格一飛沖天，而日本是個資源有限的國家，為了進口大宗商品很可能必須多付很多錢，之前在生產力高的期間因貿易順差而賺得的黃金儲蓄，就能帶來好處。巴西是一個出口大宗商品的國家，很可能在大宗商品價格高漲的期間，拿回很多黃金。

我們可以把這個範例擴大成更務實且更現代的情況，並且加上信用與資本所有權。假設日本和巴西之間的貿易熱絡，而且可以用各種不同貨幣進行交易，例如他們各自的法定貨幣、美元或者債務或權益安排。舉例來說，巴西可能用巴西貨幣（這是巴西央行的負債）來支付其日本進口品，日本生產者接受了巴西貨幣之後，立即用來買進巴西資產，比方說巴西的股票或房地產，或者巴西政府公債。在這種情境中，巴西的黃金不會流進日本，反之，巴西會失去某些國內房地產與企業的所有權。日本會得到愈來愈多的巴西房地產與企業權益，可能是持有股票，也可能是透過成為信用放款人。整體來說，巴西的各個實體過度消費，他們用未來的預期收益流，來支付目前的消費。整體來說，日本的各個實體讓巴西的實體得以過度消費，並在過程中取得愈來愈多巴西企業與房地產的未來收益流。又或者，日本的生產者也可以收取巴西貨幣，之後賣掉、換成黃金或美元，改為累積這兩者；反正，他們之間的貿易契約很可能就是用美元計價。如果日本人真的這樣做，將會削弱巴西的貨幣，從而削弱巴西人購買進口品的能力。

暫時性的貿易逆差沒什麼關係，也無可避免。用我們的範例繼續講下去，在巴西與日本的貿易關係中，早年巴西很可能為了建造鐵路與航運港口，而向日本購買很多技術性的產品，還有一些先進的開礦與農耕設備，因此暫時出現貿易逆差。過程中，巴西會把一些黃金和資本股票給日本，然而，巴西將進口品用於有生產用途上，有了新的鐵路和航運港口與相關設備，巴西每年出口到全世界的大宗商品可以加倍，從而開始出現貿易順差。長期下來，巴西就可以累積外國資產，比方說黃金或是海外資本資產及其附帶收益流的權益。這是一個生產專業化與貿易的範例：日本企業在工業生產與基礎建設上擁有相當的專業，但大宗商品資源有限，而巴西有豐富的大宗商品儲量與產能，靠著進口日本的商品與服務並善加利用就可以強化，取用當中的價值。巴西的領導人也會善用這個機會投資教育，幫助本國人民在價值階梯上往上爬，除了出口本來的大宗商品之外，也開始生產較複雜的產品與服務。

另一方面，長期的貿易逆差通常就很有問題。在巴西和日本的貿易關係中，如果巴西的各種實體早就已經負債累累，放掉了自己的股權權益，成為租客而不是業主，把黃金運出國，也沒有善用進口商品來打造自家的生產產能，那麼，他們就會因過度消費加上生產不足而變得赤貧。巴西國內的價值也可能會被人吸走一些，有可能是貪汙腐敗的統治者，也可能是因為在本質上為新殖民主義的貿易關係中，與跨國企業訂下了很糟糕的條件。在這些情況下，與上層關係良好的內部人士很可能賺了很多錢，然後把錢放到境外銀行帳戶或其他海外資產裡，其他人則受苦受難。

一段時間之後，這種貿易失衡多半會自行化解。有可能是持續貿易逆差的國家（比方說例子裡的巴西）理解問題所在，採取修正行動，展開一系列政策改革以強化生產力。或者，也可能是比較讓人不樂見的結果：持續貿易逆差的國家愈來愈貧窮，無法維持過去消費的消費水準，減少購買海外的商品與服務。國家的黃金流失，國內大量的權益股份流失，貨幣走弱，且／或債臺高築。他們沒有儲蓄，而且信用評等很差，因此能向海外進口的東西愈來愈少，只能買必需品。在這之後，因為貧窮，他們更願意屈就於更低薪的工作，產品很可能反倒因此具備了全球競爭力。這是很痛苦的循環，但只要這個國家沒有跌入完全的社會政治混亂失控，這種進口能力下滑、出口競爭力上揚的動態就能帶來新契機，帶來一段生產過剩但消費不足的時期，把財富又帶回這個國家。

很多時候，一國的經常帳餘額變化會表現在自家貨幣的強弱上面。一國的法定貨幣代表了購買該國商品、服務和資產的能力，因此，與生產力低的國家相比，長期來說，生產力高的國家法定貨幣多半會走強，因為價值會持續流入此國的經濟體與帳本系統。他們的薪資水準多半上漲，生活品質也多半會提升，從其他國家進口商品服務的能力也隨之增強。

然而，如果一國人為操控法定貨幣走強或走弱，會導致嚴重失衡。以重商主義（mercantilism）為例，這種經濟政策的目標，是追求出口極大化與進口極小化。在重商主義者的領導下，一個出口導向國家可能會持續讓自家貨幣貶值以壓低國內的實質薪資，不讓貨幣自然而然升值。這麼做，可以限制人民不要把太多錢花在進口品上，讓他們的勞動薪資在全球享有競爭力（也就是很低的意思），替國家持續帶來更多本來不可能會有的價值。但是，這些價值多半集中在社會經濟梯度高層的人身上，或者進入政府口袋裡。重商主義國家多半會打造大型工業中心並累積很多外匯儲備，國內的勞工卻只能眼睜睜看著存款與購買力不斷不斷地耗竭。

重商主義的反面，則是一個法定貨幣成為世界儲備貨幣的國家，所會發生的情況。美國以全世界都要對美元有強烈需求為核心，打造出全球貨幣體系。持有美元除了代表有能力購買美國的商品、服務與資產之外，在全世界，幾乎想要什麼就都可以買到什麼，包括各國的大宗商品。在二十世紀中、後期與二十一世紀初期，美元是經濟上與軍事上皆最強大國家的法定貨幣，日本的各種實體不會想持有大量巴西貨幣，巴西的各種實體也不會想持有大量日圓，但巴西與日本的實體都樂於持有大量美元。這當中有一些是自然而然的需求，有一些則是因為他們想跟美國維持良好關係，持有大量美國政府公債，是往正確方向前進的一步。在此同時，有很多國家，例如沙烏地阿拉伯，由於和美國之間的歷史淵源，以及要靠美國提供軍事保護，不管賣石油的對象是誰，都只用美元計價。很多國家想持有以美元計價的資產，為的是要確保他們在必要時可以買到石油以及其他國際性的商品。

乍聽之下，這對美國人很有利。由於全世界廣泛持有美元，其他貨幣難以望其項背，因此享有額外的貨幣溢價，使得美元強勢到不同凡響。全球各地的各種實體，都持有美元以及美元計價的資產，比方說美國政府公債或美國股票。只是，美元得到的額外走強力量，提高了美國的進口能力，同時卻也降低了美國的出口競爭力。不管是已開發國家還是開發中國家，與其他國家的勞工相比之下，美國的勞工都很昂貴。美國出現了結構性的貿易逆差，經過了十年又十年，永遠沒有解決的一天。長期下來，愈來愈多製造業出走美國，前往德國、日本、臺灣、中國和墨西哥等地。與其他工業競爭力較高的國家勞工相較之下，美國勞工基本上已經無法再累積專業了。

在十九世紀晚期以及進入二十世紀之後，那時的美國也曾是新興的工業龍頭，享有結構性的貿易順差。當時世界儲備貨幣的發行國英國，則出現結構性的貿易逆差。等到了二十世紀後半葉，美國接班成為世界儲備貨幣的發行國，開始出現結構性貿易逆差，而沙烏地阿拉伯、德國、日本、臺灣、新加坡、瑞士、中國以及其他國家興起，成為了享有大量貿易順差的國家。[182]

歐洲美元／石油美元系統在多方面擴大了美國的觸角，包括讓美國有能力維持海外幾百處軍事基地，但也掏空了美國國內的工業基地。以多數國家來說，貨幣的價值長期下來反映的是經常帳餘額，但美國的經常帳赤字維持了十年又十年，只是掏空了國家而已，這全是因為全球對美元另有一層需求。

從這層意義上來說，美國不像其他國家；長期出現貿易逆差時，美國並沒有自然反應的能力，反而只能放任問題惡化程度超越常態，持續時間也超越常態。美國就像是一個沒有痛覺的拳擊手，他依然持續承受傷害，卻感覺不到，等到他**確實**有感了，所遭受的損傷已經遠比他設想中更加嚴重。在這個脈絡下，「損傷」指的是金額很龐大的負值國際投資淨部位，以及國內中空化的工業基地，再加上非常憤怒的勞工階級。[183] 凱因斯提議建構銀行幣導向的體系，部分原因就是想要盡力避免這種會持續幾十年的高額貿易逆差，但那樣的系統太過複雜，因此被否決了，而取而代之的布列敦森林體系，以及之後的歐洲美元／石油美元系統，讓美國累積出了嚴重的貿易失衡。

次頁圖 13-A 顯示，美國自 1970 年代與 1980 年代，就開始出現結構性的貿易逆差。

圖 13-B 顯示，自 1980 年代中期開始，美國的國際投資淨部位就落入負值，這表示，外國人持有的美國資產（股票、債券和房地產）自此高於美國人持有的外國資產。到了 2010 年代，美國的國際投資淨部位愈負愈大。

---

[182] Brian Reinbold and Yi Wen, "Understanding the Roots of the U.S. Trade Deficit."
[183] Yakov Feygin and Dominik Leusder, "The Class Politics of the Dollar System."

圖 13-A [184]

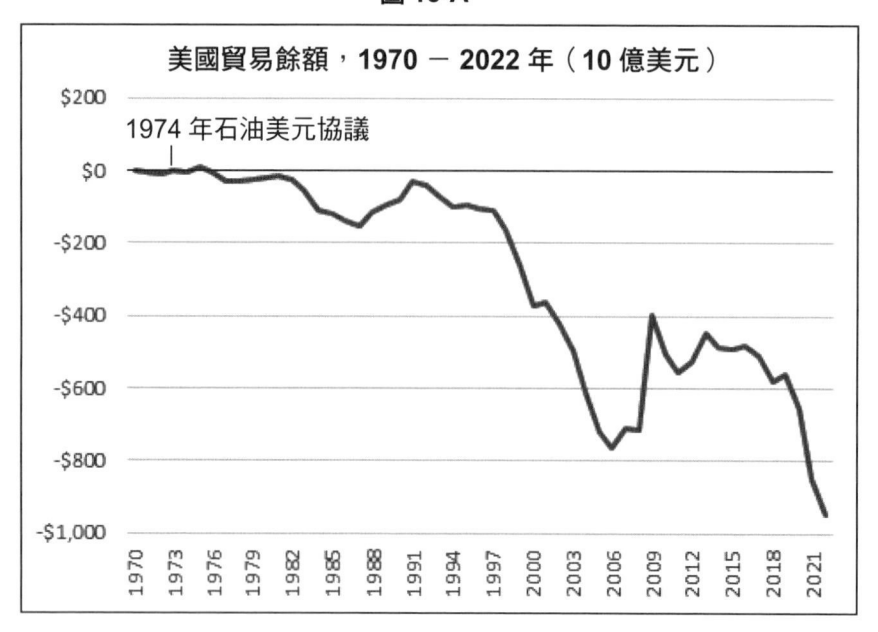

美國貿易餘額，1970 － 2022 年（10 億美元）

1974 年石油美元協議

圖 13-B [185]

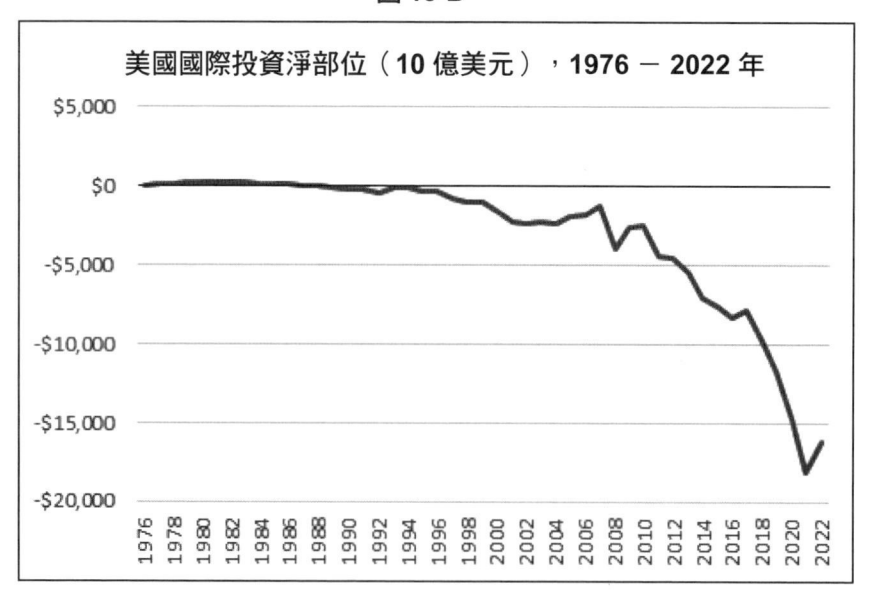

美國國際投資淨部位（10 億美元），1976 － 2022 年

---

[184] World Bank, "Net Trade in Goods and Services (BoP, current US$) – United States."

[185] Federal Reserve Economic Data, "U.S. Net International Investment Position."

到了 2000 年代這十年，起初的美國工業生產基本到達巔峰，此後的多數時候則都在盤整。圖 13-C 是人均工業生產量，如圖所示，美國的工業生產在歷經了八十年的上揚趨勢後，在這段盤整期間，卻一直往下走。

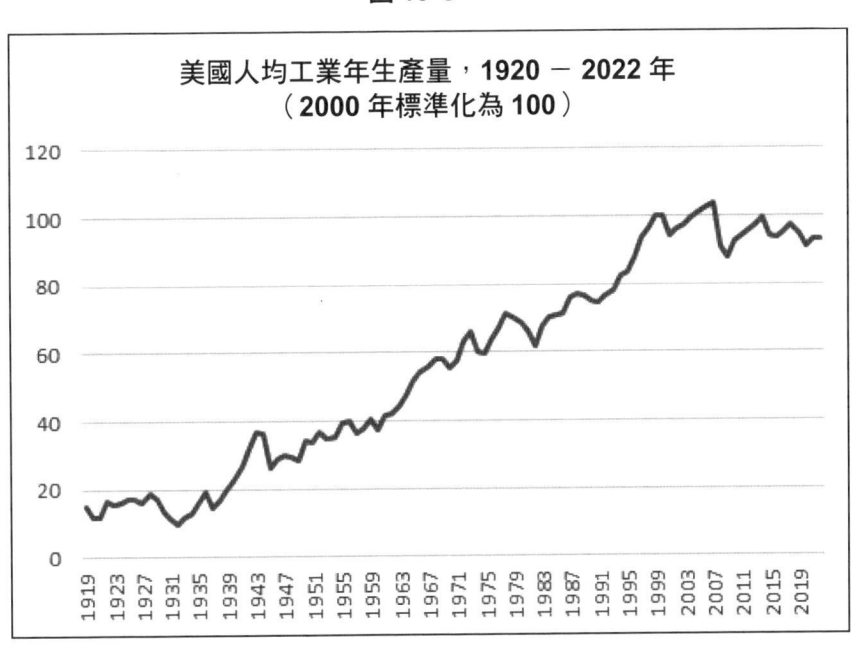

圖 13-C [186]

美國人均工業年生產量，1920－2022 年
（2000 年標準化為 100）

總體經濟分析師盧克・格羅門的論點是，歐洲美元／石油美元系統很可能發揮重大影響，幫助美國在冷戰中勝出。有幾個石油出口國在出口石油時僅以美元計價，有助於在整個 1980 年代在經濟上與地緣政治上困住蘇聯。蘇聯必須拿出真正的價值來交換產油國的石油和購買其他大宗商品，但美國只要印錢就可以買，還可以把成本往後延。但格羅門說，在 1990 年代蘇聯瓦解之後，美國本應該要想辦法重新安排這套系統，更定期結清貿易失衡，而不是放任系統自行運作。[187] 自 1990 年代以來，歐洲美元／石油美元系統已經變得不像是祝福，反而比較像是詛咒，因為這讓重商主義的

---

[186] Federal Reserve Economic Data, "Industrial Production: Total Index."
[187] Nathaniel Whittemore, "ENCORE: Luke Gromen."

國家對美國的貿易順差愈來愈高,並掏空了美國的工業競爭力,從而導致削弱美國長遠的軍事競爭力。

有兩群人從這套系統中得利。第一群受益者,是美國金融家以及更廣義的有權有勢階級。任職於金融、政府、國防、科技、醫療保健以及其他壟斷性或高利潤率非工業產業的美國人,在這套系統中受惠極深,因為他們享有消費水準與全球主導權大增的好處,又不用承受出口競爭力大減的壞處。第二群受益人,是美國以外的海外出口商、實業家及國家領導者。舉例來說,中國的製造業者就從這樣的失衡當中積累了大量財富。

系統中的受害者也有兩群人。第一群是美國勞工。負責製造實體商品的美國勞動階級,整體都受到系統傷害,這是因為,從全球範疇來看,聘用美國人的薪資很高,美國的出口商品也很昂貴,就算和其他已開發國家相比,都是如此。因此,很多製造業產能一開始先流向德國和日本,接著又流向中國與其他開發中國家。[188] 第二群人是重商主義開發中國家或貨幣無法增值國家裡的消費者。全世界的人,尤其是開發中國家的人民,持有的當地貨幣長期下來經常貶值。這是因為該國經常帳盈餘被轉換成主權儲備,並由國家的中央計畫者持有,或者,該國無法累積經常帳盈餘,貨幣價值常常被稀釋。

一國的貨幣強勢或弱勢,本身並無好壞之分;**人為操控**貨幣,在與一國的貿易餘額相對之下刻意走強或走弱,這才是壞事。一個享有持續貿易順差的國家,卻因為中央銀行要累積儲備而不斷弱化本來應該升值的貨幣(這是重商主義下的政策),那麼,勞工應該獲得的價值就會被吸走,移轉到領導階層身上。同樣的,如果一國長期都出現貿易逆差,但因為國家擁有帝國的實力,本來應該貶值的貨幣享有了額外的貨幣溢價,那麼,該國勞工的勞動薪資在全球就不太有競爭力,勞工階層很可能發展停滯不前,政治領袖、跨國企業與富裕菁英階級,卻能活得很好。

對美國菁英階級而言,過去五十年可說是獨霸一方的時代,付出的代價是犧牲了大多數人的自由與國內的經濟活力。「美利堅帝國」成長的同時,「美利堅合眾國」停滯不前,而且不管哪一黨主政都是如此。這樣下

---

[188] Feygin and Leusder, "Class Politics."

來的結果是，美國有幾百個海外軍事基地，國內的基礎建設卻不斷老化。美國去打任何一場海戰基本上都能贏，但在教育方面卻落後於其他已開發國家。美國積極與中國角力競爭霸權，但大量仰賴進口中國製造的商品以滿足消費。

羅馬帝國最後發現自己疆界太大，無法保護所有人民；同樣的，美國現在也發現自己已消耗殆盡，使盡全力維持一套再也無法真正從中受益的金融體系與地緣政治架構。拳擊手不覺得痛只是暫時的；他已吃下太多重拳，開始感覺到截至目前為止所承受的傷害。接近頂端的人們幾十年來都享有好處，底層的人則否，美國的工業基礎和國際投資淨部位也因此空虛。

美國既得權勢的政治人物可以扭轉乾坤，開始主動積極解決問題。美國可以優雅地從世界各地撤回，降低軍事支出，強化貨幣體系，從事國內投資，把重點放在「美利堅合眾國」，而不是「美利堅帝國」。其他國家會提高他們自己的國防支出，這個世界整體來說會變得更多元，有不同的勢力範圍。針對這個主題，人類學家兼企業高階主管娜塔莉・絲莫琳思姬（Natalie Smolenski）說，政治上有可以聚焦的正面方案非常重要。換言之，設定使命時不能把重點放在社會停滯與退守這些事情上（這會比較難號召人民團結，也比較難讓人熱情澎湃），要著眼於重新設定順序，以國內為優先，在美國打造出新鮮新穎的成果。[189]

遺憾的是，多數帝國在達到頂峰後都無法優雅從容地退守。他們會耗費資源努力征戰，守住每一寸打下來的疆土，卻不去管帝國內部各黨各派彼此傾軋，不去管外部勢力已經兵臨城下。[190] 不管是政府還是企業，大致來說，大型組織不會自我瓦解。機構制度有其慣性，這意味著一旦事情上了軌道，就算已經不再有意義，還是會繼續運作下去，直到哪一天遭受嚴重干擾為止。帝國通常都是到最後才會因弱勢了而發生轉變，不會在還強大時及早扭轉乾坤。

---

[189] Natalie Smolenski, "It is Time to Re-Found the American Republic," Bitcoin Magazine: The Orange Party issue, November 2022.

[190] 例如，參見 Paul Kennedy's classic analysis, *The Rise and Fall of the Great Powers 1500–2000: Economic Change and Military Control from 1500–2000.*

很多美國人假設，要維持這個國家的生活品質，有一部分任務就是要竭盡所能維持目前美元的世界儲備貨幣地位，但我的看法不同。美元現有的獨霸地位，直接導致了美國人民這幾十年來在國內經歷到的中空化，尤其是在冷戰結束之後。這套自 1970 年代開始成形的系統，是過時的貨幣技術，由於會製造出累加的失衡，本就難以長久。若在此時失去美元霸權，確實會損害美國的特殊利益，會限縮美國的勢力範圍，也需要改變優先順序，但最終會導向一個更自然、更平衡的全球經濟體，讓美國有機會重新活化。如果無法理解這一點，從而無能在仍處於強勢地位時主動改革，那就有風險。到目前為止，美國選的就是後面這條路。

反恐敗仗

美國本土遭遇 911 恐攻之後，美國以戰爭回應。軍事行動一開始的重點在阿富汗，發動 911 恐攻的主謀奧薩瑪‧賓拉登（Osama Bin Laden）和他的盟友就躲在這裡，之後範圍擴大到伊拉克，但伊拉克和恐怖攻擊無關，甚至未和阿富汗接壤。多數美國人無法在地圖上指出哪個國家在哪裡，概念上把他們全都混為一談，只是單純配合當時政府與企業媒體傳送的「反恐戰爭」訊息。2003 年時人民對政府的支持度達到高峰，蓋洛普（Gallup）的意見調查顯示，76％的美國人贊成對伊拉克開戰。[191] 當時，表達反對與伊拉克打仗的美國人會被很多人認為不愛國。

這些戰爭的軍費成本並不透明，資金的來源是用美國央行可以發行的法定貨幣舉債。要對伊拉克開戰時，如果費用是來自於對全美人民課徵 10％的特殊戰爭所得稅，那麼，人民的支持度顯然會低很多。如果必須即時公開透明揭露支付的戰爭費用，人們很可能會多想一想，在盲目投入之前更深入檢視事態。另一方面，如果人民認為戰爭的成本是小事或根本不清楚成本多高，如果人民分不太清楚阿富汗和伊拉克的差別，在地圖上也無法指出地點，如果政治領袖與媒體說開戰是愛國的好事，對國家安全來說有其必要性，那何不就開戰？

---

[191] Frank Newport, "Seventy-Two Percent of Americans Support War Against Iraq," Gallup News Service.

布朗大學（Brown University）的華森國際公共事務研究院（Watson Institute for International & Public Affairs），在 2010 年時主動提出一個「戰爭成本」（Costs of War）研究案，動用幾十位學者分析整體反恐戰爭（阿富汗戰爭、伊拉克戰爭與其他相關行動）的總成本（當時反恐戰爭仍在進行中）。他們持續更新研究案，直到今日；到現在即便戰爭已經告終，成本仍繼續累加。他們估計，截至 2022 年會計年度，到當時為止的反恐戰爭，總成本接近 5.8 兆美元，包含了超過 2.1 兆美元的戰事直接費用、花在基本軍事費用成長與成立國土安全局的 2.1 兆美元、累計退伍軍人福利接近 0.5 兆美元，以及為了支應戰爭費用而舉債的利息費用 1.1 兆美元。展望未來，他們預計已承諾的退伍軍人照護費用，在未來三十年預估將達到 2.2 兆美元，也算出這段期間，很可能為此還要再付 5 兆美元以上的累計債務利息。[192] 在此同時，交戰區遭到殺害的外國平民估計有幾十萬人，還有幾百萬人流離失所。

有 76％的美國人支持對伊拉克開戰。他們表達支持時，知不知道人民在 2022 年前要背負 5.8 兆的累計債務，到了 2050 年前要負擔的成本可能高達 13 兆美元以上？答案當然是不知道，因為發行法定貨幣債務、以及把債務貨幣化而引發的貨幣稀釋，讓這些成本幾乎隱而不見。人民長期在自己根本也不知道的情況下替戰爭買單。我們也可以把這想成以機會成本付費；如果美國政府改為把這麼大筆的錢花在國內的基礎建設、數學與科學教育、為了強化全球盟邦而進行海外援助，或是大幅調降每一個美國人的稅賦，讓人民有更多錢可以留在口袋，那會怎麼樣？

我寫這本書時，距離那些戰爭已過去數十年。美國當下面對的高額財政赤字，一部分就是積欠債務所要支付的累計利息，而當中部分債務就花在這場打輸的反恐戰事。有些政治人物偏好加稅；加稅與附帶的通膨，是讓下一代在事後替戰爭買單的好方法，然而這些被迫付錢的人根本不是一開始發動戰爭的人。

美國參議院軍事委員會（Senate Armed Services Committee）於 2017 年舉辦一場聽證會，哈佛大學的琳達・比爾梅斯（Linda J. Bilmes）講述了戰爭

---

[192] Neta Crawford, "The U.S. Budgetary Costs of the Post-9/11 Wars."

籌資模糊隱晦的一面，說法如下：

從 2001 年到 2017 年，後 911 時代的戰時預算流程，是美國史上偏離常規預算操作最嚴重的事件。

不管是 1812 年戰爭、美西戰爭（Spanish-American War）、南北戰爭、一次大戰、二次大戰、韓戰還是越戰，在美國過去每一場擴大衝突當中，我們都會加稅並削減非戰爭支出。我們對富人加稅。

杜魯門總統（Harry Truman）在韓戰期間將最高的邊際稅率提高到 92%，他發明了「現收現付」（pay-as-you-go）一詞，並在超過兩百場以上的演講中一講再講，他相信這在道德上是對的。詹森總統（Lyndon Johnson）較不喜歡加稅，但 1967 年時，他也針對越戰額外徵稅，將最高稅率提高到 77%。

反之，國會在 2001 年與 2003 年時減了稅：我們在前往阿富汗和伊拉克作戰時卻推行了「布希減稅」（Bush tax cuts）。自此之後，我們都是用國家信用卡累積債務來支應戰爭費用。之前美國從未完全透過舉債來支付任何一場戰爭的費用。我把這些靠舉債打的仗稱為「信用卡戰爭」（Credit Card Wars）。

此外，我們為戰爭設定預算的方法已經大不相同。之前，每一場大型戰爭的預算都在初期之後整合納入常規國防預算，這表示，國會和國防部必須在國防預算限制內做取捨。

反之，911 事件之後的戰爭資金來源多半是追加撥款。911 後的戰爭資金來源是緊急法案與海外應急行動法案（Overseas Contingency Operations，簡稱 OCO），無須適用支出上限，也不需要在預算中刪減其他項目作為抵銷。現代戰爭中有 90% 以上的直接戰事支出都是透過追加撥款支付，相較之下，韓戰是 35%，越戰是 32%。

現在的流程透明度低、可歸責程度低，而且把戰爭的成本變得愈來愈不可見。[193]

啟動反恐戰爭之後，二十多年來，幾乎每一種客觀分析都明顯指出這

---

[193] Linda Bilmes, "The Credit Card Wars: Post-9/11 War Funding Policy in Historical Perspective."

是一場敗仗，而吃敗仗會讓帝國處於險境。我們當然要把涉入恐攻行動的每一個人揪出來並要他們負起責任，未來也要試著把恐怖攻擊緩解到合理的地步，但把戰事擴及伊拉克是一場昂貴的錯亂顛狂，美國並未因為介入這場戰事而獲得大量的好處。

跟一次大戰很像的是，這場軍事活動大部分都沒必要但還是發生了，主要是因為手握專橫大權的少數人有能力印鈔票，並透過曖昧不清的手段融資，把成本從大眾的眼皮底下拿開。買單的是人民，他們要面對長期貨幣貶值，或者在幾十年後被強徵更高的稅賦，以控制赤字造成的通膨；引發通膨的原因，正是過去的開戰決定，導致了高額的債務以及累計利息費用。這場反恐戰最大的受益者，是替軍方製造產品的美國企業。

中國如何推翻現有體制

在 1970、1980、1990 與 2000 年代，和美國之間有高額貿易順差的貿易夥伴，通常把這些錢又重新投資到美國，尤其是美國政府公債，使得美國聯邦政府欠外國政府的錢愈來愈多，但也讓美國得以在高額的財政赤字下繼續運作，還能維持貨幣的強勢。

沙烏地阿拉伯與其他石油輸出國組織（OPEC）會員國賣了很多石油給美國，然後把以美元計價的貿易順差放在美國政府公債裡。德國和日本賣了很多汽車到美國，把美元貿易順差放在美國政府公債裡。中國、臺灣與新加坡賣了很多電子產品給美國，把美元貿易順差放在美國政府公債裡。長期下來，這些美國的海外債權人開始分散投資，也持有美國股票、美國房地產、美國私募股權。他們擁有的美國資本財權益愈來愈高；美國人則透過負債和權益股份把愈來愈多的未來收益流賣掉，好讓他們繼續消費不斷貶值的中國製造資產。

2008 年全球金融危機之後，美國政府公債的利率十年來都處於低檔，常常還低於物價通膨率，人們已經不再那麼想要持有了。在利率低於通貨膨脹率期間，持有美元或美國政府公債當作儲備資產的國家，基本上就相當於在金融上向美國進貢，讓自己的儲蓄貶值。從 2013 年起，中國做了一件歐洲美元／石油美元系統下，其他貿易夥伴過去沒做過的事：他們宣稱繼續累積美國政府公債已經不符中國的最佳利益,他們要轉而推出一帶一路計畫(Belt and Road Initiative)。為了這項計畫,他們開始拿走自己的美元貿易順差,在全世界投資近150個國家,重點放在基礎建設與大宗商品生產。他們以美元計價放款給世界各國以利興建基礎建設,特別是貿易導向的基礎建設(道路、鐵路、港口、煉油廠和大宗商品儲量)。中國從這些投資當中或取得財務報酬,或得到使用權與生產權。換言之,二十一世紀的中國就像二十世紀的美國和歐洲國家,開始做同樣的新殖民主義金融安排。[194]

我並不認同中國的人權紀錄或中國的威權主義政府,但我很清楚他們為什麼想這麼做。英國和法國在十九世紀的幾場鴉片相關戰爭期間對中國惡行惡狀,強迫中國簽下不平等貿易條約。這開啟了中國所稱的「受盡羞辱的一個世紀」,他們在這段時間內遭到歐洲列強刻意打壓弱化,之後又被日本侵略,承受各式各樣的戰爭犯行。接著在二十世紀下半葉,美國和歐洲國家在整個已開發世界展開了貨幣新殖民主義,除了一小群著名的國家例外(多數在亞洲),新興市場很難在這個系統裡面真正「興起」,反而多半被栓在外幣計價的債務上,不斷在經濟滾輪上奔跑,把出口品送到美國和歐洲,自己卻沒有累積出耐久資本財。中國領導者認為自己要努力突破這套系統,重新建立自己的國家地位,成為不仰賴美援的貨真價實全球主權強權。這番道理套在印度、巴西及其他開發中大國通常也成立。

在此同時,美國發現自家的工業基礎已被掏空,運用無人可敵的海軍力量保護的全球航運路線,實際上嘉惠的卻是中國主導性愈來愈強的貿易(這極為諷刺)。中國的發電量比美國還高,摩天大樓更多,工業基礎更廣,大宗商品消費量更大,製造業產出更高,如今還取代了美國,成為世界上多數國家最大的貿易夥伴。在此同時,美國持續出現高額貿易逆差,國際投資的負值淨部位深洞愈挖愈大,美中兩國之間也因此愈來愈緊張,因為美國如今無法享有過去享有身為世界儲備貨幣發行國帶來的好處,但仍不願意採取任何行動做出改變。隨著全世界有很多地方開始減慢甚至停

---

[194] John Joshua, *The Belt and Road Initiative and the Global Economy: Volume II – The Changing International Financial System and Implications*, ch. 2.

止累積美國公債，美國愈來愈需要為自家的財政找到資金了。

邁向一個多極化的世界

布列敦森林系統耗盡了美國的黃金儲備，最後支撐不下去，同樣的，歐洲美元／石油美元系統掏空了美國的產業基礎與美國的國際投資淨部位，也要撐不住了。頭頂皇冠，必承其重。

創立布列敦森林系統時，美國在全球國內生產毛額中的占比，超過了40％，擁有明顯最大的工業基礎，最好的地理／農業條件，強勢的海軍，最大量的黃金儲備以及正值的國際投資淨部位。長期下來，美國國內生產毛額的全球占比以名目值計算跌至20％到25％，以購買力計算甚至低至15％。在經歷了幾十年連續不斷的貿易逆差之後，國際投資淨部位更是不知道負到哪裡去了。在此同時，美國也失去了全球最大貿易夥伴的地位。美國現在的優勢，剩下全世界最好的地理與農業能力、穩健的新創事業生態體系和強勢的海軍，這並不見得足以讓美國維持全球霸主的寶座。

然而，這不是說歐元區和中國就可以取代美國，成為主要的世界儲備貨幣發行國。使用這兩種貨幣的集團在全球國內生產毛額中的占比，都不到美國過去可以達到的40％。歐元區有貨幣聯盟但沒有財政聯盟，能源安全度不足，人口結構上則是老多幼少。中國的人口結構也是老多幼少，而且，以海岸、河流和安全的邊境來說，地理條件弱了點，法治程度偏低，資本市場淺碟，這些條件使得中國並不適合扮演美國在二十世紀中葉時扮演的角色。因此，如今的世界經濟自然而然會比較分散，而不會只集中在單一國家。美國、中國、印度、日本、巴西、俄羅斯和幾個歐洲國家都有相當的地區性經濟實力，有長處，也有缺點。

很多人認為，這個世界一定要有一種世界儲備貨幣，他們認為，世界儲備貨幣從過去的英鎊變成後來的美元，接下來將變成中國的人民幣。也有些分析師認為，中國的人民幣不夠好，在可預見的未來，除了繼續使用美元之外，別無其他選擇。[195] 我認為這兩種情境都誤讀了歷史。十九世紀

---

[195] Sandy Ward "'Be Careful' in Stock Markets, Ex-Treasury Sec Summers Warns," *Morningstar,* April 27, 2023.

和二十世紀是例外。這個世界正轉向多極化的中性儲備貨幣系統，而不是由單一國家發行大量最具主導性世界儲備貨幣的系統。不管是美國、中國還是任何其他國，沒有一個國家大到可以發行全世界都可以用而且都會想用的法定貨幣。唯一規模夠大的，是採用超國家貨幣形式，而且必須要具備天然的稀少性，還不能由某個政府發行。

從十九世紀中葉到 1960 年代，全世界由央行持有的黃金（主權黃金儲備）結構性地提高，從本來根本少到不必多講，暴增到 38,000 公噸。自此之後，全世界央行持有的黃金開始逐步減縮，來到不及 30,000 公噸，各央行持有的美元部位則持續成長。然而，自 2008 年全球金融危機之後，美國以外的央行又開始持續累積黃金，現在又回到超過 35,000 公噸的水準。在 2010 年代這十年的中期，美國以外的央行整體來說不再累積以美元計價的儲備。邊緣的國家持有的人民幣愈來愈多（但一開始的基期很小）。開發中國家的央行不再主要蓄積美元，反而分散到多種貨幣上，他們也蓄積黃金。

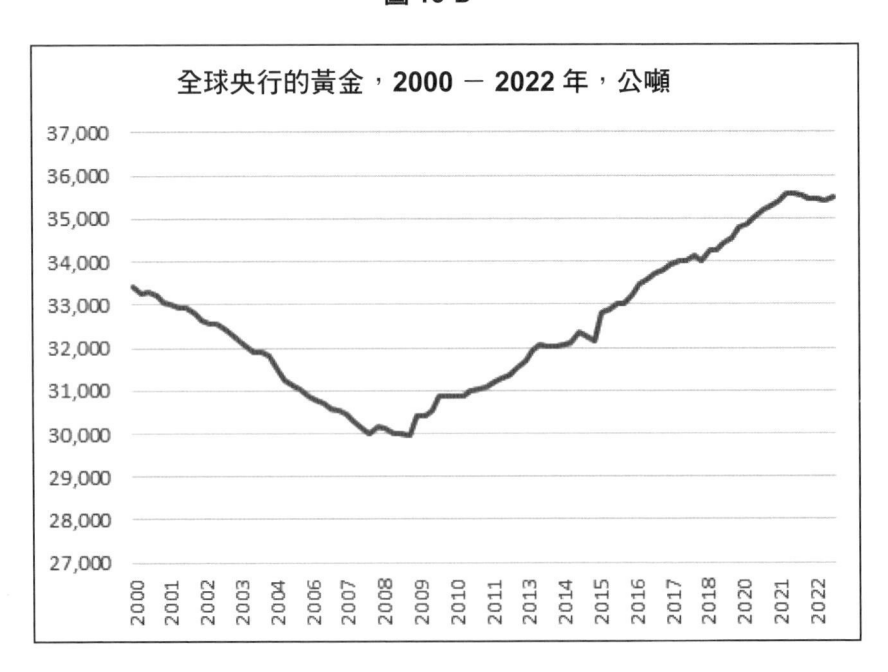

圖 13-D [196]

全球央行的黃金，2000 － 2022 年，公噸

---

[196] World Gold Council, "Central Bank Holdings."

在一個充滿衝突與戰爭的世界裡，這種分散行動愈顯重要。只要一個國家主要使用美元計價的支付管道或是以美元計價的資產來累積儲備，美元就可以對其施行制裁。也參與了部分分散行動的俄羅斯，過去十年聚焦在累積黃金儲備並減少美元儲備。俄羅斯 2022 年入侵烏克蘭，美國和各歐洲權力機關凍結了俄羅斯的儲備（當時俄羅斯的儲備多半是歐元；看來俄羅斯並未預期到就連歐元資產都會被凍結）。之後，俄羅斯加快腳步，以中國人民幣出售石油、天然氣以及大宗商品給中國。幾個其他國家也以類似的作法，分散支付與儲蓄的方法。

如今沙烏地阿拉伯最大的貿易夥伴已是中國，但為何沙國仍持續不斷僅以美元制定石油的價錢，且積極蓄積美國政府公債？如果美國有一天決定凍結沙烏地阿拉伯的資產，那怎麼辦？身為全世界最大工業製品出口國的中國，為何儲備仍主要持有美元？為何印度也這麼做？

如果一國多數的儲備都是另一國的法定貨幣，那麼，這個國家就不算是完全的主權國，因為他們的儲蓄可能被另一國凍結。實體的鈔票無法凍結，但國家不太可能持有大量的鈔票，因為鈔票和證券不一樣，鈔票不付息，無法抵銷通膨。因此，儲備通常持有的是付息的存款或證券，因此，控制儲備貨幣國家帳本的人可以凍結這些資產。全世界的強國都設法逐步分散儲備，把黃金當成儲備，同時／或者打造不仰賴美元或不經過美國金融機構的替代性支付管道。這讓這些主權國家在全球經濟環境下，可以用他們的條件來存錢，用他們的條件來付錢。

下一套全球金融體系會是什麼模樣，還有待觀察，但很清楚的是，就像 1860 年代、1940 年代與 1970 年代一樣，在 2020 年代這段期間，系統正經歷著結構性的變化。

近年來，有一小撮主要貨幣（比方說中國人民幣）也已經可以用來購買石油以及其他大宗商品。美元仍是貿易上最常用的貨幣，但占比已有稍微下降。各國已經慢慢分散儲備上的操作以及支付系統。次頁圖 13-E 是一個簡化的例子，說明多極化的儲備貨幣系統如何運作，格式如同第 11 章。

圖 13-E

美元	（持有中性儲備資產以及其他貨幣）
貨幣 2	（持有中性儲備資產以及其他貨幣）
貨幣 3	（持有中性儲備資產以及其他貨幣）

美元可以用來購買石油。

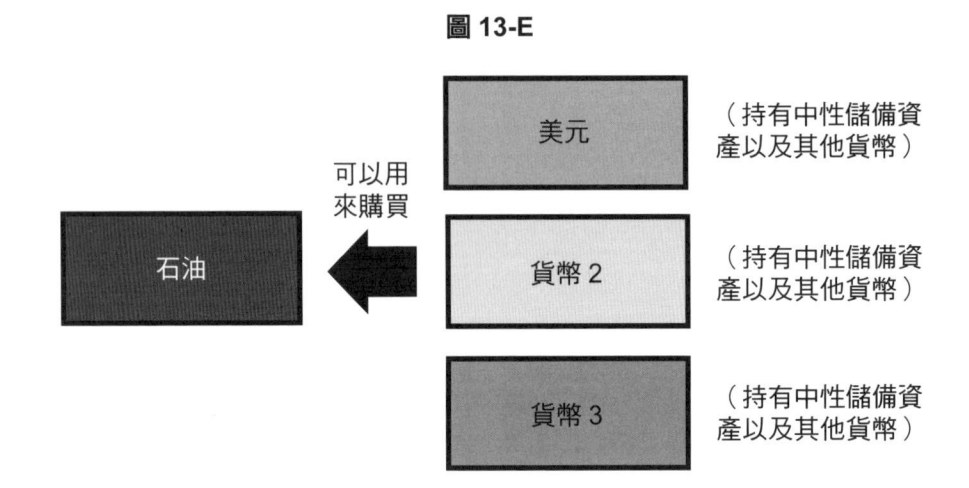

　　如果各國簽訂協議成立超國家貨幣，會員國持有超國家貨幣當作儲備（有點像銀行幣的概念，但細節有些差異），或者，各國持有像黃金或比特幣這種資產當作儲備，並作為購買國際商品時的結算資產，那系統就會像圖 13-F。

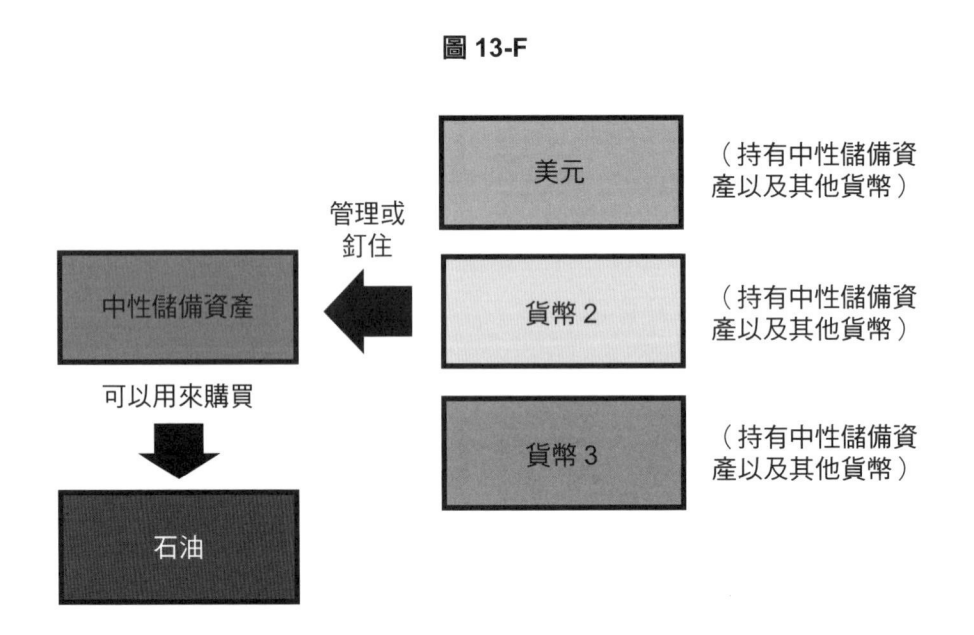

圖 13-F

美元	（持有中性儲備資產以及其他貨幣）
貨幣 2	（持有中性儲備資產以及其他貨幣）
貨幣 3	（持有中性儲備資產以及其他貨幣）

各國貨幣管理或釘住中性儲備資產，中性儲備資產可以用來購買石油。

PART 4

法定貨幣帳本的熵

「不管任何架構,就算是人為的,也都無法在熵化過程裡樂在其中。一切終將熵化,但一切也都會抗拒熵化。」[197]
——菲利普・狄克（Philip K. Dick）,美國科幻作家

---

[197] Philip Dick, *Galactic Pot-Healer*, 101.

第 14 章

現代金融體系

　　本書這一部要探索現代金融體系的具體細節，包括系統如何運作、如何創造與毀棄貨幣，以及系統的設計如何嘉惠與傷害某些使用者。

　　接下來的幾章，綜合起來，點出了目前的金融系統在設計上會出現以下特質：（1）貨幣供給持續擴大，（2）存款人的購買力逐漸被吸走，移轉給接近創造出貨幣源頭的套利者，（3）系統獎勵大型且人脈關係廣的實體機構，把成本加諸在小型且沒有背景關係的實體機構上，（4）負債逐漸從民間移轉到公家，讓系統永遠無法擺脫負債，以及（5）這套流程可以暫時壓制波動性，但最後大多數的波動會一次大爆發。

　　但在我們繼續講下去之前，要先從基礎開始，一步一步慢慢來。

聯準會系統入門課

　　這套金融系統中有一系列的巢狀帳本，換言之，這是在大型帳本上又長出一系列小型帳本的系統。

　　這套系統在美國（但因為美元具有世界儲備貨幣地位，某種程度上也可以說是擴及全世界）的基底，是身為美國中央銀行的聯邦準備體系。

　　聯邦準備體系（一般稱之為「聯準會」，簡稱為「Fed」）是美國國會根據 1913 年《聯邦準備法案》成立的一種混合了公家與民間的組織，之後也立法修正過好幾次。聯準會掌控了現代金融體系的基礎帳本。

　　在民營這部分，聯準會有十二家地區性聯邦準備銀行，這些銀行是該地區「銀行家的銀行」，也會把鈔票放進市場裡流通。在這十二家地區性聯邦準備銀行中，最重要的是紐約聯邦準備銀行，因為這家銀行相當於其他十一家銀行加起來這麼大，並負責執行聯準會的公開市場操作（open market operation）。民營商業銀行持有這些地區性聯邦準備銀行的股票，選出大部分聯邦準備銀行的董事，投入的資本也可以收股息。[198]

在公家這方面，由七位成員組成聯邦準備理事會（Federal Reserve Board of Governor），這些理事由美國總統任命、由參議院同意，任期為十四年。聯邦準備理事會加上背後大量的支援性人員，整個成為一個實體，基本上仰賴國家的資本，以聯邦政府機構的地位運作，負責管理聯邦準備體系。最重要的理事是聯邦準備理事會的主席，這是聯準會裡的第一把交椅。聯準會要支付所有營運費用以及配發給成員銀行的股利，之後剩下的所有利潤要送交美國財政部。

聯邦公開市場委員會（Federal Open Market Committee，簡稱 FOMC）是聯準會的一個組織，由十二個人組成，每年開會八次以制定美國的貨幣政策，從而也對很大一部分的全球金融造成影響。公開市場委員會裡有七位聯邦準備理事會的理事，紐約聯邦準備銀行總裁是當然成員，剩下的四席由另外十一家地區性邦準備銀行的總裁輪流擔任。這樣的設計，是為了讓公家的代表在委員會上占大多數（七席），民間代表占少數（五席）。[199]

層層疊疊的請求權

一般民營商業銀行的資產包括放款、證券和現金。舉例來說，房貸是消費者的負債，但是銀行的資產，銀行擁有請求權要求消費者未來付錢，消費者有義務付錢給銀行。其他類型的放款包括企業放款、個人放款、信用卡放款、助學貸款、汽車貸款、保證金貸款，凡此種種。至於證券，銀行通常會持有大量的美國政府公債和其他類型的債券。而銀行除了在銀行裡放了少量現金以備不時之需，多數現金都以數位方式放在聯邦準備系統裡，當成銀行的儲備。

一般民營銀行的負債，主要有個人和企業的存款。個人和企業會在銀行開立支票帳戶、定存帳戶，或者持有定存單。這些是個人和企業的資產，但對商業銀行來說代表了負債。存戶把現金放在銀行裡，就相當於是給銀

---

[198] Board of Governors of the Federal Reserve System, "Who Owns the Federal Reserve?"
[199] Board of Governors of the Federal Reserve System, "Federal Market Open Committee."

行低利貸款。

銀行要能運作，資產必須高於負債，必須遵循美國聯邦政府與聯準會制定的嚴格規範，而且資產賺得的利息要高於負債要支付的利息，再加上賺得的手續費，就是創造出來的利潤。

聯準會的綜合資產負債表也有資產和負債，和一般銀行沒什麼兩樣。在資產這一邊，他們擁有的是美國政府公債、不動產抵押貸款證券（自2008年次級放貸危機〔subprime mortgage crisis〕之後），以及占比很低的其他資產。在負債這一邊，所有實體紙幣都是聯準會的直接負債，商業銀行在聯準會帳戶中持有的現金儲備，也是聯準會的直接負債。

圖14-A是簡化的美國金融體系圖示，代表了一條資產與負債鎖鏈。

講到這裡，我們可以注意到一個潛在的問題：整個系統是循環性的。穩住金融系統核心的金融資產，本身也是負債。說到底，這些完完全全都是負債。

有個老笑話說，一個女人主張這世界是站在一隻巨型的烏龜背上，有人問她那這隻烏龜又站在哪裡，她說另一隻巨型烏龜背上。別人問那第二隻烏龜又站在那裡，她火大地說：「全部都是烏龜！」這個故事有各種不同的版本，至少可以回溯到1838年，但當時的講法是巨石而不是烏龜。[200]

如果你有個銀行帳戶，這是你的資產、是你開戶銀行的負債，也是該銀行帳本裡的一個帳目。你的銀行帳戶有銀行的資產做擔保；銀行的資產，則是以借錢的人欠該銀行的債務組成。在此同時，銀行把超額現金資產存在聯準會，同樣的，這也是聯準會帳本裡的一個帳目而已。這些現金儲備是聯準會的負債，由聯準會的資產擔保，聯準會的資產主要是美國政府公債。這些美國公債是美國聯邦政府的負債，主要由美國聯邦政府對轄區內的人民和企業的徵稅權擔保。

從某種意義上來說，金融系統裡的循環很有詩意，這代表我們都要依靠彼此，然而這也非常脆弱。每一樣都是某種請求權的請求權的請求權，仰賴的是生生不息的運作與持續的成長不會崩潰。對很多人來說，簡直不

---

[200] Garson O'Toole, "Tortoises All the Way Down," *Quote Investigator*, August 22, 2021.

圖 14-A

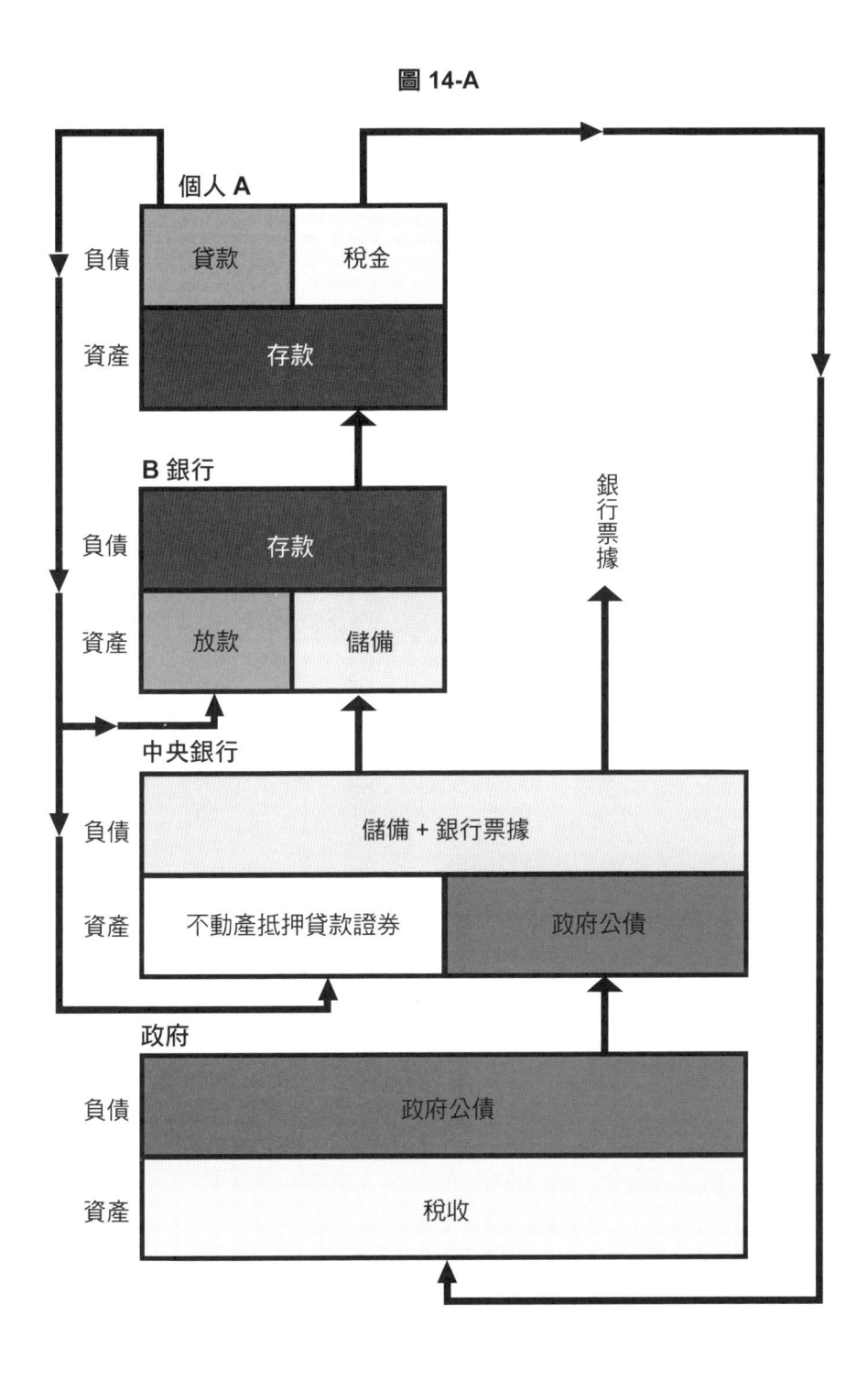

個人 A
- 負債：貸款 | 稅金
- 資產：存款

B 銀行
- 負債：存款
- 資產：放款 | 儲備

中央銀行
- 負債：儲備 + 銀行票據
- 資產：不動產抵押貸款證券 | 政府公債

政府
- 負債：政府公債
- 資產：稅收

第 4 部　法定貨幣帳本的熵　171

敢想像萬一真的崩潰了會怎麼樣,但是全世界有很多小國家時不時都有這種事,過去大型國家也經歷過。

很重要的是,就像前面幾章也提過的,系統並不一定會如圖示這樣順利循環運作。1913年之前(某種程度上可說是到1971年之前),整套全球金融體系是立基於黃金之上,請求權並非一系列的巢狀式請求權,而是最終代表可以換回一定數量黃金的請求權。黃金本體對持有者來說是資產,而且不是任何其他人的負債;黃金代表了把金礦從地下挖出來、之後精煉成可應用在許多方面的有用型態所耗費的累積能量與心力。在那樣以黃金為擔保的世界裡,最終撐起一切的,是一種不欠任何人的資產;反觀目前的系統,最終撐起一切的是政府公債,政府公債本身就是一種債務。

聯邦準備體系電匯系統

個人和企業要透過銀行帳戶把錢轉給彼此時,他們的銀行必須在幕後溝通與結算這些轉帳交易。換言之,轉完帳後你覺得事情就結束了,但銀行還有很多後臺工作要做。

銀行一直以來做了很多事,其中一項就是把很多小額交易組成批次,變成一組比較大型的交易。如果我用信用卡支付45美元給一名商人,他又跟另一名商人買了27美元的用品,這些小額交易會在我們的金融機構帳上儲存為短期負債,之後一起結算成更大筆的結算交易。

執行法定貨幣支付以及其他服務的各式各樣金融技術公司,都要連上銀行體系,不會繞過銀行體系管道、甚至和銀行體系管道互相競爭。銀行在聯準會有帳戶,各式各樣的金融技術公司會在銀行裡開帳戶,或者自己開銀行,所以說,每個顧客未必感受得到,但都要用到銀行以及這些結算系統。

在1900年代初期之前,銀行之間的大額結算通常透過武裝運輸收付實體的紙幣和現金進行。1910年代那十年,聯準會開始使用摩斯電碼系統(Morse code system),將運輸實物的需求降到最低。各家銀行把儲備存在聯準會,是聯準會帳本裡的一個帳目,可以使用安全的電信通訊系統互相結算,聯準會只要更新儲備帳本,確認有一家會員銀行轉帳給另一家會員銀行就好了。[201]

長期下來，聯準會操作的結算系統會不斷更新，現在稱之為聯邦準備體系電匯系統（Fedwire）。2022 年，聯邦準備體系電匯系統替幾千家美國商業銀行處理結算總額達超過 1.06 個千兆（quadrillion）美元（亦即 1,060 兆美元），結算交易超過 1.96 億件，每一件的平均金額為 541 萬美元。[202] 個人和企業轉中、小額的錢給彼此，很多交易最後會匯集成批次，銀行之間再以大額的金額結算。

2023 年，聯準會開發出聯邦準備體系即時支付系統（FedNow），銀行存戶可以即時互相轉帳。銀行還是這項作業的中間人，聯準會則在背後挪移銀行的儲備，但這套新系統跳過了一些銀行向來仰賴的批次交易（transaction batching）服務。就跟多數銀行系統更新時的情況一樣，與目前的聯邦體系電匯系統相比，新的聯邦準備體系即時支付系統，賦予聯準會監看更細部的能力，因為他們會拿到更多各個實體在機構之間進行支付的細節資訊，而不光是整體機構層級的批次結算資料而已。

在美國，第二大的結算系統是銀行間結算所支付系統（Clearing House Interbank Payment System，簡稱 CHIPS），這是一個由民間經營的替代選項。這套系統的業主是好幾家銀行；現有的金融機構有幾千家，這套系統只服務不到五十家大型企業，然而，由於這幾十家金融機構在支付交易中的占比很高，因此系統每年處理的交易金額也達到數百兆美元。[203] 聯邦準備體系電匯系統，加上銀行間結算所支付系統，負責執行美國大部分的結算交易。基本上，個人和企業在系統的上層帳本上所做的所有交易，都會透過這些身在或接近系統基礎層的結算系統結算。

國際間的緊密相連

其他國家的金融體系也有類似的安排。這些國家通常的共同點之處是，由一家央行持有國內金融體系的銀行儲備與實體現金；這些都是央行

---

[201] Frederick Schroeder, "Developments in Consumer Electronic Fund Transfers," *Federal Reserve Bulletin* 69, 6 (June 1983).
[202] The Federal Reserve, "Fedwire Funds Service: Annual Statistics."
[203] The Clearing House, "About CHIPS."

的負債（貨幣基數），由政府公債以及其他資產當作擔保。這些國家也會在銀行間經營或促成一套結算系統。現存最古老的央行是瑞典國家銀行（Riksbank），排名第二的則是英國央行。

其他國家不同於美國之處，在於他們的央行就像本書第 3 部所說的，通常也綁在美國的聯邦準備系統上，這是因為美元目前是世界儲備貨幣。美國以外的國家央行，除了持有自家政府公債當作部分資產之外，資產裡通常也會持有美國政府公債，還有其他大國的政府公債。

包括銀行、企業與政府在內，全世界的各種實體機構，通常都有以美元計價的債務。截至寫到這裡時，國際清算銀行（Bank for International Settlements）估計，非美國實體機構持有的美元計價債務將近 13 兆美元。[204] 然而有個值得注意的重點是，這些債務的債權人大部分都不是美國實體，而是歐洲實體、日本實體、中國實體，以及各式各樣通常以美元借錢給其他實體的國際性實體，借錢的人和放款的人都不在美國；已開發世界的放款人借錢給開發中實體時，這種情況尤多。

就因為這樣，雖然美國聯準會主要負責操作的，是美國國內的中央化帳本，但事實上也負責了全世界的主帳本。全世界外匯交易量中近 90% 涉及美元，近 60% 的國際貨幣儲備以美元計價，近 50% 的全球貿易報價以及跨境貸款都以美元計價。[205] 所有美元都是對銀行的巢狀請求權，最後回到對美國貨幣基數的請求權，美國的貨幣基數是聯準會的負債。

雖然黃金在央行資產中的占比已經不如金本位時代，但很多央行仍持有黃金。如今，全球金融系統的循環性更強了：各國央行持有全世界其他國家的法定貨幣存款與政府公債，當作其資產的一部分，而這些東西本身是這些其他國家央行與政府的負債。因此，世界各國的金融體系全都綁在這套全部加在一起的全球架構上，而當中有一大部分，就是以美國聯邦準備系統為核心。

雖然如今國際間大規模轉帳已經比電信通訊時代之前快很多了，但以

---

[204] Bank For International Settlements, "BIS International Banking Statistics and Global Liquidity Indicators."
[205] Bafundi Maronoti, "Revisiting the International Role of the Dollar," *BIS Quarterly Review*, December 2022.

現代的標準來看，整個過程常常還是緩慢、昂貴而且不透明。電匯常會延遲或被取消，而且很難追蹤問題出在哪裡。這是因為這類轉帳通常必須在幾家往來銀行之間來來回回，執行各種不同的換匯，某種程度上還必須仰賴銀行間的信任。銀行間最常見的支付傳訊系統是 SWIFT 系統，這套系統創於 1973 年，今日的運作方式仍和幾十年前很相似。在銀行體系管道上層運作的金融技術公司與專營轉帳業務的公司，可以加速小額用戶的轉帳速度，但國際轉帳的平均費用通常仍高於 6%。[206]

---

[206] World Bank, "Remittance Prices Worldwide Quarterly," 7.

第 15 章

如何創造與毀棄法定貨幣

法定貨幣的生產成本不高,但需要根據特定的規則與機制,來創造與毀棄法定貨幣。大部分時候,創造新債務時就會創造新貨幣,債務違或清償時就毀棄貨幣。讓問題更加複雜的是,由於現代金融體系使用部分儲備銀行制度,貨幣有不同的定義,我們必須了解兩種最重要的貨幣定義:「貨幣基數」和「廣義貨幣」。

這兩種不同貨幣的供給,長期下來明顯成長。1913 年創立聯準會時,貨幣基數有 27.9 億美元,廣義貨幣有 193.1 億美元,[207] 到了 2022 年底,貨幣基數達 5.4 兆美元,廣義貨幣達 21.4 兆美元。[208] 本章要詳細爬梳兩種不同的貨幣,以及具體來說如何創造或毀棄這兩種貨幣。焦點會放在美國,但同樣的道理幾乎可以套用到其他每個地方。

貨幣基數

貨幣基數(monetary base,也有人稱之為基礎貨幣〔base money〕)是法定貨幣系統的基礎,由以下各項組成(1)流通中的實體貨幣,以及(2)商業銀行放在聯準會的現金儲備。

貨幣基數是聯準會的直接負債。聯準會最初成立之時,貨幣基數可以換回黃金,並且有一定比例的黃金做擔保,但 1971 年之後就不能再換,也沒有擔保了。然而,金融系統裡硬是嵌入了可觀的美元需求:美國的稅金只能用這種美元支付,而且,如果有誰想要和美國的銀行系統打交道,都必須使用美元當作計價單位。此外,由於網絡效應強大再加上沒有更好的選項,有高比例的跨境國際貿易長期都仰賴美元。換言之,在過去一個

---

[207] Òscar Jordà et al., "Macrofinancial History."
[208] Federal Reserve Economic Data, "Monetary Base, Total"; "M3 for the United States."

世紀裡，大部分時候，聯準會都管理操作著世界上規模最大且最多人使用的帳本。

圖 15-A 顯示系統裡流通的貨幣以及儲備金額，這兩個數字加總起來，代表了自 1960 年以來美國的貨幣基數。

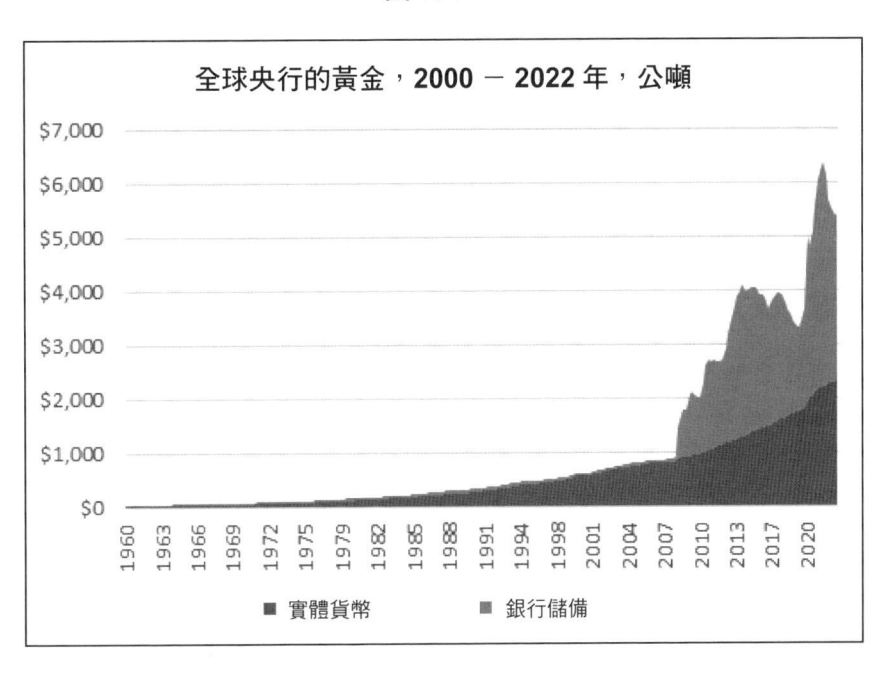

圖 15-A[209]

全球央行的黃金，2000 － 2022 年，公噸

■ 實體貨幣　　■ 銀行儲備

如圖所示，流通的實體貨幣成長，呈現相對平緩的指數型態；銀行儲備金額過去的成長率也差不多平緩，但到了 2008 年時，由於銀行需要重新資本化，成長速度因此加快。回溯 1930 年代，也有類似的快速重新資本化過程。當中的一些細節本章會在稍後討論。

各家銀行放在聯準會的儲備，彼此之間有替代性（可交換）。像你我這樣的個人，可以使用各種支付系統和彼此往來做交易，同樣的，銀行在後端也可以使用儲備和彼此結算。比方說，如果使用聯邦準備體系電匯系

---

[209] Federal Reserve Economic Data, "Reserves of Depository Institutions"; "Currency in Circulation."

第 4 部　法定貨幣帳本的熵　177

統,想要跟彼此結算的銀行,可以請聯準會重新計算聯準會帳本上銀行各自的儲備數額即可。

原則上,實體貨幣與銀行儲備兩者之間也可互換,兩者都是對貨幣基數的請求權,只是實務操作上有一些限制。理論上,如果我們現在就想要去提領一些現金,這些現金應該出於銀行的儲備,但在實務上,不論何時,實體貨幣的數量有限,銀行手上的現金很少,因此,如果有一家銀行發生現金擠兌的問題,存戶很快就會發現自己實際上得以(或能夠)提取的現金會受限。

美國財政部負責發行錢幣和紙鈔(分別透過美國鑄幣局與美國鑄印局〔Bureau of Engraving and Printing〕製作),但聯準會負責讓這些貨幣流通。每一年,聯準會在衡量過人民需要多少實體貨幣之後,再向美國財政部下訂,新錢一方面要汰換掉目前已經損毀的貨幣,另一方面則要因應人民想要從銀行裡提領實質貨幣的需求。

換言之,聯準會決定貨幣基數的規模,以及要給人民多少比例的實體貨幣。[210] 本章之前曾提過,聯準會有一些方法創造或毀棄銀行的新儲備、從而提高或減少貨幣基數的規模。

廣義貨幣

廣義貨幣供給比貨幣基數供給規模更大,代表的是公眾持有的錢。流通的廣義貨幣包括流通的實體貨幣(這也是流通貨幣基數中的一部分),並且納入個人與企業存在商業銀行裡的大量支票存款、定期存款和定存單(統稱「銀行存款」)。

如圖 15-B 所示,與實體貨幣和銀行儲備不同的是,銀行存款不是聯準會的直接負債,而是特定商業銀行的負債。

圖 15-C 顯示了 1990 年以來,美國金融體系裡的廣義貨幣金額。

---

[210] Sumner, *Money Illusion*, 48–49.

圖 15-B

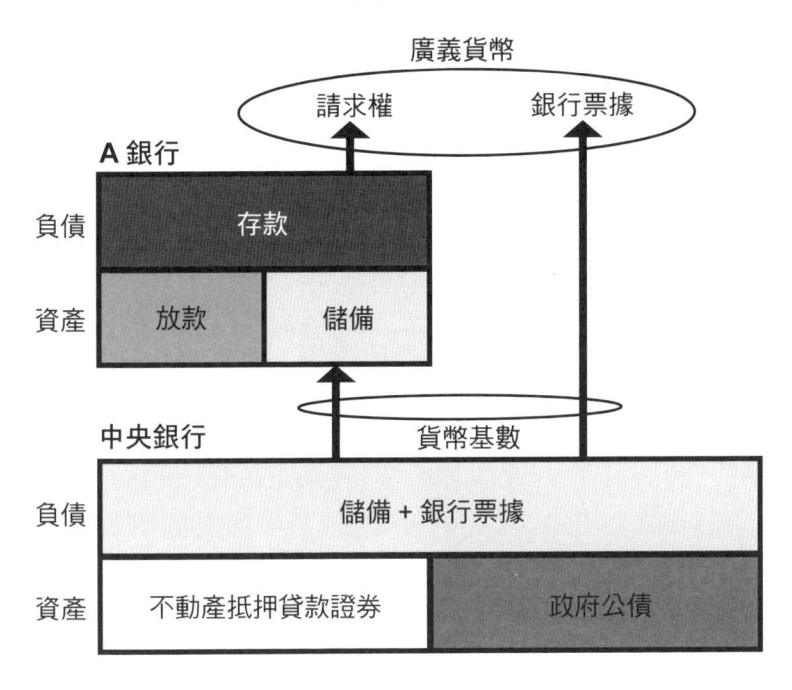

A 銀行

負債	存款
資產	放款 / 儲備

廣義貨幣：請求權、銀行票據

中央銀行

負債	儲備 + 銀行票據
資產	不動產抵押貸款證券 / 政府公債

貨幣基數

圖 15-C [211]

美國廣義貨幣，1960 － 2023 年（10 億美元）

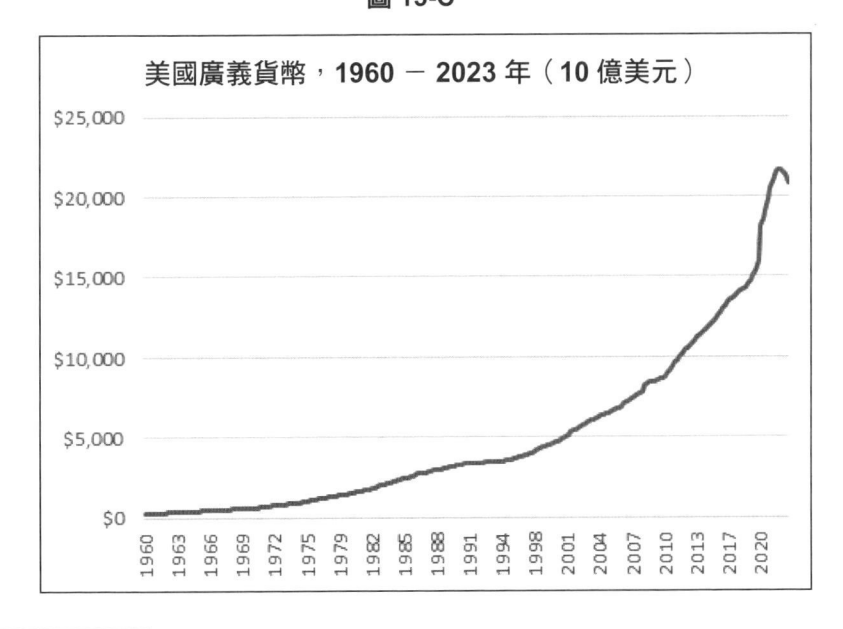

[211] Federal Reserve Economic Data, "M2."

第 4 部　法定貨幣帳本的熵　179

廣義貨幣是一個廣大的貨幣集合，裡面有個人和企業直接用來和彼此交易的錢，以及存起來的錢，這些是我們認定是自己的「錢」。我們通常認為，自己的一塊錢不管什麼形式都是同樣的一塊錢，但當我們從實體貨幣改用銀行帳戶（這是請求權）做交易，擁有的東西其實並不相同：本來擁有的是聯準會的直接債權，後來則變成擁有聯準會直接債權的部分請求權。[212]

假設某一家商業銀行破產了，那麼，把錢存在這家銀行的個人或企業錢很可能就化為烏有；這樣一來，銀行倒閉就毀棄了一些廣義貨幣。1930年代大蕭條期間大規模發生這類事件，因此1933年成立了聯邦存款保險公司（Federal Deposit Insurance Corporation，簡稱FDIC），設法防止情況蔓延。聯邦存款保險公司是一個政府機構保險體系，銀行要付費替顧客投保，如果銀行倒閉，每個帳戶最高的保險金額是250,000美元。

聯邦存款保險公司的主要用意，其實是為了強化顧客的信心，無須憂慮個別銀行的倒閉風險，從而預防了銀行擠兌，而不是真的想要擋下接二連三的銀行倒閉。萬一真的發生普遍性的金融危機，聯邦存款保險公司的資金真正能處理的銀行倒閉事件，比例很低。實務上，這種大規模的緊急情況很可能促使財政部和聯準會聯手，祭出大規模的財政加貨幣應變政策，創造出更多的貨幣替系統紓困，防範出現通縮型經濟崩潰與暴動，2008年與2023年金融危機期間的紓困行動便是近期範例。然而，這些都不是聯邦存款保險公司的權力範圍所及，而且，一旦槓桿率很高的商業銀行體系發生普遍倒閉潮，只要國會沒有動作，多數的銀行存款確實就會面臨消失的風險。

以貨幣基數和廣義貨幣來說，近年來多數國家的運作方式就和美國一樣。國家的央行管理系統的貨幣基數，商業銀行體系負責金額更龐大的廣義貨幣，後者代表的是間接且僅有部分儲備的基數貨幣請求權。

廣義貨幣與貨幣基數之間的關係

聯準會決定美國貨幣基數的規模，包括以實體貨幣形式存在的比例要

---

[212] Bhatia, *Layered Money*, 92–94, 137–39.

占多少,而系統裡廣義貨幣的數量變化,取決於他們無法直接操控的外部力量,例如政府赤字與商業銀行的貸放操作。換言之,聯準會雖然可以控制系統裡的貨幣基數額度,但無法直接控制廣義貨幣供給的規模,或廣義貨幣與基數貨幣之間的比率。不過,他們可以透過各種貨幣政策工具來影響廣義貨幣供給的規模。

現代商業銀行的目的,是把貨幣基數「放大」變成廣義貨幣,並且透過這番操作從中創造利潤。我們可以把這稱之為「貨幣乘數」,其定義是廣義貨幣供給除以貨幣基數。圖 15-D 顯示 1870 年以來美國的貨幣乘數。

圖 15-D [213]

美國貨幣乘數,1870－2023 年
(廣義貨幣對貨幣基數)

當銀行放款給某個要購買資產的人時(比方說買房子),這筆錢就會變成該項資產賣方銀行帳戶裡的新存款,放款的銀行則會把儲備轉到賣方的銀行;這個過程會增加系統裡的商業銀行存款和廣義貨幣總額。當銀行「把儲備貸放出去」時,整體來說,銀行體系裡的總儲備並不會減少;他

---

[213] Jordà et al., "Macrofinancial History."

第 4 部　法定貨幣帳本的熵　181

們是運用槓桿操作，提高了貨幣乘數，改變的是儲備所在的位置及／或所有權。簡單來說，貸放會創造存款。[214]

個別銀行可以用自己的錢放款或買證券，減少放在聯準會的現金儲備。然而，當他們放款或買證券時，就在金融系統裡的某處創造出了存款，這些存款會導致儲備從放款銀行移轉到接收存款的銀行。同樣的，銀行也可以出售資產以提高自己的現金儲備，而這麼做的同時，系統裡其他地方某些銀行的存款會被拿出來購置這些資產，儲備會流向賣方。

因此，雖然個別銀行可以改變自家的儲備水準，但銀行體系無法一起講好以增加或減少系統裡的銀行儲備。銀行體系可以靠著多放款提高貨幣乘數（廣義貨幣供給除以貨幣基數），但是無法改變整個體系的銀行儲備總數。他們只能挪移銀行儲備、槓桿操作儲備或是去化槓桿，改變的是根據儲備創造出來的存款請求權。

同樣的，美國財務部可以決定他們放在聯準會裡的現金帳戶規模；從大部分的目的來說，這些現金可以視為整體系統銀行儲備下的一個特殊子集合。財政部若要提高聯準會裡的現金帳戶金額，可以發行政府公債，賣出後收到大量現金，然後把這些現金放進聯準會的帳戶裡，之後才拿出來花掉。這會吸走系統裡其他銀行的儲備，這邊減少的幅度和財政部現金帳戶增加的幅度呈一比一的關係。如果政府花掉的錢比收到的還多，那就會讓財政部的現金帳戶水位下降，錢匯進到人民與企業的銀行帳戶，之後透過結算過程又回到其他銀行的儲備裡。

理論上，人民完全可以把銀行裡的超額儲備領出來，換成實體現金，也可以把實體現金存進銀行，變成銀行的儲備，但實務上會刻意限制提領實體現金的金額；如果所有人想要一起把銀行的儲備抽出來變成實體現金，銀行的出納會告訴他們不行，理由是全國的實體現金有限，或是（每天）有提領上限。聯準會每年決定要多放多少貨幣進入系統裡流通，因此可以穩穩掌握流通貨幣與銀行儲備之間的比例，這兩者加起來，就是貨幣基數總額了。

---

[214] Michael McLeay et al., "Money Creation in the Modern Economy," 14–15.

如果銀行系統環境健全，貨幣流通速度快且銀行間信任度高，銀行系統可以用很高的貨幣乘數與系統裡相對少的儲備順暢運作。這樣的系統天生就不穩定，但不穩定的部分並不會時時刻刻浮出檯面。每當銀行需要流動現金以因應顧客提領存款時，可以賣資產或向其他銀行商借。這就像是音樂還放得很大聲的大風吹遊戲，可以繼續玩下去。然而，當系統槓桿太高及／或有可能發生倒閉，導致銀行間不再信任彼此時，銀行會比較不願意借錢給彼此，這代表音樂開始慢下來，甚至完全停下來了。到了這個時候，廣義貨幣對貨幣基數的比例很高就會變成一大問題，除非央行創造更多貨幣基數，不然存款就有拿不回來的風險。

　　聯準會若要創造新的貨幣基數，可以實行量化寬鬆。聯準會的量化寬鬆，是無中生有創造出新的銀行儲備，用這些新的儲備來購買既有資產，比方說美國政府公債或不動產抵押貸款證券。這是一種資產交換，但交換的東西有一邊是憑空而來。在創造儲備並用儲備來交換資產之後，新儲備會變成由商業銀行所有（也就是說，變成聯準會的負債），買進的證券則由聯準會所有（也就是說，變成聯準會的資產）。過程中，聯準會的總資產（他們購入的證券）會增加，他們的總負債（他們創造出來的新儲備）也同額增加。聯準會主要的負債也就是美國的貨幣基數，在執行過量化寬鬆過程之後，貨幣基數現在變大了。

　　聯準會要減少貨幣基數，可以執行量化緊縮（quantitative tightening，簡稱QT）。聯準會執行量化緊縮時，可以出售政府公債或不動產抵押貸款證券以換取儲備，然後勾銷這些儲備。更具體來說，聯準會不是直接出售，他們通常的作法是讓某些政府公債或不動產抵押貸款證券到期，這表示他們的投資資產到期，要拿回本金，本金會轉成儲備，之後他們勾銷儲備，不再拿來投資類似資產。出售證券或讓證券到期並且不再投資，在這過程中，聯準會的資產和負債同步減少。

　　在不受其他因素影響的真空狀態下，不管是量化寬鬆或量化緊縮，政策本身無法大幅影響廣義貨幣供給，主要是影響貨幣基數。然而，如果美國聯邦政府的財政赤字龐大，於是聯準會創造新銀行儲備，並在次級市場買進發行的政府公債替赤字融資，除了創造新的貨幣基數，也直接創造了廣義貨幣（繞過了銀行放款的管道）。

另一方面，如果美國聯邦政府有穩健的高額財政盈餘（例如，收到的稅金高於花費），在銀行放款也不熱絡時，理論上他們可以減少廣義貨幣的總額。從歷史上來看，這種事很罕見，而且期間很短。此外，如果出現普遍的銀行倒閉，只要不做紓困或沒有聯邦存款保險公司承保，理論上也可以減少廣義貨幣，1930年代初期就是這樣，但之後政府就極力避免發生類似情況。

銀行儲備會計範例

本章剩下的部分，要深入創造貨幣基數與廣義貨幣的細節。我會舉六個例子，透過銀行放款、量化寬鬆以及財政赤字，幫忙說明銀行、聯準會和美國聯邦政府的哪些行動，會影響金融體系裡銀行儲備與廣義貨幣供給的數量與位置。（如果認為這些細節對你來說不重要，請儘管跳過，直接閱讀本章末的摘要；不需理解這些細節，也可以讀懂本書其他部分。）

我一開始是在2020年11月新冠肺炎疫情（COVID-19）期間想出這些範例，放進〈銀行、量化寬鬆與大印鈔〉（Banks, QE, and Money-Printing）這篇文章[215]，用來說明為何當時的財政與貨幣刺激政策，很可能讓消費者物價發生通膨，以及這和2008年金融危機之後的量化寬鬆有何差異。當時很多分析師都把可能出現嚴重物價通膨之說斥為無稽，因為他們低估了把財政支出當成傳送機制的嚴重性，也低估了廣義貨幣和貨幣基數有別的重要性，因此認為這一輪的量化寬鬆會和2008年的情況很類似。[216]到了2021年後半年，美國確實出現了相當高的消費者物價通膨，最後在2022年來到幾十年來的高點。[217]

---

[215] Lyn Alden, "Banks, QE, and Money-Printing"; the examples also draw on the much-cited Bank of England paper from 2014, cited here as Michael McLeay et al., "Money Creation in the Modern Economy."

[216] 例如，參見相關報導：Elizabeth Schulze, "Here's Why Economists Don't Expect Trillions of Dollars in Economic Stimulus to Create Inflation," CNBC; Lizzie O'Leary, "Financial Panic: Inflation Isn't a Risk," Washington Post. 此外，也可參考多位經濟學家的主張，如 Paul Krugman, "Covid's Economic Mutations," New York Review of Books; Ben Bernanke, 21st Century Monetary Policy, Ch 10; and Richard Clarida et al., "The COVID-19 Crisis and the Federal Reserve's Policy Response," 7–8.

[217] 如喬治·塞爾金等敏銳的聯準會評論專家，都早在通膨飛漲前幾個月就提到了通貨膨脹的風險，他說：「通膨不會馬上就出現，但已經在遠方現身了。」George Selgin, "The Fiscal and Monetary Response to COVID-19," 13.

在每個例子裡我會用到兩個人，分別是瑪莉（Mary）和莎拉（Sara），還有兩家與她們往來的銀行，以及聯準會和美國財政部。這六個實體各自有代表其資產與負債的欄位，欄位名稱以「A」（資產）和「L」（負債）代表。

每個範例都是一套小型的封閉式金融體系，每個實體下方的資產與負債欄位，其計數單位都是 1,000 美元。

- 一個「D」代表顧客 1,000 美元的銀行存款。
- 一個「R」代表銀行放在聯準會的 1,000 美元現金儲備。
- 一個「T」代表 1,000 美元的美國政府公債。
- 有時候也會用到其他資產，例如一個「C」是一輛價值 1,000 美元的二手車，一個「L」是 1,000 美元的車貸。

代表存款的「D」是顧客的資產，但同時也是其往來商業銀行的負債，因為銀行是代表顧客持有，待有顧客要求就要返還。

同樣的，代表儲備的「R」是商業銀行的資產，他們把儲備放在聯準會裡。聯準會則把儲備列示為負債，他們的債權人是把儲備存進來的銀行。

類推下去，代表美國政府公債的「T」是公債持有者的資產，對方可以是個人、商業銀行或是聯準會，同時這也是美國財政部的負債。

代表銀行放款的「L」或是代表房貸的「M」，是放款銀行的資產，也是從銀行借錢之顧客的負債。

✚ 範例 1：銀行放款

這個最簡單的範例，說明銀行如何在不減少系統內儲備之下創造存款與廣義貨幣。範例中，瑪莉向銀行貸了一筆錢，用這筆錢買下莎拉的二手車。

次頁圖 15-E 顯示這筆交易的開始、中間與結束時的狀態，後面會詳細說明，所以你可以來回看圖並搭配閱讀文字。加底線的字母代表了當前改變了的項目：

圖 15-E

銀行放款——起始狀態

瑪莉	瑪莉的銀行	莎拉	莎拉的銀行	聯準會	財政部
A|L D	A|L R|D R	A|L D D D C	A|L R|D T|D T|D T	A|L T|R T|R T|R	A|L T T T T T T

系統裡的存款 = 4D = 4,000 美元
系統裡的儲備 = 3R = 3,000 美元

銀行放款——中間狀態

瑪莉	瑪莉的銀行	莎拉	莎拉的銀行	聯準會	財政部
A|L D|L D	A|L R|D R|D L	A|L D D D C	A|L R|D T|D T|D T	A|L T|R T|R T|R	A|L T T T T T T

系統裡的存款 = 5D = 5,000 美元
系統裡的儲備 = 3R = 3,000 美元

銀行放款——結束狀態

瑪莉	瑪莉的銀行	莎拉	莎拉的銀行	聯準會	財政部
A|L D|L C	A|L R|D L	A|L D D D D	A|L R|D R|D T|D T	A|L T|R T|R T|R	A|L T T T T T T

系統裡的存款 = 5D = 5,000 美元
系統裡的儲備 = 3R = 3,000 美元

起始狀態

瑪莉一開始在資產欄中有 1 個「D」，代表她在銀行裡有 1,000 美元存款，而她沒有負債。她的銀行（該銀行不做槓桿操作）一開始持有她的 1,000 美元存款，這是銀行負債欄下的 1 個「D」，當時，銀行裡的資產欄位裡總共有 2 個「R」，加起來代表這家銀行在聯準會裡有 2,000 元的儲備。

莎拉一開始資產欄裡有「DDDC」，代表她有 3,000 美元銀行存款「DDD」和一輛 1,000 美元的二手車「C」，她也沒有負債。她的銀行一開

始的負債項,就是她的存款「DDD」,資產主要投資在美國政府公債「TTT」以及聯準會下的一個儲備項「R」。

聯準會的負債是持有這兩家銀行的 3 個儲備單位,資產則有 3 個單位的美國公債。這兩家銀行把聯準會視為自己的銀行,就像瑪莉和莎拉與自家銀行之間的往來類似。換言之,這兩家銀行把自己的現金儲備資產存進在聯準會開立的帳戶裡;這些儲備則是聯準會的負債。

代表美國聯邦政府財政部門的美國財政部,負債項下有 6 個尚未到期的美國公債單位。為了簡化,假設財政部沒有列示任何資產,但實際上財政部的資產包括了營運資本、各式各樣的聯邦政府建築物與土地和軍隊資產,以及對納稅義務人的主要徵稅能力。在這個範例裡,財政部這 6 單位的政府公債負債持有人,是聯準會與莎拉的銀行。

以瑪莉和莎拉的現金來說,整個系統裡就有 4 個「D」,這是她們兩人的資產,是她們往來銀行的負債。同樣的,系統裡有 3 個「R」,這是兩家銀行的資產,是聯準會的負債。

中間狀態

現在,在中間狀態,瑪莉和莎拉兩個人講好,莎拉同意用 1,000 美元把車賣給瑪莉。不過,瑪莉的存款僅有 1,000 美元,雖然她很需要這輛車,但也不想因此身無分文。因此,她去銀行貸了 1,000 美元的車貸,以「L」代表。瑪莉的銀行替瑪莉創造了 1,000 美元的存款(也就是 1 個「D」),同時也替她創造出 1,000 美元的負債(也就是 1 個「L」)。以銀行本身來說,瑪莉的新存款資產也就是銀行的新負債,瑪莉的新車貸也就是銀行的新資產。這裡不需要挪動儲備,但創造出了新的存款。

瑪莉的財富淨值不變,仍是 1,000 美元,但現在她擁有 2,000 美元的存款與 1,000 美元的貸款負債,因此,槓桿就比較高了。瑪莉的銀行權益也沒改變,但也做了一些槓桿操作,創造出新資產與新負債;這是因為銀行預期瑪莉有能力償還貸款,並且可以支付利息。

到這裡,都還不涉及聯準會和美國財政部。

現在,由於瑪莉的銀行做了槓桿操作,創造出更多的資產和負債,系統裡的「D」變成了5個，而非之前的4個。銀行放出了貸款變成新存款，創造出新的廣義貨幣。然而，系統裡仍只有3個「R」。

結束狀態

到了結束狀態，瑪莉匯給1,000美元的買車價金，把她剛剛從銀行貸款轉過來的新存款給了對方。莎拉的銀行帳戶收到匯款，銀行記錄這筆款項，把這多出來的1,000美元計為她的資產「D」，這是她往來銀行的新負債。在後臺，瑪莉的銀行轉了1,000個儲備（也就是1個「R」）給莎拉的銀行，以擔保本次的匯款（提示聯準會、也就是中央帳本，從瑪莉銀行的儲備帳戶轉1個「R」到莎拉銀行的儲備帳戶裡）。這樣下來，現在莎拉的往來銀行有了新的負債，那便是莎拉的新存款「D」，此外，銀行還有了新資產，也就是新的儲備「R」。莎拉的銀行目前沒有任何信用良好的客戶要求貸款，因此先暫時把新的儲備放在聯準會的帳戶裡。

聯準會在結束狀態時淨值未變，只是在瑪莉的銀行把1,000美元的儲備（1個「R」）轉到莎拉的銀行時，更新帳簿上兩家客戶銀行的帳目。在聯準會的帳本上，瑪莉銀行的帳戶本來計有「RR」，莎拉銀行的帳戶本來計有「R」，現在，聯準會把瑪莉銀行的帳戶計為「R」，莎拉銀行的帳戶計為「RR」。這些儲備是聯準會的負債，是其客戶銀行的資產。

美國財政部的結束狀態也沒有改變，而且，與聯準會不同的是，財政部根本不知道這筆交易。

在最後的結束狀態下，跟中間狀態一樣的是，系統裡仍然有3個儲備單位「R」，但有5個儲蓄單位「D」，與起始狀態相比之下多了一個儲蓄單位，這就是瑪莉銀行的貸款創造出來的。

此範例的重點，是要解釋當銀行利用儲備承作貸款時，為何不會消除掉儲備。這筆錢會出現在另一家銀行帳上，就是把同等金額轉過去而已。整體的儲備數額或是系統裡的貨幣基數都不會改變，但因為顧客的存款增加了，廣義貨幣也隨之增加，系統的槓桿程度有高一點。換言之，貨幣乘數比率（廣義貨幣比貨幣基數，也就是「D」比「R」）從4：3提高為5：3。

透過買賣資產或是承作放款，任何一家銀行都可以提高或降低自己的儲備。但是，這些儲備只是搬來搬去，從其他銀行挪過來或是轉到別的銀行去，不會創造出新的，也不會毀棄。銀行可以根據自己認為想要承擔多少風險，以及有多少值得把錢貸放出去的好機會，利用這些儲備減少或增加創造出來的儲蓄。

✚ 範例 2：聯準會利用銀行執行量化寬鬆

下一個範例比較實際，是一套槓桿操作程度比較高的銀行系統，涉及聯準會在銀行體系裡操作量化寬鬆，亦即創造出新儲備並向銀行購買現有資產。聯準會這麼做的原因，是因為與貨幣基數相對之下，貨幣基數的請求權太多了，而且普遍來說，銀行手上都是非流動資產，比方說房貸，因此，聯準會希望把這些非流動資產拉進自家的資產負債表上，替銀行體系創造一些新的流動資產（亦即，提高儲備）。

圖 15-F 顯示的是起始與結束狀態，刪除了中間狀態：

圖 15-F

純量化寬鬆──起始狀態

	瑪莉的		莎拉的		
瑪莉	銀行	莎拉	銀行	聯準會	財政部
A|L	A|L	A|L	A|L	A|L	A|L
H|M	R|D	H|M	R|D	T|R	|T
C|L	T|D	C|L	T|D	T|R	|T
D	T|D	D	T|D		|T
D	M|D	D	M|D		|T
D	|L	D	|L		|T

系統裡的存款＝ 8D ＝ 8,000 美元
系統裡的儲備＝ 2R ＝ 2,000 美元

純量化寬鬆──結束狀態

	瑪莉的		莎拉的		
瑪莉	銀行	莎拉	銀行	聯準會	財政部
A|L	A|L	A|L	A|L	A|L	A|L
H|M	R|D	H|M	R|D	T|R	|T
C|L	R|D	C|L	R|D	T|R	|T
D	R|D	D	R|D	T|R	|T
D	T|D	D	T|D	T|R	|T
D	|L	D	|L	M|R	|T
				M|R	

系統裡的存款＝ 8D ＝ 8,000 美元
系統裡的儲備＝ 6R ＝ 6,000 美元

第 4 部　法定貨幣帳本的熵　189

起始狀態

在這個範例中，莎拉和瑪莉這兩個人的處境一模一樣。在資產方面，她們兩人都有一棟房子「H」、一輛車子「C」，銀行裡也都有 4,000 美元的現金存款「DDDD」。在負債方面，兩人都欠各自的銀行一筆車貸「L」和一筆房貸「M」。

本範例中的兩家銀行狀況也一模一樣，兩家都有 4,000 美元的客戶存款「DDDD」，這是他們分別欠瑪莉與莎拉的負債。資產方面，兩家銀行都有「RTTML」，代表有 1 單位的儲備、2 單位的政府公債、1 單位的房貸和 1 單位的車貸。這兩家銀行的槓桿率都很高，有很多資產與負債，但只有 1 單位的儲備。

聯準會的規模很小，負債面只有客戶銀行儲備帳戶的「RR」（每家銀行各一），資產面則有「TT」。

財政部的負債有「TTTTT」，他們的債權人是銀行和聯準會。

系統裡有 8 個存款單位「D」、2 個儲備單位「R」，因此，系統的貨幣乘數是 8：2。

結束狀態

在這個範例裡，聯準會發現瑪莉和莎拉的往來銀行個都只有 1 單位的儲備。假設法規要求每一家銀行都至少要有 1 單位的儲備，這就代表他們基本上沒有錢可以貸放出去，也就無法創造出更多廣義貨幣。即便沒有流動性的限制，這兩家銀行可能也不放心，不認為在沒有合理的儲備儲蓄比之下可以滿足流動性的需求（即顧客提領存款）。聯準會希望兩家銀行能承作放款，因此決定給他們更多的超額準備，讓銀行體系重新資本化。然而，聯準會和財政權力機關（國會和總統）不同的是，在法律上，聯準會不能免費把錢撥進銀行；聯準會必須拿一點東西回來。

聯準會從無到有創造出 4 個新儲備單位，2 個給瑪莉的銀行，2 個給莎拉的銀行。這些新儲備單位是聯準會的負債，同時也是兩家銀行的資產。聯準會拿回來的是從兩家銀行各拿回 1 單位房貸和 1 單位政府公債。因此，聯準會在資產欄中加上了「TTMM」，在負債欄中加上了「RRRR」。

現在銀行比較有信心了，資產帳上有大量的超額儲備，但政府公債和房貸變少了。此時，他們資產負債表上的資產流動性就好很多，因為儲備的流動速度比政府公債和房貸快多了。如果他們想要放款或買更多證券，現在他們有大量的超額儲備，拿這些錢來用的話，銀行的流動現金水準也不會減到太低的地步。但他們還沒有多承作任何放款，因此系統裡的儲蓄數目和廣義貨幣仍未改變。但在表面之下，這兩家銀行的槓桿率縮小了、流動性變高了，現在他們擁有大量相對於存款負債和整體資產的儲備。

在這個範例中，瑪莉和莎拉從頭到尾都沒有察覺到發生了什麼事。她們的資產與負債和一開始時一模一樣。她們甚至沒有察覺有事發生了。

聯準會的槓桿現在變高了，資產和負債都比一開始的時候更多，但權益還是一樣。

美國財政部的淨結果沒有改變，差別在於現在把其中 2 單位的政府公債債務記成欠聯準會，而不是欠這兩家民營銀行，因為聯準會向這兩家銀行各買了 1 個單位的「T」。

系統裡有 8 單位的存款「D」，而且儲備「R」也從 2 單位增為 6 單位。因此，系統的貨幣乘數是 8：6。廣義貨幣的數額沒有改變，但因為聯準會決定用新儲備向銀行買入資產，因此貨幣基數的數額增加。銀行系統重新資本化，現在可承作放款的能力更大了。

雖然很多人認為量化寬鬆就勢必讓消費者物價出現通膨，但通常並沒有，而原因就在這裡。錢並沒有流到像瑪莉和莎拉這些消費者手上，只是在銀行體系內部流通而已。量化寬鬆提高了貨幣基數與銀行整體的流動性，替長期通膨奠下了早期基礎；這是防止銀行倒閉並確保銀行有豐沛的流動性與貸放能力，可以說是「反通縮」，但並不是通膨。

如果瑪莉和莎拉有更多存款，並把多出來的錢全都拿去購買商品和服務，就很可能發生通膨。但是，瑪莉或莎拉兩人的存款都並不比一開始時多，因此沒有理由出現通膨。系統裡的個人存款數額並未改變。

✚ 範例 3：聯準會在銀行體系之外執行量化寬鬆

第三個範例的起點也是一個很簡單的系統，和範例 1 非常類似，只是，莎拉擁有的額外資產不是範例 1 裡的一部車，而是美國政府公債。

莎拉決定賣掉公債，但此時沒什麼買家想買。因此，聯準會出手了，實施量化寬鬆買下她的公債。前一個範例裡，聯準會是從銀行系統裡買走公債，兩相對照，這一次操作的結果有點不一樣，如圖 15-G 所示。

圖 15-G

非銀行體系的量化寬鬆──起始狀態

瑪莉	瑪莉的銀行	莎拉	莎拉的銀行	聯準會	財政部
A|L	A|L	A|L	A|L	A|L	A|L
D	R|D	D	R|D	T|R	|T
	R	D	T	T|R	|T
		D	T	T|	|T
		T			|T
					|T

系統裡的存款 = 4D = 4,000 美元
系統裡的儲備 = 3R = 3,000 美元

非銀行體系的量化寬鬆──結束狀態

瑪莉	瑪莉的銀行	莎拉	莎拉的銀行	聯準會	財政部
A|L	A|L	A|L	A|L	A|L	A|L
D	R|D	D	R|D	T|R	|T
	R	D	R|D	T|R	|T
		D	T|D	T|R	|T
		D	T|D		|T
					|T

系統裡的存款 = 5D = 5,000 美元
系統裡的儲備 = 4R = 4,000 美元

起始狀態

一開始一切都很範例 1 很像，差在莎拉擁有的是政府公債而非汽車。一開始系統裡總共有 4 單位存款「D」和 3 單位儲備「R」。

莎拉決定出售公債，但不管是瑪莉或銀行都不怎麼想買。如果很多人同時想要賣公債，很可能引發流動性危機，比方說，2020 年 3 月時的美國和 2022 年 9 月時的英國便是這樣。

聯準會決定出手買下，防範流動性危機。聯準會憑空創造出新的銀行儲備「R」：聯準會要銀行用新的儲蓄「D」買下莎拉的公債「T」，然後把債券給聯準會，過程中，聯準會將會把新的銀行儲備「R」給銀行。

就這樣，聯準會利用銀行當作中介單位，用新的儲備單位買下莎拉的政府公債（莎拉和聯準會從來沒和彼此打過交道；莎拉把公債賣給銀行，換得了一個儲蓄單位「D」，她的往來銀行把債券賣給聯準會，聯準會用新的儲備單位「R」買進）。

結束狀態

銀行完成這項任務之後，莎拉的淨財富就和這個範例一開始時一樣，只是用另一個儲蓄單位「D」取代了她的債券「T」。她銀行的權益也和範例1開始時一樣，但資產和負債都變多了，資產多了1個儲備單位「R」，對莎拉的負債也多了1個儲蓄單位「D」，但銀行的權益並未改變。

聯準會的規模也變大了，資產面多了1個單位的公債「T」，負債面也多了1個儲備單位「R」，這列示成莎拉銀行的資產，聯準會的權益不變。

美國財政部的淨結果不變，但現在認列莎拉原本的公債「T」由聯準會所擁有，持有者不再是莎拉，因為聯準會已經買下來了。

這能不能刺激經濟，取決於莎拉想要如何運用多出來的這筆錢。她本來擁有「DDDT」，現在的資產變成的「DDDD」。資產的總價值仍是4,000美元，但現在的流動性比較高。如果她出售公債的原因，是要多拿點資金去做什麼重要的事，比方說自行創業或借錢給朋友協助對方創業，那就可能有刺激效果。聯準會幫忙維持公債市場的流動性，雖然實際上公債沒有買主，但也讓莎拉可以把公債賣掉。如果她只是想把原本的公債換掉，以額外的儲蓄單位「D」持有這筆錢，那麼，她運用資金的方式並沒有改變。有沒有刺激效果這個問題，就要看她的銀行怎麼做了。

與起始狀態相比，莎拉的銀行現在有多的儲備單位（這是資產）和多的存款單位（這是負債），這表示其規模變大了，相對於流動現金的放款能力也提高了。這家銀行可以做企業貸款，也可以做個人貸款，都會刺激經濟。或者，如果銀行認為經濟環境風險太大，或者沒有信用良好的企業或個人客戶要申請貸款，銀行也可以就抱著安全的「RRTTT」，什麼都不做。如果是這樣，這個範例所做的事，對經濟的影響就不大。

系統在起始狀態下僅有4個「D」，相比之下，現在有5個。此外，系統在起始狀態下僅有 3 個「R」,相比之下,現在有 4 個。

所以說,系統裡的貨幣基數和廣義貨幣都有增加,流動性因此變高。但這些廣義貨幣不動如山,都只是放在莎拉和她往來銀行手上。換言之,廣義貨幣的流速很低。廣義貨幣和儲備的量都有增加,系統裡出現通膨的可能性也隨之提高,但還沒有看到消費者物價通膨的問題。莎拉並沒有變得更富有,只是她手頭上的流動性稍微變高了。

在這個範例裡,聯準會直接提高了系統裡的廣義貨幣,但銀行並未做任何民間貸放,聯邦政府也沒有任何財政支出,因此,有沒有效果仍不明朗(這要看莎拉及／或她的銀行如何運用多出來的流動現金)。就算有影響,聯準會之後也無法再如法炮製,因為瑪莉或莎拉(她們兩人是非銀行的民間實體)已經都沒有政府公債可以賣給聯準會了。

真要說有什麼效果,那很可能是造成資產價格膨脹,因為莎拉滿手現金,她很可能樂於買進股票,或者再買政府公債,諸如此類的。她是一個儲蓄者,因此,她可能不會多花錢,但她可能會改變投資方式,用別的方法配置她手上多出來的流動現金。

✚ 範例 4:直升機撒錢,由非銀行實體提供資金

前三個範例都是獨立的情況,每一個案例分別用來說明不同的情境。

最後的幾個範例(範例 4、5、6)會以彼此為基礎,說明當美國財政部以赤字支出介入情境時會發生什麼事,當中的差異取決於誰買了政府公債,為政府的支出融資。

範例 4 一開始是相對上無槓桿的系統。然而,這時經濟處於衰退期,瑪莉丟了工作,銀行帳戶裡只有一點點錢。她把自己的沮喪傳達給民選官員,因此國會授權美國財政部發給每人 1,000 美元以刺激經濟,直接撥入銀行戶頭。

這在經濟學上稱為「直升機撒錢」(helicopter money),最初指的是一種思想實驗,想像如果從直升機上撒錢給人們會怎樣。[218] 財政部靠發行政

---

[218] Milton Friedman, "Optimum Quantity of Money," 4–7.

府公債作為撒錢的資金，買進政府公債的是莎拉（她有很多錢，也沒有失業）。情境如圖 15-H 所示。

圖 15-H

直升機撒錢——起始狀態

瑪莉	瑪莉的銀行	莎拉	莎拉的銀行	聯準會	財政部
A|L	A|L	A|L	A|L	A|L	A|L
C|L	R|D	D	R|D	T|R	|T
D	L	D	R|D	T|R	|T
		D	T|D	T|R	|T
			T		|T
					|T

系統裡的存款 = 4D = 4,000 美元
系統裡的儲備 = 3R = 3,000 美元

直升機撒錢——結束狀態

瑪莉	瑪莉的銀行	莎拉	莎拉的銀行	聯準會	財政部
A|L	A|L	A|L	A|L	A|L	A|L
C|L	R|D	D	R|D	T|R	|T
D	R|D	D	T|D	T|R	|T
D	L	D	T	T|R	|T
		T			|T
					|T

系統裡的存款 = 4D = 4,000 美元
系統裡的儲備 = 3R = 3,000 美元

起始狀態

瑪莉的資產包括一部車「C」和 1 單位存款「D」，負債則有 1 單位車貸「L」。瑪莉銀行的資產有 1 單位儲備「R」和瑪莉的車貸「L」，負債則有瑪莉的存款「D」。

莎拉有 3 單位的存款「DDD」，沒有負債。莎拉的銀行資產裡有超額儲備和一些政府公債，總共是「RRTT」，負債則是莎拉的 3 單位存款「DDD」。

聯準會的負債有系統裡總共 3 單位的銀行儲備，資產則有 3 單位的政府公債。

美國財政部的負債有 5 單位尚未到期的政府公債，持有人是聯準會和莎拉的銀行。

第 4 部　法定貨幣帳本的熵　195

系統裡的總儲蓄有 4D = 4,000 美元，總儲備是 3R = 3,000 美元。

中間狀態（未見於圖示）

雖然美國聯邦政府是創造貨幣的單位，但在大部分情況下，法律規定政府必須靠收稅或是發行政府公債結算帳務，藉此為支應政府支出。[219]

美國財政部在直升機撒錢政策下各發了 1,000 美元存款（也就是 1 單位的「D」）給瑪莉和莎拉，撥進她們的銀行帳戶。瑪莉和莎拉都很開心，因為她們兩人的淨財富都多了 1,000 美元。她們的銀行把錢存進她們的戶頭，但還沒放出任何貸款，因此先把這些新的現金放進聯準會的帳戶裡，當成新的儲備。

然而這只是短暫的中間狀態。現在，財政部發行新的政府公債債務「TT」，以支付剛剛花出去的費用。莎拉決定用她其中 2 單位儲蓄「DD」買進這 2 單位公債「TT」，因為公債殖利率比銀行帳戶的殖利率稍高一點。

如果我們想像成這些事同步發生，那就是美國財政部拿走了莎拉 2 單位的儲蓄（因此抽走了莎拉銀行的 2 單位儲備，因為莎拉的銀行要和財政部結算這筆移轉交易），美國財政部回給莎拉 2 單位的政府公債。在此同時，美國財政部各給瑪莉和莎拉 1 單位儲蓄，因此把 1 單位儲備給了瑪莉的銀行、1 單位儲備給莎拉的銀行，以結算這筆移轉交易。

結束狀態

到了移轉交易結束時，瑪莉和莎拉都比一開始時多了 1,000 美元。瑪莉因為得到 1 單位的儲蓄，因此資產從「CD」變成「CDD」。莎拉也得到 1 單位的儲蓄，但她用了 2 單位的儲蓄來買 2 單位的公債，因此她的資產從「DDD」變成了「DDTT」。

在這個範例裡，瑪莉銀行的規模比一開始時大了一點，因為瑪莉得到了 1 單位儲蓄「D」，為結算這筆交易，她的銀行貸記了 1 單位的儲備「R」（從而多欠了瑪莉 1 單位「D」的債務），瑪莉也沒花掉這筆錢。瑪莉銀

---

[219] George Selgin, "On Empty Purses and MMT Rhetoric," *Alt-M,* May 5, 2019.

行的權益跟之前一樣（資產和負債都同額增加），但整體的資產和負債都變多了，現在也有了比較高的貸放能力。

莎拉銀行的規模則比一開始時小了一點，這是因為雖然莎拉和銀行各得到 1 單位的儲蓄和 1 單位的儲備，但莎拉拿出 2 單位的儲蓄向財政部買下公債，因此莎拉的銀行要把 2 單位的儲備拿給財部；這 2 單位的儲備之後又會發出來，1 單位給瑪莉的銀行，1 單位回到莎拉的銀行。莎拉的銀行權益還是一樣，但規模變小了，因為資產和負債都減少了，銀行的貸放能力也因此下跌。

聯準會沒有變化，只差在更新了帳目，本來記在莎拉銀行的 1 單位儲備「R」變成改記在瑪莉銀行帳上，公債資產和儲備負債都無改變。

美國財政部的槓桿提高了，債務面多了 2 單位未到期的公債「TT」，債權人是莎拉。

系統裡的總儲蓄有 4D = 4,000 美元，總儲備有 3R = 3,000 美元，這意味著系統裡的總儲蓄或總儲備，從起始狀態到結束狀態都沒改變。儲蓄和儲備只是在系統裡移來動去而已。

✚ 範例 5：直升機撒錢，由聯準會提供資金

範例 5 一開始和範例 4 的起點完全一樣，從這裡繼續往下發展。

瑪莉和莎拉都很開心，因為她們多拿了一些錢，就跟前一個範例一樣。不過由於經濟前景不明朗，莎拉很明智地把錢存起來，瑪莉一樣沒有工作，所以她也把錢存起來；反正，她們最喜歡的餐廳和度假勝地都因為疫情而關門大吉。

像瑪莉這樣沒什麼錢又丟了飯碗而無處可去的員工很多，有些政治人物想要在明年每個月都給每個人 1,000 美元，但其他政治人物說：「不行，這樣會讓聯邦債務過於龐大，就讓經濟體想辦法自癒吧。」政治人物爭執了好幾個月，最後達成協議，決定再發一次錢，給每個人 1,000 美元，看看有沒有用。因此，國會授權給財政部，再執行一輪普發政策，每人 1,000 美元。

這一次，莎拉沒有用她現有的錢買這些新的公債，而是聯邦政府用新

的儲備買下公債，如圖 15-I 所示。

圖 15-I

直升機撒錢加量化寬鬆——起始狀態

瑪莉	瑪莉的銀行	莎拉	莎拉的銀行	聯準會	財政部
A|L	A|L	A|L	A|L	A|L	A|L
C L	R D	D	R D	T R	T T
D	R D	D	T D	T R	T T
D	L	T	T	T R	T T
					T

系統裡的存款＝ 4D ＝ 4,000 美元
系統裡的儲備＝ 3R ＝ 3,000 美元

直升機撒錢加量化寬鬆——結束狀態

瑪莉	瑪莉的銀行	莎拉	莎拉的銀行	聯準會	財政部
A|L	A|L	A|L	A|L	A|L	A|L
C L	R D	D	R D	T R	T T
D	R D	D	R D	T R	T T
D	R D	D	T D	T R	T T
D	L	T	T	T R	T
					T

系統裡的存款＝ 6D ＝ 6,000 美元
系統裡的儲備＝ 5R ＝ 5,000 美元

起始狀態

莎拉已經有很多公債了，她認為，美國財政部發放這麼多錢卻沒有加稅，債務會愈來愈龐大，因此她不想再多買公債了。那麼，美國財政部要如何為第二輪直升機撒錢找到財源？

嗯，因為政府發行了太多新公債，但沒有人想用現在的價格買進，債券市場一時之間就沒了流動性，公債價格開始下跌（代表殖利率開始上揚）。莎拉和她的銀行都很緊張，因為他們手上有很多公債。

公債市場有一下子看起來就和 2020 年 3 月時的情況如出一轍：完全沒有流動性，殖利率波動幅度極大。

然而這個問題不會持續太久，因為聯準會說：「大家不要擔心！我們會創造新的銀行儲備，買下額外發行的政府公債。請放心。」

因此，聯準會創造出 2 單位銀行儲備「RR」，把這些儲備給財政部，

換來政府新的公債債務「TT」，這些變成聯準會的資產。嚴格來說，法律上聯準會不能直接跟財政部買公債，因此他們同意把其中一家銀行當成暫時的轉手實體來轉移證券。

之後，美國財政部各發給瑪莉和莎拉 1,000 美元（1 單位儲蓄「D」），並發給瑪莉和莎拉的銀行各 1 單位的儲備「R」，來結算這筆交易。

結束狀態

瑪莉和莎拉兩人再次多了 1,000 美元；兩人都拿到了 1,000 美元，也就是 1 單位的儲蓄「D」。

瑪莉和莎拉的銀行權益雖然都沒有改變，但兩家都變得更大了。兩家銀行都多了 1,000 美元的儲備、也就是 1 單位的「R」，但也各都多了 1,000 美元的新債務，那是他們客戶的儲蓄「D」。

聯準會的規模變大了，槓桿率也提高了，資產多了 2,000 美元（形式是 2 單位公債「TT」），負債也多了 2,000 美元（形式是他們替銀行持有的 2 單位儲備「RR」）。他們的權益不變。

美國財政部的規模變大了，槓桿率也提高了，多了 2,000 美元的未到期公債債務（也就是 2 單位公債「TT」）。

與起始狀態相比，整個系統的儲蓄（廣義貨幣）增加了，從 4D = 4,000 美元到 6D = 6,000 美元。與起始狀態相比，整個系統的儲備（貨幣基數）也增加了，從 3R = 3,000 美元到 5R = 5,000 美元。

這就是直接了當的印鈔票，不管是從廣義貨幣還是貨幣基數來看都一樣。瑪莉和莎拉都變得更富有，她們的銀行規模也變大了。聯準會創造出新的銀行儲備來買政府公債，藉此替赤字支出融資（亦就是說，赤字支出「貨幣化」了），錢被挹注到系統裡，但這些錢並不是從系統裡其他任何地方抽出來的。

雖然財政部和聯準會都知道，如果太常做這種事，很可能會導致消費者物價出現嚴重通膨，但是如果想要的話，他們確實可以一做再做，多少次都可以。

然而，消費者物價會不會出現通膨，取決於瑪莉和莎拉對她們的儲蓄價值是否有信心,以及她們會不會把錢花掉。資產價格可能會出現通膨;具體來說,莎拉滿手都是資產,她比過去更有可能拿一些儲蓄來買股票、房地產、黃金、比特幣或收藏品,這會導致資產價格上揚。

✚ 範例 6：直升機撒錢,由銀行提供資金

範例 6 的開端銜接著範例 5 的結束,瑪莉和莎拉兩人都很開心,因為她們又拿到第二輪發的錢。

疫情和緩了一些,瑪莉也找到了新工作,但她明白,自己手上要多留點現金,以防之後再度失業。關於存錢這件事,她可是好好上了一課。

莎拉本來就有在存錢,也沒多花錢,但現在她考慮要去度個假或買輛車,因為有那麼多現金,讓她覺得更安心。然而她也看到了,大家都收到這些直升機大撒錢丟出來的錢,廣義貨幣供給快速擴大,因此她不太能確定這些錢是否真的有價值。另外,可能是因為很多人都拿到了刺激景氣方案的支票,汽車的價錢開始上揚,因此,看來沒什麼理由繼續觀望。

由於經濟仍舊疲軟,許多人都把錢省下來,比從前有過之而無不及,國會決定要加碼再來一次直升機撒錢,每人普發 1,000 美元,並發行 2,000 美元新公債負債（也就是「TT」）來支應。就這樣了,這是最後一輪了！

美國財政部運氣好,由於聯準會用新的儲備替前一輪的直升機撒錢買單,銀行體系裡有大量的超額儲備,這一次,兩家銀行都同意拿 1 單位的超額儲備出來,買進 1 單位的公債「T」,如圖 15-J 所示。

起始狀態

整個系統的儲蓄有 6D = 6,000 美元,整個系統的儲備（貨幣基數）有 5R = 5,000 美元。

如果我們假設整個流程都是同時發生的,實際上的情節就會如以下：美國財政部發給瑪莉和莎拉各 1,000 美元的儲蓄（也就是 1 單位的「D」）,並給兩人的往來銀行各 1,000 美元的儲備（也就是 1 單位的「R」）,來結清這筆交易。財政部之後發行 2 單位的新公債債務「TT」支應,銀行則各

轉 1 單位的儲備「R」給財政部，換回 1 單位公債「T」。

圖 15-J

直升機撒錢加銀行提供資金——起始狀態

瑪莉	瑪莉的銀行	莎拉	莎拉的銀行	聯準會	財政部
A | L	A | L	A | L	A | L	A | L	A | L
C | L	R | D	D |	R | D	T | R	T | T
D |	R | D	D |	R | D	T | R	T | T
D |	R | D	D | T	R | T | D	T | R	T | T
D |	| L	| T	| T	T | R	| T
					| T

系統裡的存款 = 6D = 6,000 美元
系統裡的儲備 = 5R = 5,000 美元

直升機撒錢加銀行提供資金——結束狀態

瑪莉	瑪莉的銀行	莎拉	莎拉的銀行	聯準會	財政部
A | L	A | L	A | L	A | L	A | L	A | L
C | L	R | D	D |	R | D	T | R	T | T
D |	R | D	D |	R | D	T | R	T | T
D |	R | D	D |	R | T | D	T | R	T | T
D |	T | D	D | T	| D	T | R	T | T
	| L	| T		| R	| T

系統裡的存款 = 8D = 8,000 美元
系統裡的儲備 = 5R = 5,000 美元

結束狀態

瑪莉和莎拉再一次又多了 1,000 美元，兩人的資產都又再加了 1 單位的儲蓄「D」。

她們往來的銀行擁有的儲備數量和開始時一樣，兩家銀行都因財政部對人民直升機撒錢而得到 1 單位的「R」，但也都轉了 1 單位的「R」給財政部，以支應這套經濟振興方案，兩家銀行最後也各自得到 1 單位公債「T」。他們擁有的儲備數量和開始時相同，但都拿到額外的資產「T」，也多了 1 單位要對客戶承擔的儲蓄債務「D」，因此整體上來說，兩家的槓桿程度都高了一點。

在這個範例裡，聯準會的狀況與一開始並無不同，但帳務上有些變化，挪走了一些儲備，但最後又加回來。

美國財政部比一開始時多了 2,000 美元的債務（也就是 2 單位公債

「TT」）。

整個系統的儲蓄增加了 2D = 2,000 美元，從 6D = 6,000 美元到 8D = 8,000 美元。整個系統的儲備不變，仍為 5R = 5,000 美元。因此，貨幣乘數大了一點，從 6:5 變成了 8:5。廣義貨幣增加了，但貨幣基數維持不變。

消費者物價會因此發生通膨嗎？這要看瑪莉和莎拉之後怎麼做，但此時此刻，最有可能的答案是：會。現在莎拉手上有大量的現金，很擔心這些現金會貶值，因此她決定要把錢花掉，去度假或買輛車、買股票、房地產、黃金或比特幣，買點什麼都好。瑪莉則因為手上的現金比平常更多，於是決定要更常上館子。其他人看來也會這麼做；大家都有更多錢可花，物價每個月節節上漲。

範例 4 一開始時僅有 4,000 美元儲蓄，相比之下，現在系統裡的總儲蓄（廣義貨幣）則有 8,000 美元。但是，經濟體裡的商品與服務數量並沒有加倍。如果瑪莉、莎拉和其他人決定開始花手上的錢，確實可能導致很多錢在追逐有限的商品與服務供給，進而推高消費者物價，造成通膨。

範例摘要總結

如果我們分析這六個範例，去了解法定貨幣系統裡實際上如何「印鈔票」，可以得出幾個觀察心得：

- 銀行可以承作新的放款，這樣就會創造出新的存款、提高存款數量（這是廣義貨幣）。貸放會創造存款。貸放不會改變系統裡的貨幣基數（亦即銀行儲備與流通貨幣）數量，但會在不同的銀行之間把儲備搬來搬去，並且借力使力善用這些儲備，提高貨幣基數的請求權（也就是銀行存款）對貨幣基數數量的比率。這也就是貨幣乘數的數值：廣義貨幣對貨幣基數的比率。雖然銀行可以藉由貸放創造新儲蓄與提高廣義貨幣，雖然這會帶動廣義貨幣成長、因此可能造成物價通膨，但這還不算「印鈔票」，因為銀行做的決定，只關係到他們在現金儲備資產之下做了多大的槓桿操作。他們也會受制於貸款可能違約、流動性規定與各式各樣規範槓桿操作程度的法定標準。這方面操作最不穩定的面向，是銀行做出存戶可隨時提領資金的默許保證，但其實他們手邊並沒有足以因應相當比例存戶同時提領的現金。系統實際上並無流動性，但他們營造出了流動性豐沛的假象，這番假象每幾十年就被撕碎一次，導致政府必須創造更多貨幣基數，以支持銀行存款的大量增生。

- 聯準會有權力創造新的銀行儲備，從而提高系統裡的銀行儲備總量。但如果聯準會使用新的儲備，向銀行買進現有資產，那就不是直接讓系統裡出現更多存款（廣義貨幣），而是替銀行降低槓桿，讓他們有更多貸放的能量，從而創造出更多新存款（廣義貨幣）；只是到底要不要承作貸款，則由銀行作主。另一方面，如果聯準會向莎拉這種非銀行實體購買資產（使用銀行體系當作中介機構），可以讓系統裡的儲蓄（廣義貨幣）小幅增加，但程度有限，會受限於非銀行實體手上持有的可供出售公債數量。當聯準會提高貨幣基數，這就是在「印鈔票」，但這並不一定會提高廣義貨幣供給，因此也不一定會馬上導致人們消費更多商品和服務。

- 當財政部得到國會授權，以財政赤字支出拉高系統裡某個地方的存款，但向莎拉這樣的非銀行實體買下政府為支應本項財政支出而發行的債券，就抽走了系統裡的儲蓄，因此，這個過程不一定能創造新的儲蓄或儲備。這就是人們常說的「排擠效應」（crowding out effect），講的是美國財政部從經濟體裡的某個地方抽出資本然後注入他處；如果規模夠大的話，可以取代本來可能更有生產力的非銀行資本。這不是「印鈔票」，因為這只是把錢搬來搬去，並擴大美國財政部的規模而已。

- 如果美國財政部（代表國會行事）與聯準會聯手，可以快速拉高儲蓄（廣義貨幣）與系統裡的銀行儲備（貨幣基數），而且不用從系統中任何地方抽取儲蓄。過程中，美國財政府靠的赤字支出將錢注入系統，創造出新儲蓄，而且，不僅沒有從經濟體中的任何地方把儲蓄抽出來，聯準會還用無中生有的新創銀行儲備來買新公債，擴大的自身的規模，資產多了（新公債），債務也多了（給銀行體系的新儲備）。如果是這樣操作，那麼，銀行要不要承作放款都不重要了：財政部加上聯準會直接給人民和企業更多儲蓄（廣義貨幣），跳過了銀行的貸放決策。這麼做，提高了相關範例裡瑪莉和莎拉的財富淨值，擴大了她們往來銀行的規模（廣義貨幣供給和銀行儲備都增加了，但銀行的權益仍不變），也擴大了聯準會和財政部的規模。他們可以操作的數量沒有限制，但有一點要注意：與經濟體裡的商品和服務數量以及產能相比之下，如果貨幣數量增加太多且速度太快，終究會引發通膨。財政變革必須經由國會通過，並由美國總統簽署後成為法律，因此會有一些設限與折衝，然而，這仍舊是最容易引發通膨的「印鈔票」策略。

- 如果財政部以赤字支出的方式，注資到經濟體裡，並由銀行買進用來支應支出的公債，也會拉高儲蓄（廣義貨幣）與貨幣乘數。如果銀行一開始就有超額儲備，這麼做可以拉到相當高的程度，因為每次聯邦政府把更多錢注入到系統裡，就會創造出更多儲蓄，補上銀行之前為了買公債花掉的儲備，讓銀行更有能力買更多公債。銀行為了維持槓桿率和合理的流動性水準，必須一開始就要有大量的超額準備（他們很可能從過去的聯準會量化寬鬆方案取得這些超額儲備），但這麼做確實會引發通膨。

- 如果只有量化寬鬆（指聯準會大致上是向銀行買進現有資產），這是一種反通縮的印錢形式，為銀行體系重新注入流動資本，讓系統裡充滿了超額儲備，這讓他們的顧客可以提領儲蓄（廣義貨幣），不會任由銀行在流動性危機期間違約倒閉、規模大減。這通常不會直接導致消費者物價出現通膨，因為這多半不會直接導致廣義貨幣供給增加太多。

- 利用量化寬鬆支應高額的預算赤字（人民買剩下的所有超額債券，都由央行買進，藉此將赤字支出貨幣化），通常會導致消費者物價出現通膨，因為這是把錢直接放到經濟體、進入廣義貨幣裡，而且，除了很可能導致物價通膨之外，這種作法通常不會遭遇什麼限制。

第 16 章

制定價格是理出秩序的機制

分析一套貨幣系統時,必須從貨幣發行者和貨幣使用者兩方面出發,這兩群人的目標並不相同。[220] 本書之前多半從使用者的角度來寫,現在就讓我們花點時間從發行者的角度來探討法定貨幣

使用者通常想要持有的,是會增值、容易持有且方便用來支付、有隱私、很難或不可能被凍結或沒收的貨幣。反之,現代的貨幣發行人想要發行的貨幣,通常是能緩和近期波動、能把未來的需求拉到現在、很容易就能監控、靠權威可以輕易凍結或沒收,以及給發行者很大彈性,即便在沒人想要為發行者提供資金時他們也能花錢。

經濟強力成長期間會帶動產品與服務的生產,但也會帶動投機和槓桿,在時機好的時候常會擴大經濟成長的影響。換言之,人們會開始提供過多的信貸,借入過高的債務,以及投資不太可能成功(如果神智比較清明時做分析就會發現成功率不高)的案子,這些東西我們統稱為「不當投資」(malinvestment)。最後,隨著投資、槓桿和不當投資來到無以為繼的地步,成長期也來到盡頭。不管是經濟面還是金融面,情況開始逆轉。過去放大經濟擴張力道的槓桿,現在開始放大經濟緊縮的下跌幅度。此外,自然災害或戰爭等外部衝擊,也會不時對經濟造成負面衝擊,導致某些槓桿隨時終止。

許多經濟學家經常爭論一個問題:景氣循環(business cycle)是自然出現的,還是央行的行動所導致的。我解讀歷史的結論是,兩種說法某種程度上都是對的;那麼,就讓我們詳細來討論這兩種觀點。

假設你是政府的分析師或決策者,你研究歷史,你注意到經濟體通常會起起落落,還要面對各種外部衝擊。換言之,世道的波動性很大,群眾的想法常常會變來變去。更麻煩的是,經濟衰退常常會變成餵養自身的能

---

[220] Stephanie Kelton, *The The Deficit Myth: Modern Monetary Theory and the Birth of the People's Economy*.

量，形成惡性循環。企業營收衰退，雇主大砍職缺，失業的人減少消費，會導致企業的營收更少，回過頭來又使得更多人失業。以上是你的解讀，因此你提議，有別於民間的政府享有強制徵稅與創造貨幣的壟斷權，可以出面緩和這種高低起伏。當民間要拖欠及／或拒絕拿出資本時，政府就可以介入，把資本配置到重要面向。當民間景氣大好及／或用不當的方式配置資本，政府可以加重取得信貸的困難度，減緩熱烈亢奮的不當投資，同時也可以加稅並縮減支出，累積多一點儲蓄以平抑下一次的經濟下跌。因此，順著這樣的思路，結論是，讓經濟繁榮的最佳組合，是政府可以成為民間的反循環（countercyclical）力道：當民間不做投資時，政府出面投資；當民間投資太多且太沒有章法，政府就要多留一點儲備。

　　換言之，至少以這種凱因斯學派的觀點來說，政府（以及政府的央行）要主動管理自家貨幣。如果貨幣供給因為信貸成長而大增，就要創造出財政盈餘（透過政府）與藉由升息減緩商業銀行的貸放（透過央行），試著減少新的貨幣供給。如果貨幣供給減少，他們就要執行財政赤字方案與降息，以帶動銀行貸放，想辦法提高新的貨幣供給。這整個過程的用意，是要讓貨幣供給以平穩和緩的步伐成長，不要大幅收縮或大幅擴張，以免造成毀滅性的自我助長效應。民間的高峰和低谷都被平抑，外部衝擊也得以緩解；至少，計畫上是這樣。

　　理論紙上談兵講得頭頭是道，但該假設的前提，是政府和央行官員都很超然、明智，而且／或者他們的想法整體來說會比民間人士更長遠，或至少他們的行動動機比較符合長期規劃。但如果他們並不是這樣，那就有問題了；實際上，他們通常都並非如此。權威主義政府的動機，通常明顯和人民不一致；民選政府的官員的重點，則放在如何選贏下一場選舉。民意代表都沒有誘因在當下省出財政盈餘並減慢經濟發展的步調，從中創造出更多資本，以便在日後經濟走弱時可以擋一擋。如果他們真的嘗試這麼做，很有可能因此落選出局，因為整體來說，人民永遠希望現在少繳一點稅並多享受一點服務。因此，實務上會出現的情況，反而是政府大部分時候都以適度的財政赤字來治國，經濟衰退與危機期間，則會出現比較高額的財政赤字。實務上不會有財政盈餘加財政赤字輪流出現的組合，只有財政赤字和更高額的財政赤字。

　　沒有財政盈餘，導引出了第二個問題。熊市時，民間整體來說財務緊縮，政府又沒有可以拿來使用的備用盈餘儲蓄，那政府要怎樣借到足夠的錢，以注資到經濟體中的必要部分？在本書的第9章，我們已經看到英國政府難以用正當方法籌得足以支應一次大戰的資金；當時的英國，可是世界儲備貨幣的發行國。在經濟衰退期間或戰時，由於多數潛在金主要不就是自己也從事槓桿操作，要不就是趨避風險或沒有多餘資金，民間企業也難以籌得資本，那麼，大部分政府難以籌措資金，不也是很正常的事嗎？在法定貨幣體系下，政府可以靠著和央行合作，在必要時無中生有創造貨幣，藉此解決問題。他們可以多發行公債以支應額外的支出，萬一公債市場因買方不足而變得缺乏流動性，央行還可以創造更多貨幣基數，用來買公債；身為最終放款人的央行，可以替公債市場再造流動性。因此，政府和央行聯手，可以把全新的錢注入經濟體內。如果他們在操作這套方法時不夠明智，會毫無限制地融資，直到引發脫序的通膨。

　　換成以黃金擔保的貨幣體系，貨幣本身是有成本的，任何人都無法免費創造出新貨幣，政府只是許多實體當中最大的一個，而且懷抱著不同的使命而已。在法定貨幣體系裡，政府加上受政府控制的央行，可以無本發行貨幣，他們可以在經濟衰退期間或戰時，大舉擴張貨幣基數，把新的錢花到經濟體裡，稀釋現有的現金與債券儲蓄。當民間對於政府公債需求不大時，他們可以試著成為反循環力道。

　　經濟擴張期間，大部分的人都能就業，可用的勞動力稀缺，因此薪資通常會上揚。經濟緊縮期間，薪資會下跌或停滯不動，到處謀事卻找不到任何工作的人很多。如果政府可以印錢，貶低其他人的儲蓄價值，並用這些錢讓失業的人在經濟緊縮期間重回職場，那不就可以平抑緩和經濟循環了嗎？與其任由銀行倒閉、讓某些存戶痛失大筆儲蓄，何不就讓每個人的儲蓄價值都稍微被犧牲一點，當作舒緩經濟衰退的代價？支持由上而下管理的經濟學家，通常就是用這樣的思維，來看待決定干預會有哪些風險與好處。

　　有時候，他們的刺激方案過了頭，導致商品與服務供不應求，或是影響供給的外部衝擊，嚴重到根本無法管理，政府與央行官員的偉大設計在現實世界裡終究會遭遇無可避免的難處。太多的錢追逐著太少的商品與服務，就會導致物價通膨跟著來，很多央行官員譴責企業貪婪，指稱這才是問題，而不是他們的政策失當，然後大力控制物價。如果他們創造出新貨幣之後導致物價上漲，那何不就直接發令壓低物價就好了？從他們的觀點來看，這麼做的話，就可以叫企業吸收大部分的刺激方案成本，大眾不用承擔。不過，當然，這會引發各式各樣的誘因問題：企業本身也有費用，要提高商品與服務的供給量，他們需要有獲利的誘因，再加上財務上的能力，才會動手去做。如果無法同時滿足這兩項條件，商品與服務的供給量很可能仍難有突破。

這種觀點的另一面，是有些經濟學家認為，引發大多數景氣循環的始作俑者就是央行。批評這種中央化作法的人指出（他們不斷地講，而且到處去講），央行決策者最後是加劇而不是平緩了景氣循環。央行為了緩和經濟衰退所做的事，最終導致下一次的經濟過熱，他們為了平抑經濟過熱所做的事，最終導致下一次的經濟衰退，他們也因此陷入無限的輪迴中，永遠忙著去撲滅自己一開始放的火。槓桿程度高的經濟體也是體質比較脆弱的經濟體，而央行正是讓整個系統充斥著高度槓桿的關鍵。這樣的思路多半出自於奧地利學派的經濟學家，但近年來也有背景完全不同的人，大力批評聯準會試圖管理經濟體的成長速度，比方說2023年初，美國民主黨的參議員伊莉莎白·華倫（Elizabeth Warren），就百般盤問聯準會主席傑洛米·鮑爾（Jerome Powell），質疑他打算用會拉高失業率的緊縮貨幣政策來抑制通膨的計畫。

2000年出現網路股泡沫（dot-com bubble）之後，聯準會一路把利率降到1%，來到幾十年來的最低點。即便當時不管從經濟緊縮還是從失業率來看，都只是幾十年來最溫和的經濟衰退，但他們還是出手了。超低利率並無必要，之後更鼓勵人們借入便宜的資金購買房地產，包括浮動利率房貸。從2004年到2006年，人們背了很多新債務，此時聯準會又開始快速升息，致使人們付不出房貸。這種大幅度的利率上沖下洗並不是什麼反循環力道，而是強大的助長循環力道，再加上很多其他因素，造成了2008年災難性的次級貸款危機（subprime mortgage crisis）。

同樣的，2020 年發生新冠肺炎疫情導致崩盤時，聯準會把利率降到零值，挹注大量的流動現金到金融體系裡。美國一位國會議員詢問聯準會的鮑爾主席，在廣義貨幣如此大規模成長後可能對物價通膨造成何種影響，後者說他認為發生嚴重物價通膨的機率不高，我們必須把之前學過的貨幣總數重要性砍掉重練。[221] 聯準會官方預測未來幾年利率都會處於極低的水準，主席也講過一句惡名昭彰的名言：「我們連想都沒想過要升息。」[222] 2021 年底，物價通膨超過 6%，聯準會仍然堅持將利率訂在零值，並擴大貨幣基數買進政府公債。物價在 2022 年初開始失控，聯準會承認物價已經變成一大問題，接著，為了因應物價通膨，完全改變貨幣政策的路線。他們開始透過相當於出售過去買進的公債（透過讓債券到期）的流程快速減少貨幣基數，並以幾十年來最快的速度升息，跟他們過去預測聯準會會有的行動完全背道而馳。貨幣供給快速增加與利率迅速上漲，這番驟變把流動現金從小型銀行吸出來、流進大型銀行與貨幣市場基金（money market fund），導致在 2020 年與 2021 年利率低時買進長期政府公債的銀行出現高額的未實現損失。流動性快速下降，最終在 2023 年初引發美國史上規模第二大的銀行倒閉事件，並引發連鎖反應，導致其他銀行跟著倒，迫使聯準會提供緊急流動性融通並採取其他行動，以防金融業內出現傳染效應，傳播到更多銀行。此外，聯準會的高利率導致政府的利息支出跟著提高，這表示，當財政赤字（而不是銀行過度放款）成為帶動通膨的力道之時，又出現了更嚴重的財政赤字。

最後，我主要會透過科技的觀點來看這件事，特別是因為這和十九世紀後半葉以來的交易與結算速度出現嚴重落差有關。各國央行負責其國內與國際商務使用的基本帳本體系，他們當然會積極管理，也當然會犯下大量的錯誤。所有的行動動機都是為了要達成積極管理這個目標，不管我們喜不喜歡，世界各國都是這麼做的。這是我們所有人都無法逃避的制約，除非發展並採行更好的帳本體系，不然在這之前，就只能這樣了。

---

[221] Schneider, "Powell's Econ 101."

[222] Jerome Powell, "We're Not Even Thinking About Thinking About Raising Rates," Press conference June 10, 2020.

價格穩定性與協調信號

多數央行的大目標，都是要維持物價穩定。如果說快速擴張或收縮貨幣供給，意味著能維持物價穩定（他們認定的物價穩定，是慢慢損失購買力），那他們也樂意為之。建構出多數央行官員世界觀的新古典經濟學理論說，物價穩定本身是件好事，但真的如此嗎？這個世界本就是一個充滿波動的地方，物價的變動給了消費者和生產者不斷更新的訊息，告訴大家哪些商品和服務稀缺，哪些商品和服務很豐富，讓人們可以據此調整。弗雷德里希・海耶克與其他經濟學家在他們的研究中，都很強調這一點。[223]

通常，消費者會少用一點稀缺且昂貴的東西，多用一點大量又便宜的東西。反之，生產者會多生產稀缺且昂貴的東西，少生產大量又便宜的東西。一般來說，這樣的調整需要時間；消費者和生產者很可能需要去判斷物價變動是不是長期性的，之後才決定要不要改變行為。利用改變貨幣供給和利率或直接的物價控制，來消除系統裡的波動性，將會降低或消除作為協調之用的信號。

從多方面來說，這是一個資訊寬廣度的問題。人會根據自己的專業知識，專門針對自己所在的地區客製化，發展出各式各樣的在地化專業。每個人都會考慮小量的即時資訊，根據經驗利用這些資訊不斷做出決定，把所有人都加起來，就會構成龐大且經過協調的活動。一小群在國家首都會議室裡中央化的學術型決策者（這跟以前的元老院很像），真的會比幾千百萬在個人層面各自做決定的人，更能掌握如何配置國家的勞力與資本嗎？

想像一下供應全美各州的油管系統。有一天，系統出了一個機械方面的問題，導致某個州全州都沒有汽油可用。該州的汽油供給突然之間就變得稀缺，汽油的需求仍大，因此汽油的價格會飆到天價水準。

人民火大了，許多民意代表的自然反應，就是把油價上漲視為不公不義，想著要針對汽油設定價格上限。囤積汽油的人應該得到獎賞嗎？富有的人有汽油可用、勞動階級負擔不起，這樣應該嗎？很多人的良心和直覺都會說不應該，因此他們支持由上而下的經濟計畫，更公平地分配汽油，

---

[223] 例如，參見 Friedrich Hayek, "The Use of Knowledge in Society."

祭出配額和價格控制,削弱個人消費者和企業根據通行市價做出買賣汽油決策的能力。

這種立意良善的政策,會不會很諷刺地反而拖慢了解決問題的速度,並且反而對一些政策本來要嘉惠的對象造成傷害?如果油價高漲,付不起或不需要負擔的人,就會不再使用汽油。如果是很重要的用途(比方說要四處工作的約聘護理師或重要商品的船運),使用者還是會花錢買油,這些人會自行吸收成本,或者,如果可行的話,他們把成本轉嫁到供應鏈上的客戶端。有錢人也會繼續花錢買油。

這個州的油價飆得愈高,高油價維持的時間就愈長,會讓其他州持有汽油的人愈有動機把他們手上的油拿出來,帶到這個缺油的州,賣油賺利潤。如果油價只有小幅上漲,或許可以鼓勵接壤各州旁邊的賣家,帶著一些汽油過來,但不會太多。另一方面,如果油價暴漲且高價的時間很長,就會鼓勵更多地方的汽油供應商帶著他們手上多出來的汽油過來該州,用新的供應量灌滿整個州,直到價格恢復正常為止。高油價是對附近整個地區的人民發出的信號,要他們把多的石油帶過來,多出來的供給量有助於解決問題,一直撐到油管修好為止。同時,高油價對區內的消費者來說也是一種信號,要他們盡可能節用非重要裝置設備的用油量。[224]

換言之,中央規劃人員想平抑短期價格飆漲的企圖,反倒很可能諷刺地拖慢了由市場自主力量解決供給/需求失衡的速度。人為設定油價上限會導致短缺,並讓這個地區失去條件,他州的供應商不再認為把多餘汽油運到這個短缺州是合情合理之舉,他們也不會再急切地想要這麼做。另一方面,放手讓私人市場透過供給/需求的不對稱解決問題,可以激勵汽油賣方不遠千里而來,快速提供更多汽油,有助於消弭供給/需求之間的價格落差。

這個範例講的,基本上就是 2022 年歐洲發生的事,差別在於現實上的標的物是天然氣而非汽油。俄羅斯入侵烏克蘭,過程中,因為地緣政治的理由,歐洲失去了大部分一直由俄羅斯輸氣管輸送的進口天然氣,歐洲的

---

[224] Donald Boudreaux, "'Price Gouging' After a Disaster Is Good for the Public," *Wall Street Journal*, October 3, 2017.

天然氣價格飆高到匪夷所思的地步，有一大部分靠天然氣發電的地方電價也跟著水漲船高。這個世界的應變行動，是各地的液化天然氣出口開始改變路線，把歐洲設為優先的目的地，因為這裡的天然氣賣價最高。後來歐洲的液化天然氣供給量滿了出來，達到最大進口量。這也鼓動了各地加速新建新的天然氣進、出口港，以擴大未來幾年的總量。如果歐洲採行價格上限政策，那麼，全球的液化天然氣供應商就沒有誘因改換供給路線，歐洲的供需失衡將會更惡化，出現嚴重短缺。高價讓人很痛苦，但也放出了信號，要全世界就長期與短期供需進行協調，修正問題。

假設一個國家有 1,000 萬人在做經濟決策，每個人每天都要買 5 件東西。換算下來，全國一天就有 5,000 萬樁交易，一年則是 182.5 億樁交易。一個中央元老院配置出的價格，會比這 1,000 萬分布在各地的人做的更好嗎？大部分的證據都說不會；由 1,000 萬人納入即時資訊後協調配置出的價格，結果會優於一小群個人組成的超然中央化委員會。正因如此，共產制度下的政治局（politburo）終究做不出最有效率的經濟規劃；無論這些人有多聰慧、多睿智，都無法消化並統整 1,000 萬尋常老百姓用各自特殊專業可以處理的資訊總量。[225]

艾倫・法林頓（Allen Farrington）和莎夏・梅耶（Sacha Meyers）合寫《比特幣就是威尼斯》（*Bitcoin is Venice*）一書，他們在書裡優雅地將定價講成是一種壓縮資訊的機制：

> 個人得到資訊後，可以、而且確實也會得出一個價格。但是，不論是第三方觀察者，甚至是整個市場，全都無法根據給定的價格，重製出一開始得出價格的資訊。這就是整個重點所在。從有資訊到得出價格的這個「函數」並非隨意的、胡亂決定的，當然也並非只是「加總」而已，反之，這是一種為達成具體目的的具體函數：這完美地壓縮了經濟相關資訊。這剝除了主觀的價值、偏好和對現實的解讀，只留下純粹客觀的信號，對每個人都一樣，這樣一來，市場演算法就可以加總，完全不用去管來源，也不

---

[225] Don Lavoie, *Rivalry and Central Planning*.

用在乎建構的過程中放入了哪些東西。[226]

價格不會直接提供資訊、告訴你為什麼會這樣；價格只是給你誘因，讓你快速地理性行事，不會管你是否理解供給與需求情境的細節。價格是一種機制，讓幾千萬、幾億甚至幾十億人，能在相對協調的狀態下不知不覺地合作，解決供需的問題，就算大部分的人都不了解情境當中有哪些微妙細節，也沒關係。人們可以剝除細節或是根本不需要理解訊息，就快速地根據壓縮過、有效率且能透露很多訊息的資訊，一起採取行動。在此同時，當這些人在不知不覺中攜手合作解決近期的問題時，有一小群具備特定領域知識的人可以更深入透視問題，看看是哪些細節才引發了此時市場上出現的定價。他們可以善用這項知識，進一步幫忙解決問題並從中賺取利潤，或者和可以解決問題的人分享他們的知識。

中央規劃者想要超越價格的自然協調系統，初看之下很聰明，但除非能妥善處置，不然的話，結果很可能是短期稍有益處，但長期會出現嚴重損失。中央規劃人員拖延了定價資訊會自然而然形成的分權式秩序條理，近期有助於穩定價格，但最後可能推遲供給面和需求面要達成充分均衡，所必須進行的調節修正。

不過，這並不代表政府機構在面對危機時只能兩手一攤，而是說，價格控制很少是政府應變措施中能發揮實效的部分。政府回應價格訊號時，可以調度資源，轉到供給面，比方說，把食物飲水送到遭受天災的地區，或是把燃料帶到嚴重短缺的地區，會比各種透過操縱價格間接修正問題的方法更能解決根本問題。要整備這些解決方案，需要有先見之明，在好光景時累積與維持相當的儲備。

貨幣的價格與可靠的衡量標準

制定價格是一種協調的機制，我們可以把這個概念擴及由央行掌控的貨幣價格。央行會快速改變貨幣供給及／或貨幣價格，藉此削弱價格訊號，

---

[226] Allen Farrington and Sasha Meyers, *Bitcoin is Venice: Essays on the Past and Future of Capitalism*, 63.

但我認為，這類政策通常弊多於利。

在分權的系統裡，借錢的價格取決於各種因素，包括你的信用有多好，但也包括當時大致來講信貸有多豐沛或多稀缺。如果少有人想借錢，但想把錢貸放出去的人相對上有很多錢，那放款的人很可能願意以極有吸引力的低利率條件，把錢放出去。另一方面，如果有很多人想借錢，但是想把錢借出去的人相對上沒這麼多錢，那放款的人會嚴守他們的貸放標準，並收取較高的利息。

在中央化系統裡，央行可以創造或毀棄貨幣基數，並且（大致上）設定借入資金的批發價。舉例來說，聯準會聯邦公開市場基金裡的十二名委員對資金價格大有影響，會受到衝擊的對象除了3.3億美國人民之外，還因為美元是世界儲備貨幣而間接衝擊全世界幾十億人。他們的所作所為，有可能導致貸款數量出現非自然的成長或減少，至於是哪一種，取決於訂出的貨幣價格是太高、太低還是剛剛好。如果利率本來自然而然會根據不同市場而有不同水準，但被迫一體適用相同的利率，很可能對某些地區造成較嚴重的損害。

在2008年金融危機之前，聯準會把改變利率上下限（這是貨幣的批發價）當成傳遞貨幣政策的主要工具。2008年之後，他們開始改變利率以及整個貨幣基數的規模（也就是貨幣基數的供給），藉此傳遞貨幣政策；這對於想要以美元計價來簽署合約的個人、企業和銀行來說，干擾力道極大（如果執行速度很快，更是如此）。比方說，2019年與2023年時，銀行的現金水準很快就被聯準會打落到低點，分別助長了2019年附買回利率（repo）飆漲與2023年的銀行流動性問題。

由中央主導快速創造新貨幣，基本上是違背了與存戶的合約；存款人認為，他們持有的貨幣單位價值應該具備一定的穩定性。反之，由中央主導快速毀棄現有貨幣，基本上是違背了與債務人的合約；他們認為，自己背負的債務貨幣單位價值應該具備一定的穩定性。這不只是一個該維持強勢還是弱勢貨幣的問題，這也是一個改變貨幣供給時應該有多少彈性、多少獨斷決定以及速度該多快的問題。換言之，這是一個誰掌控帳本的問題，也是一個在決定怎麼樣做才適合時、誰有能力快速傷害存款人或借款人的問題。

法定貨幣的供給，長期下來通常會不斷成長。快速提高貨幣供給，通常會扭曲價格信號，這會影響把定價當作協調機制的可靠度。包括聯準會在內的許多央行，官方目標都是每年的通膨率為2%。然而，在我們所做的經濟計算中，物價通膨是一種總是重複出現的小錯誤。很多人都選擇以每年殖利率為2%的定存帳戶或公債來持有資金，認為自己這麼做就可以讓購買力不斷成長，卻沒發現通膨的成長率每年都到達甚至超過2%。

　　假設你是一名木匠。你要小心裁切出各種形狀的木頭，並考慮到各種不同形狀與材料之間的關係，然後組出你設計的各種家具產品。現在，假設你使用以及你可以買到的所有測量裝置，每個月都會稍微縮水一點。之前，一塊30公分的木材要接上一塊10公分的木材，但現在，當你在測量最近生產出來的那一批10公分木材時，由於你的量尺變小且也不再精準，儀器上顯示的是11公分。現在，你要做的木材就不是30公分，而是33公分，這樣才會合用，因此，你必須調整你的設備。如果你之前就先切好了一批30公分的木材放著，那你就太不走運了；你沒辦法拿調整過設備後、新的11公分木材，跟沒調整前的30公分木材組裝。這批號稱30公分的木材就變成了減損存貨。

　　這就是物價通膨（尤其是非常快速出現的物價通膨）會對經濟造成的影響，特別是衝擊到經濟體裡人們的生產力。只要有可能，企業都會針對他們要賣出與買進的產品，以固定價格訂下多個月期或多年期的供應協議，他們要把通貨膨脹的因素納入長期契約與商業計畫裡，包括央行的目標通膨，以及在達成目標時可能犯下的任何錯誤。如果他們要買進的產品忽然之間要調高價格、但他們的銷售合約價格仍然固定，那這家企業就會有大麻煩，他們可能會因為做了這些交易而虧錢。另一方面，如果他們可以調高自家產品的售價、同時又暫時用固定價格鎖定供應商，那他們就可以調高對客戶的價格，同時又傷害其他生產商，替自己賺得暴利。

　　此外，受薪員工通常一年只有一次談薪水的機會，因此，必須預估並計入這段期間內他們所領薪水會遭遇的通膨。一般的情況下，必然會發生持續性通膨，但由於定錨偏誤（anchoring bias）效應，薪水常僵固不動，使得員工相對於雇主處於劣勢。[227] 光是要跟上半稀有性商品與服務的通膨，員工一年就至少要加薪幾個百分點。當員工的資歷愈來愈豐富，如果認為自己值得更高的通膨調整後薪資，就會進一步協商。舉例來說，如果居住成本每年上漲 5%，那麼，員工就可以合理地主張年薪要調整 6%；但在大部分情境下，這在雇主耳中聽來都是很荒謬的講法。實際上，員工僅為自己更豐厚的經歷，要求了 1% 的「實質」加薪幅度，剩下的 5% 只是為了打平居住成本通膨，但雇主可不認為是這麼一回事。就因為這種事，員工若要修正過去薪資協商裡的定錨偏誤，通常就得換工作，但這並無必要，且不利於生產力。

過去十年來的埃及，就是這種狀況下的一個極端範例。2016 年秋天，埃及有關當局為了達成國際貨幣基金的放款要求，基本上是一夜之間讓該國貨幣相對美元的價值直接腰斬。[228] 2022 年和 2023 年又各來一次，他們又把貨幣貶值一半，三次大刀闊斧之舉，就是為了迎合國際貨幣基金的條件，再拿到貸款。[229] 如果受薪階級不願意減損國際購買力，每次的貶值他們就得自行負責，去和雇主協商把以埃及鎊計價的薪資調高兩倍。當然，幾乎沒有人敢要求這麼大幅的加薪，更別說真有人能成功了，因此，埃及國內多數勞工實際上是被減薪，同時還要眼睜睜看著他們具流動性的存款貶值。

當貨幣單位的供給與價值兩者都相對穩定，就比較容易做長期計畫，並在整個經濟體中締結合約。此外，由於定錨偏誤不再成為他們的敵人，員工也能更輕鬆就讓薪資配得上購買力。反之，當貨幣單位的供給與價值兩者都相對變化無常，就比較難做長期計畫。如果貨幣的供給與價值變動幅度很低，這就只是一個小問題。木匠可能並不在乎 30 公分與 30.1 公分的木材有差一點，同樣的，企業可能也不在乎他們買到的小東西是 5.00 美元還是 5.10 美元，這只是在可接受範圍內的一點小誤差。然而，如果他們的小東西進貨成本開始來到 6.00、甚至 7.00 美元，那就真的會損及他們自

---

[227] Sumner, *Money Illusion,* 147, 156–158, 341.

[228] Associated Press in Cairo, "Egypt Devalues Currency by 48% to Meet IMF Demands for $12bn Loan," *Guardian*, November 3, 2016.

[229] Al Jazeera, "Egyptian Pound Has Lost Half of its Value Since March," *Al Jazeera News,* January 11, 2023:

己或者是供應商的毛利與計畫，或者傷及公司員工。

此外，為求效率，很多銷售、購買以及勞動薪資的合約通常以十二個月或更長期間為期。每個月都重訂契約細節很沒有效率，但如果價格快速變動，頻繁重新訂約可能就很重要。標的貨幣的穩定性，是締結長期契約的要件，長期契約有助於降低間接成本與減少重複性的工作。如果一家餐廳必須每天、每星期或每個月都更動菜單定價，而不是一年或更長時間才改一次，即便需要的工時很短，我們也可以想像這有多浪費時間和資源。[230] 我們也可以想像其他各式各樣類似的行政管理成本小幅上漲會造成哪些問題。

如果你環顧全世界，放眼貨幣供給通膨持續達二位數的地方，你會發現這些地區的經濟生產力都不是太高，幾乎無一例外，而且多半處於失序混亂的狀態。在這種通膨環境下，企業很難一邊維持獲利能力、一邊做長期規劃，勞工也很難讓薪資跟上生活成本。所有的協商談判都變得更加困難且更加頻繁，如果涉及的人數眾多，就更是如此，比方說工會和大型合約。投資人會想把資本抽出來，改投資比較輕鬆簡單的地區，這會增加當地企業的資本成本，讓他們更失序、獲利能力更差且更沒有競爭力。在這種情況下，公共帳本就崩壞了，推演下去，可以說一切也隨之崩壞。這種情況很有可能變成惡性循環，因為失序會引發通膨，通膨又導致失序。

穩健的貨幣就像是不會改變、或者變化極緩慢且可預測的衡量標準。要發展出這樣的貨幣環境，大致上來說，先決條件是沒有人能改變衡量標準。舉例來講，如果買賣雙方都接受的貨幣是黃金，中央化的實體就很難插手干預相關的安排與改變價格。另一方面，貨幣是如果中央化的法定貨幣帳本，中央化的發行者很容易改變帳本上貨幣單位的供給與價值，也就很容易干擾價格信號與企業活動。

「需要」常態物價通膨

2013 年，聖路易聯邦準備銀行（十二家地區性聯邦銀行之一）的總裁詹姆斯・布拉德（James Bullard）表示，他很擔心通膨太低了。聯準會的年

---

[230] Gregory Mankiw, "Small Menu Costs and Large Business Cycles."

度通膨目標是2%，2013年時美國的通膨水準低於目標，數值接近1.5%。布拉德支持持續擴大貨幣基數（也就是提供新的銀行儲備，用以購置美國公債），他說，當前的通膨水準不夠高，還說需要捍衛聯準會的信用，把通膨拉到2%的目標，不可放任物價的成長速度慢過目標。

以下這段話取自《全國廣播公司商業頻道》（CNBC）：

「如果通膨持續下滑，我願意加快購債的腳步。」布拉德在紐約的明斯基研討會（Hyman P. Minsky Conference）年會演說之後對記者這麼說。[231]

以下這段則取自《彭博社》：

向來支持聯準會繼續購買公債的聖路易聯邦準備銀行總裁詹姆士・布拉德說，聯準會的重要任務是捍衛2%的通膨目標，讓物價溫和成長，藉此維護聯準會的信用。

「我很憂心低通膨。」今年享有政府貨幣政策表決權的布拉德，今天在肯塔基州帕度卡市（Paducah, Kentucky）的一場演說中如是說，「現在還沒有任何跡象指出通膨會回頭朝向目標前進。」[232]

2014年到2018年間擔任聯準會理事會主席的珍奈特・葉倫（Janet Yellen），在2017年底準備離職時回顧她在任期中的作為，喟嘆著她放任通膨維持在很低的水準：

珍奈特・葉倫回首她在聯準會的歲月，認為大部分該做的事她都做了：加快經濟成長的腳步、營造穩健的就業景況並打理出一套穩健的金融體系。

但還有一件事沒完成；通膨。

葉倫在星期三以聯準會主席身分出席最後一場記者，她說聯準會無法

---

[231] Reuters, "Fed's Bullard Favors Bond Buys If Inflation Continues Decline," *CNBC*, April 17, 2013.

[232] Steve Matthews, "Bullard Says Important for Fed to Defend 2% Inflation Target," *Bloomberg*, August 14, 2013.

把通膨拉高到 2% 的目標，是她最失望的一件事。

她說：「我們訂有對稱的 2% 通膨目標。如今，多年來通膨一直低於 2%，我認為，確保通膨不會長期不到我們的 2% 目標，是很重要的事。」[233]

在 2010 年代那幾年，時任國際貨幣基金總裁的克莉絲蒂娜・拉加德（Christine Lagarde）認為，歐洲的通膨太低了，需要執行更寬鬆的非傳統貨幣政策，試著刺激通膨拉高。以下是 2014 年時她的講法：

國際貨幣基金總裁星期三時拜訪歐洲央行（European Central Bank），要求放寬貨幣政策以拉高物價，她說先進經濟體的「低通膨」很可能削弱已經欲振乏力的全球經濟復甦。[234]

2019 年時拉加德成為歐洲央行總裁的熱門人選（該年年底她也確實也坐上此位），她繼續這個主題，在一場對歐洲議會的演說中把低通膨講成一大問題：

挑戰是要保證歐洲央行現有的政策立場不會消失。歐元區的經濟遭遇一些近期風險，主要和外部因素有關，而且通膨仍持續低於歐洲央行的目標。因此，我認同歐洲央行管理委員會的看法，高度寬鬆的貨幣政策必須再延長一段時間，以便把通膨帶回到「低於但接近 2%」的水準。[235]

同樣的，久任日本央行總裁的黑田東彥（Haruhiko Kuroda），在 2010 年代那十年間，也長期把利率壓在負值，為的就是要把通膨推上 2%。以下這段話摘自 2018 年《路透社》（*Reuters*）的報導：

---

[233] Jeff Cox, "Yellen's Only Regret as Fed Chair: Low Inflation," *CNBC*, December 13, 2017.
[234] Anna Yukhananov, "IMF Warns on Low Inflation, Calls on ECB to Act," *Reuters*, April 2, 2014.
[235] Christine Lagarde, "Opening Statement by Christine Lagarde to the Economic and Monetary Affairs Committee of the European Parliament."

日本央行總裁黑田東彥，星期二排除了近期放棄負利率的可能性，指稱為了加速將通膨拉高到其 2% 的目標，負利率有其必要。[236]

如果我們把這些說明中的通膨目標，替換成貶值目標（通膨到頭來的結果就是貶值），就顯出這些講法有多愚昧。換成這個詞，這些央行總裁喟嘆的就不是通膨低於他們的目標，而是嘆息人們賺得薪資與存錢時使用的貨幣貶值速度不夠快，達不到他們的目標水準。

在現代，多數已開發國家的央行都守著每年物價通膨 2% 的目標，如果通膨明顯高於或低於這個目標，他們就很擔心。如果通膨目標為每年 2%，代表平均物價每 35 年就會翻一倍。這很有意思，因為在生產力不斷提高之下，長期來說物價應該下跌，而非上漲。央行官員無所不用其極，為的就是要確保物價能夠上漲。換句話說，央行官員用盡他們的權力，以確保貨幣的大幅貶值，會抵銷掉生產力成長導致的物價下跌，這樣一來，即便生產更有效率，商品和服務的名目價格仍能以緩慢但穩定的步伐持續攀高。[237]

物價下跌本身是件好事。十九世紀是石油、電氣化與長程鐵道紀元的開端，在這整個世紀，物價結構性地下跌。有了額外的能源，就能更輕鬆製造商品，帶動技術成長大爆發、生產力成長、人口大增和人類預期壽命延長。同樣的，過去幾十年來電子產品價格快速下跌。電視、電腦、電話和其他設備愈來愈便宜，名目價格通常早已一降再降，從品質調整後的價格來看降幅更是明顯。舉例來說，電腦記憶體每十億位元組（gigabyte，簡稱 GB）的成本，幾十年來呈指數下跌，讓全世界多數人大大受惠。在此同時，如今 80 吋的電視，比二十年前 40 吋的電視更加清晰，價格還更便宜。

但是，央行官員、以及更廣泛來說的主流經濟學家，通常把通縮描繪成很可怕的事。[238] 在他們的世界觀裡，物價必須持續上漲，不可下跌。事實上，他們當中很多人主張，如果物價下跌，人們就會等著更低的價格，無限期延遲購買（但顯然我們在面對電子產品時並沒有這麼做）。在他們

---

[236] Leika Kihara, "BOJ's Kuroda Rules Out Early End of Negative Rate Policy," *Reuters,* November 20, 2018.
[237] Jeff Booth, *The Price of Tomorrow*, 7–20.
[238] 參見文獻回顧 Mark Thornton, "Apoplithorismosphobia," 9–12; 以及 Philipp Bagus, *In Defense of Deflation*, 18–34.

的政策架構中，物價要常態性上漲，要常態性打壓超額儲蓄，要讓人們在消費與借貸滾輪上常態地轉個不停，以支持持續且平穩的經濟成長。

決策人士與經濟學家之所以恐懼通縮，一個很重要的原因是通縮對於槓桿率很高的金融體系來說很糟糕；然而之所以出現槓桿操作，也是出於他們的政策鼓動。當一切都以高額的負債為地基，決策者又不斷出手干預以確保債務水準會愈來愈高，那麼，如果任由通縮發生，就會毀了整個系統。持續的通縮和高額債務不相容，因此與現代金融體系不相容。

在偏重權益取向與低負債的金融系統，物價下跌是可喜之事，這一點可說是明顯之至。科技公司通常負債低，如果他們大幅改善產品（以更低的價格提供更好的性能），即使只是每單位成本下跌，他們會也會得到獎勵，因為他們會有大量的買家。舉例來說，科技公司把儲存的位元成本降低千倍，他們可以多賣多好幾千倍的儲存位元（例如容量高達 1 TB 的磁碟機）。買方當然也可從技術進步與價格下跌當中受惠。

只是，在貨幣供給長期多半會明顯成長的高負債金融系統中，引發通縮的，通常都是流動性危機和經濟衰退，因此通縮才背負上惡名。[239] 當企業愈趨成熟，成長速度愈來愈慢，貨幣持續貶值、央行不斷提供流動資金支援的環境，會鼓動他們在資本結構中留著長期企業負債；這類操作要以恆常的貨幣貶值為前提，才有道理。

如今我們知道，放血只有在特定情境下有用，但過去的醫療動不動就濫用放血這招，同樣的，我不認為未來的史學家會認同現代主流經濟學家的看法，認為我們需常態物價通膨與貨幣貶值，才能讓經濟體順利運作。常態通膨的架構主要是指（1）常態推動使用信貸，而不是鼓勵儲蓄，（2）逐步但持續讓債務貶值，（3）常態性鈍化充滿波動的世界所發出讓我們據以行動的價格信號，以及（4）容許政府持續以財政赤字運作，作為一種不透明的稅收。這些目標主要有利於接近系統核心的人，比方說政府、企業和金融業者。

如果考量到我們根本無法精準衡量通膨，讓問題更雪上加霜。政府官

---

[239] Andrew Atkeson and Patrick Kehoe, "Deflation and Depression: Is There an Empirical Link?"

方的通膨指標是一籃子的商品與服務，試著複製一般人每年會買的東西，並據此加權。指標也假設商品與服務有替代性，舉例來說，如果如果肋眼牛排漲價，就從商品與服務的籃子裡拿掉這個品項，換成比較便宜的牛絞肉，因為如今消費者要支付的肋眼牛排漲價了，他們就會改變消費型態選擇牛絞肉。這也就是說，通膨指標本來就設定成要避免高價品，持續重設轉成低價品，最後，這就會造成系統性地低估通膨。[240]

1913 年聯準會成立時，廣義貨幣總共有 193.1 億美元，到了 2022 年底，廣義貨幣的數量已經來到 21.4 兆美元（也就是 214,000 億美元），增加了 1,118 倍，換算下來，在這 109 年間，每年的平均複合成長率為 6.6%。

1913 年時美國有 9,700 萬人，到了 2022 年則有約 3.33 億人。這表示，1913 年時，系統裡平均每人有 199 美元，到了 2022 年平均每人有超過 64,800 美元。人均廣義貨幣供給的成長達到 325 倍，換算下來年複合成長率為 5.5%。

最稀有的物品，比方說水岸豪宅與知名已故藝術家的畫作，價格成長的速度和貨幣供給不相上下。這是因為這些東西是真的很有限，我們無法提高生產效率，因此，創造出來的貨幣愈多，就會以相當的速度推高這些物品的價格。來看一個例子，有一棟相關紀錄很明確的邁阿密海灘水岸住宅，1930 年時的原始售價是 10 萬美元，到了 2022 年，價值約為 3,000 萬美元，房價的年複合成長率為 6.4%，非常接近長期的貨幣供給成長率。[241]

至於半稀有的物品，例如黃金、石油、牛肉和中等價位的房子，如果貨幣成長率是 6% 到 7% 的話，這些東西的價格年成長率就約為 4% 到 5%，這是因為科技進步了，長期下來，我們可適度提升生產這些物品的效率。舉例來說，1913 年時每桶汽油的平均售價是 0.95 美元，到了 2022 年均價則來到 94 美元，僅上漲了 100 倍，換算下來的複合年成長率為 4.3%。[242] 牛肉從 1930 年代到 2022 年的複合年平均成長率類似，約為 4.1%。[243]

---

[240] Stephen Reed and Darren Rippy, "Consumer Price Index Data Quality: How Accurate is the U.S. CPI?"; Martin Hochstein, "The Fairy Tale of Low Inflation in the Euro Area," 2.

[241] Michael Saylor, "Bitcoin, Inflation, and the Future of Money," *Lex Fridman Podcast,* April 14, 2022.

[242] U.S. Energy Information Administration, "U.S. Crude Oil First Purchase Price."

[243] BLS, "CPI for all Urban Consumers: Beef and Veal."

非稀有性物品，例如某些農作物、種子油、電子產品、軟體、服飾、塑膠玩具以及類似物品，價格通膨率非常低，甚至為負值。我們生產電子產品、軟體、牛仔褲和玩具的能力可以說是突飛猛進，機械農耕與精煉技術，也壓低了穀物與種子油的價格。

1913 年到 2022 年間，消費者物價複合年增率為 3.2％，這個指數大致上代表了半稀有與非稀有物品的物價變動情形。[244] 在這段期間內的銀行帳戶和美國政府公債利率，跟不上消費者物價指數，更別說想要跟上一籃子半稀有性物品（比方說牛肉或房子）的價格成長，也明顯跟不上真正稀有物品（藝術品或水岸豪宅）的價格。

即便僅考量從 2000 年初到 2022 年底，各類數值變化的差異都很大。在這段期間內，人均廣義貨幣供給年複合成長率為 6.8％，官方消費者物價的年複合成長率為 2.6％。[245] 金價的年複合成長率為 8.3％。[246] 醫院服務價格每年成長 5.3％。[247] 油價每年成長 4.7％，中價位的房子每年成長 4.7％，育兒照護的價格每年成長 4.2％。[248] 非管理職員工的時薪每年成長 3.2％。[249] 銀行帳戶的平均殖利率每年不到 2％。[250] 服裝衣飾價格持平，各式各樣的電子用品、塑膠玩具和軟體的價格均走跌。[251]

得利於技術大幅提升，再加上製造業轉向海外勞動力更廉價的地方，美國非稀有性的商品愈發便宜，有助於壓低官方平均通膨數字與貨幣成長的比值，以及和真正稀有與半稀有商品與服務價格成長的比值。然而在真實世界裡，幾類非必需商品的價格大幅下滑，並不能抵銷面對必需品與眾人渴望物品的價格節節攀高，這些東西要不面臨了實質的資源限制，要不就被貨幣供給的擴張拉高了價格。

---

[244] Samuel H. Williamson "The Annual Consumer Price Index for the United States, 1774-Present," *MeasuringWorth*; Federal Reserve Bank of Minneapolis, "Consumer Price Index, 1913-."

[245] Federal Reserve Economic Data, "Consumer Price Index for All Urban Consumers"; "M3 for the United States."

[246] World Gold Council, "Gold Spot Prices."

[247] BLS, "CPI for all Urban Consumers: Hospital and Related Services."

[248] BLS, "CPI for all Urban Consumers: Tuition, Other School Fees, and Childcare."

[249] BLS, "Average Hourly Earnings of Production and Nonsupervisory Employees."

[250] Jenn Underwood and Elizabeth Aldrich, "History of Savings Account Interest Rates," *Forbes*, January 1, 2023.

[251] Mark Perry, "Chart of the Day … or Century?"

2011 年有一場以此為主題的熱門對話，時任紐約聯邦準備銀行總裁的威廉・杜德利（William Dudley）在紐約皇后區對一群人講話，當中有一些勞動階級。當杜德利被問到對近來食物通膨有何看法（那幾年，大宗商品通常漲勢很強勁），他指出，雖然能源與食物的價格確實比較高了，但其他物品的價格下跌有抵銷作用。他舉例，iPad 2 價格下跌就幫忙把不太妙的平均物價給壓了下來。《路透社》的記者克莉絲汀娜・庫可（Kristina Cooke）說：

杜德利試著說明聯準會對事情的看法：沒錯，食物和能源的價格可能真的上漲了，但在此同時，其他東西的價格下跌了。

他之後舉了一個真實的例子，唯一的問題是，他選的範例是星期五才送到門市的蘋果（Apple）最新平板電腦，這東西在華爾街附近的紐約聯邦準備銀行總部可能很受歡迎，但在皇后區過著真實生活的街道上可就不然了。

「今天你可以用跟 iPad 1 相同的價格買 iPad 2，但效能強兩倍，」他說，「你必須要考量所有東西的價格。」

這讓群眾哄堂大笑，耳語聲四起，有一個人說，他講這句話「根本搞不清楚狀況」。

「我可吃不動 iPad。」另一個人說。[252]

簡而言之，央行官員多半訂下了正值的通膨目標，但這並非必要，而且很難定義。在一個運作順暢的社會裡通膨應該是負值，因為長期下來，科技的進步讓我們能以更高的效率生產。如果決策者順利達成年平均 2% 的通膨目標，很可能意味著貨幣供給與真正稀有的物品價格每年成長 5% 到 7%，半稀有的物品價格每年成長 3% 到 5%，而非稀有的物品則因生產力提高，加上全球化勞工套利而跌了價，抵銷了部分上漲。重點是要觀察廣義貨幣的成長，因為這通常更能代表需要大量資源生產且炙手可熱的物

---

[252] Kristina Cooke, "iPad Price Remark Gets Fed's Dudley an Earful," *Reuters*, March 11, 2011.

品價格上漲幅度。

　　如果你存的資產長期下來，成長率追不上人均廣義貨幣成長的速度，那你的購買力就會被稀釋。即便是很積極爬梳數字的量化專業人士，都很難追蹤當中的變化，更別說只是努力賺錢存錢的一般人了。貨幣供給的成長率，大部分時候都高過利率，對存錢的人來說，財富很容易被稀釋。貨幣供給持續膨脹，讓決策人士以及各式各樣的中間人，很容易在一般人根本不知不覺之下，就吸光了人們儲蓄的購買力。這對已開發國家裡存錢的人來說很糟，對開發中國家裡存錢的人來說更是雪上加霜。

第 17 章

萬事萬物金融化

一個社會的貨幣如果能長期保值,人們就有誘因把財富放在貨幣上。在做投資資金配置決策時,決定單純存錢的人可算是明智,因為與持有可靠穩健貨幣通常會出現的狀況相比,投資代表了高報酬但高風險的選項。

另一方面,當一個社會的貨幣價值持續貶值,人們就有很強的誘因持有其他更稀有的東西當作儲蓄,因此讓這些東西,享有超越本身實用價值的貨幣溢價。

如果像黃金這類東西成為貨幣,那麼,通用貨幣就很穩健,投資人就沒什麼理由買第二棟或第三棟房子、或持有大量股票投資組合與各式各樣的收藏品。當然,有些人還是會持有這些東西,但人們會在仔細想了又想之後才去蒐集,而且很可能在他們的淨財富中占比很小。然而在貨幣供給持續成長,且利率低於通行通膨率的弱勢貨幣環境下,人們就大有動機避開現金,改持有第二或第三棟房子、買股票與擁有各種估值被捧高的收藏品。沒有好的貨幣,任何具有一定程度稀有性的東西,都會貨幣化。[253] 人們也很有動機去借錢(也就是「做空貨幣」)、拿來購買較稀有的東西,從而帶動整個系統的槓桿。

當有實際效用的東西貨幣化到會造成問題的地步,那就麻煩了。如果是像黃金這樣貨幣溢價遠高於實用價值的東西,大致上來說沒問題,這是因為黃金的需求大部分是在珠寶首飾與用來當成儲蓄,至於黃金的工業用途,有必要的話,通常可以用其他材質替代。如果金價隔年翻倍,社會上多數人的生活,也不會碰上任何可明顯感受到的負面衝擊。但如果貨幣化的標的變成房子,很多富有或中上階級的投資人用便宜信貸多買的房子,一年到頭都空置,就很可能排擠掉中產階級與勞動階級,導致他們買不起居所。

---

[253] Jeff Booth, "The Distortion of Money," *What Bitcoin Did*, April 15, 2022.

從房價所得比當中就可以看出這個問題,在大家都想擠進去的大城市與觀光景點問題最為嚴重。房價高到基本上不使用高度負債融資根本就負擔不起。

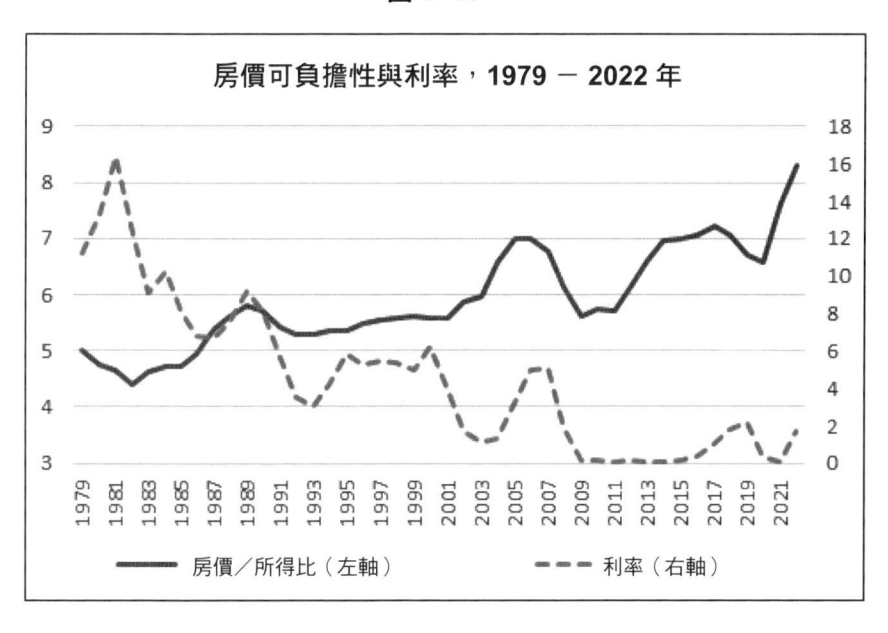

圖 17-A [254]

房價可負擔性與利率,1979－2022 年

房價／所得比（左軸）　　－－－　利率（右軸）

全球資本逃逸（global capital flight）使得問題更加嚴重。舉例來說,很多富有的中國人不想把所有的身家放在中國,因為很容易被沒收與被控制。過去幾十年,富裕的中國人非常傾向於在澳洲、加拿大和東南亞購置房地產,從而把這些地方的房價推高到不可思議的地步。房價會漲,不僅因為刻意壓低的利率和國內買家背了很多房貸債務,這種來自海外的額外需求,更有火上澆油之效。

比較權益估值或家庭淨財富與利率之比,也可清楚看到有實際效用的資產貨幣化。通常來說,企業的權益估值,是評估該企業未來可能賺得的現金流後而得出。利率很高且遠高於通膨時,權益估值多半很低,而且比較接近未來的預期現金流,因為大部分的貨幣溢價都消失了。當利率大致

---

[254] Federal Reserve Economic Data, "Median Sales Price of Houses Sold for the United States"; "Employed Full Time."

很低而且遠低於通膨率，不管是股權、房地產還是估值被吹捧的收藏品，人們很樂於持有除現金之外任何資產。換言之，這些東西有了貨幣溢價。

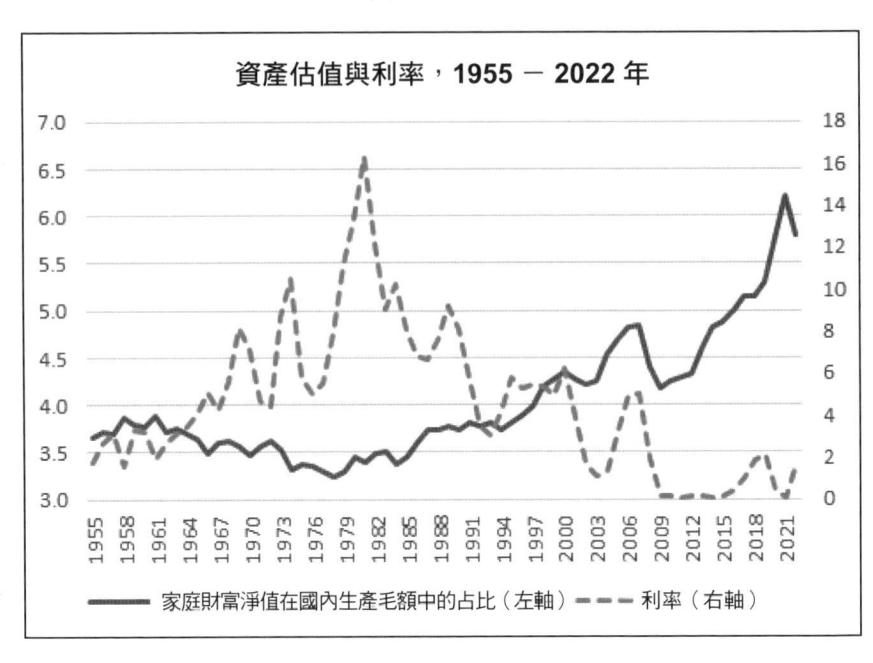

圖 17-B [255]

資產估值與利率，1955 － 2022 年

家庭財富淨值在國內生產毛額中的占比（左軸） ---- 利率（右軸）

一般人在退休儲蓄帳戶裡存的多半是股權股票，而不是現金，因此，與多數私人股權企業相比，大型上市公司的股票享有貨幣溢價，大企業的股權資本也能因為這樣降低成本，從而比小型的私有股權企業享有更大的結構性優勢（以及其他很多優勢）。

股權股票估值很高的話，會進一步扭曲資本形成和資源使用。長期無法獲利的成長型導向公司，即便未能獲利，也能生存很長一段時間，因為人們會願意持有該公司的股權，而不是持有無法維持購買力的現金。這種企業可以刻意把自家商品和服務的價格定得很低，在長期虧損的條件下繼續運作，持續發行新股當成員工的薪酬，也持續發行新股供投資人買進，

---

[255] Federal Reserve Economic Data, "Gross Domestic Product"; "Households and Nonprofit Organizations; Net Worth."

藉此融資。由於有高估值貨幣化的股份，加上商品與服務價格訂在持續無法獲利的低水準，公司的成長速度，可以遠超過正常市場定價機制下可有的速度。這種條件持續幾年、甚至幾十年，他們的定價長久以來遠低於生產成本，要判斷該公司產品與服務真正的市場價值是多少，就變成一大挑戰。在軟性貨幣的時代，這種公司會吸乾投資人的資本（這些資本原本會用來投資定價機制比較明確的企業），最終導致經濟體其他地方發生供給短缺與價格膨脹。

如果（或者說一旦）強勢貨幣環境回歸（可能是因為央行為了壓抑物價通膨而調高利率），那麼，投資人就會發現這些長久不賺錢的公司一直都是偏頗的不當投資。當貨幣愈發強勢，就愈少有人願意用這麼高的估值買股票，股票的估值就會掉下來。這樣一來，這種公司就無法繼續募資，過去結構性無法獲利的經營模式便無以為繼。到那時，公司勢必得漲價並削減費用，以求獲利；但他們有一部分的成長，打一開始就是來自於把產品或服務的價格定在低於生產成本，這麼做就會拖慢他們的成長步調。隨著企業成長速度減慢並變得比較實在，隨之而來的就是股票估值下跌，就此啟動了惡性循環，一直要到大部分的不當投資都清乾淨為止。這類企業的產品與服務不見得就不見容於市場，問題在於顧客與投資人長期定價錯誤，而且，只有相對小規模的潛在市場關心企業可長久達成真正的供需平衡水準在哪裡，並不像過去看起來那麼重要。企業初期為了打造基礎，很自然會以虧損當作營運策略，但長達十年都採行持續不賺錢的策略當成正常營運方針，就一點也不自然了。然而，弱勢貨幣常會導致這種企業如雨後春筍般不斷冒出來。[256]

弱勢貨幣不鼓勵存錢，反而鼓動人民不斷借錢來投資，無論借錢和投資有沒有道理都無所謂。強勢貨幣鼓勵存錢，只有在真正合情合理時才借錢或投資。因為缺少好的貨幣選項而把有實際效用的東西貨幣化（比方說企業股權或房地產），會造成明顯的負面效應並助長不必要的泡沫。這會

---

[256] Chancellor, *Price of Time*, 246–47, 277–78; Andreas Steno Larsen, "Steno Signals #21: 3 Reasons Why Everyone, Zuckerberg, Me, and Their Dogs Turn Into Idiots When Rates are 0%."

拉高本來應該只有實用價值物品的買入成本（比方說獨棟的房屋）；會讓流動性高的大型公司享有超越小公司的優勢；也會拖慢企業利用定價傳遞訊息的過程（利用價格告訴顧客與投資人傳達哪些東西很稀有、哪些東西非稀有），導致長期資源配置錯誤。

不透明的供給面稀釋操作

持有供給有彈性的貨幣的人，必須時時警覺價值遭到稀釋。

世界黃金協會估計，全世界的存世精煉黃金總量大概稍微高於 200,000 公噸，換算下來大約為 70 億盎司。[257] 在此同時，黃金每年的產量稍高於 3,000 公噸，每年也很少有黃金被毀壞或丟棄。因此，黃金持有者要面對的黃金總供給量成長率大約是每年 1.5%。如果每個人手上都有 10 枚 1 盎司重的金幣，那麼，人們手上的黃金數量在全球精煉黃金中的占比會愈來愈低。從歷史來看，這種稀釋率還算可接受，因為人口成長與生產力的成長一般來說大概等於或超過 1.5% 這個數值，因此，每一枚金幣幾世紀以來都可以保有（或者甚至小幅提高）商品與服務的購買力。

任何投資房地產的人都知道，公寓式新獨棟房屋的新建大型建案，會對一個地區的成屋房價造成負面影響。新屋經過一段期間之後快速建成，每一棟之前既存的成屋在這個不斷擴張的城市裡占比變小了，與需求相較之下的新供給量很大，房價很可能停止不動，甚至下跌。這對新買家是好消息，但對已經買房的屋主是壞消息。長期下來，房地產投資人抵擋這種影響的辦法，是持有非常稀有的房地產，比方說水岸房產，因為不管周邊地區如何大興土木，除非營造商願意用非常昂貴的方法，比方說打造全新島嶼，不然的話，他們也無法變出更多水岸房屋。

法定貨幣的稀釋速度通常比黃金或房地產更快。以近期的 2010 年來說，美國的廣義貨幣供給量還不到 8.5 兆美元，但到了 2022 年底，數量則接近 21.4 兆美元。[258] 這代表年化成長率為 7.3%。在此同時，在這段期間內

---

[257] World Gold Council, "Above-Ground Stock."

[258] Federal Reserve Economic Data, "M3 for the United States."

的多數時候，大部分銀行付給定存帳戶與定存單的利息接近於零。就算我們無條件進位，把定存帳戶的平均利率設為1%並且不計利息要繳的稅，這表示，加計利息之後，現金存款持有人的錢每年也被稀釋6.3%。他們持有的每一美元，在美元總量中的占比愈來愈小，而且被稀釋的速度快過黃金或房地產。當然，人們可以去工作然後賺到新的錢，但他們賺到的這些新的錢只不過是取代了購買力不斷下降的現有貨幣。這就好像拖著一袋正在融化的冰塊，努力賺得更多正在融化的冰塊。

如果大宗商品及／或海外勞動力數量大且價格低，生產力也不斷提升，那麼，貨幣供給的快速成長可能不會立刻轉化成節節上漲的消費者物價通膨。物價通膨會比較限於特定產業，比方說醫療保健、育兒照護與炙手可熱的房產價格飛漲，速度遠快過鞋子、穀物或外國製造的電子設備。只是，貨幣供給快速成長的環境，確實會很快就帶高資產價格，多數供給成長速度比貨幣慢得多的東西都會漲上來。這麼一講，整個2010年代基本上股票直線狂飆、房地產直線狂飆、藝術作品和其他收藏品直線狂飆，也就不足為奇了。當貨幣供給成長速度，遠遠超過持有現金與約當現金的利率，那麼持有稀有或半稀有的資產，堪稱合情合理。[259]

如果考慮到利息稅與資本利得稅，這種事對存錢的人來說問題更大。當利率等於或低於消費者物價通膨以及貨幣供給成長率，現金和債券就已經是夠糟的投資標的了，而人們還必須為了賺到利息付稅金，更讓問題雪上加霜。根據稅負與稀釋率調整利率之後，他們的現金與債券賺到的利息不只是負值，更是負上加負。還有資本利得稅，課稅時並未考量通膨或貨幣供給稀釋的效果，出售資本時的利得很可能並未提高實質購買力，但也要繳納代表財富稅的資本利得稅。

舉例來說，假設你買了一棟300,000美元的房子當成投資。如果未來十年貨幣供給每年成長2%，當地的平均房價每年成長2%，那麼，你的房子到了這十年即將結束時，價值將約為365,000美元（假設你的房子漲幅等於平均值）。如果你決定把房子賣掉，你要為上漲的65,000美元繳交

---

[259] Dylan LeClair, and Sam Rule, "Just How Big Is the Everything Bubble?" *Bitcoin Magazine PRO*, August 11, 2022.

約20%的資本利得稅，換算下來的稅金是13,000美元，相當於原始房價的4.3%，大概是目前房價的3.6%。這棟房子換算下來的實質購買力，實際上並未提高，只是跟上了貨幣供給稀釋的速度，但你還是要為名目上的漲價支付稅金。

現在，假設你一樣買了這棟300,000美元的房子，未來十年貨幣供給變成了每年成長10%，當地的平均房價每年成長10%。到了近十年後，如果你要出售，你的房子價值為778,000美元，你會有478,000美元的資本利得，要支付20%資本利得稅（總稅金為96,000美元），同樣的，事實上房價成長的腳步僅只跟上貨幣稀釋的速度而已。

稅金96,000美元，占原房價的32%、現房價的12.3%，但與於其他資產相對之下，你的購買力實際上並未改變。從這個範例可知，政府很有誘因放手，讓通膨上漲，因為資本利得稅並未根據通膨或貨幣稀釋做相關調整，如果名目價格上漲，他們可以從交易的財富中分到更大一杯羹。[260]

這個範例說明了，當貨幣供給成長率提高，不僅持有現金和債券會損失購買力，如果持有的強勢資產成長率僅能跟上貨幣稀釋的速度，而且資產還要因為貨幣稀釋被課稅，連這些強勢資產的持有人也會減損購買力。股票、黃金和類似資產的成長幅度大致上僅能跟上貨幣稀釋速度，同樣的道理也可套用在持有人身上。

要避開貨幣稀釋的問題，最實在的辦法就是成為出色的投資人。如果選定的資產能創造遠高於平均值的報酬率，那就可以超越貨幣稀釋速度。

投資人要避免因貨幣稀釋課稅引發的損失購買力問題，比較輕鬆的辦法，是善加利用利率被刻意壓低之時，趁勢借入長期債務。以前述的房子為例，如果是在這十年初利率很低時以固定利率的房貸購置，那麼，在成長率每年達10%的貨幣快速稀釋環境下，房子權益的成長率會比房價的成長率更快，這是因為房貸負債是固定的但房價快速飆漲，使得權益快速成長。這種債務人基本上會在市場裡做空所有現金儲蓄，從中賺取差額。

一般說來，現代通膨型的金融體系，獎勵可用低利率借錢然後明智運

---

[260] Alex Muresianu, "Personal Income Tax Adjusts for Inflation, But It Could Do Better."

用貸款的人。就算他們碰上麻煩，只要規模夠大，即使犯錯甚至還會幫他們拿到紓困。換言之，成功關鍵就是借錢但又不能借太多，不要在經濟衰退期間成為最先倒閉的那幾家。存錢的人資產價值一直被稀釋，過度槓桿操作的實體一直違約倒閉，甜蜜點就是要長期槓桿操作，但不能過度。

值得一提的是，在檢視全球目前的狀況並回顧歷史時，關於債務水準和貨幣強弱之間的關係，呈現鐘形曲線。

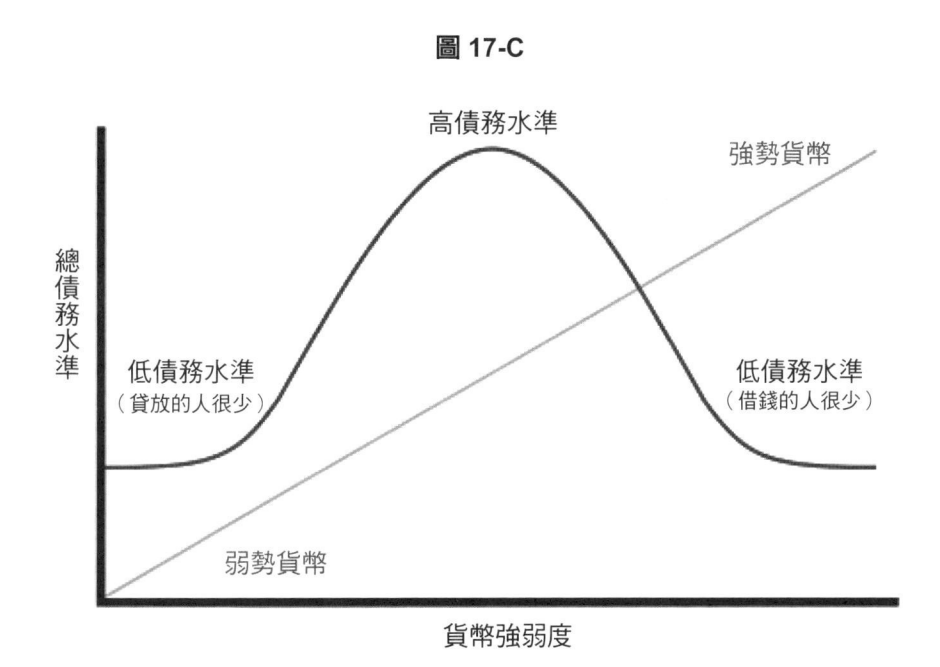

圖 17-C

高債務水準

強勢貨幣

總債務水準

低債務水準
（貸放的人很少）

低債務水準
（借錢的人很少）

弱勢貨幣

貨幣強弱度

在貨幣非常弱勢的環境下，比方說很多開發中國家，經常出現通膨達到雙位數及／或貨幣快速貶值的期間，你不會看到太多長期債務。放款的人不會笨到在這種貨幣環境下承作三十年期固定利率的房貸或三十年公司債，因為沒理由相信這些記帳單位在這麼長的時間裡不會快速貶值。

鐘形曲線的右尾是強勢貨幣環境，通常總槓桿也不會太高，因為除非借錢的人很有信心他們可以把資金用在極具生產力的用途上（比方說十九世紀美國修建鐵路[261]），不然他們也不願意去借來會升值的記帳單位。在這些強勢貨幣環境中，信貸還是很有用，可帶動預期報酬率高的活動，但人們會更明智地運用債務。

所謂適度的貨幣環境，是法定貨幣以緩慢但穩定的速度貶值，來到債務人和債權人雙方都認可的甜蜜點，借錢的人樂於借入隨著時間緩慢貶值的中、長期債務，用來購置具備稀少性的資產。只要利率稍高於短期融資的成本，放款的人也樂於用低利率把錢借出去，這樣他們就可以賺差價，做點槓桿操作。個人、企業和政府，都很隨意地在資產負債表上放進長達為期三十年的債務，當成正常的融資期間。在這種情境之下，債務在經濟體中的占比多半會來到最高點，當經濟一直成長時大家都覺得很好，然而，當有一天貨幣的變化無常捲土重來，對這種高債務的體系造成打擊，又變成了一個嚴重的問題。換言之，在逐步貶值的貨幣體系中，債務通常會愈滾愈大，即便審慎管理、維持這類系統的穩定，但最終還是會引發嚴重的動盪，並讓系統沒有能力撐住通縮的時期。

---

[261] White, *Theory of Monetary Institutions*, 39–40.

第 18 章

坎蒂隆效應的受益者

　　不管是大力支持還是強烈反對，很多人都把重點放在由上而下的財富分配機制（比方說累進制所得稅），因為這些是最透明的方法。另一方面，貨幣稀釋和讓不同的人適用差異較大的利率，則是透明度較低的、由下而上的財富分配機制，而我認為，後者並沒有受到該有的討論。

　　財務上很辛苦的人，通常很難取得信貸；他們也很難申請到低利的房貸、企業貸款或個人貸款，反之，當他們需要信貸，通常得使用信用卡和發薪日貸款（payday loan；譯註：這是一種極短期的貸款，通常於發薪日清償，故得此名），適用的利率都非常高。在此同時，富有的投資人通常可拿到平價的信貸，特別是因為他們多半有很多可以作為抵押品的資產。在企業層面也有這樣的差異。小型的家庭式五金行要支付的信貸成本，通常高於在全國各地系統性壯大的連鎖五金行零售商，各式各樣的家庭式五金行也就因此被取而代之。在此同時，有很多資產的實體可以把資產當成抵押品，用相對低的利率舉債，而且他們的規模也夠大，可以進入公開資本市場（比方說，他們可以對廣大的市場參與者發行債券，無須僅仰賴本地銀行）。

　　某種程度上來說，這種情況在意料之中；不同的利率理所當然反映了不同實體的借錢風險。但在一個完全以高信貸水準，以及持續讓記帳單位貶值為核心，所打造出來的金融體系裡，能取得廉價信貸與無法取得廉價信貸兩者之間的差異，並不只有這樣。從歷史上來看，能有效地放空法定貨幣、以低利率借入長期債務，這種能力是通膨系統中創造財富的**關鍵機制**，如果做不到，那代表了被關鍵機制拒之於門外，無從參與創造財富。

　　對照之下，在以強勢貨幣為核心、比較把重點放在權益上的系統裡，能取得廉價信貸的關係良好大型實體，就沒有那麼多既有優勢。以強勢貨幣環境來說，在適當脈絡之下，能取得信貸仍然很有用，但這僅是典型資本架構中的一小部分,刻意放空法定貨幣幾十年的計畫性借貸操作更不在範疇之內,因此,關係良好的大型實體與小型實體之間,表現的落差就沒這麼大。

在債務導向的弱勢貨幣系統裡,取得信貸優勢與連帶造成的大小實體間之績效差距,本身就是個很有意思的難題。最大型的企業捐贈者,會大大影響政府的財政,政府也會在危機期間利用印鈔票進行選擇性紓困,確實逾越了道德的底線。

2008年次貸危機期間,美國聯邦政府授權以低利率放出幾千億美元資金給身陷危機的大型銀行,讓他們能流通資金並存活下來。當時資產價格崩盤,幾乎沒人能取得廉價信貸,但政府特意為這些銀行提供便宜資金,讓他們有銀彈採取猛攻攻勢,以跳樓大拍賣的價格大買資產,並重挫競爭對手(競爭對手得不到這種信貸)。整體來說,銀行及其高階主管得到政府支持之時,中產階級的屋主卻少有或甚至沒有任何援助。在資產價格重挫與競爭對手一蹶不振之時,能得到美國聯邦政府靠印錢提供的低於市場利率之高額信貸,絕對是挖到金礦了。美國政府提供紓困時的財政部長,過去曾擔任高盛執行長,高盛也是其中一家得到選擇性信貸的銀行。得到政府紓困的華爾街企業,員工隨即領到大筆獎金;在這些本來應該倒閉的銀行裡任職的高階主管,就是幾年前承作各式各樣不當貸款的主事者,他們也拿著高達八位數美元的豐厚退休金福利走人。[262] 在此同時,紓困的另一邊是很多的屋主,他們得到的財政或信貸協助少的可憐,最後失去了房子。犯錯的人多到不得了,但有錢且關係良好的那些人,比一般人更有可能得到紓困。

2020年3月新冠肺炎疫情封城危機期間,金融市場完全陷入泥淖,就連美國公債市場也幾乎完全沒了流動性,於是聯準會在三個星期內印了超過1兆美元的新銀行儲備,用來購買美國公債,為市場重新注入流動性,之後更繼續買不停。[263] 這讓美國聯邦政府即便面對公債市場這樣流動性全

---

[262] Louise Story and Eric Dash, "Bankers Reaped Lavish Bonuses During Bailouts," *New York Times,* July 30, 2009.

[263] Federal Reserve Economic Data, "Reserves of Depository Institutions: Total."

無的一灘死水，也能繼續融資。疫情期間，各地企業一夕之間都要面對風險，因為接下來幾個月，民眾選擇盡可能留在家中以保安全，暫時減少很多花在企業上的錢。有些地區甚至實施強制性的封城。正常來說，聯準會不會被授權印錢來買進公司債，但在這次危機期間，美國聯邦政府就授權聯準會，利用特殊目的工具與特殊融資措施，買進私人公司債。美國公司債市場凍結時，聯準會跳了出來，用新創造出來的貨幣買進，也替這個市場重新注入流動性，讓大型的上市企業能繼續發行新債，並用低利率重新融資現有債務，不至於出問題。[264] 聯準會只需要花一點錢，對市場送出訊號，表達他們會不計成本保護公司債市場，民間的造市者就會回來，維持公司債市場的活絡。

不過，在地小企業可就得不到這種即時的應急協助，甚至就算有了措施，也沒有負責落實執行的金融後勤體系。聯準會可以大量買進公司債ETF，輕鬆迅速就幫助公司債市場重新獲得流動資金，但是，要為千百萬家小型家庭式餐廳，以及其他類型企業提供信貸協助則非常複雜，要耗費的時間長很多。也因此，很多小企業在疫情早期就退出了市場，但與他們競爭的大型上市公司，卻輕輕鬆鬆就得到中央的流動性方案紓困。

在這之後，國會為了處理這種失衡狀態，將薪資保障方案（Paycheck Protection Program）納入《新冠肺炎疫情援助、紓困和經濟安全法案》（CARES Act）。薪資保障方案提供幾千億美元的貸款來支持小企業（規模在500人以下），這些貸款之後甚至免還，變成了用新印出來的錢買單的直接補助。讓小型餐廳與企業在暫時性的疫情期間，可以得到幾個月的補助，乍看之下是很合理的措施，事實上，很多企業也因此得救。把資源配置到危機期間受到嚴重衝擊的地區，合情合理。然而，這些錢能真正發到小企業手上所需的時間，比金援大企業所需的時間更長，而且這套方案並未有效過濾掉不需要援助的企業類型。舉例來說，高毛利的律師事務所或投資研究公司業務其實並未陷入困境，也還能如常支付員工薪資，但仍能

---

[264] Eric Milstein and David Wessel, "What Did the Fed Do in Response to the COVID-19 Crisis?" *Brookings Institution*, December 17, 2021.

拿到50萬或100萬美元的補助款。以這些例子來說，撥款發錢就只是讓本來就已經很富有的業主獲利更高而已。[265]

2022年，美國經濟學會（American Economic Association）做了一項研究〈8,000億美元的薪資保障方案：這些錢所到之處以及其成因〉（The $800 Billion Paycheck Protection Program: Where Did the Money Go and Why Did It Go There?），發現四分之三的資金都流進前20％的富裕家庭，真正用在讓員工留住飯碗的資金很少：

> 薪資保障方案（簡稱PPP）在疫情期間為小企業提供約8,000億美元無擔保低利貸款，這些錢大多數都可以免還。薪資保障方案僅在兩個月之內就額度幾乎就用罄，約有94％的小企業最終拿到一筆或多筆貸款。我們估計，這套方案在14個月期間，累積下來保住了200萬到300萬工作年（job-year；譯註：工作年指職務數量乘以工作年限，50個工作年可以是2份職務各工作25年，也可以是5個職務各工作10年）的就業機會，每留住一工作年所耗的成本為16.9萬美元到25.8萬美元之間。這些數值隱隱透露出，僅23％到34％的薪資保障方案資金，直接流進本來可能會失業的人手上；其他的額度則流進企業主和股東手裡，包括收取薪資保障方案援助企業的債權人和供應商。以方案最終歸宿的分布來看，累退效果很強，約有四分之三的方案資金流進了前五分之一富裕的家庭。薪資保障方案破天荒的大規模、留住每一份工作的成本以及資金歸宿展現出來的累退狀況，都有一個共通的源頭：這套方案基本上並未設定目標，因為美國政府並未建置執行定向性方案的行政基礎建設。其他高所得國家設有現代化的行政管理系統，可以更有效設定疫情期間的企業援助方案，幫助財務有困難的企業。如果美國也打造出類似的能力，下一次無可避免又發生疫情或其他大規模經濟緊急事件時，將可強化瞄準目標的能力。[266]

---

[265] Ken Dilanian and Laura Strickler, "'Biggest Fraud in a Generation': The Looting of the Covid Relief Plan Known as PPP," *NBC News,* March 28, 2022.
[266] David Autor et al., "The $800 Billion Paycheck Protection Program."

以 2020 年與 2021 年危機期間的刺激因應方案來講，整體而言，一般人可以拿到幾千美元的刺激方案補助金與額外的育兒費用免稅額，但富有的律師、投資經理人和企業主每人能拿到幾十萬美元沒有必要的財務援助金，某些企業拿走幾十億美元，到頭來還解雇員工。這些費用都是國家靠印出來的錢買單；印錢的結果，就是稀釋了持有現金或債券的人的儲蓄價值。過了幾年之後情況穩定下來，財政刺激方案加上資產價格反彈，引發了非常不公平的結果。從 2020 年初到 2022 年初，最底層的 50% 人民整體財富淨值增加了 1.5 兆美元，在同一段期間內，前 1% 的人整體財富淨值則增加了 11.8 兆美元[267]。系統裡有幾兆美元的新資金，物價也因此上漲。某些中上階級人士，比方說執業醫師，他們拿到的援助很少甚至完全沒有，還必須面對貨幣稀釋引發的物價上漲，與皆拿到補助的富裕企業主與低收入民眾相對之下，位在中間的他們基本上是被拋棄的一群。同樣的，有些沒申請薪資保障方案的企業，面對有申請且就算不是真的需要也拿到補助的企業時，就出現了競爭劣勢。

2010 年這十年經濟擴張期間，很多航空公司（都是大型的上市公司）決定不要保留大量的現金儲備，反而把多數利潤都拿來討好投資人，發放股利與買回庫藏股。2020 年發生新冠肺炎疫情危機，航空運量崩潰，很多航空公司面臨可能倒閉的局面。如果航空公司倒閉，不只是沒了這家公司而已，他們的債權人會面臨部分損失，並在破產程序中成為新股權的持有人，之前的股權持有人則會全賠光。如果發生這種事，財務體質比較健全的航空公司（指的是以比較低的債務水準慢慢達成目標性成長、支付較低股利給股東、少買回庫藏股而且保有較大量現金儲備的公司），應該會比積極槓桿操作的競爭對手，更有機會撐過危機活下來。[268]明哲行事應得到獎賞。

然而並沒有，美國聯邦政府反而是花費幾百億美元為航空業紓困，此外，還給他們補貼貸款（即低於市場利率的信貸）。這麼一來，就變成獎

---

[267] Federal Reserve Economic Data, "Total Net Worth Held by the Bottom 50%"; "Total Net Worth Held by the Top 1%"
[268] Veronique de Rugy and Gary Leff, "Bailouts Left Airlines, the Economy, and the Federal Budget in Worse Shape Than Before."

勵在整個 2010 年代靠著廉價債務積極擴張的航空公司；他們不但不留盈餘，反而還借錢維持脆弱的資產負債表，時機好時盡可能發現金給股東。任何保守經營航空公司、以慢速成長及／或少發股利給股東為代價，以求更安穩度過潛在經濟衰退的睿智經理人，在事後都因為這些年的審慎行事而受到懲罰。

這種不公平且漫無目的發給人民與企業的財務援助，源頭沒有任何的積糧或儲備。美國聯邦政府經濟好的時候沒存錢，時機不好時沒有可以動用來拯救即將倒閉企業的儲備，反倒是發行幾兆美元的新債券，由聯準會用無中生有製造出來的全新銀行儲備大力買進。也因此，2020 年和 2021 年貨幣基數和廣義貨幣兩者都快速成長。從 2020 年初到 2022 年初的兩年期間，廣義貨幣供給成長近 40%。[269]

用這種辦法生錢，讓存錢的人、債券持有人以及拿不到太多援助的一般人財富貶值，獎勵了債務人以及拿到大筆金援的人（請記住，拿到最多援助資金的人是大公司和企業主）。以低固定利率借錢或可取得其他廉價信貸來源的大企業，用低於通貨膨脹率、而且遠低於新貨幣創造速度的利率維持債務，基本上就相當於在這段期間做空法定貨幣；而正是政府與央行直接介入公司債市場，注入新的流動資金，才讓這些人可以這麼做。

如果貨幣環境一開始鼓勵的是存錢與審慎運用信貸，那麼，經濟體就能站穩更有利的立場，因應像疫情這類外部衝擊。但由於貨幣環境倒過來鼓舞獎勵大量運用信貸，導致槓桿率極高，一旦碰上任何可能阻礙現金流的外部衝擊，都會格外脆弱。接著，由於危機期間提供的紓困有選擇性，還有後勤支援上的限制，自然而然會有利於規模比較大且比較接近創造貨幣核心的實體。

十八世紀的愛爾蘭裔法國經濟學家理察・坎蒂隆（Richard Cantillon），提出了坎蒂隆效應（Cantillon effect），講的是新貨幣供給對物價通膨造成的不均等影響。舉例來說，假設在一個廣泛把黃金當作貨幣來用的經濟體裡，有一個人找到了新的金礦，當他把新的黃金供給挖出來並賣到市場上

---

[269] Federal Reserve Economic Data, "M3 for the United States."

去，這個最初把新黃金賣掉的人可以賣到很好的交換率，可以用當下的物價買進各式各樣的商品與服務。第二輪收到新黃金的人（直接把商品和服務賣給最初把黃金挖出來的人）可能也可以換到很好的價錢，用來買各式各樣的商品與服務。然而，在接下來幾年，隨著整個經濟體的黃金貨幣供給明顯增加，人們大致上來說有更多黃金可花用，更多的流通貨幣追逐著數量基本不變的商品與服務，很可能導致物價通膨。愈早把新的黃金注入經濟體的人或愈接近這類人的其他人，處境會變得愈好。得利最大的是原本開採出金礦的人，第二的是最初拿到新黃金的那些商人。在這種情境中最不利的，就是一般勞工；就算整個經濟體裡多了很多黃金流通，物價也已然出現一定的漲幅，但這些人仍很難說服老闆加點薪水、好讓他們能夠稍微跟上飛漲的物價。[270]

　　法定貨幣系統會更強化坎蒂隆效應。在突如其來的流動性危機期間，利用新創造出來的貨幣提供選擇性紓困與政府補助的信貸，有利於關係良好的大機構。一般來說，大型實體（尤其是大銀行和大企業）從這種系統當中得到的好處，超過小型實體，因為他們可以穩穩地取得廉價債務，這形同於利用稀釋貨幣做空，也是一種用稀釋貨幣買進更多稀少性資源的方法。這些很接近創造貨幣源頭的實體，因為能使用資本市場，也能輕鬆得到貸款（時機好時）和紓困（時機不好時），從而得利。這是一套本質上有很多中央化面向的系統，傾向於協助現有的贏家繼續贏更多，之後，贏家可以繼續成為最大的政治獻金人，以保障他們在需要時可以得到最重要的印鈔機。

　　從大型金融實體的角度來看，用廉價的債務買下小型競爭對手、重新融資及／或再靠槓桿操作擴大規模，除了能直接輾壓較小型的競爭對手之外，更是理所當然的作法。幾十年來，大企業和私募股權正是善用了他們比小型實體更能取得廉價信貸這一點，買下小型實體後重整，這套操作的獲利可說是極為豐厚。當貨幣持續弱勢，明智的策略就是要做大，並且更有能力取得廉價的融資。

---

[270] Richard Cantillon, *Essay on the Nature of Trade in General*, 74–75.

過去幾十年，小商店逐步被大型的全國性連鎖事業取代，小銀行逐步被大銀行收購，在美國這種情況尤為明顯。聯邦存款保險公司的數據指出，1972 年時，全美有 13,733 家銀行，共 24,829 家分行。五十年後，來到 2022 年時，只剩下 7,135 家銀行，共 71,190 家分行。[271] 雖然人口數增加且分行數目也增加（更別提還有整個銀行業都轉向了線上銀行服務），但銀行的家數大幅下降，整合成數目更少、規模更大的銀行。但是，就連這些統計數字都低估了集中度；2022 年時，前十大銀行就持有了 55% 的銀行業資產，其他 4,000 多家銀行加起來只分得剩下的 45%。[272] 2022 年貨幣政策迅速緊縮，社會上的現金被吸了回來，地區性銀行資金被吸走的速度快過大型的全國性銀行，到了 2023 年促成了一系列的銀行擠兌。[273] 銀行很可能繼續整合，數目會愈來愈少。

整體來說，相較於小型實體，貨幣持續貶值與選擇性取得廉價信貸的環境，本來就對大型實體更加有利，而且長期下來會讓財富與影響力集中在控制這些大型實體的人手上。在這樣的系統裡，永遠都可以拿到廉價信貸與大量流動現金的最大債務人，就是美國聯邦政府，一有需要，聯準會隨時都可以用新的貨幣基數，買下聯邦政府的債務。政府之下，美國的大企業與大銀行（透過聯準會的行動與國會的財政刺激方案），持續能取用廉價且流動性高的債務市場；危機期間，與政府關係沒這麼好的實體，其流動現金自然而然枯竭，這些大企業與大銀行卻不受影響。從能否取得信貸來說，排在中間的小企業和一般的屋主，他們只有在時機好的時候才更有可能得到選擇性的廉價信貸；排在最後的，是勞動階級或是貧窮的人，他們很難得到廉價信貸。

---

[271] FDIC, "BankFind Suite."
[272] Federal Reserve Statistical Release, "Large Commercial Banks."
[273] Lyn Alden, "March 2023 Newsletter: A Look at Bank Solvency."

第 19 章

長期債務循環

有一種循環和文明一樣古老,其核心是政治與經濟:這種循環講的是債務飛快地累積,當債務高到讓整個社會崩壞的點,就會發生無可避免的重設財務。這種循環之所以這麼古老但仍重複出現,理由是金融債務的指數型成長特質,某種程度上與人性相衝突,最終也觸及了人為什麼會欠別人錢這種深層的社會問題。

一個社會裡的財富和債務,長時間下來會有集中的傾向。收入很低的人,大致上必須把所有收入都花在食衣住行等基本需求。一旦這個人因為老天給的禮物、突如其來的好運等理由多賺了一些錢,並培養出用錢滾錢的脾性與知識,他們的財富就會出現指數型成長。至此,財富可以賺到更多財富。等到累積出豐厚的身家,財富則可以賺來更多政治上的影響力,把公家的錢多轉往自己身上,再賺進更大把的財富。他們也可以給下一代更豐富營養的飲食與最頂級的教育,再附送他們可能會需要的投資資本與高端人脈,用加速力道推動他們的人生起點,維繫一種可以自主複合壯大的類王朝。

古時候,多數人都務農為生,歉收或其他天災可能導致他們自己或家人淪為債務奴隸。陷入債務奴隸處境的人通常能用的方法很有限,很難多賺點錢以掙脫被奴役的局面。經過幾次歉收或其他會造成累積效果的問題之後,社會上真正淪於債務奴役處境或接近這種狀況的人,比例會愈來愈高,幾乎所有的資產和信貸,都掌握在一小部分少到難以察覺但很接近高層的人手上。到了某個程度之後,這種情況很可能以社會崩壞的形式體現出來,因為很多債務奴隸放眼四周後發現,同樣的人居然有這麼大一群,從而發起暴力革命。信貸是人發明出來的東西,當累積信貸的主要因素是過去的環境和父母祖輩,在背債的人眼中看來就特別無奈,[274] 因此,如果忿忿不平、覺得自己背負了不公平負擔的人夠多的話,這些人可以讓一小撮信貸的債權人明白,他們對於這些信貸主張的權利實際非常脆弱。

放到現代脈絡下來說,如今多數人都不再務農,但我們可以看到仍有各種新模式會讓人們陷入債務陷阱。可能是為了滿足很基本的需求所致,比方說醫藥費的債務隨著時間愈滾愈大。有可能是年輕時背負了高額的助學貸款,畢業後賺的薪水還不夠償還,因此幾十年都困在債務裡(在某些地區,學貸和大部分其他形式的債務不同,就連破產都不能免除)。[275]

很諷刺的是,銀行服務對窮人來說也比較昂貴;他們要為了透支以及帳戶餘額太低而支付手續費,富有的人則可以得到免收手續費以及豐厚的優惠待遇。[276] 窮人為了打平收支去借的錢,比方說發薪日貸款或信用卡貸款,利率都高到不得了,富裕人士卻可以用比較便宜的利率借錢。此外,財富上很貧窮的人通常在時間上也很貧窮,就算做的事情都相同,他們一整天下來也會遭遇更多摩擦與時間上的耗損(沒有車子可用,沒有人幫忙帶小孩,沒有家用洗衣機或洗碗機,諸如此類的)。再來說些雞毛蒜皮的小事,比方說各種違法行為的罰款,在大部分地區,不論犯法的人是誰,適用的罰款金額都相同,但對富有的人來說九牛一毛的金額,卻會對窮人的財務造成嚴重傷害。如果窮人付不出罰款,有些地方會把他們關起來,之後還會跟他們收取拘留的費用,在時間上、金錢上以及他們賺錢的能力上造成干擾,進一步衝擊他們的財務。在開發中國家,有相當比例的人沒有銀行帳戶,因為維護銀行帳戶的行政管理成本相當高,只有小額餘額的話,不敷成本。因此,很多人會把自己擁有的少數實物貨幣儲蓄放在枕頭下,他們賺不到銀行帳戶持有人能賺到的利息,完全無法抵銷貨幣的不斷貶值。

對他們來說,不斷加乘的是債務和貧窮,導致收入愈來愈低;信貸和

---

[274] Gregory Chirichigno, *Debt-slavery in Israel and the Ancient Near East*, chs. 2–3.
[275] Lyn Alden, "How Debt Jubilees Work."
[276] Aaron Klein, "How Credit Card Companies Reward the Rich and Punish the Rest of Us," *Los Angeles Times*, December 20, 2019.

財富也有加乘的效果，但方向相反，會讓有錢人的財富愈來愈豐。人的本能和解讀世界的方式通常是線性的，但加乘是指數型的，長期下來，兩者之間的不對稱，常打破了所有社會模式。

然而，如果發生暴力革命，通常的結果是貧窮向上重分配，而不是財富向下重分配，窮人不會變成富人，反而是有些富人會變成新的貧窮階級，加入到現有的窮人行列。富裕階級被推翻，而且整個體系很可能隨著他們陷入混亂，經濟誘因組成中比較脆弱的部分，很可能遭到破壞。以大部分的情況來說，在這個過程中能更加富裕的，只有一小撮成為新體制領導者的人。

也因此，君王會時不時固定實施部分債務減免，這樣的操作可以追溯到巴比倫的漢摩拉比王以及更之前的統治者，而且整個古代有許多期間、許多地方都可看到類似作法，目的是要在局面完全失控之前，偶爾重設部分的遊戲規則。[277] 在科技上也有相同的類比，如果你放任一臺電腦長時間運作，「記憶體流失」（memory leak）的情況會愈發嚴重，直到最後，所有記憶體都被占用，電腦也就當了。重新啟動電腦能釋出未被占用的記憶體，讓系統重新運作。如果電腦一直開著，使用者也遲遲沒有處理，電腦就會開始變慢並出現錯誤，最後在使用者工作到一半時當機，還沒儲存的資料也跟著消失，這就造成了損害。另一方面，偶爾或出現早期徵兆指向有問題時，先行主動重開機，就能把電腦當機造成的破壞降到最低。

威爾・杜蘭（Will Durant）和艾瑞兒・杜蘭（Ariel Durant）合寫了《讀歷史，我可以學會什麼？》（Lessons of History），他們在經濟學與歷史的那一章結論是這樣說的：

> 我們總結，財富集中是自然且無法避免的現象，不定期會因為暴力或和平的重分配而有緩和。用這種觀點來看，所有經濟歷史都是社會有機體緩慢的心跳，是一套集中財富與自主再循環的大型收縮與舒張系統。[278]

---

[277] Merryn Somerset Webb, "Sound the Trumpet! Debt Jubilees Have Arrived," *Financial Times*, May 29, 2020.
[278] Will Durant and Ariel Durant, *The Lessons of History*, 57.

歷史上有些文明為避免承擔暴力革命的風險，選擇以和平的方式進行部分重分配，並把這套過程納入固定的法律或傳統當中。比方說《漢摩拉比法典》就設定了債務奴隸的期間限制：

若有人因為無法履行他人債務請求權，從而為了錢賣掉自己、妻子、兒女或免費從事強迫勞動，規定如下：應在買進他們的人或所有權人家中工作三年，第四年應獲得自由。[279]

此外，巴比倫在舊王死亡或退位、新王繼位時多半會減免所有個人的債務。某些企業債務或類似的債務仍有效，但一般人的個人債務通常會一筆勾銷，債務奴隸也能重獲自由，通常以慶祝儀式或實際打破黏土板帳本為憑。

《申命記》（Deuteronomy）第 15 章也講到重複發生的債務勾銷：

每逢七年的最末一年，你要施行豁免。豁免的定例乃是這樣：凡債主要把所借給鄰舍的豁免了；不可向鄰舍和弟兄追討，因為耶和華的豁免年已經宣告了。若借給外邦人，你可以向他追討；但借給你弟兄，無論是什麼，你要鬆手豁免了。（……）你弟兄中，若有一個希伯來男人或希伯來女人被賣給你，服事你六年，到第七年就要任他自由出去。你任他自由的時候，不可使他空手而去，要從你羊群、禾場、酒醡之中多多的給他；耶和華——你的神怎樣賜福與你，你也要照樣給他。[280]

在《讀歷史，我可以學會什麼？》一書裡，威爾·杜蘭和艾瑞兒·杜蘭舉了一個古希臘重設部分債務的例子：

古希臘作家普魯塔克（Plutarch）說，在西元前 484 年的雅典，「富人與窮人的財富差距已經來到高點，雅典城也因此陷入危險局面，除了靠專

---

[279] Hammurabi, *The Code of Hammurabi, King of Babylon*, 41.
[280] Bible Gateway, "The Year for Canceling Debt," 1–3, 12–14.

制權力之外，其他方法看來都不可能讓這座城免於騷亂。」窮人發現自己的景況一年比一年更糟，掌握著政府的正是他們的主人，腐敗的法庭決斷爭議時每一次都對他們不利，於是他們開始討論要進行暴力反抗。富人憤怒於他們的財產受到挑戰，準備強力捍衛自己。明智決斷勝出；溫和的中間選民選出了有貴族血統的生意人梭倫（Solon），成為雅典最高執政官。他讓貨幣貶值，從而減輕所有債務人的負擔（但其實他本人也是債權人）；他寬減所有個人債務，讓為了債務而入獄的人刑滿出獄；他勾銷所有拖欠稅金和房貸的利息，他制定了累進的所得稅，富人要支付比窮人高十二倍的稅金；他重整法院，更偏向民意基礎；他為了雅典戰死者的遺孤做安排，由政府出錢撫養他們長大與接受教育。富人抗議他的措施，說這根本就是沒收；激進分子抱怨說他沒有重新分配土地；但是，有一代人幾乎完全同意，正是他的改革拯救了雅典免於發生革命。[281]

我一直認為這段描述希臘的情況很有意思，因為只要把名字換掉，我們大可想得出來，站在爭端兩邊的現代政治人物各是哪些人。握有信貸的人（或者這些人的代表人），通常想要維護信貸的神聖性，以及個人要負責償付貸款、財產權堅不可摧與強勢貨幣政策等等概念。欠錢的人（或是這些人的代表人）一般會指出系統中的結構性不公不義，以及在企業與政治力量攜手並進之下，上層會出現自我強化的貪汙腐敗。兩邊講的話都有道理，但通常是各說各話，因為他們在面臨指數複合加乘的冷硬數字時，秉持的都是線性的世界觀。由於有著無可化解的差異，某種程度上來說他們解不開這個局，反而到頭來必須冒著發生暴力革命的風險，一旦爆發就幾乎沒有贏家。富人會發現，如果少了普遍的共識，在一個互相依賴程度很高的社會裡，他們脆弱的請求權也沒什麼價值。窮人會發現，只是拿走富人的財富，並不會讓他們自己變得富有。

最有建設性的討論，出現在一方觸動另一方的理性自利動機之時。舉例來說，債務人的代表人可以主張，一般大眾如果能廣受教育、得到醫療

---

[281] Durant and Durant, *Lessons of History*, 55–56.

照護以及一點財務喘息的空間，整體來說可以讓經濟體更有生產力、更能成長。換言之，債權人短期做點小投資或是稍微放鬆一點，可以從把經濟的餅做大、減少犯罪以及促進社會和諧當中，帶來多好幾倍的報酬，長期下來讓債權人更富有也更幸福。在此同時，債權人的代表人可以主張，雖然可以提供一定程度的寬減，但必須保留企業、利潤與財產權的核心誘因架構；齊頭式的財富平等或總財富重分配這些天真的想法，最好是完全別考慮，更遑論這類操作，會摧毀導向高效率生產商品與服務的必要經濟誘因，使得已經債臺高築的人面臨更嚴重的貧窮與悲慘。

除了信貸會出現指數型的成長之外，法律也有複合成長的模式。長期下來，政治人物會通過愈來愈多的法律與規範，重點多半都放在嘉惠有權勢的人以及會捐助他們的人。用心良苦的政治人物，通常希望藉由新的立法來修正問題，但過去的法律很難撤銷，這是一大問題；法律通常是一層一層往上加，對企業來說，要理解法律並在法律許可的範圍內運作，成為愈來愈沉重的負擔。行政管理成本因此增加，稅務會計變得更加龐雜，但生產力反而下降。這並不是說法規本身不好，而是愈形複雜的疊床架屋法規很難長久維持下去。從歷史上來看，在大型的結算信貸循環中，通常也會伴隨著結清法律的循環，這會讓這類歷史時刻更添危險，因為一切規則都要重寫。

無論是四千年前的巴比倫、西元前六世紀的雅典，還是 1930 年代與 1940 年代的美國，有些社會想辦法在關鍵時刻走出了一條路，避免了暴力革命，重設部分的遊戲規則，並讓現有的誘因架構完整無缺且運作順暢。有些社會則做不到；找不到這類折衷辦法，通常會導致更黑暗的結果，比方 1917 年的俄國革命。

短期法定貨幣景氣循環

本書多數讀者都很熟悉現在經濟的景氣循環起起落落，前幾章都有相關的討論。很多人會爭論引發景氣循環的原因為何，包括這些原因有多少是央行政策錯誤所導致的；但不管是哪一種，我們都知道這些原因確實存在，而且也親身經歷過很多。

經濟開始擴張，企業與個人從之前的經濟緊縮開始復甦，從而開始背負更多債務與承擔更高風險。這通常是因為央行調降利率,並為機構提供額外的保證與流動現金,鼓勵借錢和放款。隨著經濟持續擴張,債務的水準愈來愈高,過度投資(企業)與過度消費(家庭)到頭來讓大家的槓桿愈來愈高,愈來愈脆弱。過程中,資產價格也大致上從很便宜,慢慢漲到很昂貴。到了循環末期,很多人在做投資時,都不是以清醒的頭袋做出明智決定,反而抱持著不切實際的成長預期與熱烈興奮,運用資源時的生產力也偏低落。到了這個時候,經濟很可能非常火熱,央行很可能升息,這會刺破他們自己在景氣循環之始助長的信貸泡沫。

最終,會出現一些有副作用的催化因素(比方說外部衝擊或央行自己犯下的政策錯誤),加上高漲的債務水準與不當投資,觸發經濟緊縮並啟動去槓桿化的期間。企業的營收疲軟,於是減縮人力,這表示人們能花在其他企業的錢變少了,導致更多企業也跟著裁員。決策者的因應之道,通常是調降利率與提供流動資金給關係良好的借款人,再加上財政刺激方案以抵銷這段期間本來會出現的通縮。有些人會違約,系統清掉超額的不當投資與沒有生產力的槓桿,之後,又開始新的循環。

有一個問題是,在中央化的法定貨幣系統裡,決策者在系統貨幣基數這一層有很大的彈性,很少會動用去槓桿化把負債水準一路往回降低到循環之初的水準。一啟動去槓桿,財政方面的民意代表與貨幣政策決策者就會端出刺激方案,盡快展開下一次的經濟擴張。到了短期去槓桿化過程塵埃落定時,企業整體的債務金額下降,但水準仍高於他們前一次短期循環開始之時。貨幣政策決策者此時會調降利率並提供流動資金,試著再度鼓動更多信貸成長。[282]

1987 年,美國股市閃電式崩盤。聯準會各長官架起安全網充當靠山,提供流動資金,商業銀行也紛紛來電要求聯準會提供保證,目的就是要避免信貸問題蔓延成一大片。1998 年,一家規模很大、槓桿率很高的避險基金業者「長期資本管理公司」(Long-Term Capital Management)因做錯投資而破產,聯準會做了相關安排為其流動資金,調降利率,並協調 14 家銀行

---

[282] Ray Dalio, *Principles for Dealing with the Changing World Order*, 50-56, ch. 3, and ch. 4.

為這家避險基金公司紓困，以避免發生更大範圍的信貸問題感染。1998年這次用流動現金架起安全網的安排，助長了兩年後股市如拋物線般衝上頂點然後墜落，形成了2000年網路股泡沫。在網路股泡沫後隨之而來的經濟衰退期間，聯準會把利率調低至1%，助長了之後幾年的高額借貸與房市投資操作；幾年過度發展之後，房市泡沫也在2008年破滅。在這個歷經幾十年的過程當中，政府相關單位從不容許超額信貸自然而然清理乾淨，一直都用安全網撐住，然後愈推愈高。

圖19-A顯示在新冠肺炎疫情危機之前美國五十年來的景氣循環。經濟衰退期間企業債務在國內生產毛額中的占比會下降，但低點與高點都不斷提高，這一點很重要，因為每一次循環利率都愈來愈低，長期下來讓債務愈積愈多。會出現這種情況，有一部分正是貨幣政策決策者造成的。

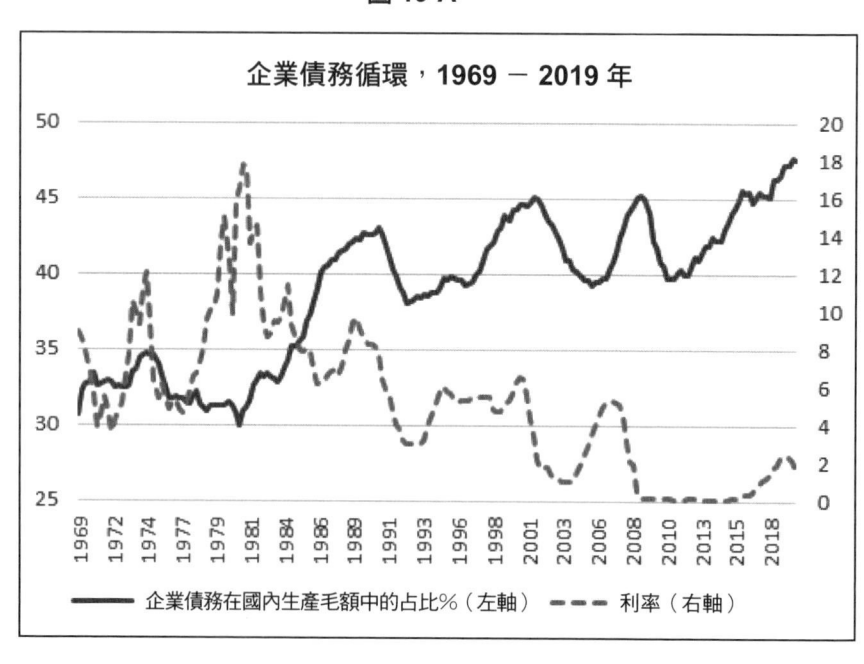

圖 19-A [283]

企業債務循環，1969－2019年

———企業債務在國內生產毛額中的占比%（左軸）－－－利率（右軸）

---

[283] Federal Reserve Economic Data, "Federal Funds Effective Rate"; "Nonfinancial Corporate Business; Debt Securities and Loans."

在此同時，聯邦累積的債務變化剛好有反循環的作用，抵禦這股趨勢。聯邦政府的債務在經濟衰退期快速增加，這是因為經濟產出減少導致稅收減少，但聯邦政府又必須增加支出，以支應額外的失業福利與其他財政刺激方案。再加上美國推動「反恐戰爭」，比過去的戰事更要靠舉債融資。

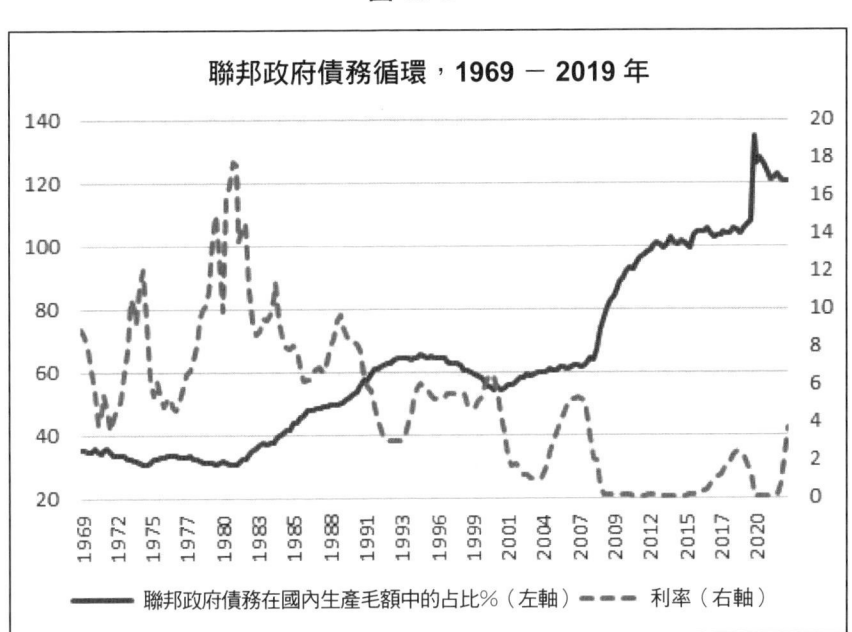

圖 19-B [284]

聯邦政府債務循環，1969 － 2019 年

如果政府想用可長可久的反循環政策來緩和經濟成長週期，在這樣的架構下，政府應該在經濟擴張期要有盈餘並累積儲備，然後在緊縮期動用儲備，以赤字運作，這樣一來，預算就可以在整個循環當中平衡，而且也有彈性。然而事實上，從政治人物做事的誘因架構來說，他們幾乎是隨時隨地都以財政赤字在運作。政治人物少有或沒有創造近期盈餘的誘因，所以也很少人這麼做。因此，公共負債相對於經濟規模的比例通常都會慢慢增加，就連經濟強勁成長時期也不例外，到了衰退時更是加速提高。在此同時，每當民間債務水準要減少時，就算降幅溫和，貨幣政策決策者也會

---

[284] Federal Reserve Economic Data, "Federal Funds Effective Rate"; "Federal Debt: Total Public Debt."

跳進來阻止，以免這種情況蔓延開來。

圖 19-C 顯示美國的總債務（民間加公家）水準，時間範圍從 1952 年初（當時為 4,610 億美元）到 2022 年底（此時為 93.5 兆美元）。讀者可以看到這是經過嚴謹導引的平順上揚趨勢。在這整段長達七十年的期間，系統裡的債務總數從未減少，唯一的例外是 2008 年大規模金融危機，有一陣子債務稍降了 1.3%，但之後又延續愈來愈高的平順上揚趨勢。

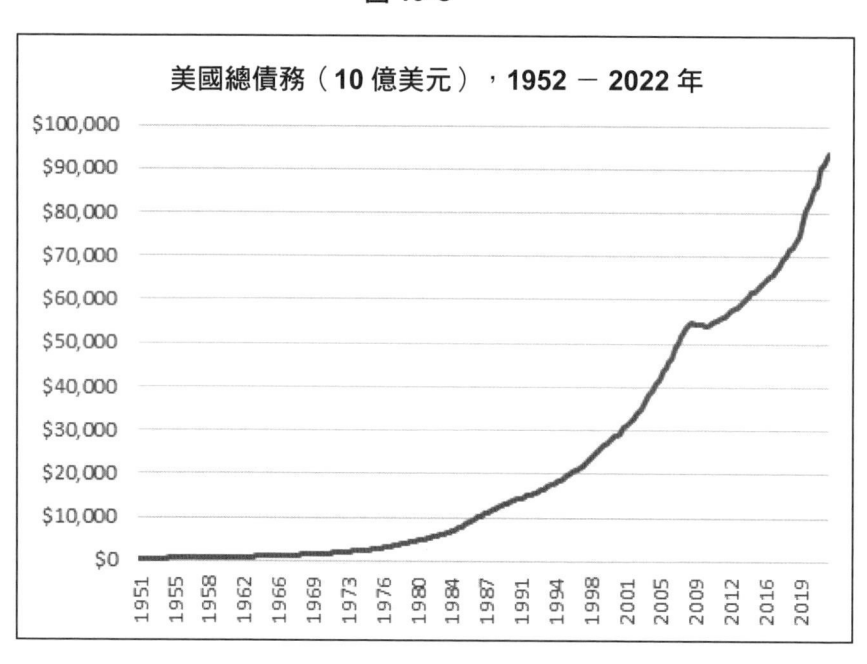

圖 19-C [285]

美國總債務（10 億美元），1952 － 2022 年

這又回到了我的主題：自十九世紀下半葉以來，發明了洲際電訊通訊之後，就存在一直延續到今天的商務速度與結算速度之間的落差。我不會歸罪個別的政治人物不當管理國家預算，也不會譴責個別央行官員不當處理民間的信貸，反之，我要指出的重點是，在過去的一個半世紀，以當下的貨幣技術來說，落實穩健的貨幣原則是近乎不可能的任務。央行有能力

---

[285] Federal Reserve Economic Data, "All Sectors; Debt Securities and Loans."

在必要時發行法定貨幣，實物強勢貨幣（比方說黃金）的流通速度太慢，與法定貨幣帳本相比，難以成為務實的替代性支付系統，這必定會讓政治上的誘因轉向恆常財政赤字、恆常的信貸成長與恆常的貨幣貶值，而不樂見這種情況的人，少有或根本沒有求助對象。

關於債務到底會不斷成長到什麼地步，主事者根本不太在乎。[286] 就算政治人物真正關心政府的債務與赤字，並以這個主題當作競選主軸，然而一旦走馬上任後真的落實他們偏好的政策，他們的政治之路也走不遠，更不會受到一般人的喜愛。他們通常無法從政治同僚與一般民眾身上得到廣泛支持，根本不可能落實政策。央行官員的處境也一樣。從 1987 年到 2006 年擔任聯準會主席的艾倫‧葛林斯潘（Alan Greenspan），久任於聯準會之前是一個熱衷於支持金本位的人，但他在任期內大力推動債務平順成長，比其他聯準會主席有過之而無不及。我們當然可以把部分的責任歸咎於一些貪汙腐敗的政治人物、裙帶資本主義的立場，以及透過印錢融資給予關係良好實體的選擇性紓困，但根本的問題是，目前所有的誘因，會從系統最上方就一次又一次排除掉這類平衡式的預算操作。

綜合所有因素，得出的結論是現代經濟的誘因，就是要在幾十年間就帶動多個短期景氣循環，使得政府、企業與家庭的債務水準在經濟體中的占比愈來愈高。這種情況會持續發生，直到利率降到零值（或是來到稍微負值的水準），以及政治人物沒有銀彈可以鼓動信貸繼續成長。到了那時，就會發生不一樣但更嚴重的情況。

長期法定貨幣債務循環

2008 年，美國各地的銀行開始倒閉，整個金融體系開始支離破碎，動搖根本。聯準會一路調降利率，幾代人以來第一次調到零值，但這也還不夠。他們之後端出金額高到前所未見的緊急行動方案，在一年之內將整個貨幣基數快速翻倍。[287] 在此同時，國會也跳了出來，提供緊急財政紓困與

---

[286] Katarina Buchholz, "U.S. Debt Rises Irrespective of Who Is in the White House," *Statista*, May 8, 2023.
[287] Federal Reserve Economic Data, "Monetary Base, Total."

貸款，保住金融體系的大部分，避免一下子全部垮掉。[288]

表面上，會有這些事是因為很多銀行承作高風險貸款，之後打包成隱晦難懂的證券，之後由受到不當誘因機制牽動的信評機構，對這類證券給出完美的信用評等，讓這些由不良貸款構成的證券規模愈來愈大。但是，不過區區幾年的房市熱潮，與愚昧的放款和證券化過程，怎麼就引發了這麼大規模的金融災難呢？答案是，檯面下還有很多看不到的東西，這些都是過去幾十年間各個短期景氣循環累積下來的東西，其中種種過度的行為才正要浮上檯面。

2007 年底時，美國總債務金額為 52.7 兆美元，涵蓋範圍包括聯邦政府債務、州政府債務、企業債務、家庭債務和其他類型債務。這些債務的根基，是僅 8,370 億美元的貨幣基數。每 1 美元的債務，代表未來 1 美元的支付請求權，2007 年時，系統裡的債務已經是貨幣基數的 63 倍。

圖 19-D [289]

總債務與貨幣基數之比值，1959 － 2022 年

---

[288] Marc Davis, "U.S. Government Financial Bailouts," Investopedia, October 31, 2022.
[289] Federal Reserve Economic Data, "Monetary Base, Total"; "All Sectors; Debt Securities and Loans."

當債務相對於貨幣基數的比值來到這麼高的水準，整個金融體系就變成一場永遠都不能喊停的大風吹遊戲。人們擁有的請求權，永遠都只能是，嗯，請求權（而且是槓桿率很高的請求權）。想像一場由63個孩子搶1把椅子的大風吹，再想像如果要同時都換成市值，這些債務會變成多大的災難？就好比讓音樂驟然停下來，看著62個小孩都搶不到椅子。

如果用比較狹隘的範圍來看，比方說，僅看銀行體系：銀行每有1美元的現金，對應了23美元的儲蓄債務。這些銀行儲蓄代表著美元請求權，但銀行手上的現金很少，用來擔保這些請求權的，主要是風險很高、流動性很低的貸款。銀行要生存，靠的是有能力在必要時向其他銀行借到錢，以滿足流動性的需求，但這只能在銀行信任彼此的平順經營環境下才能做到。換言之，只要音樂繼續放下去，這種槓桿率很高的系統就能運作，但只要音樂一停，既有的脆弱之處就暴露出來了。

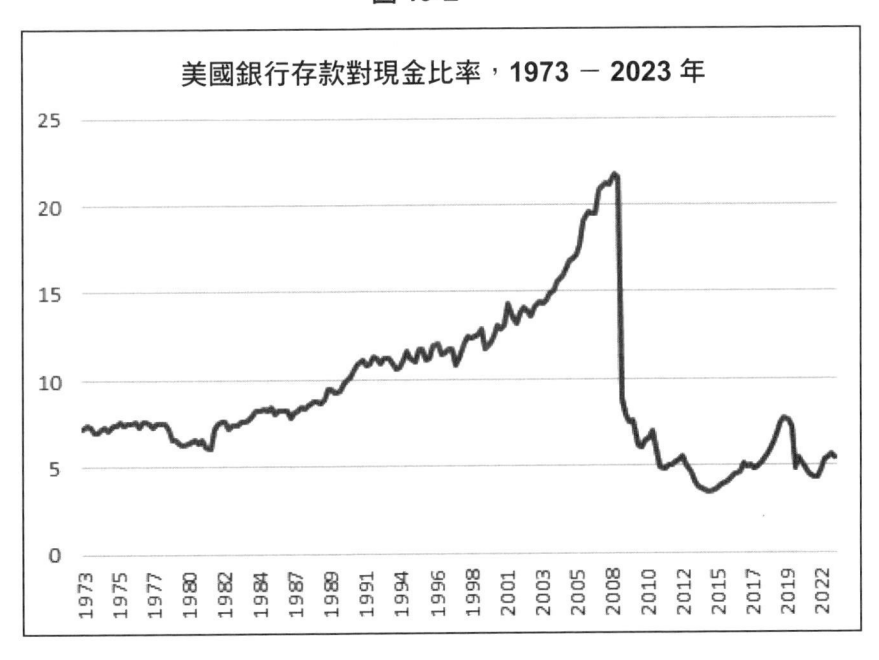

圖 19-E [290]

美國銀行存款對現金比率，1973 － 2023 年

[290] Federal Reserve Economic Data, "Cash Assets, All Commercial Banks"; "Deposits, All Commercial Banks."

我們可以從數字和圖表中看出，會出問題，並不能只歸咎於銀行在2004年到2007年間所做的一系列錯誤決策，那只是其中一部分，反之，這是一個透過多個短期景氣循環結構性累積了幾十年的問題，這是因為金融系統正是設計成要不持續成長、要不就崩壞。在這幾十年間，每當信貸系統收縮，即便只是短期，都會製造出危機，決策人士就會調降利率、提供流動資金，鼓動創造出更多信貸。請求權對實際美元的比率，從來不允許在比較合理水準結清。接著，到了2008年，整套系統分崩離析。銀行實際上持有的每一美元對應太多儲蓄請求權，與金融體系裡的貨幣基數數量相比的各式各樣債務也太高。主管機關已經把利率降到零值，也保證會提供流動資金，但這一次，這些都還不足以處理這麼大規模的標的槓桿。

決策者面臨了重大抉擇。一旦有銀行倒閉，會導致更多銀行倒閉，接下來拖著更多銀行跟著倒。他們應該讓系統崩壞嗎？若要的話，1930年代的情況將重演，很多存款人一毛錢都拿不回來，而且，聯邦存款保險公司的保險也不夠，因為他們手上的現金不到保險存款總額的1%。系統裡負債總額（代表美元的請求權）是貨幣基數（這是實際上的美元）的63倍，那麼，或許大部分的債務都不切實際，需要整個清乾淨？或者，決策人士應該出手，防範系統真的崩潰？如果債務對貨幣基數的比率太高，那與其放任這些債務違約，決策人士或許可以……無中生有快速增加貨幣基數數量，以防止高比例的廣義貨幣違約後消失？

換言之，這個高槓桿系統的音樂一停下來，請求權（債券與銀行存款）將會透過大規模的違約減少，調整到比較接近貨幣基數數量，要不然，就要擴大貨幣基數的數量，以「對應」過去幾年或幾十年創造出來的大量美元請求權。

決策者當然選擇後者。圖19-F分別顯示了美國的總負債（全都是美元請求權）與美國的貨幣基數（這是系統裡的實際基礎美元數量）。2008年音樂停下來了，總債務因為違約情況大增而開始下跌，但聯準會沒有放任系統自生自滅，反而快速擴大了貨幣基數。

圖 19-F [291]

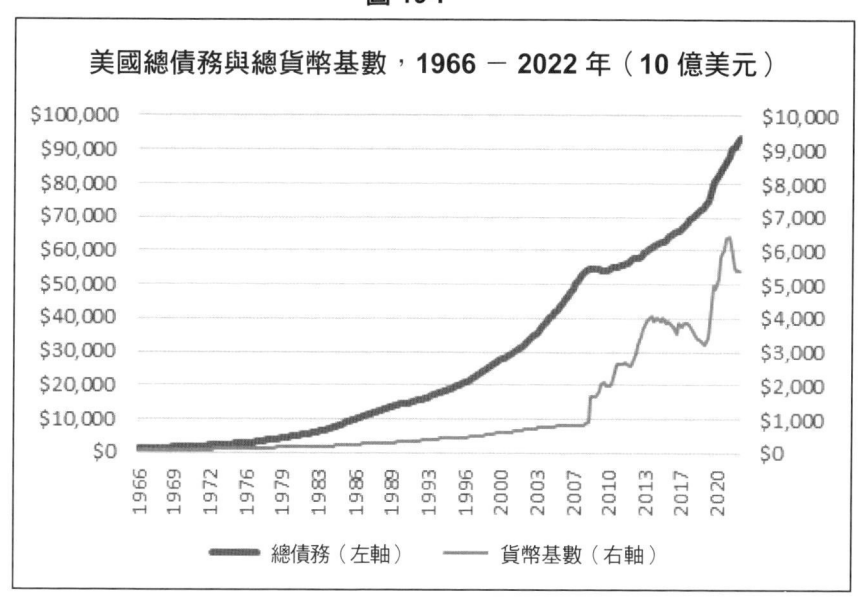

美國總債務與總貨幣基數，1966－2022 年（10 億美元）

總債務（左軸）　　貨幣基數（右軸）

2008 年後，以絕對值來看的債務從未去槓桿，但民間債務相對於廣義貨幣供給的規模有溫和去槓桿，相對於國內生產毛額也溫和下跌，與貨幣基數相比之下則有明顯減少。民間債務的成長速度開始放緩，貨幣基數則快速擴張。由於多家銀行倒閉，再加上聯邦存款保險公司承保額度以外的存款虧損，廣義貨幣在這種重大的金融危機期間，正常來說會減少，但由於政策的干預，廣義貨幣仍以和緩的步調成長。債務還不出來與銀行存款拿不回來，就毀棄了廣義貨幣，但這類事件大致都被擋下了。銀行拿到了更多流動現金（新創造出來的現金儲備），他們拿出了一些流動性比較低的資產作為交換，這讓他們在滿足流動現金時可降低對其他銀行的依賴。

這類操作造成的是長期的債務循環，而非一般的景氣循環。為了防止發生不得不結清信貸的事件，政府機關幾十年來不斷推出政策干預行動，容許也鼓勵巨額債務。一旦利率無法再繼續往下壓低，債務也確實高到不可思議的地步，所有危險就會暴露出來。決策者不願任由危機出現，開始

[291] Federal Reserve Economic Data, "Monetary Base, Total"; "All Sectors; Debt Securities and Loans."

快速擴大貨幣基數，並轉向貨幣貶值的政策，即使民間債務成長減緩，也能維持廣義貨幣恆常成長。相對於貨幣基數的債務金額太高，對策是提高貨幣基數供給，而不是放手讓名目債務大規模違約，這樣就解決了不同於短期債務循環的長期債務循環。長期債務循環就像是電視影集整季的高潮，一般的景氣循環則是一季裡的每一集。

連續出拳

很多人認為，2008 年快速擴大貨幣基數會導致惡性通膨，並說這是「就我們所知的美元終點。」[292] 但他們錯了，而且錯得離譜。[293]

這主要是因為 2008 年紓困的對象是銀行，而不是一般民眾。貨幣基數大增，但廣義貨幣的成長幅度相對和緩。大量增加貨幣基數數量之後，現有的廣義貨幣（最後都是部分準備系統下商業銀行的貨幣基數請求權）就有更多的貨幣基數做擔保，因此廣義貨幣就沒有走上本來的命運，隨著銀行倒閉而消失。在這些干預措施之後，與政府介入前相比，一般人的銀行帳戶裡並沒有多出太多錢。既然他們沒有太多額外的錢，那惡性通膨從何而來？答案是不會出現惡性通膨，或者說，至少不會很快就出現。圖 19-G 將前面的圖稍微把時間拉近，顯示美國從 1995 年到 2022 年的廣義貨幣與貨幣基數金額。

如果廣義貨幣大幅增加（比方說像 2020 年到 2021 時的狀況，但 2008 年到 2009 年這段期間並沒有），通常會導致消費者物價通膨。在這種情境下，人民有更多錢可以花，但花錢可以買到的商品與貨物數量跟之前仍差不多，因此物價會跟著上調，但這其實也是因為貨幣的價值往下降。然而，如果僅有貨幣基數快速成長，廣義貨幣相對正常（比方說 2008 年之後的狀況），那麼，雖然這番變動會造成多種效應，但一般人並沒有更多錢可以花在商品與服務上，基於這個理由，我傾向於說 2008 年的種種事件叫「反通縮」，而不是直接的通膨；貨幣基數快速擴張、不良資產紓困方案

---

[292] E.g. WSJ Staff, "Open Letter to Ben Bernanke," *Wall Street Journal,* November 15, 2010.
[293] Brian Doherty et al., "Whatever Happened to Inflation?" *Reason,* December 2014 issue.

（Troubled Asset Relief Program）和其他行動，是為了防止沒有保險的銀行倒閉，藉此防止人們損失廣義貨幣（請求權），但並沒有給人民更多廣義貨幣（請求權）花用。

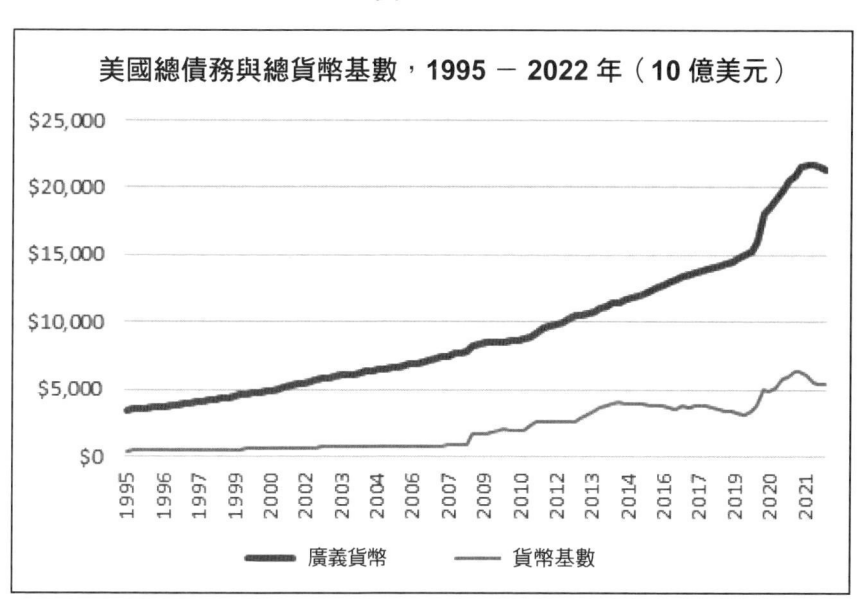

圖 19-G [294]

美國總債務與總貨幣基數，1995 － 2022 年（10 億美元）

長期債務循環發生時通常是連續出拳（至少在現代是如此）。要理解這一點，我們得把政府債務和非政府債務分開。第一拳是大型的民間債務泡沫破滅，這會造成通膨放緩。1930 年代和 2010 年代就出現這種現象。第二拳是大型的公共債務泡沫就地壯大，這會造成通膨，並用來抵銷之前民間泡沫破滅造成的損害。1940 年代和 2020 年代就出現這種現象。換言之，隨著長期債務循環啟動，本來是民間背負超額，現在則換成了政府，而真正的高峰，會出現在政府碰上急性通膨債務螺旋（debt spiral）之時。

次頁圖 19-H 顯示美國自 1920 年到 2022 年的財政與貨幣政策，有助於說明未來出現通膨（或不會出現通膨）的可能性。

---

[294] Federal Reserve Economic Data, "Monetary Base, Total"; "M3 for the United States."

圖 19-H [295]

美國貨幣與財政政策，1920 － 2022 年

A 聯邦政府赤字占國內生產毛額比重％
B 貨幣基數占國內生產毛額比重％
C 3 個月期政府公債利率

美國債務占國內生產毛額比重％，1920 － 2022 年

聯邦政府債務占國內生產毛額比重％　　－－－ 非聯邦政府債務占國內生產毛額比重％

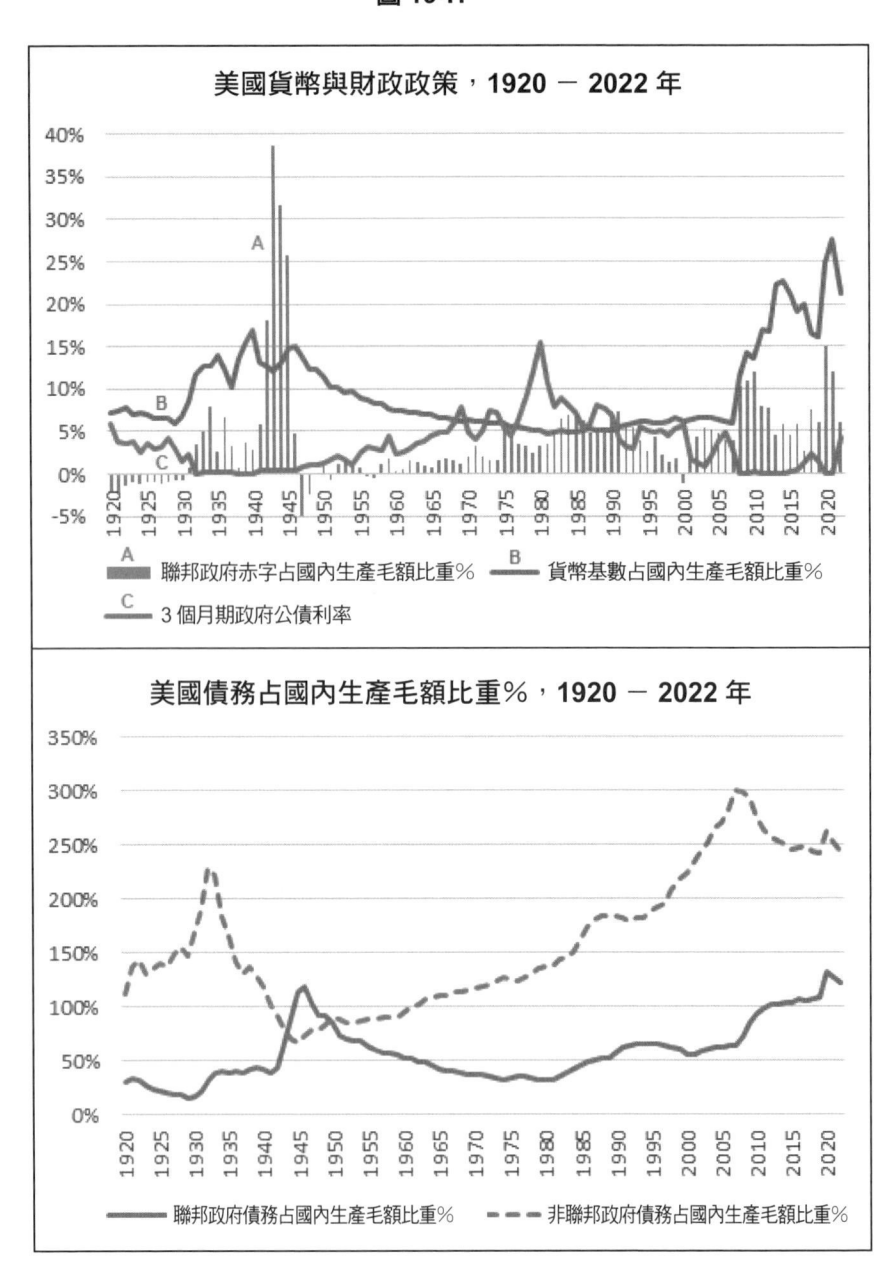

[295] Federal Reserve Economic Data, "Monetary Base, Total," "All Sectors; Debt Securities and Loans," "Gross Domestic Product," and "St. Louis Adjusted Monetary Base;" U.S. Treasury, "Historical Debt Outstanding"; and Bangs, "Public and Private Debt," 21.

記住圖 19-H，並搭配其他我們已經知悉的歷史知識，到目前為止，2000 年代、2010 年代與 2020 年代呼應了 1920 年代、1930 年代與 1940 年代發生的事：

- 1920 年代和 2000 年代＝民間信貸熱烈成長。
- 1929 年和 2008 年＝一個世代的金融危機。
- 1930 年代和 2010 年代＝經濟停滯與民粹主義興起。
- 1940 年代和 2020 年代＝地緣政治衝突與民粹主義，赤字導向的通膨。

會有這種情形，並不是因為同樣的循環神奇地捲土重來，而是因為流程中的每個部分直接餵養了下一個部分，系統中相關參與者與決策者面對的誘因動機，便是背後推助落實的力道。

1920 年代與 2000 年代都是民間信貸熱烈成長的期間，很多信貸都是用於投機目的。1920 年代，人們用高度槓桿投機操作股票，會有這種情況，部分原因是一戰期間創造出很多錢，與系統中的黃金數量相對之下多很多。2000 年代，人們則是用高度槓桿投機操作房地產，會有這種情況，部分原因是在網路泡沫破滅之後利率降至 1%。投機性信貸熱分別在 1929 年與 2008 年破滅，導引出很有可能拖垮整個銀行體系、長達一個世代的金融危機。

在 1929 年與 2008 年的金融危機之後，政府為了讓銀行體系重新資本化並重新注入流動性，以防出現系統性的銀行倒閉並讓顧客失去儲蓄，兩次都大幅擴張貨幣基數，而兩者的差別在於，2008 年之後政府的行動比較迅速（在人們還沒有失去銀行儲蓄之前就有動作），勝過 1929 年之後（政府在銀行倒閉、人們失去三分之一的銀行儲蓄後才有動作）。1930 年代，貨幣基數大幅擴張；政府讓美元相對於黃金的價值急貶，使得以美元計價的貨幣基數得以在系統中黃金的數量相對固定下仍可擴大。在 2008 年與邁入 2010 年代期間，貨幣基數也增加了；聯準會無中生有，創造了很多新的銀行儲備，並用來向銀行買進美國公債與不動產抵押證券，給了銀行更多流動現金，讓他們在滿足流動性需求時比較不那麼需要仰賴彼此。前一張

圖 19-H 顯示的是貨幣基數在國內生產毛額中的占比，以及這些期間在這方面的相似性。

1930 年代和 2010 年代的經濟成長當很疲弱。兩者相比，由於塵暴大旱和其他問題，1930 年代的狀況糟很多，但是對很多人來說，2010 年同樣痛苦難耐。舉例來說，2010 年代死於酗酒和藥物過量的人數大增，男性尤多。[296] 政治上，1930 年代和 2010 年代都有民粹主義開始興起，愈來愈多人覺得系統從架構上就對他們不利。1930 年代，人們愈發同情共產主義，工會組織也逐漸興盛，還有一股強烈的氛圍轉向支持小羅斯福總統新政（New Deal）下的各種政策。2010 年代，政治立場右傾的茶黨（Tea Party）起身抗議愈來愈龐大的政府債務和銀行紓困金額，政治立場左傾的占領華爾街（Occupy Wall Street）則起身抗議企業裙帶主義與銀行紓困。我認為茶黨與占領華爾街運動是一體的兩面：都是反撲美國的彈性帳本，以及使用公共債務與印錢來拯救關係良好的大型實體、卻要一般老百姓付出代價的相關操作。

1930 年代民粹主義興起與經濟停滯是全球性的現象，最終助長了 1940 年代的二次大戰。當經濟的大餅無法做大，人們會覺得很挫折，通常就會希望由強人領導者告訴他們應該要怪誰（但答案並不正確）。愈來愈嚴重的極端主義，導致多個國家都涉入全球性的戰事，軍備支出也因此大增。在美國，出現與全球經濟產出相對之下相當高的赤字，花在了製造設施、大宗商品、勞工和士兵身上。當士兵從戰場返鄉，他們會拿到援助金去接受教育，拿著有補貼的貸款去買房子。[297] 綜合這些，就成了一套用印出來的錢提供的高額財政刺激方案，也代表了金融的重心從債權人轉到了債務人。在此同時，1940 年代的物價通膨年增率來到頂峰的 19%，1940 年代初期與 1950 年代初期平均為 6%，但聯準會一直壓低利率並大力擴張貨幣基數，好持續以低利率買進聯邦政府債務，支應戰爭所需資金。[298] 任何持有現金或債券的人，這十年間價值都大幅貶值。

---

[296] Angus Deaton and Anne Case, *Deaths of Despair and the Future of Capitalism.*

[297] Hugh Rockoff, *America's Economic Way of War,* 239–58.

[298] Carmen Reinhart and Belen Sbrancia, "The Liquidation of Government Debt," 297–99.

從 1930 年到 1935 年，為了因應大蕭條，美國聯邦政府債務從 162 億美元增為 287 億美元，五年間增幅達到 77%。從 1935 年到 1940 年，聯邦債務則由 287 億美元增為 430 億美元，五年間的增幅為 50%。當時的人認為，這些期間聯邦債務的增幅令人咋舌，但之後，從 1940 年到 1945 年間，聯邦債務從 430 億美元增為 2,590 億美元，五年間的成長幅度為 500%。[299] 1940 年代的情況完全不是同一個層次，也因此引發通膨。赤字引發高通膨，現有債務也因此快速貶值

2010 年代的民粹主義興起與經濟停滯不前也是全球性的現象（但亞洲除外），北美、拉丁美洲、非洲和歐洲的經濟成長都很疲軟，有些時候甚至出現負成長。外國開始逐步少用外匯儲備買進美國政府公債，改為多買黃金，同時也擴大了各式各樣的聯盟，想要在美元導向的金融秩序之外尋求替代性支付管道。2020 年，新冠肺炎疫情衝擊了槓桿率很高的全球金融體系；高度的槓桿，造成的是脆弱。高槓桿操作的家庭與個人，現金流撐不過幾個月的衝擊。高槓桿操作的主權債市場，撐不過稅收忽然之間消失的一乾二淨。多數已開發國家的人民，不能忍受企業可以得到紓困而他們卻沒有。美國因應疫情的辦法，靠的是與經濟體規模相比之下極為龐大的財政赤字，規模是 1940 年代以來首見。幾兆美元就這樣花在給家庭的刺激經濟補助款、育兒照護免稅額、小企業貸款（後來還直接變成補助）以及企業紓困等項目上。聯準會大量提高貨幣基數量，買進了大部分聯邦政府發行的高額公債，替這些支付款買單。這是一種把債務貨幣化的方法，基本上可以說是直接印鈔票了。短短兩年，廣義貨幣供給成長 40%，相比之下，2008 年金融危機之後政府祭出的措施，不過是小巫見大巫。接著是 2022 年，俄羅斯入侵烏克蘭，並引發了一場北約（NATO）國家與俄羅斯之間的代理人之戰，進一步干擾供給面，造成部分的去全球化，軍備支出也隨之大增。

---

[299] U.S. Treasury, "Historical Debt Outstanding."

財政螺旋

當銀行極快速貸放（比方說，1970 年代就因為人口激增而出現這種現象），使得廣義貨幣供給快速成長且消費者物價出現通膨，央行常見的政策工具就是急拉利率，設法減緩放款活動，從而拖慢貨幣供給成長。

然而，如果廣義貨幣供給成長與消費物價通膨的原因，是因為央行或商業銀行幫忙把極大額的財政貨幣化（比方說 1940 年代時的情況，2020 年代初期歷史又重演），那麼急拉利率的效果就不那麼好，甚至會有反作用。這是因為，對利率已經很高的主權債再升息，利息費用更高會導致赤字金額更大，那就要創造更多貨幣投入系統裡，從而引發通貨膨脹。如果公債的利率已經很高，要解決政府債臺高築的問題，可說是遙遙無期。[300]

那麼，在長期債務循環盡頭時，要如何因應高額主權債的問題？答案是要以某種辦法貶值一部分，可能是正式減低名目債務金額或是透過通貨膨脹這種非正式的方法。當二十世紀用了這些辦法，就發生了金融抑制（financial repression），意指債務因為通膨而消失了一部分，並用資本控制來阻擋某些資本逃逸出口。

1940 年代，聯準會沒有升息，基本上反而被美國財政部緊緊掌控，即便通膨高漲，仍把利率壓低。[301] 圖 19-1 顯示這個時代的年度通貨膨脹率與 3 個月期美國政府公債利率。

利率與通膨出現這麼大的落差，造成的主要結果之一就是債券持有人與現金存款人的購買力嚴重貶值。這些貸方持有人，仰賴社會契約維持相對穩定的記帳單位，哪知社會契約卻快速改變條款。債權人最終拿回他們應得的錢，但由於供給擴大的大規模稀釋作用，與他們的錢被貸放出去時相比，每一塊錢都喪失了可觀的購買力。基本上，這是一種債務違約與重組，差在實行的方法靠的是重新定義貨幣本身，而不是名目上不履行債務契約。

---

[300] John Cochrane, "Fiscal Inflation," 125–26.

[301] Binder and Spindel, *Myth of Fed Independence*, 125–166.

圖 19-I [302]

通膨與利率，1940 － 1955 年

[圖表：顯示 1940-1955 年間物價通膨年增率%（實線）與利率（虛線）的變化，通膨年增率在 1947 年前後達到接近 20% 的高峰，利率則維持在接近 0 的低水平]

　　然而問題是，當利率遠低於通行的通貨膨脹率而且財政赤字很龐大，會鼓勵投機性的借貸。當利率被壓得很低，你可以在通膨率為 10% 時用 5% 的利率借錢，然後用貸款買進強勢資產，那何樂而不為？在這種環境下，聰明的操作是放空貨幣，用低利率貸款或發行債券並拉長期間，然後用這筆錢去買具備稀有性的資產。當政府負債累累、赤字天高時，央行官員就要面對一個難題：高利率會讓政府的債務愈來愈高，導致赤字造成的通膨愈來愈高，啟動無法回復的財政螺旋，但低利率又會鼓動民間貸款買強勢資產，鼓動超額借貸和創造貨幣。

　　也因此，在公共債務水準高且經通膨調整後的利率為負值的期間，政府多半會強力抑制民間的借貸。從歷史上來看，在金融抑制期間，政府會訴諸資本控制與貸款限制，保證人們在貶值時仍會持有貨幣與債券。壓低利率是為了政府，但要對民間設下限制，不讓人們在未經同意之下運用這

---

[302] Federal Reserve Economic Data, "Consumer Price Index for All Urban Consumers"; "3-Month Treasury Bill Secondary Market Rate."

些低利率。

2015年時，卡門‧萊茵哈特（Carmen Reinhart）和貝倫‧斯布蘭西亞（Belen Sbrancia）在《經濟政策》（Economic Policy）發表了一篇文章〈清算政府債務〉（The Liquidation of Government Debt），徹底研究多個國家1945年到1980年間的情況；在這段期間，這些國家的債務在經濟體規模中的相對占比都有下降。他們的摘要是這樣寫的：

> 公共債務水準高通常會上演違約和重整的戲碼，然而，透過金融抑制，也就是相當於利用實質為負值或低於市場水準的利率，對債權持有人和存款人課稅，也得以減債。二戰之後，資本控制與法規限制創造出一群不得不替政府債務買單的群眾，限縮了稅基侵蝕（tax-base erosion）。搭配通膨，金融抑制最能順利清算債務。就已開發經濟體來說，1945年到1980年間，有一半時間實質利率都落在負值。在1945年到1980年這整段期間，以12個國家為樣本，每年省下的利息費用約為國內生產毛額的1%到5%。我們再次建議，金融抑制可以是先進經濟體裡，用來因應最近公共債務高漲的工具套件組裡的一部分。[303]

在美國，1930年代與1970年代都不許人民擁有黃金，如果不守法，可以判處十年有期徒刑，這是所謂「不得不買單群眾」的一個範例。在公共帳本快速貶值之時，政府也用各種直接或間接的方式，阻止與壓下人們想逃離到另一部帳本上的大部分企圖，就算是由黃澄澄的貴金屬組成的自然帳本也不行。

整體來說，1940年代是幾十年地緣政治衝突與長期債務循環的高潮結尾。在整個1930和1940年代，債務實際上是從民間移轉到政府，然後靠著通膨打消掉。這是一種部分的債務寬免，和古代的債務寬免有類似之處。中央化的貨幣單位快速貶值，任何人在貨幣貶值時試著想要逃脫、不願持有貨幣，都會遭到重重限制。

---

[303] Reinhart and Sbrancia, "Liquidation of Government Debt," 291.

美國與大部分已開發國家近幾十年都累積了類似的問題。決策者不斷鼓勵民間信貸成長，等到破滅之後，部分債務會透過財政紓困政策轉移成公家債務。此外，多場戰爭也完全透過公共債務來融資。如今，隨著公共債務又到了高點，又到了很可能再一次透過通貨膨脹打消的時候了。民意代表和決策者也沒有什麼別的辦法可以解決這個問題。圖 19-J 取自美國國會預算辦公室（Congressional Budget Office），顯示他們對於美國聯邦政府債務在國內生產毛額中占比的預測。

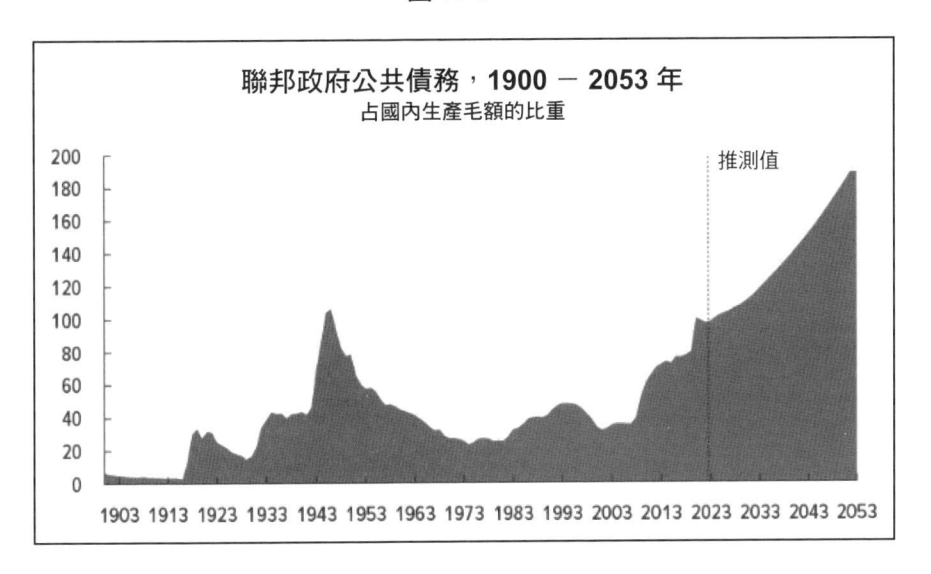

圖 19-J [304]

聯邦政府公共債務，1900 － 2053 年
占國內生產毛額的比重

在 2020 年代，已開發世界各國的政府債務水準已經來到與 1940 年代時相似，這一次，政府卻可能很難故技重施相同的金融抑制流程。回到 1940 年代，戰爭觸發了財政赤字與讓債務貶值的通膨，戰後很可能就結束了。當時，已開發國家還有很多年輕人口，老人與勞動人口之間的撫養比也很低。以 1950 年的美國為例，每一個領取社會安全福利的退休人員，可以得到 16 個勞工撫養。2020 年代，撫養比變成不到 3 個勞工撫養 1 個退

---

[304] Congressional Budget Office, "The Budget and Economic Outlook: 2023 to 2033."

休人員，據估計，在未來幾十年後，這個數值會跌至不到 2 個人。[305] 醫療保健也是一個很嚴重的問題。美國這個國家為中央化彈性帳本掛的保證，很難由真實世界的資源擔保，世界上多數已開發國家的情況也一樣。與 1940 年代不同的是，需要以財政赤字運作的時日看來沒有盡頭，而這些財政赤字，又必須要靠經通貨膨脹調整後為負值的利率，才有辦法融資。還有，如今我們活在一個社交媒體的世界裡，人們會快速地分享相關資訊，告訴大家發生了什麼事。

與 1940 年代不同的是，現在沒有人願意犧牲購買力以成就的共同偉大志業，反之，我們之所以陷入困境，是因為公共帳本長期的逐步管理不當所致，而且每個人都把罪責指向他人。人民什麼都想要，卻不想知道要怎樣付錢：他們會選擇的候選人，是答應要減稅而且不刪減支出的人，或者是答應要提高支出而且不加稅的人。政治人物有誘因答應這些事，因為他們如果不開支票的話，就很可能會輸掉選舉。每當危機發生，總是讓公共帳本又增加更多債務和新印出來的錢，至於要花多少成本才能結清，就留給下一代去想。

在 2020 年代和 2030 年代，要各政黨針對如何解決這個公共債務達成協議，對整個已開發世界來說很有難度，在歐美兩地尤其如此。幾十年來，靠著有彈性的帳本加上使用帳本的短期誘因，造成了嚴重失衡的局面，廣義貨幣在可預見的未來極有可能繼續膨脹，只是或多或少罷了。如果一定要重整債務或是靠通膨打消，那麼，爛攤子要由誰來收拾呢？

最後可能出現不同的結果嗎？細節上有可能有一點差異，但我不認為終局會有什麼不一樣。從歷史上來看，當債務成指數複合成長時，人還是傾向於線性思考，而且，到了發明了電信通訊系統之後，商務得以用光速進行，但各種強勢貨幣還是只能實體物質的速度結算，這使得一代一代累積下來的債務威力又更加強大。雖然黃金的供給比法定貨幣穩健，但考慮運輸與驗證所需的時間和費用之後，在數位時代不太可能真的成為替代方案。法定貨幣誕生之後，負責管理的人在不引發嚴重反彈之下，消除了黃

---

[305] Social Security Administration, "2022 OASDI Trustees Report: Covered Workers and Beneficiaries."

金這項供給限制,又善用帳本的彈性,以長期下來左支右絀的隱晦方法支應戰爭、福利以及各式各樣的需求。有史以來第一次,弱勢貨幣在全球勝過強勢貨幣,會有這種情形,是因為貨幣競爭中加入了一個新變數:**速度**。商務運作與帳務結算之間的速度落差,給了銀行和央行力量,創造出全世界趨之若鶩、難以抗拒的套利,導致公共帳本中央化的程度,比起過去有過之而無不及。

熵是物理法則,所有物理系統隨著時間最終都必會失序,因為磨擦和熱量耗損導致的失序,只會往一個方向移動。我們的系統裡也累積著類似的金融熵,因為要不讓這個高槓桿的系統整個崩潰,法定貨幣也只能往一個方向移動(增加)。在此同時,系統的貨幣基數層內建的彈性,常會誘使政治人物及其選民繼續做出各種承諾,一旦數字開始造成嚴重衝擊,就無法根據原來的規畫維持下去,當中的差異也就浮現出來了。現在的愈來愈好,都是以未來為代價。要如何處理公共債務,永遠都是留給未來政治人物的問題,但是,如今,隨著長期債務循環的後期階段愈來愈靠近,我們也開始接近問題終於要現出原形的時間點了。

PART 5

網路原生貨幣

「有了純正的點對點（peer-to-peer）電子現金，就可以有由一端直接付給另一端的線上支付，無須經過金融機構。數位簽章可解決部分問題，但如果仍需要受信任的第三者來預防重複支付（double-spending），那麼，主要的好處就都不見了。我們提出的解決方案，是使用點對點網絡來解決重複支付的問題。」[306]
——中本聰（Satoshi Nakamoto）

---

[306] Satoshi Nakamoto, "Bitcoin: A Peer-to-Peer Electronic Cash System," 1.

第 20 章

非政府貨幣之誕生

1984 年，諾貝爾經濟學獎得主弗雷德里希・海耶克某次接受訪問時說：

在我們從政府手裡把貨幣奪回來之前，我不認為我們能再度擁有良好的貨幣。我們沒辦法靠暴力把貨幣從政府手裡拿回來，我們能做的，就是用一些隱蔽迂迴的辦法引進他們阻止不了的東西。[307]

這番說法乍聽之下很極端，但如果我們想起全世界有近 160 種法定貨幣，且大部分都快速貶值，在他們所壟斷的地區之外也不太為人所接受，一時間也就沒這麼極端了。

政府與貨幣在現代歷史上通常是並肩同行，但就像政府和宗教一樣，兩者不一定本來就要有關係。還有，就算有關係，也不代表就不能另有其他的民間選項。在很多開發中國家，人們不斷轉向美元或黃金，以保有一定程度的穩定性，不會完全仰賴在地不穩當的貨幣。

在 1980 年代、1990 年代與 2000 年代這幾十年，程式設計師想盡辦法，在網路上利用密碼學創造非政府的數位貨幣，很多人在短期間有一定程度的成功，但最終要不是失敗，要不就停滯不前。然而，他們奠下了基礎，讓相關的作為在之後得以開花結果。[308]

1982 年，電腦科學家兼密碼學家大衛・查姆（David Chaum），在加州大學柏克萊分校（UC Berkeley）發表論文〈由互相猜疑的群體建立、維護且受其信任的電腦系統〉（Computer Systems Established Maintained, and Trusted by Mutually Suspicious Groups）[309]，主旨是利用加密技術，讓幾個不必然彼此

---

[307] James Blanchard, "An Interview with F.A. Hayek," May 1, 1984.
[308] Aaron van Wirdum, *The Genesis Book*, chs. 6–13.
[309] David Chaum, "Computer Systems Established, Maintained and Trusted by Mutually Suspicious Groups."

信任的實體，可以一起維護一套共同的資料庫。1983 年他發明了電子錢（e-cash），運用他自己開發出來的盲簽（blind signature）技術，開啟私密電子交易，連處理交易的各方人士都不需要看到交易細節，光利用數學證明就可以處理交易。[310] 1989 年，他創辦一家數位現金公司（DigiCash），想要把這個契機運用在商業上，但他沒有成功，其所能接觸到的商人和採用的用戶相當有限，無法自行壯大發展出自我強化的網絡效應。1998 年，數位現金公司破產，《富比士》（Forbes）雜誌一篇文章引用查姆的話：「要讓更多的商人接受電子錢，才會有夠多的顧客使用電子錢，反之亦然，而這很困難。」[311] 他也提到，隨著加入網際網路的用戶人數漸增，用戶的技術熟練度平均水準之下降，人們也不會再以高標準要求交易的隱私性。

1989 年，超文本傳輸協定（Hypertext Transfer Protocol，簡稱 HTTP）問世。大部分的人都會覺得這個縮寫讀來很熟悉，因為這個協定和各式各樣的錯誤代碼有關，最為人所知的是「HTTP 404 錯誤，網頁找不到」（HTTP 404 Not Found）。我們時不時都會看到這個錯誤代碼：會出現這個錯誤，是因為使用者試著去瀏覽一個不存在的網頁，原因可能是輸入錯誤或已被移除。但很少人知道，事實上還有另外一個原創錯誤代碼：「HTTP 402 錯誤，須付費」（HTTP 402 Payment Required）。一開始制定 402 錯誤代碼，設想的是以後可能會用到某種數位現金，所以特地留了這個代碼備用。幾十年來，這個代碼幾乎都沒在用，即便在電子商務時代也是一樣，這是因為線上支付最後仍由銀行疊加網際網路來處理，而不是真正原生數位。

1996 年，黃金與白銀儲備公司（Gold and Silver Reserve Inc.，簡稱 G&SR）推出電子黃金（e-gold），用戶可以在他們的官網上開立線上帳戶，這些帳戶會以黃金克數計價。使用者可以即時將價值轉到其他帳戶，最小的單位可以低至 1 公克黃金。高峰期，這家公司有超過 500 萬個帳戶，每年的轉帳價值高達 20 億美元。然而，到了 2000 年代，這些公司開始面對法規面的挑戰。911 恐攻事件後，美國聯邦政府通過《愛國者法案》（Patriot

---

[310] Chaum, "Blind Signatures for Untraceable Payments."

[311] Julie Pitta, "Requiem for a Bright Idea," *Forbes*, November 1, 1999.

Act），再加上其他措施，收緊了轉帳業適用的相關法規。美國聯邦政府後來控告這家公司，到了 2009 年，相關業務就收了起來。[312] 這件事凸顯了我在本書前面幾部提到的黃金問題：黃金要能快速移動，需要由中央化的保管實體加以抽象化，而這類實體有可能會被收買或被勒令停業。

到了 1990 年代末期與 2000 年代初期，在數位稀有性這個主題上出現了一些進展。1997 年，亞當・貝克創造出雜湊現金（Hashcash），這種工作量證明系統（proof-of-work）的本意，是用來限制垃圾電子郵件和阻斷服務攻擊（denial-of-service attack）。工作量證明的概念，是使用需要相當運算能力的運算技術來生成某種數位符碼或證明，有了這些東西之後，只要出示符碼或證明，任何人都可以輕鬆驗證真偽。尼克・薩博接力提出了位元金（Bit Gold），這個概念是利用無法偽造的成本（unforgeable costliness）來創造具稀有性的數位資產。哈爾・芬尼（Hal Finney）後來結合了雜湊現金與位元金的概念，於 2004 年發明了可重複使用的工作量證明機制（Reusable Proof of Work，簡稱 RPOW）。芬尼使用一部中央化的伺服器，把雜湊現金變成可重複使用的符碼，是一種可驗證的稀有數位收藏品，他稱之為 RPOW 符碼（RPOW token）。[313] 此時也有別的數位貨幣提案，但貝克－薩博－芬尼這一條承傳下來的發展路線特別重要。

多數數位貨幣提案都會碰到的限制是，當中都有些中央化的特質。數位現金公司是一家中央化的公司，無法營造出網絡效應。電子黃金一度很成功，但後來被政府關掉了。RPOW 符碼也仰賴中央化的伺服器。

2008 年，一個沒人聽過的開發人員（也有可能是一個團體）以中本聰為名，用分權的方式建置了某些數位貨幣技術。2008 年 10 月 31 日，中本聰把一篇文章〈比特幣：一種點對點的電子現金系統〉（Bitcoin: A Peer-to-Peer Electronic Cash System）發給一群加密學同好，電子郵件通訊錄上就包括了上述提到的其中幾人。

文章摘要是這麼寫的：

---

[312] Kim Zetter, "Bullion and Bandits," *Wired*, June 9, 2009.
[313] van Wirdum, *The Genesis Book*, chs. 10–11 and ch. 13.

有了純正的點對點電子現金，就可以有由一端直接付給另一端的線上支付，無須經過金融機構。數位簽章可解決部分問題，但如果仍需要受信任的第三者來預防重複支付，那麼，主要的好處就都不見了。我們提出的解決方案，是使用點對點網絡來解決重複支付的問題。由網絡替交易加上時間戳記（timestamp），把各筆交易雜湊成一條持續性的雜湊導向工作量證明鏈，構成如果不重做工作量證明就不能更動的紀錄。最長的鎖鏈不但可以用來見證事件發生的序列證明，也證明了這也集結了最大量的中央處理器（CPU）算力。只要大部分的中央處理器算力都控制在彼此講好不攻擊網絡的節點手上，就能創造出最長的鎖鏈，勝過攻擊網絡的人。網絡本身不需要什麼架構。相關的訊息會靠著大家竭盡全力廣傳，任何節點都可以按自由意志離開或重新加入網絡，接受最長的工作量證明鎖鏈確實記錄了他們不在網絡期間內發生的所有事。[314]

這篇文章僅有九頁，以學術論文格式寫成，裡面有八條引用指出各種不同的加密和時間戳記技術，包括引用了亞當・貝克的雜湊現金。接下來幾星期，通訊錄上的各家加密學者都讀了這篇文章並提出問題，大部分都語帶批評、甚表懷疑，中本聰一一禮貌回覆。[315] 現在這些電子郵件都已經成了公開紀錄，讀這些郵件就像在讀論文答辯一樣，是專業人士之間才聽得懂的問題與答案。

中本聰完全不像業務員，從未保證電子貨幣會讓人致富或能一飛沖天。他的寫作風格學術性濃厚，但他講得很清楚，做這些事的目的是為了自由，堅守加密龐克運動（cypherpunk movement）的精神。舉例來說，通訊錄上有一個人寫道：「你絕對沒有辦法解決加密學中的政治問題。」中本聰回覆：「確實，但我們可以在軍備大戰中贏得一場重要戰役，贏得自由的新領地並駐守多年。政府很善於誅殺中央化控制網絡的帶頭人，比方說像 Napster，然而，純粹的點對點網絡，例如 Gnutella 和 Tor，看來都可以站穩腳步。」[316]

---

[314] Nakamoto, "Bitcoin."
[315] Nakamoto, "Emails."
[316] Nakamoto, "Bitcoin: P2P E-Cash Paper."

中本聰接著於 2009 年 1 月 9 日公開開放原始碼，並挖出第一組區塊。在這個創世紀區塊（genesis block；譯註：指區塊鏈裡的第一塊）裡，他提到報紙的時事標題，講全球金融風暴最嚴重期間英國對銀行的紓困行動：

2009 年 1 月 3 日《泰晤士報》訊，財政大臣即將實施二次銀行紓困（The Times 03/Jan/2009 Chancellor on brink of second bailout for banks）[317]

哈爾・芬尼於 1 月 10 日時，在一則推文（tweet）中公開表示，他用了比特幣網絡軟體，之後接到中本聰傳過來的第一筆測試交易。[318]

從 2009 年到 2010 年，在比特幣存在的前兩年，中本聰持續更新程式碼，並和早期使用者討論各種概念，一如既往保持著他素來發言冷靜、對事不對人的性格。2010 年底，中本聰消失了，再也沒有公開貼文，把比特幣這整件事交到了別人手裡。[319] 截至我寫到這裡為止，沒有人能確切證明他是誰。自那之後，一直都有開發人員不斷加入比特幣網絡。

比特幣是一種分散式的公共帳本，有些人說這叫「三重簿記」（triple entry bookkeeping）。在這套標準之下，全世界所有參與者可以平均每十分鐘對帳本的狀態達成一次共識。任何有基本電腦與網路系統的人，都能用一套免費的開放原始碼應用軟體，加入這個網絡成為節點操作者，之後就可以發送與接收交易，不用取得任何中央化實體許可。挖礦人使用工作量證明與時間戳記，處理網絡上的新交易區塊（即更新帳本），藉此收取交易手續費和新創造出來的比特幣，節點操作者則負責核查，確認這些新的交易區塊有遵循網絡規則。由於帳本非常分散，而且以資料量來說相對很小，節點操作者可以儲存完整的帳本副本，並不斷地和網絡裡的其他人對帳。用戶可以保有他們的私人金鑰，搭配節點應用程式後，他們就可以把數位貨幣（或是部分的數位貨幣；最小的比特幣單位簡稱「聰」〔sat〕，即中本聰的聰）在帳本上從自己的位置移到他人的位置，不需要任何第三

---

[317] Mempool.space, "Genesis: 0."
[318] Hal Finney, "Running bitcoin," *Twitter*, January 10, 2009; Mempool.space, "Block: 170."
[319] Pete Rizzo, "The Last Days of Satoshi," *Bitcoin Magazine,* April 26, 2021.

方保管單位。或者，如果想要的話，人們也可以選擇信任某個保管機構，請對方保管自己的金鑰，那麼，他們和比特幣的互動就與他們與銀行帳戶之間的互動很類似。最終存在的比特幣總數為 2,100 萬個，這些比特幣可以分割成總共 2,100 兆個聰。

這是威力無窮的概念。一個比特幣持有人，只要記住十二個英文字彙（代表他們的金鑰），就可以隨身攜帶自己的儲蓄到全世界，完全不用仰賴任何中央化的相關機構。比特幣是一套分權式的帳本，以分散式的形式存在於世界各地的一群電腦裡，攻擊這套系統的成本很高，也不可能片面修改規則。系統裡沒有中央化的伺服器，也沒有中央化的發行者，完全透明，這意味著每一行的程式碼都是公開的。開發人員可以合作以創造並提議做更新，但不可能強迫使用者接受更新；用戶可以自由決定要不要接受更新，如果更新要成為現存網路的一部分，必須要能與過去相容（backwards-compatible）。

此外，比特幣終結了我在本書講過好多次的交易與結算之間的速度落差。自十九世紀下半葉發展並建置洲際電信通訊系統之後，全世界的交易就能以光速進行，然而，具備稀少性、由個人保管的實物資產貨幣（比方說黃金），僅能以實體物質的速度運送與驗證。這種速度上的落差，對銀行和政府來說是可善加利用的大好套利機會，因為這讓他們在快速長程支付上享有保管壟斷權。比特幣代表了人類有史以來第一次能顯著地以光速結算具稀有性的價值；一旦在網絡裡發送出比特幣，並在區塊鏈（blockchain）裡某個區塊裡結算，之後又有新區塊繼續疊加上去，就不可撤回，但如果網絡裡（這套網路分散在全世界）有超過一半的挖礦人試著撤回，則另當別論。比特幣是稀有資產，而且不是任何其他人的負債，這跟金條很像；而且，比特幣可以快速長程挪移非負債資產的能力，是這個世界過去從沒想過的。

我在第 8 章裡談過威廉・史丹利・傑逢斯在 1875 年描述的中央化全球性結算機構，讓所有實體可以快速和彼此結算。雖然他的版本在現實中逐漸成形，一開始以倫敦為中心，後來又移轉到紐約，但問題是，這種中央化全球性結算機構以抽象化和債務為基礎，帳本有可能出現嚴重的管理不當。比特幣是一種分權式的全球性結算機制，不仰賴抽象化和債務，交易雙方可以在短短幾分鐘內直接結算實物資產。[320]

交易能以光速結算之後，又過了約一個半世紀，實物資產才也能以光速結算，這並非偶然。這個過程有路徑相依性，就好像一定要先發明某種形式的自行車，才會催生出汽車。用電信通訊系統進行信貸導向的交易，僅需要有像摩斯密碼這類簡單的數據就可以了，因此，十九世紀時就做得到。要在電信通訊系統上結算具備稀有性的價值，需要更複雜的計算、數據架構、頻寬和數學證明。比特幣和更廣泛的數位稀有性與分權數位結算網絡的概念，要以其他基礎技術為根本，若以基礎技術發展的時間點來看，這些數位貨幣與相關網絡出現的時間也算很早了。

全世界幾乎所有事物（能源的豐沛程度、技術的豐沛程度，諸如此類的）都在大幅進步，貨幣卻長期崩壞，如果我要用一句話來講為什麼會這樣，我會說這是出於電信通訊時代創造出來的交易與結算速度落差。一個半世紀以來，這世界陷入一種局部最大值（local maximum）的狀態，需要也鼓動更複雜的中央化抽象化形式，來縮短兩者之間的差距。國際性的金本位制在承平時期順利運作了幾十年，但因為用很少的實體黃金貨幣基數衍生出大量的請求權，一開始便出了錯，歐洲強權之間一爆發戰事，系統就崩潰，連第一次的測試都沒通過。布列敦森林體系更是錯得離譜，抽象化程度更高，完全運作之後不到十五年就垮了。現代的金融體系裡有約160種不斷貶值的法定貨幣，寬鬆地和1種世界儲備法定貨幣綁在一起，由於儲備貨幣完全不具備稀有性條件，因此到處都是破綻。發明比特幣，給了世界一套開放原始碼的快速結算系統，而且其本身還具備稀有性，這是第一套用於縮短交易與結算速度落差的可靠方法，現在的問題只剩下多做研究與多做測試，看看比特幣是否夠穩健，能不能達成長期大規模使用的目標。

---

[320] Graham Krizek, "Every Company Will Be a Lightning Company," *Medium*, June 21, 2023.

比特幣技術概覽

大約在發表比特幣一個月之後，中本聰 2009 年 2 月時在一則論壇貼文中摘要說明了比特幣。自此之後，寫比特幣的文章和書籍不計其數，但我認為，中本聰自己的說法仍最有用，且最能講清楚：

我開發出一種新的開放原始碼點對點電子現金系統，名為比特幣。這是完全的分權制，沒有任何中央伺服器或受信任的相關機構，因為一切仰賴的是加密證明，而不靠信任。請試用看看，或者檢視截圖和設計文稿：

如要下載 1.0 版比特幣，請至：http://www.bitcoin.org。

傳統貨幣的根源問題，在於有信任才能讓貨幣運作。人們必須相信央行不會讓貨幣貶值，但法定貨幣史上寫滿了央行違背這種信任的證據。我們必須相信銀行會好好持有我們的錢與做電子轉帳，但他們在信貸泡沫的熱潮當中把錢放出去，留下的儲備少到可憐。我們必須相信他們會保護我們的隱私，相信他們不會任由身分盜賊詐光我們的帳戶。他們的行政管理成本極高，以至於根本做不了小額支付。

一個世代之前，多人分時共用電腦的系統也有類似的問題。在還沒有強大的加密技術之前，人們必須仰賴密碼來保護自己的檔案，必須相信系統管理員會保護他們的資訊隱私。系統管理員有可能根據自身的判斷認定隱私權原則與其他考量相衝突，或者遵循其上級的命令行事，永遠都有可能不顧用戶的隱私權。之後，我們有了強大的加密學，就不需要前述的信任了。人們終於可以安全地儲存數據，而且基本上不管出於什麼原因，不管藉口有多正當，不管這個那個，別人都無法存取。

現在，我們也該有這樣的貨幣了。以加密證明為基礎的電子貨幣，不需要受信任的第三方中間人，這樣的貨幣可以毫不費力安全存放與進行交易。

這套系統的根本基石之一，是數位簽章。數位貨幣裡包含了主人的公開金鑰。要移轉數位貨幣，貨幣的原主人要和下一個主人一起用公開金鑰簽署。任何人都可以檢查簽名以驗證所有權的鎖鏈。這種方式可以很順暢地確保所有權，但沒有解決另一個問題：重複支付。任何貨幣所有人都可以把已經用掉的貨幣再簽一次移轉給另一個人，想辦法多次花用相同的貨幣。通常的解決辦法，是由受信任的公司建立中央資料庫，檢查有沒有重複支付的問題，但這又回到了過去以信任為基礎的模式。這種公司最核心的權力人士有可能不顧使用者，而且用戶要付費才能養得起這種公司，因此，小額支付實際上窒礙難行。

比特幣的解決方案，是靠點對點網絡來檢查重複支付的問題。總而言之，這套網路在運作上就像是一部分散式的時間戳記伺服器，註記第一次花掉貨幣的交易。這善用了資訊很容易傳播且很難遏止的特性。關於比特幣的運作細節，請參見設計文稿，網址為 http://www.bitcoin.org/bitcoin.pdf。

最後得出的結果，是一套不會因為單點故障（single point of failure）問題而崩壞的分散式架構。用戶可以持有自己擁有貨幣的加密金鑰，直接和彼此交易，點對點網絡會幫忙查核重複支付的問題。

中本聰 [321]

請記住這一段話，以下幾段要詳細說明比特幣網絡如何運作。讀者不一定要完全讀懂這些內容，而且，系統中更深入的細節，遠比本書所講的更複雜，但看過一遍中級程度的細節會有幫助，我也會盡我所能，盡量用白話文來解釋。在本書裡，我會用「比特幣網絡」一詞來講這整個網絡，用「比特幣」一詞單指這個貨幣單位（譯註：在英語裡，一般用「Bitcoin」首字母大寫來表示比特幣網絡，「bitcoin」指貨幣單位本身）。

中本聰一開始用一塊創世紀區塊與可下載的開放原始碼應用程式，讓人們用來在網絡上操作自己的節點，創造出比特幣網絡。這個創世紀區塊和之後所有的區塊都會留下一個加密難題（所謂難題只是一個隱藏的大數字），可以用算力重複猜答案解出來（人們一般把這稱為「挖礦」，但比較精準的講法應該是「加註時間戳記」）。任何人都可以用自己電腦的算力來猜答案解謎題，然而出於效率考量，現在實務上都用專門的 SHA-256 演算法。找到難題答案的人，可以把新的區塊（裡面充滿了交易）連上之前的區塊，會得到交易手續費以及某個數量的新創比特幣，這些是完成工

---

[321] Satoshi Nakamoto, "Bitcoin Open Source Implementation of P2P Currency."

作的獎勵，也成為一個誘因，讓人們願意為達成目標貢獻算力。新的區塊也會提出新的難題，讓整個過程延續下去並創造下一個區塊。

比特幣網絡使用公共金鑰加密。使用者隨機生成一個私人金鑰，那就只是一個很大的數字而已。比方說，你可以利用拋擲一枚硬幣 256 次來生成金鑰，但實務上多數人使用「錢包」（wallet）軟體替他們生成金鑰。可生成的金鑰數量，比百萬個銀河系中的原子還多，因此，隨機生成或猜到別人已經生成的金鑰的機率，微乎其微。[322] 用一般人比較能理解的方式來說，私人金鑰可儲存或記憶在一個以十二個英文詞彙構成的助記詞（seed phrase，或譯為種子短語）裡。私人金鑰可以用來創造公共金鑰與地址，其他使用者可以發送比特幣到這個地址。公共金鑰和地址出自於私人金鑰，而且這個過程不可以倒過來，任何人都不能從公共金鑰或地址得出私人金鑰。私人金鑰只有該用戶自己知道，用戶可以透過私人金鑰簽署交易，從自己的地址發送比特幣（包括發送部分比特幣）到別人的地址。

一旦某個私人金鑰的所有人啟動並簽署交易，進行中的交易（指比特幣從自己的地址移往別人的地址，甚至有可能從自己的多個地址移往多個不同人的地址）就會傳達到由其他使用者節點組成的網絡上。每一個節點維護進行中交易的一個序列（queue），稱為記憶池（mempool，即 memory pool 的縮寫）。每一個節點也維護自創世紀區塊以來所有區塊以及交易的完整歷史。因此，每個節點都留存自創立以來的完整帳本與帳本完整歷史。一位礦工（或一群礦工）成功解開之前區塊留下的難題，就可以檢視交易中的序列，並從中挑選序列加入他們新創造的區塊。每一個區塊可以放幾千筆交易，詳細數字由交易的複雜度決定。交易發送者發送的金額必須加上交易手續費，付給處理進行中交易的礦工。如果序列裡的進行中交易超過礦工創造出來的區塊空間，礦工通常就會挑選手續費最高的交易放入區塊裡，力求讓區塊賺得最大收益。網絡繁忙時，支付較高手續費的進行中交易，通常會比支付較低手續費的進行中交易更快被納入區塊。成功創造

---

[322] Yan Pritzker, *Inventing Bitcoin: The Technology Behind the First Truly Scarce and Decentralized Money Explained*, 50–53; Matt Cutler, "Guessing a Private Key," Blocknative, June 26, 2019.

區塊的礦工，會得到網路獎勵的區塊補貼（block subsidy），這是指每個區塊會得到一定數量的新幣，另外還可以拿到由他們納入區塊中所有交易繳交的手續費。

一旦創造出新區塊之後，礦工會把新區塊送到節點網絡，節點會驗證區塊是否遵循網絡的規則，比方說可以放進每個區塊的最大數據量限制，以及礦工創造新區塊時可以替自己賺得的最大新幣（這是區塊補貼）數量。如果一個節點判定區塊有效，就會儲存區塊並傳到其他節點，在很短的時間內，所有節點都會驗證並儲存這個新區塊。所有區塊以及區塊內交易的完整歷史，就是一般所知的區塊鏈，就存在每一個使用者的節點上。全世界有幾萬個節點，每一個都儲存了自創世紀區塊以來的所有過去交易。

圖 20-A

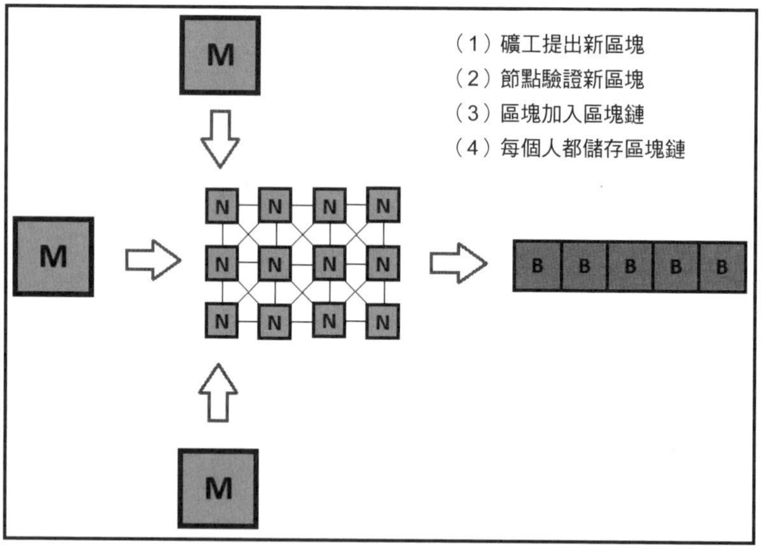

（1）礦工提出新區塊
（2）節點驗證新區塊
（3）區塊加入區塊鏈
（4）每個人都儲存區塊鏈

如果兩名礦工幾乎同時解決最新的難題，那就會出現暫時的鏈拆分（chain split）。有些節點會認為 A 礦工的「A 區塊」先，有些節點會認為 B 礦工的「B 區塊」先；各節點會把區塊送給他們的同儕節點。有些礦工會開始解決「A 區塊」留下的難題，有些礦工會開始解決「B 區塊」留下的難題，至於是哪一個，就看哪一個區塊先傳播到他們手上。最後，會有一個礦工解決其中一個區塊的難題，就說是「B區塊」吧，這樣一來，「B區塊」就變成比「A區塊」更長的區塊鏈。當這件事傳播到整個網絡，「B區塊」會變成新的主導區塊鏈，「A區塊」就被當成孤兒區塊（orphaned block）被刪掉，就此解決鏈分拆的問題，又回歸一套共識帳本的局面。節點的程式寫成把遵循網絡規則的最大區塊鏈視為正確的區塊鏈，之後以此為基礎繼續發展下去。

所有比特幣網絡的交易結算帶有不確定性，但在實務上，當一筆交易被埋在很多區塊之下，就會愈來愈被視為「完成」，因為如果要根據之前的區塊，創造出比目前這個版本更長的區塊鏈，需要耗費更大的心力。如果交易所在的區塊上面沒有別的區塊，而且後來發現在網絡其他地方近乎同時有另一條更長的區塊鏈，那這筆交易有可能被撤銷。埋在兩、三個區塊之下的交易，比較不會被撤銷。埋在六個或更多區塊之下的交易，幾乎絕對不會被撤銷。如果之後有實力雄厚的攻擊者試著對網絡發動審查刪改攻擊（censorship attack）或雙重支付攻擊，導致用戶要等比較久的時間才能確認交易，上述的數字可能會改變。交易規模愈大、愈重要，等著納入該筆交易的區塊上面多創造出幾個區塊，就愈重要。

網絡監督新區塊加入區塊鏈的速度，目標是平均每十分鐘就加入一個新區塊。如果有更多算力加入網絡，開始猜難題的答案並嘗試挖掘比特幣，就會加快納入新區塊的速度。如果一些算力離開網絡，創造區塊的速度也會跟著減緩。每創造出 2,016 個區塊（大約需時兩個星期），網絡就會檢查創造新區塊的平均速度，調整挖礦難題的難易度，重新邁向平均每十分鐘一個區塊的目標。這樣一來，不管有多少算力加入或離開網絡，網絡也能繼續以平均每十分鐘的速度創造區塊。

網絡裡的節點愈多，就能以更分散的權力落實網絡規定，要做任何為人不樂見的變動就會遭遇到愈大的阻力。網絡裡的算力愈大，惡意實體要藉由故意撤銷之前的交易或審查刪改新交易來攻擊網絡，成本就愈高。如果有某個實體或一群實體，可以在網絡的算力中占比達到超過 50% 且持續維持下去（目前需要耗費幾十億美元的設備和電力才能辦到），就有能力用任何他們想要的方式審查網絡，但他們還是不能改變由經營網絡的節點操作者執行的網絡規則。網絡使用者可以藉由把更多算力帶入網絡，努力重新取得過半的不審查網絡善意參與者，以因應攻擊。

全世界的開發者都可以做出貢獻，提議更新比特幣網絡的節點軟體；用戶決定操作節點時，就是使用節點軟體。有一個由維護人員組成、成員常會更替的自願性團隊會整理、審查與發布更新，節點操作者之後可以審查，並選擇要更新或不更新。開發人員絕對不能強迫節點操作者更新。截止我寫到此處為止，比特幣網絡節點主要執行的是一種稱為比特幣網絡核心（Bitcoin Core）的軟體，但不同的人也會執行其他的比特幣網絡節點軟體，不同的軟體之間彼此相容，也和比特幣網絡核心相容。由於軟體開放原始碼，因此，如果系統裡的節點操作者判定，目前建置軟體的相關開發人員已經不再符合他們的利益，他們也可以脫離現有主要執行的比特幣網絡核心，走向不同的方向。

「客戶更新」（client update）涉及的是比特幣網絡核心或其他比特幣網絡客戶應用程式的小幅變動。作業系統會隨著時間而改變，因此有必要讓客戶的軟體也持續相容於作業系統。客戶更新不會改變比特幣網絡的共識規則，主要是更新軟體的的其他部分，讓用戶在管理節點時更輕鬆安全。

「軟分叉」（soft fork）是網絡共識規則套組中與過去相容的變動，這代表更新軟體之後的節點，仍能和尚未更新的老節點繼續互動。具體來說，軟分叉會讓目前的共識規則範疇稍微縮小。有一個軟分叉的範例是縮減區塊的最大規模，根據新規則創造出來的區塊符合過去的區塊規模規則，但新規則也比過去更嚴格一點。過去比特幣網絡更新時都使用軟分叉原則，這會讓程式調整到最佳狀態，並加入一些新的功能。我們可以用一個例子來打比方，USB 2.0 的裝置和現有的 USB 1.0 連接埠相容，但替選擇更新到 USB 2.0 連接埠的人新增了一些功能。同樣的，USB 3.0 會和現有的 USB 2.0（以及之前的）連接埠相容，但在這之上又提供了另一個層次的新功能。

「硬分叉」（hard fork）是網絡共識規則套組中與過去不相容的變

動，這代表更新軟體之後的節點，不再使用和網絡其他部分相容的規則。有一個範例是提高區塊的最大規模，使用新軟體後創造出來的區塊，不符合老節點用老規則創造出來的最大區塊規模，因此網絡也不接受。其他的硬分叉範例，如提高系統裡的貨幣數量，或是加快未來每個區塊創造新貨幣的速度。現有的節點會自動拒絕有這些特質的區塊。打個比方，這就好像引進另一種與 USB 不相同且不相容的通訊標準，無法用現有的 USB 連接埠運作。不相容的更新（也就是硬分叉）會創造出另一套帳本網絡，節點少一點，算力也會少一點，而且現有的節點網絡也不會認同這是比特幣網絡（除非大部分的個別節點與礦工，一起決定要更新到新的不相容規則套組）。出現硬分叉時，基本上就是複製了帳本，每一位現有的私人金鑰持有者，除了原本放在既有帳本上的比特幣之外，還可以從新帳本上存取同等數量的分叉貨幣。從這裡開始，硬分叉最後的結果將由市場力量決定：每一個現有的持有者都有兩套貨幣，差別在於弱勢分叉那一端的市場價值相對低很多。兩套帳本中，在分叉之前的所有交易紀錄都一模一樣，但從發生分叉的這一點開始，兩套帳本因為各自納入不同的新交易而出現分歧。如果使用者很有信心認定分叉的某一邊會贏，他們就會把另一邊的貨幣賣掉，多買進他們認為會勝出的這一邊分叉裡的貨幣。如果用戶不確定，就可能持有兩邊的貨幣，等著解決分叉問題，等著弱勢分叉這端的價值被重新納入主網絡。比特幣主網絡產生過很多硬分叉，截止我寫到這裡為止，最嚴重的硬分叉在比特幣主網絡市值中，大約占 0.5%。既存分叉是和既有節點網絡相容的分叉，自然而然享有優勢，在競爭中勝過不相容的新硬分叉。

中本聰設定的比特幣網絡，平均每十分鐘產生 50 個新貨幣給成功創造出區塊的礦工，每產生 210,000 區塊（大約是每四年一次）之後，每十分鐘產生的新貨幣就會減半。四年之後，產生的新貨幣數目變成每十分鐘 25 個，再過四年之後變成 12.5 個，到了下一個四年後就變成 6.25 個，依此類推。這套系統一開始時，就把逐步減少區塊補貼寫進了軟體裡。在這套數學運作之下，網絡會以漸進的方式接近 2,100 萬個貨幣，截至我寫到這裡時為止，已經創造出接近 1,950 萬個貨幣了。

圖 20-B [323]

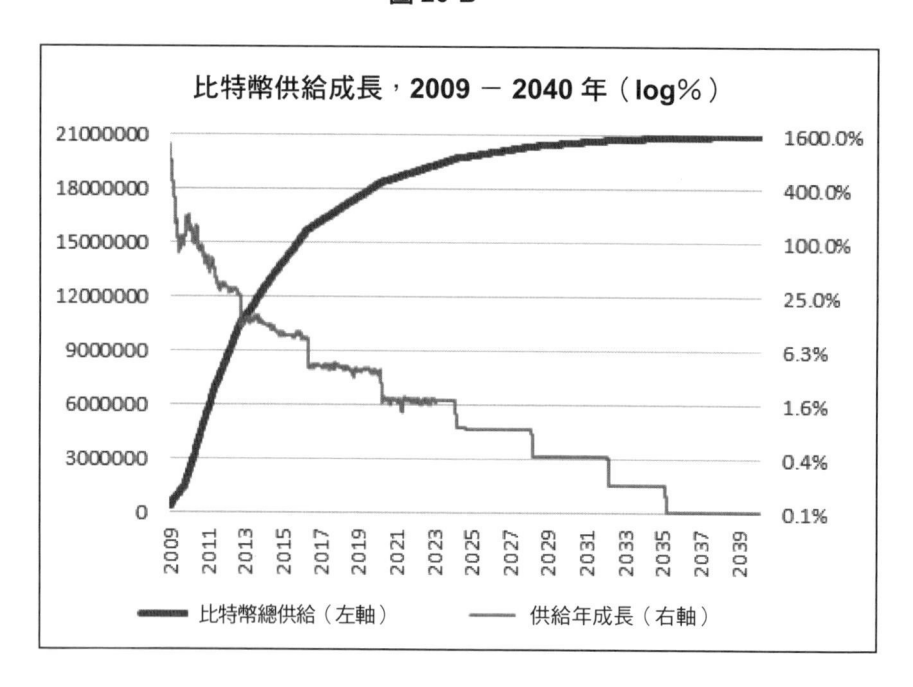

比特幣供給成長，2009 － 2040 年（log%）

- 比特幣總供給（左軸）
- 供給年成長（右軸）

　　前述說明有些部分乍聽可能有些複雜，但和按部就班詳細講解全球銀行系統表面下如何運作（包括金融實體間處理貨幣交易的複雜交握（handshaking），以及金融機構間透過貨幣附買回協議〔repurchase agreement〕和類似契約的隔夜信貸安排），可還差得遠了。相比之下，比特幣網絡的基礎層很直接了當，且大都出自於用戶。用臺老舊的電腦就可以操作完整的節點，這說明了其基礎層十分簡單；比特幣網絡只是一群相對簡單的節點，設定成彼此合作，每十分鐘就對帳本目前的狀態達成一次協議。然而這裡所講的細節，對早期潛在採用者而言很重要，能幫助他們判斷這套網絡到底有沒有可能成功、這類技術對未來的貨幣概念又代表了什麼意義。

　　如今，有多種簽署裝置與手機錢包應用程式，可讓用戶輕鬆管理私人金鑰、地址和節點功能，不用去想背後的技術到底是怎麼一回事，就好比汽車車主不一定要成為技師一樣。全世界有很多團隊與公司，都能生產這

---

[323] Blockchain.com, "Total Circulating Bitcoin."

些產品;只要能和開放原始碼的比特幣網絡相容,任何人都可以為用戶創造新的產品與服務。

用戶在和比特幣網絡互動時可以自行選擇在技術上要涉入多深,而且可選擇的範疇很廣。如果某個人管理自己的節點並持有自己的私人金鑰,他們就可以稽查網絡的供給情況、參與網絡達成共識、啟動點對點的交易並保有隱私權,完全不用和中央化的第三方打交道。除非某個人可以控制整個網絡一半以上的算力(或是帶著重裝武力殺到別人家門口),不然的話,沒有人能阻止節點操作者發送或接受交易。他們可以使用各種私密與匿名化的技術,並直接操作也和網絡其他層相關的軟體。

用戶也可以退一步,保有自己的私人金鑰,但使用由第三方操作的節點。這會犧牲一些隱私和稽查能力,但至少他們可以保有自己的貨幣,而且,如果他們想的話,隨時可以操作節點。這個中間層給了人們很大的選擇,可以隨著時間過去慢慢深入參與。

另一種退一步的管道,是用戶可把自己的私人金鑰交給保管服務方,由對方持有。保管錢包應用程式和保管金融服務公司,都可替客戶持有比特幣,並讓客戶輕輕鬆鬆把比特幣發送出去。這種方法很便利,但會引發隱私問題與交易對手風險,包括有可能無法提領錢幣,或是無法把錢幣發送到客戶想要發送的地址。現在有一些新技術可用於自動且具私密性的保管服務安排,例如 Fedimint 開放原始碼標準協定。

有了多重簽名(multi-signature)技術之後,也出現了混合式的解決方案。要從某個地址發送比特幣,必須要能把數位簽章打散成片,需要從三片裡找出兩片(舉例來說)才能簽署交易。這有助於提升安全度或進行遺產規劃。用戶可以自己保留一支金鑰,把第二把金鑰另外放置於其他安全的地方(例如信任的親戚或法律代表,或以加密密碼保護的檔案方式存放他處),把第三把金鑰放在比特幣原生金融服務公司。這就能提供保障,就算掉了一把金鑰也沒關係,也讓用戶可以享受到保管服務帶來的一些好處,又不用讓保管機構完全控制他們的錢幣。現金、黃金以及其他類型的非加密貨幣,都不可能有這種混合型的保管機制。

要結束這一章時,我們應該針對比特幣網絡來問一個問題:「誰控制帳本？」

　　初步的答案是成千上萬操作節點的用戶控制帳本，而且，任何有一臺基本功能電腦（或類似硬體）以及標準連網設備的人，都可以加入成為節點操作者。節點操作者儲存了帳本的完整歷史，他們一起維護運作網路的軟體，針對由礦工納入區塊鏈的新區塊執行網絡規則。

　　再來的答案是礦工在更新帳本這件事上扮演重要角色。礦工使用電力和專業的處理器，賺得將新交易納入帳本的權利。如果有單一礦工或一群礦工以任何方法，匯聚出超過網絡內 50％ 的有效算力，就可以審查刪改或撤銷近期使用者之前認定為已經完成的交易。他們可以審查刪改特定交易，或者，他們也可以挖礦得到空的區塊，未來用來審查刪改所有交易，藉此攻擊網絡。如果發生這種事，也不一定就會變成長期性的問題；交易被審查的用戶會提高交易手續費，會激勵系統用戶帶進來更多算力，一起重新奪回網絡 50％ 以上的算力。

　　開發人員很有影響力，但對帳本並無直接權力，因為他們不能強迫任何節點操作者接受軟體更新。如果開發人員提出的更新不受節點操作者青睞，那後者就不會接受更新。如果是這樣，節點操作者就會繼續操作現有的軟體，最後可能會支持其他提出不同更新的開發人員。很多節點操作者會等到更新發布多年之後才使用，以確保更新非常穩定，沒有錯誤。開發人員對網絡來說當然很重要；他們具備專業，可以做出網絡用戶想要使用且與過去相容的更新，有助於比特幣網絡長期下來愈來愈安全，規模也愈來愈大。開發人員是一群成員不斷變動的志願者（當中有很多人都得到整個生態系統裡的企業提供的財務援助），他們確保節點軟體會持續與隨著時間不斷演進的現代電腦運算環境相容。

　　和銀行、央行以及法定貨幣銀行體系不一樣的是，任何實體都無法片面貶抑比特幣網絡帳本的價值。這當中沒有可以替自己創造百萬個新貨幣的中央節點。除非持有私人金鑰（私人金鑰可以利用密碼及／或多重簽名保證進一步確保安全）或者壓迫他人發送錢幣，不然的話，任何人都拿不走用戶的錢幣。這套帳本透明、客觀，可靠著電力與專業化的處理器這些實體世界裡的資源確保價值。

第 21 章

比特幣的貨幣化之路

　　創造出比特幣網絡之前，想要快速跨越長距離傳送價值的人，需要經過某個受信任的中介機構，比方說銀行體系和相關的央行。比特幣網絡是一種威力無窮的發明，讓人們可以在網際網路上透過點對點的方式快速移轉價值，不用靠任何中央化的第三方。

　　那麼，接下來的問題就是：「這樣的能力有多少價值？」

　　若想回答這個問題，讓我們先往回看，花點時間再次檢視一下黃金。

　　幾百年來建立在黃金基礎之上的紙本請求權和銀行體系，主要為的是強化黃金作為交易媒介的能力。黃金是很好的儲蓄資產，但因為可分割性有限、具有實體特性以及在易手時需要驗證等等，在現代世界裡不是很好的交易媒介。即便當成一個最終結算網絡，也還有很多差強人意之處。要用黃金做大額結算時要用到大量的金條，要確實知道金條的含金量是不是充足，唯一的方法就是融掉後再重新製作金條。如果使用者想要用黃金做線上交易或長程交易，就需要用某種方法把黃金抽象化，因此必須仰賴中央化的保管機構和法律監管鏈，才能不動用黃金本身、改用黃金的數位請求權來交易。

　　另一方面，比特幣是一種自行保管大額也很安全的實物資產（在多重簽名設定下尤其是這樣），幾分鐘之內就能在網路上以點對點的方式送到全世界，也因此，比特幣不需要保管層面上的抽象化。有些持有者仍情願交由保管機構持有，但這並非必要，不像持有大額黃金那樣。因此，這種網絡貨幣單位比較不會中央化。比特幣網絡是一套很快速的全球結算系統；在比特幣網絡上，結算一樁大額交易需時三十到六十分鐘，而多數國際性銀行轉帳需耗費的時間遠遠超過於此。只要寫下或記住由十二個英文詞彙組成的助記詞，任何人都可以帶著比特幣暢遊全世界。

　　比特幣網絡為了成為自行保管的交易媒介，一開始就設計成點對點網絡。這不是最有效率的小額支付方式，卻是最不受阻的線上結算最終價值方法。比特幣網絡沒有中央化的第三方，沒有可攻擊的中央化面向，運作的方法很精密，甚至可以繞過惡意網絡。與其他加密貨幣相比之下，比特幣網絡的節點網絡更大，礦工算力的總量也更高，因此更難攻擊。此外，節點軟體小巧緊湊，可以在搭配標準網路頻寬的筆記型電腦上運作，其他加密貨幣多半做不到這一點。

一開始，熱情愛好者是以看待收藏品的態度，來挖掘與收藏比特幣，並沒有價格的報價。[324] 獲取比特幣的成本，由電腦硬體以及運作電腦的電力和礦工的參與度決定，每一貨幣的投入成本量都不盡相同，取決於有多少人用電腦挖礦。

2010年出現了第一批比特幣交易所，也因此形成了市場價格報價。這也是比特幣有了實際上用途的第一年。當維基解密（Wikileaks）被PayPal以及其他中央化支付平臺驅趕，他們就只能轉向用比特幣收捐款。這件事凸顯了比特幣創造抗拒審查貨幣的原始用意，當時就連中本聰本人都撰文表示，比特幣網絡尚未成熟，他很憂心這件事會讓負面的關注蜂擁而至，而比特幣網絡根本無力應對。[325] 幾天之後，他不再公開貼文，幾個月後，他也從電子郵件通訊當中消失。但自此之後比特幣網絡仍繼續壯大演變，十餘年不衰。

坦克的設計用意，是要透過抵抗，從一點前往另一點，但不適合每天上班通勤；同樣的，比特幣網絡的設計用意，是要透過抵抗來做全球支付，但不是適合用於在上班路上買杯咖啡。更廣義來說，比特幣網絡是世界上最不會改變且最分權的資料庫，可用於儲存比特幣交易以及其他任意數據（arbitrary data）；要更新資料庫，就必須用比特幣支付交易費。

從這個概念來看，不問參與者是否道德，比特幣網絡都有其用處，這就跟其他任何強力的技術一樣。由於比特幣會分成2,100萬個單位（每個單位都可以八位數細分，實際上的子單位可達2,100兆個），是一種有限的數位大宗商品。

---

[324] William Luther, "Is Bitcoin Intrinsically Worthless?" 38–39.
[325] Nakamoto, "Re: PC World Article on Bitcoin"; Peter Chawaga, "Free Assange: Inside a Cypherpunk's Fight to Publish the Secrets of Superpowers," *Bitcoin Magazine*, Gatekeeper's issue, May 2023.

中本聰於 2010 年在一則論壇貼文裡這樣說的：

來做個思想實驗，想像一下有一種賤金屬和黃金一樣稀有，但具備以下特質：
- 顏色是無趣的灰色
- 導電性不佳
- 不特別強韌，但延展性或可塑性也不太好
- 沒有實際或裝飾上的用途

但有一個很神奇的特質：
- 可以透過通訊管道傳輸

如果這種金屬基於任何理由有任何價值，那麼，想要長途移轉財富的人可以買一點這種金屬、傳輸，然後由接收的一方賣掉。[326]

除了在網路上傳送之外，以私人金鑰形式儲存的比特幣也可以隨身攜帶，在全球來去，你不用攜帶很多現金或黃金闖過機場或國境。銀行可以阻止資金匯入或匯出他們所在的國家，甚至連境內的資金流動都可以攔下來。但如果你有比特幣，你可以用你的手機、用 USB 隨身碟、用有密碼保護的檔案存在從很多不同國家也可存取的雲端硬碟，或者記下由十二個英文詞彙組成的助記詞（這是記憶私人金鑰的間接方法），就帶著金額不受限的價值在全世界來去。如果政府沒有極為嚴酷的監控，防範這些事就變成一大挑戰，如果用戶是精通技術的人，他們更是莫可奈何。

有用處加上貨幣數量可稽查且有限制，比特幣的貨幣特質最後引來關注，也讓比特幣具備貨幣溢價。當你持有比特幣，尤其是自行保管，你持有的是一種儲存起來的能力，讓你可以在他人難以阻擋的條件下，在全球進行支付；還有，比特幣也代表了另一種儲存能力，讓你在想要或有需要

[326] Nakamoto, "Re: Bitcoin Does NOT Violate Mises' Regression Theorem."

時，得以在全球移轉你的財富價值。你在一部全球帳本上占有一席之地。比特幣可以變成一張保單，讓你保障自己的未來，或者，你持有比特幣的理由，是因為體認到這樣的能力對別人來說很寶貴，未來你可以把這樣的能力賣給別人。與其他加密貨幣相比，比特幣規模最大、流動性最高、最不會改變，而且分權程度最高。

此外，每天有成千上萬開發人員努力研究，要讓比特幣網絡更好用。有些人付出心力強化基礎層，有些人致力於網絡架構的較上層部分，也有些人做硬體裝置、軟體應用或比特幣原生金融服務公司，這些都讓持有、交易以及和比特幣網路進行其他互動，更加輕鬆且高效率。

換言之，比特幣變成一種熱銷商品。在此同時，比特幣的結算速度快過美元，供給成長率又低於黃金。圖 21-A 顯示了比特幣長期下來的美元計價市值。

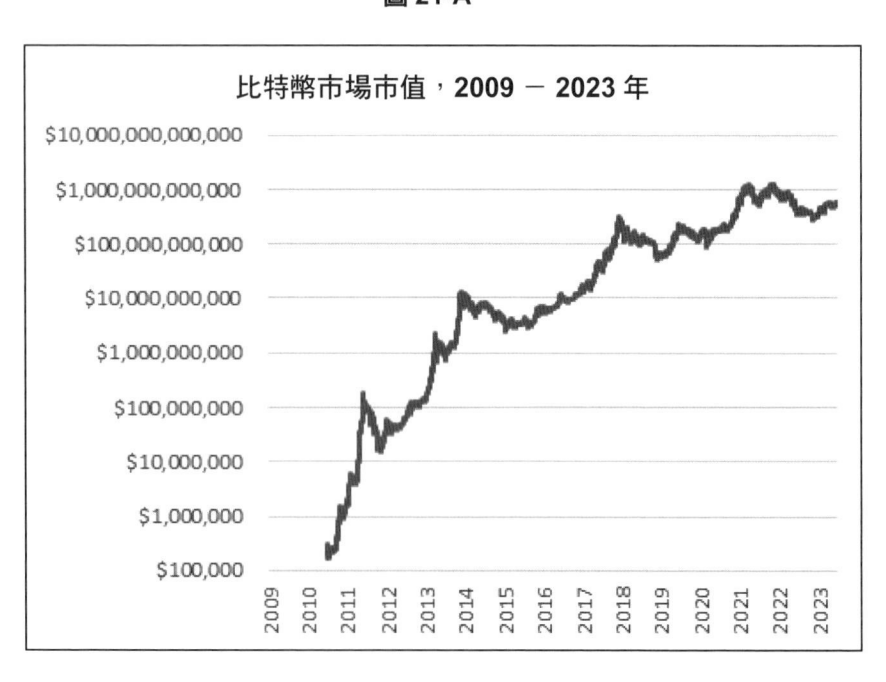

圖 21-A [327]

---

[327] Blockchain.com, "Market Capitalization."

如果我們替全世界各種實物資產貨幣編製目錄，以全球熱銷程度為標準列出前五大或前十大，比特幣絕對會上榜。如果你帶著實體的埃及鎊、挪威克朗（Norwegian kroner）、韓圜（South Korean won）、泰銖（Thai baht）或其他百餘種紙幣，來到貨幣轄區之外的其他地方，你會發現很難讓別人接下你的錢並給你商品或服務，甚至連拿去兌換當地貨幣都很困難（除非你可以找到很少數的專業化交易商，但這些人收取高額手續費，而且在機場之外很難找到他們的蹤跡）。當我寫到這裡時，如果要隨身攜帶的話，最好的實物資產貨幣可能要算是實體美元與實體金幣；在多數國家的多數地方，你都可以用這兩種貨幣買到東西，或至少能用公平市價兌換當地貨幣，不會碰到太多難題。歐元也在前五名之列。比特幣也是全球十大熱銷貨幣，在大城市裡尤其如此。全世界各城市中心已經有成千上萬的比特幣自動提款機，很多國家的很多利基型企業也接受用比特幣付款。世界各國也多有比特幣網絡社群與聚會。比特幣可以用現金和黃金做不到的方法，通過機場和其他管制點，在全球移動。像 Nostr 這類分權式社交媒體協定，將比特幣設定為標準記帳單位，不管在世界上哪個地方，只要點一點對方的貼文，就可以輕輕鬆鬆發送比特幣。Bitrefill 這類平臺，則讓各地的人們可以輕鬆將比特幣換成兌換券，用以購買各式各樣日常用品，這樣一來，就算是並未直接接受比特幣的商家，還是可以和主要使用比特幣網絡的人做交易。

比特幣波動性很大，但這有很大部分是因為比特幣是從零開始貨幣化，在前十二年市值就來到超過 1 兆美元的高峰。隨著長期下來愈來愈多人接受比特幣，市場也在探索這門技術，並在試著判斷潛在市場規模有多大。這目前還是一種全世界只有一小部分人持有的資產。

講到支付，能抵抗審查，是比特幣一項很重要的特色；再講到儲蓄，它也是一種價值不會被貶低的可自行保管攜帶式貨幣，這又是另一項重要特色。

對許多已開發國家人民來說，這些特色不甚重要，他們得天獨厚，認為自由和安適是理所當然的東西。甚至有人會想，喜歡這些特色的人一定不是什麼好人。但對這世上很多人來說，必須離開自己的國家時，能隨身帶走且可以自行保管的財富，非常寶貴。當猶太人逃離納粹控制的歐洲，他們很難隨身攜帶貴重物品。當人們離開垮臺的蘇聯，只能帶走相當於100美元的財產。[328] 在今天，如果委內瑞拉、敘利亞、伊朗、中國、阿富汗和許多國家的人民要離開本國，他們通常很難帶走大部分的儲蓄，但如果他們擁有可自行保管的比特幣那又不一樣了，我本人剛好知道有些人確實也這麼做了。就算想留在自己的國家，全世界開發中國家的人民也要一再飽受貨幣貶值之苦，這讓他們很難存到錢。今天有幾十億人都很能理解這種可攜特色的價值。

俄羅斯的阿列克謝・納瓦尼（Alexei Navalny），是弗拉迪米爾・普丁（Vladimir Putin）在政治上的死對頭，當普丁統治的體制切斷他和銀行的往來時就開始使用比特幣。抗議警方暴力的奈及利亞人，在銀行帳戶被政府凍結後轉向了比特幣。中國人利用比特幣逃避資本控制，把資產價值轉出這個威權國家。委內瑞拉人使用比特幣躲避惡性通膨，並把財富價值移轉到失敗的祖國境外。面對居高不下通膨的阿根廷人、土耳其人以及許多其他國家人民，使用比特幣來儲存價值。非洲有很多地方得不到銀行服務，許多國家的人民便改用比特幣；如今在這個世界上，有手機的人超過有銀行帳戶的人。各國的遠端工作者，可以提供為海外客戶各種線上服務，例如虛擬客服、平面設計、程式設計和其他服務，並收取比特幣作為報酬，減少許多其他國際支付造成的麻煩。

除了暗網（dark web）上會使用之外，比特幣最早期的一種實際用途案例，可以回推到2013年：阿富汗女企業家羅雅・瑪哈布博（Roya Mahboob）付款給阿富汗女性時，用的就是這種她們的男性親戚無法沒收、但她們自己可以互相傳遞的貨幣。艾力克斯・格拉德斯坦在《檢查你的金融特權》（Check Your Financial Privilege）書裡也寫過這個主題：

一開始，瑪哈布博付現給她的女性員工和女性網平臺（WomanNX）上的撰稿人，問題是，這些女性想要把錢寄回家，她也要付錢給位在阿富汗

---

[328] Yan Pritzker, "Bitcoin Mass Adoption," *What Bitcoin Did,* September 6, 2021 (9:40-10:00).

境內各地的供應商。他們使用哈瓦拉系統，這是一種八世紀的轉帳流程，仰賴經紀商與各個可靠中介機構組成的網絡。

瑪哈布博和這些女性認為這套古老平臺太過時也太緩慢了，她們很多人早就有諾基亞（Nokia）手機，也開始設定並使用自己的臉書（Facebook）帳號了。更麻煩的是，有時候錢根本無法通過哈瓦拉系統，也很難驗證收款人是否收到全額。

瑪哈布博也因此開始研究行動貨幣的概念。後來發現，以手機為基礎的支付系統，比方說在肯亞暢行無阻的 M-PESA，在阿富汗還沒有成為潮流。又因為美國制裁之故，此地無法使用 PayPal。這些女性也沒有銀行帳戶，所以她也不能用電匯轉帳。女性要有父親或丈夫的許可才可以開立帳戶，通常那些男人都不會點頭。

瑪哈布博的員工想要利用數位技術來掌控自己的時間和收入。

「如果我付現，」她說，「可能會被她們的父親、丈夫或兄弟發現並且被拿走。」

2013 年初，瑪哈布博的義大利籍事業夥伴對她講起比特幣，他說這是一種新貨幣，不需要銀行帳戶，可以從手機發送到另一支手機上。阿富汗當地的貨幣受政府控制，但比特幣不一樣，後者在公開市場浮動。瑪哈布博開始學習比特幣時，交易價約為 13 美元，到了 2013 年已經突破 70 美元。

「一開始，我不覺得女孩們會信任比特幣網路。」瑪哈布博說，「這太難懂了。」

但她的事業夥伴鼓勵她並說：「我們就試試看吧，反正還有什麼好怕的呢？」[329]

到頭來，比特幣確實很能滿足她們想達成的各種目標，其他貨幣就沒這麼好了。比特幣的主要挑戰是波動性大，早期尤其如此，這一點使得比特幣很難拿來當錢使用。此外，除了自行保管與分權式支付之外，可以帶著比特幣跨越國際這一點，最後對某些女性來說很重要。格拉德斯坦在書

---

[329] Gladstein, *Financial Privilege*, 165–66.

中進一步寫道：

當中有些女性確實自 2013 年起就留著比特幣，其中一人名叫拉萊・法珍（Laleh Farzan）。瑪哈布博告訴我，法珍是她旗下的網路經理，她在要塞軟體公司（Citadel Software）任職期間賺到了 2.5 個比特幣。以今天的兌換率來看，法珍賺到的這些錢比一般阿富汗人的年所得高了 100 倍。

2016 年，由於法珍從事的工作和電腦有關，她遭到塔利班（Taliban）以及阿富汗其他保守派威脅，當他們攻擊她的住家，她選擇逃離，帶著全家一起，賣掉房子和資產付錢給仲介，領著他們走上充滿風險的、通往歐洲之路。

就像成千上萬其他阿富汗難民一樣，法珍和家人靠著徒步、駕車和坐火車，跋涉幾千里穿越伊朗和土耳其，終於在 2017 年抵達德國。一路上，不誠實的中間人和慣竊，把他們隨身攜帶的財物偷個精光，珠寶首飾和現金全沒了。有一次，他們的船撞毀了，更多財物因此沉入地中海底。這是很多難民都很熟悉的悲劇故事。然而，法珍這個例子不一樣。自始至終，法珍都能保住比特幣，因為她把存取比特幣錢包的助記詞，藏在一張不太起眼的小紙片上。小偷沒辦法偷走他們找不到的東西。[330]

儘管比特幣基礎層擴充規模的能力有限，但到目前為止並不是個問題，因為目前人們對於其難以突破的防審查支付方式，以及全球性可攜的特質，無論在理解程度還是需求上也都還有限。推出比特幣網絡之後，相關的開發工作仍持續進行，這套網絡就像其他的金融體系和協定堆疊（protocol stack）一樣，長出了更多層面。

閃電網絡（Lightning network）是一系列在比特幣網絡基礎層上運作的管道，不管用戶有沒有送交保管機構，都可以用手機在網路上或面對面即時支付，某種程度上，可以用這套網絡輕輕鬆鬆買到咖啡，每秒鐘可以處理的交易數量基本可說無上限。另一個範例是流動網絡（Liquid network），

---

[330] Gladstein, *Financial Privilege*, 168.

這是一種側鏈（sidechain），把比特幣包進一個聯盟制網絡，以做到迅速移轉、強化隱私以及其他功能。Fedimint 開放原始碼協定，現在允許每個人都能在比特幣網絡和閃電網絡堆疊之上開設聯盟制與私人性的社群銀行。RSK 和 Stacks 是建立在比特幣網絡之上的智慧型合約層，可以為開發人員與用戶提供更清楚明確的可程式化特性（programmability）。智慧型合約可用來強化比特幣網絡的可程式化特質，這樣一來，或許可以降低某些金融服務的行政管理成本，並且讓全球更多地方都能取用，比方說交易、有擔保借貸或是託管功能。如果啟動某些軟分叉，某些提案也可以擴大比特幣網絡規模，例如限制條款（covenant）、驅動鏈（drivechain）和零知識匯總（zero-knowledge rollup）。

從這個觀點來說，比特幣一開始是數位收藏品，或者說是有實際實用價值的大宗商品，對於有需要的人來說，是網路原生且能抗拒審查的交易媒介，後來則成為一種新興且波動性很高的價值儲藏工具（是一種愈來愈熱銷的商品），而且有愈來愈多人持有比特幣是著眼於稀有性（而不是比特幣的交易媒介特性），最終獲得貨幣溢價。長期下來，這套網絡發展出很多額外的方法，超越最初的限制，強化了整個網絡的交易媒介能力，流動性也隨著時間過去而更加深化。

到目前為止，比特幣網絡與周圍的生態體系歷經多次的興衰循環，每一次過後，都引來對比特幣感興趣的更大型資金池。在第一代，使用者的能力會決定使用經驗的好壞，用戶也必須對技術有一定程度的理解，因此使用比特幣網絡的人，主要是電腦專家以及熱中探索這項技術的人士。到了第二代，比特幣網路變得比較容易使用了，比特幣也有了相當的流動性，有了兌換美元以及其他法定貨幣的報價，引起早期投機客以及想要購買毒品或其他違法物品的暗網買家與賣家注意，這種情況一直持續到某些重要的中央化暗網市集被關閉為止。進入第三代，比特幣開始伸入主流，有些人開始採用了，此時有了以適當安全協定運作的交易所，可以配合銀行運作，為市場提供更高的流動性，並且強化了使用者體驗，讓一般人更簡單就能買點比特幣。來到第四代，法人等級的保管機構進入市場，讓退休基金、保險公司、避險基金、家族辦公室、小企業和主權財富基金可以安全地將資本配置到比特幣上。

到目前為止，每一代、每一代採用時，最終都累積出太過頭的熱情與槓桿，形成局部的泡沫然後破裂，刷掉許多交易者，並為下一段的成長建置環境、奠下基礎。新興的貨幣類型和電力、洗衣機、電視機、電腦與電話這些科技不同，無法快速為人所用，這是因為如果太多人同時都採用新貨幣，就會拉高價格並促使槓桿操作的買家進入市場，槓桿最終會導致泡沫成形並破滅，暫時把價格推回去並讓人們猛然清醒，直到又累積出下一次的基礎然後繼續壯大。由於會牽連到槓桿，比特幣在實務上不會像非貨幣技術那樣，出現快速且平滑的採用曲線。

比特幣長期會不會成功還說不準，但不管會發展到什麼地步，幾乎可以確定這一路上一定會出現很明顯的循環性，不斷地創下新高與新低，刷掉試著用槓桿操作比特幣的投機交易者。一旦比特幣發展到接近整體潛在市場規模，流動性和用戶使用度都到了很高的水準，其惡名昭彰的價格波動性很可能就此消失。

格雷興法則的適用性 [331]

格雷興法則（Gresham's law）說，如果人們手上有良幣也有劣幣，而且劣幣與良幣的兌換率是固定的（或者其他的摩擦因素是固定的，比方說對良幣課徵的資本利得稅），那麼，人們通常會想把劣幣花掉，把良幣留下來。那麼，很諷刺的是，市面上快速流動的通常都是劣幣，良幣都被囤積起來，流動速度很慢（即劣幣驅逐良幣）。[332]

這種趨勢在金銀複本位制下多次出現。當政府規定金幣與銀幣要以固定的比率兌換，但這個固定的比率並不符合全球的供需兌換率（供需兌換率隨著時間而改變），那麼，被低估的金屬貨幣通常會消失不再流通，留下被高估的繼續流通。

2011年時，克雷格・艾維爾（Craig Elwell）對美國國會研究服務部

---

[331] 本節取用了 Lyn Alden, "A Look at the Lightning Network."

[332] Robert Mundell, "Uses and Abuses of Gresham's Law in the History of Money"; George Selgin, "Salvaging Gresham's Law: The Good, the Bad, and the Illegal."

（Congressional Research Service）提出一份報告〈美國金本位簡史〉（Brief History of the Gold Standard in the United States），他寫道：

> 美國開始實行金銀複本位制時，美元的價值以黃金或白銀的重量和純度來定義，白銀和黃金之間的兌換比率訂為 15 比 1。但由於全球市場的定價為 15½ 比 1，因此很多黃金都流出美國，白銀成為事實上的標準。
>
> 1834 年，美元調降黃金成色，兌換比率也就變成 16 比 1，也因此，白銀流出美國，黃金成為事實上的標準。[333]

以下幾個過程可以說明怎麼會發生這種事。

第一個過程很簡單，就是比較好（即被低估的）貨幣被人囤積起來，因此留在國內，但是從日常的流通中消失，反而被當成了儲蓄形式。人們通常不會用掉他們認為價值被低估的貨幣。[334]

第二個過程是國際上的各個實體會觀察到這種現象，然後出手套利。舉例來說，如果全球白銀兌換黃金的比率是 15.5 比 1，但美國因為政府的規定固定在 15 比 1（與全球兌換率相比之下，美國的黃金相對於白銀的價格稍微被低估），那麼，歐洲的實體就可以不斷地把白銀賣給美國人並跟美國人買黃金，藉由差價套利。幾年或幾十年後，美國的黃金就會少很多，白銀反而多很多。

歷史上發生實物貨幣貶值期間，常常也會有這種情形。如果最初發行的金幣黃金含量為 90%，之後的含量只剩 80%，但政府認定兩種法償金幣的面值都相同並期待人民也這麼想，那就會引發一些明顯可見的結果。人民會傾向於把金含量達 90% 的金幣藏起來，或者，如果可以的話，也會根據金幣黃金含量的公允價值和外部的商人交易，並把金含量為 80% 的金幣用於國內交易，因此，在金幣的價格高於市場交換率的地方會快速流通。最後，國內流通的大部分貨幣，都是含金量 80% 的金幣。[335]

---

[333] Craig Elwell, "Brief History of the Gold Standard in the United States."
[334] Mundell, "Uses and Abuses," 4.
[335] Guido Hülsmann, *The Ethics of Money Production*, 125–36.

美國廣義貨幣供給自 1960 年以來，以年化 7％的幅度成長，多數已開發國家的成長率也差不多，新興市場的成長率平均來說則高一點。

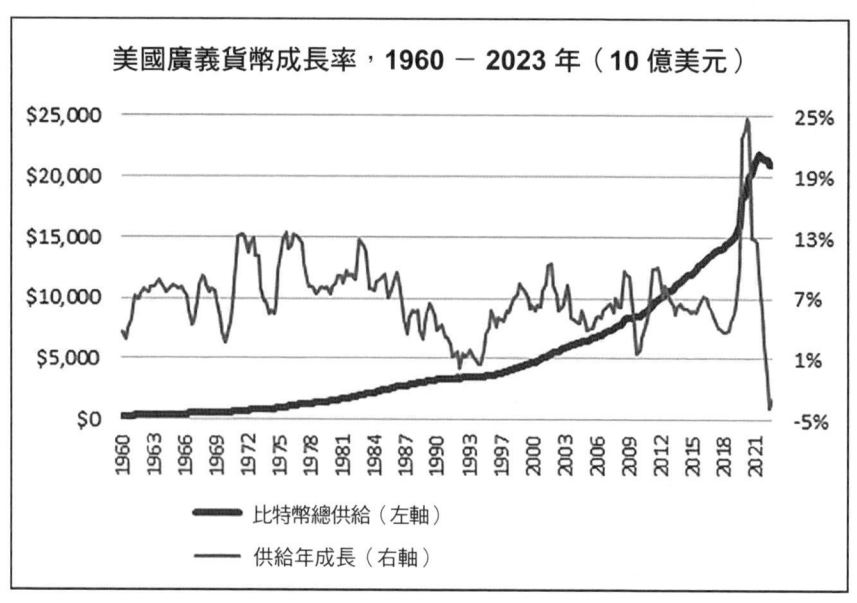

圖 21-B [336]

美國廣義貨幣成長率，1960 — 2023 年（10 億美元）

比特幣總供給（左軸）
供給年成長（右軸）

在此同時，比特幣總供給的年成長率不到 1.8％，2024 年時將減至不到 0.9％，到了 2028 年則將約為 0.4％。比特幣網絡的程式，設計成漸進生成總數 2,100 萬個比特幣，每四年生產新比特幣的速度就減半，一直到供給成長率為零。還有，與多數其他區塊鏈貨幣不同的是，比特幣的節點網絡廣大，有助於確保任何中央化的勢力都無法改變這種分散式模式。此外，比特幣在各種工作量證明區塊鏈貨幣中有強勢的網絡效應，讓比特幣獲得防護，可以對抗審查刪改或撤銷交易的攻擊。

---

[336] Federal Reserve Economic Data, "M2."

圖 21-C [337]

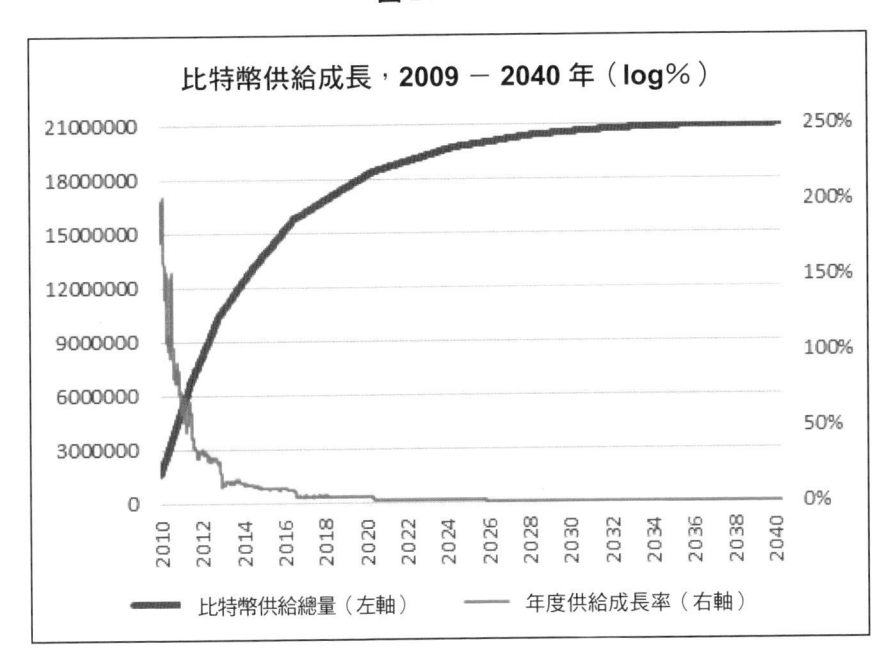

比特幣供給成長，2009－2040 年（log%）

　　人自然會想要存一點像黃金或比特幣這樣的東西，把美元、英鎊、日圓、歐元、人民幣、披索、奈拉和盧布等法定貨幣花掉。假設商家普遍都接受這兩類貨幣，那麼，流通的多半是購買力會貶值的貨幣，購買力會增值的貨幣則被留起來當成儲蓄，花用的速度會慢很多。

　　如果一個地方把強勢貨幣當成資產，每筆交易都要課稅，並強制使用比較弱勢的法償貨幣（大部分地區都是這樣做），前述的現象就尤為明顯。如果你想要把黃金或比特幣這類東西當成交易媒介，每一次的交易都會變成拿來最初始成本（也就是你一開始購入資產的成本）相比較的應稅事件。這樣一來，除非有人強烈需要比特幣網絡可對抗審查的支付特質，不然的話，人們就有誘因囤積供給成長率比較低而且要納稅的黃金或比特幣。

　　從這一點來看，雖說格雷興法則最初是應用在兩種兌換率固定的貨幣上，但我認為也可以更廣義來套用此法則，任何時候，只要出現某種交易

---

[337] Blockchain.com, "Total Circulating Bitcoin."

上的不對稱時就會成立，包括稅賦。人們會花掉正在貶值及／或摩擦程度較低的貨幣，儲存正在升值及／或摩擦程度較高的貨幣，除非實務上有很強烈的理由反其道而行，出現特別需要用到升值及／或摩擦程度較高貨幣獨有特質的用途，比方說，有人需要用到比特幣網絡可對抗審查的特質，或是有些人所處的環境只能取得有限的銀行服務。

早期採用比特幣的人，是無法取得銀行服務但精通技術的人，是在金融上遭遇阻力或審查的人，或者因為種種原因遭到各平臺排除的人，他們使用比特幣，更看重的是其交易媒介的能力。有些把比特幣拿來作為交易媒介的人，是因為他們想盡辦法避開和銀行打交道，或是想利用比特幣輕輕鬆鬆完成國際性的點對點支付。如果有某個地區把比特幣當成法償貨幣或是取消比特幣的資本利得稅，會讓比特幣在這些方面用起來更便利。

另一方面，持有比特幣但不將之當成交易媒介主動使用的人，還是把這比特幣當成錢來用。他們持有比特幣的理由，是因為這種可攜帶、可自行保管、供給有上限且能對抗審查的全球性貨幣能替他們帶來貨幣溢價、未來的選擇能力以及保險。就算他們有各式各樣的傳統資產與銀行往來關係，但因為買進了比特幣，私底下他們也是自己的銀行。

未來仍不確定會怎樣，我會在第 26 章裡分析比特幣網絡的風險，以及這套網絡可能會出現哪些狀況因此失敗或停滯不前。但到目前為止，比特幣網絡仍持續吸引用戶、開發人員以及一個以此為核心打造出來的蓬勃企業生態體系，網絡價值也有結構性的成長（惟波動幅度很大）。

比特幣的估值方法

全球資產總價值的準確數字每年不一樣，而近年來瑞士信貸（Credit Suisse）和麥肯錫（McKinsey）估出來的數字超過 500 兆美元，[338] 房地產、股票、債券與現金是其中的大宗。

截至 2022 年底，全世界廣義貨幣成長最多的地方是中國，約為 38 兆

---

[338] Anthony Shorrocks et al., "Global Wealth Report 2022: Leading Perspectives to Navigate the Future," 7–10; Jonathan Woetzel et al., "The Rise and Rise of the Global Balance Sheet," vi, 3.

美元（這是換成美元之後的數值），美國次大，為 22 兆美元，第三大是歐元區的 16 兆美元，第四大的日本則為 12 兆美元。

世界黃金協會估計，全世界約有 208,000 公噸精煉黃金，其中有三分之二是 1950 年之後開採出來的。[339] 以 2022 年底的金價來說，換算下來，全球的黃金市值大概是 10 兆美元。

關於比特幣網路（擴大來講，也包括個別的比特幣）未來的價值會是多少，有各種不同的估算。第 26 章會談到和比特幣網絡有關的風險，也會講到比特幣網絡長期下來會在哪些情況下停滯不動並消亡。如果這些導致失敗的情境都沒發生，隨著人們更加理解這網絡，加上發展出新生態系統強化了使用者體驗，預期比特幣網路的市占率會持續提高，並非不理性。

比特幣網絡發展初期，波動性很大也很容易走入槓桿與清算的循環。愈多人持有比特幣與流動性愈大，很可能就會減緩波動幅度，以這方面來說，會和黃金很相似。多數資產多半會都有部分僅限於特定地區的特質，但比特幣網絡不同，和任何國家或企業均無特定關係，全世界不管是誰，只要可以上網，都可以取得。

因此，不管任何人，只要希望在自己的淨財富中有某個比例持有可以自行保管且能全球帶著走的具稀有性、流動性且不可竄改的資產的人，都是比特幣的潛在持有人。以全球資產總額超過 500 兆美元來說，比特幣網絡每掌握 1% 的市占率，以今天的美元計價，市值就相當於超過 5 兆美元，如果以 2,100 萬個比特幣來算，每一個比特幣完全稀釋之後的價值為 238,000 美元。在牛市的時候，不難想像隨著這套網絡日趨成熟，全世界的人平均來說都會想要把一部分的資產挪到這種貨幣上。

貨幣通常會因為熱銷性而出現網絡效應。一種貨幣流動性愈高、愈多人持有與愈廣為人接受，對每一位使用者來說就愈有用，從而也會有愈多人想要持有與接受。如果其他條件都相同，全球有愈多比特幣和商品、比特幣和服務以及比特幣和其他貨幣的轉換點，比特幣網絡就會愈健全。就算有些用戶目前不想把比特幣當成交易媒介來用，但用戶愈是相信他們在

---

[339] World Gold Council, "Above-Ground Stock."

世界各地都**可以**找到比特幣的買家，比特幣就會愈好用，人們就會持有比特幣當作長期儲蓄的一部分。此外，一旦比特幣的價格漲到很昂貴的地步，有些資金池實際上可以改為僅使用比特幣就好。如果整個網絡每天的交易量僅有數百萬美元，億萬富翁就沒辦法在不影響價格之下大量進出。現在每天的交易量達到數十億美元，對某些以兆美元為單位的最大型資金池來說，規模還太小，不能自在地大量進出。這個網絡一定要部分滲透某些類型的市場並藉此更壯大規模，才能讓採用率衝上更高一層。

「比特幣世界」會是什麼模樣？

倘若比特幣網絡（這是一種供給量固定的快速貨幣，立基於分權式開放原始碼的全球性帳本，並以電力能源和使用者操作的節點為擔保，在其上還建立起很多網絡層以及金融機構）以某種形式達到了關鍵門檻，變成了廣為人使用的貨幣，就像是現今的美元和過去的黃金，這將會導致多方面的商業與治理以不同於目前貨幣體系下的方式運作。我們不一定能看清楚所有的意涵，但可以推論一些大方向。我認為，大部分可能出現的結果都是正面的，然而，就像任何的新技術一樣，這些變化可也可能導引出我們認為很負面的結果。

- 與金銀複本位和金本位紙幣時代不同的是，比特幣的標的資產本身也可以像交易一樣快速結算，而且天生具備可分割性，可以切割成定義明確的數量，因此不需要把單位抽象化。從歷史上來看，實物金屬天生就有缺乏可分割性與難以驗證的缺點，而硬幣和紙幣的目的，是為了提供抽象的實物金屬計價單位；這點就讓統治者得以隨著時間改變其抽象化的內涵。十九世紀後半葉，擁護金本位的人（多半是債權人）和擁護金銀複本位的人（多半是債務人）爭辯美元的定義，這是因為記帳單位（美元）是從標的金屬抽象化而來，從其根本特性來說，美元的定義是可以改變的。選擇到底要如何釘住美元，向來是一個政治決策，這很可能會影響到美元的稀有性，並且對債務人或債權人的利益造成不成比例的衝擊。[340] 同樣的，在現代，央行可以快速改變法定貨幣的供給，有時對債權人有利，有時對債務人有利。不管人們把比特幣當成貨幣到什麼程度，信貸契約如何以比特幣計價，比特幣還是比特幣；比特幣是自主定義的貨幣，有高度的可分割性，而且供給本質上很穩定。個人與企業可以發送比特幣給彼此，雖然網絡中的某些層如果想要的話也可以使用保管機制以換取更高的效率，但標的記帳單位不需要抽象化也可運作。

- 金融中介者的財富和權力很可能江河日下。未來，發送與儲存貨幣會比現在更加自動化，而且費用更省，金融服務公司會在系統周邊生存，不再是系統的中心。有了強勢貨幣，人們更可以把重點放在工作跟儲蓄上，少去關注複雜的投資方案。在交易與結算之間還存在速度落差的電信通訊時代，金融系統更需要有更複雜的抽象化層，經濟體長期下來金融化的程度也會更高。當速度落差隨著強勢貨幣與快速結算快速發展而拉近，金融抽象化和經濟金融化的程度都會下降。投資仍是重要活動，如果證券符碼化並讓所有握有智慧手機的人都可以接觸到的話，更是如此，但投資的需求會降低，因為表現傑出的貨幣本身變成一個更難以追趕的基準指標。[341]

- 透過比特幣網絡／閃電網絡開放原始碼協定堆疊，各種託管式與非託管式的支付生態體系會更順暢相連，可以做到幾乎即時結算，這很像現在因為各種不同的網路電子郵件供應商（例如 Gmail 和雅虎〔Yahoo〕）使用共通的開放原始碼電子郵件協定，讓人們可以把電子郵件送來送去。如今，國內不同金融體系（比方說 PayPal 和 Cash App）之間的連結方法還有很多可改進的餘地，要進行國際間大額支付，往來銀行之間通常要經過一系列昂貴且不透明的轉帳與貨幣轉換。這些各自為政、零碎的金融生態體系，可以利用快速且高效率的開放原始碼協定互相連結，就像今天網路個部分的功能那樣。截至我寫到這裡，Cash App 已經整合納入比特幣網絡與閃電網絡協議堆疊。

---

[340] Marmefelt, *Money and Monetary Arrangements*, ch. 4 and ch. 7.
[341] Parker Lewis, "Bitcoin is the Great Definancialization."

- 當一般人能輕鬆存取比特幣錢包、甚至可以操作網路節點，全球就有更多地方可以進行點對點的交易。任何人只要能上網，就可以付錢給別人，國界也變得愈來愈不重要。價值能在國家之間更快速且更輕易流動，這很可能會降低小國和其他國家做交易時要面對的摩擦。這可讓非洲（這裡有超過40種不同的貨幣）與拉丁美洲（這裡有超過30種不同貨幣）的人民更輕鬆就能存錢與參與全球商務，開啟這些地方的經濟價值，超越目前與歷史的基線水準。以全球來說，平均的政府架構規模很可能會萎縮，愈來愈在地，因為未來不像現在，以後身為大國的優勢會小很多。各種形式的大型地區性權力架構與聯盟很可能仍存在。

- 會出現比特幣計價的信貸，以滿足高生產力的融資需求與短期的流動性需求。但是，如果長期貸款以供給固定的記帳單位計價，以生產力來說沒有意義。如果標的記帳單位的供給有限，家庭背負三十年房貸、大型企業把舉債作為資本架構中的固定部分、政府長期延展債務餘額這類事情，就不如像在目前的體系之下那麼合情合理。整體的債務權益比（debt-to-equity ratio）很可能會降低，這個世界會更偏向以權益為主。

- 由於比特幣速度快且供給有限，在部分儲備制下的比特幣銀行持有定存，會招致很高的風險。利率高於貨幣供給的成長率，本來就風險很高，或者會導致缺乏流動性，而長期來說，比特幣的供給成長率是零。銀行提供定存或透過其他方式訂定合約來做投資，從閃電網絡的流動性或有生產力的信貸中賺得收益，對想要賺得收益、以及想靠承擔信貸風險及／或流動性風險以賺得收益的人來說，仍有意義。

- 在目前體制下，仰賴無所不在的金融監督落實所得稅制度。如果人們習慣於點對點轉帳，而且範疇涵蓋全世界，就會出現各式各樣的保障隱私工具讓交易難以追蹤，政府就難以靠著對所得課稅當作他們主要的稅收來源。稅制可能會回復到比較像十九世紀時那樣（當時的交易本質上比較偏向私底下），這意味著對房地產課徵財富、對某些選定的商品或進口港課貨物稅、對常設機構課徵銷售稅、對大型且可做適當稽核的企業課徵所得稅以及政府服務的手續費等等，很可能成為主要的稅收來源。行政與稅賦機構很可能得以調降管理成本，尤其是面對不會留下明顯實體足跡的個人與企業時。
- 從歷史上來看，如果弱勢貨幣的速度比黃金快，人們會願意用使用弱勢貨幣，但如果弱勢貨幣與強勢貨幣相比之下，連速度上的優勢都沒了，那麼，在人們普遍接受比特幣的世界裡，政府更難說服人民接受用法定貨幣付款，並把大額的價值放在法定貨幣裡。格雷興法則發威，直到弱勢貨幣基本上無用為止。到這時，就換成提耶爾法則（Thiers' law）上場；提耶爾法則講的是良幣逐劣幣。付錢的人通常希望用比較弱勢的貨幣付錢，商人一般希望賣掉商品能換到比較強的貨幣。如果弱勢貨幣糟到商人根本不接受的地步，此時格雷興法則就不再適用，而要換上提耶爾法則了。[342] 政府的鑄幣稅很可能減少，從而必須仰賴比較透明的方法來支應相關的活動，不能再用不透明的方法稀釋人民的儲蓄了。
- 儲蓄會更加便於攜帶，遊走全球各地。當難民需要逃離危亂之邦、奔向比較安穩的地區時，他們會更容易隨身攜帶儲蓄，但也可能讓富有的政治寡頭人物考量要在哪裡經營鬼鬼祟祟的事業時，有更多選項。不同的轄區很可能需要直接競爭，以吸引並留住可以到處帶著走的資本。
- 各地的滯留電力（stranded energy）來源都會被貨幣化。各種電力來源在供給過度時，只要有比特幣挖礦工去使用殆盡，就會在經濟上更能發揮用處。會更常見人們自然以電力來源為核心聚居，而不是把電力帶到人們聚居之處，尤其在某些類型的遠端工作變得隨處可做的情況下。

---

[342] Peter Bernholz, *Monetary Regimes and Inflation*, 131–34.

第 22 章

加密貨幣與各種相關取捨

中本聰發明比特幣網路,這是第一套正在持續運作的分權加密貨幣網絡,他指出這條路後,其他成千上萬加密貨幣開發人員也跟上他的腳步。他們都想針對這個概念做點修改,探索新的規則組合與特色,以滿足不同的目的,或是讓目標盡善盡美。雖然到目前為止沒有人能確實指出中本聰花用過他手上的任何比特幣(一般認為,中本聰在比特幣網絡萌芽期挖掘出來幫助網絡自主成長的錢幣,自他在 2009 年和 2010 年挖出來之後,一直還清楚透明地放在區塊鏈上,歷經了多次重大的升值與價格崩盤),但後來很多的加密貨幣創辦人確實想要藉由他們自己創造出來的東西致富。

常有人說區塊鏈只是一套無效率的資料庫,此言基本上是對的。在這個脈絡下,用戶願意接受與其他軟體應用程式相對之下的無效率,為的是要確保分權。網絡每次有變動都必須昭告節點,並從網絡的其他地方追蹤廣播紀錄。

區塊鏈(尤其是真正分權式的區塊鏈)是一種小巧緊湊的資料庫,全世界成千上萬的實體都可以把這個資料庫存在本機裝置上,並且利用既有的規則組合持續點對點更新。每一個節點都會提出驗證,確保新的區塊遵循了協定的規則,節點也只接受遵守規則的新區塊並傳播給其他節點。由很多用戶操作的節點有助於確保規則組合不被竄改;如果節點只有一小群的話,只需要很低的法定人數就可以重修網絡的規則。

此外,節點愈容易操作,對常態使用者來說網絡的隱私度就愈高、愈可稽核而且愈不需要通過他人審核。更具體來說,操作管理節點這件事讓每一個使用都能擁有金融上的主權,可用具有隱私的方式發送與驗證自己的交易,稽查網絡裡的細節,無須仰賴任何受信任的第三者。不是每個人都會去操作節點,但如果要選擇這麼做,進入的障礙極低。

完全中央化的資料庫不需要做到小巧而緊湊,因此限制比較少。大型的服務供應商可以在一座伺服器農場（server farm）裡建置一套超大型的資料庫。這麼做可以用非常高的效率運作，但和區塊鏈不同的是，外部實體無法直接稽核其內容與變化，無法阻止擁有中央化資料庫的人為所欲為。

也因此，每一套聲稱其基礎層比起比特幣網絡更好的區塊鏈網絡，都做了很多取捨，才做到這些改進。我認為，市場自然會探索各種錯誤的答案，以找到實務上的正確解答；我之所以能分析這些概念，有一部分靠的就是過去的資料，講到各種不同的加密貨幣為何以及如何無法創造價值。以下各節，會列出一些加密貨幣與比特幣網絡相比之下常會做的取捨。

第一種取捨：交易處理量

若要提高基礎層每單位時間可以處理的交易量，一是加大區塊的容量，要不就是提高區塊的處理速度，但不管是哪一種，都要提高操作節點需要的頻寬、處理與儲存規格要求，如果太過頭，就會讓一般人沒有能力操作節點。還有，以頻寬、處理和儲存等方面來說，如果操作節點的門檻要求提高的速度，快過了技術成長的速度，長期下來，會使得節點萎縮，這會讓網絡中央化。[343]

第二種取捨：隱私

要強化隱私的話，就需要犧牲一定的可稽核度。比特幣網絡的重點之一，就是任何節點都可以講出確切的比特幣供給量，並維護完整的交易歷史和帳本的全部狀態。這不可能和完全以隱私權為導向的區塊鏈有同等的隱私。基礎層完全為私密性的加密貨幣，比較容易出現未偵測到的數量膨脹程式漏洞（inflation bug）。而且，一套完全為私密性的系統，如果無法產生強大的網絡效應，那麼，隱私性可能不像宣傳中那麼好，因為匿名群組很小，很多東西都有跡可循。隱私是流動性函數中很重要的一環，如果各式各樣的隱私權導向生態系統中沒了流動性，那麼，他們的隱私權潛力也就很有限了。比特幣基礎層上打造出各種保護隱私權的技術，可以在有

---

[343] Jonathan Bier, *The Blocksize Wars*, 1–3.

隱私的條件下使用網絡。

第三種取捨：程式碼的表達能力

要強化程式碼的表達能力（比方說，要在基礎層上正確執行複雜的智慧型合約），網絡必須提高所有全節點（full node）的頻寬、處理與儲存要求門檻，從而提高操作全節點的困難度，就像之前講過的，這樣下來長期會讓網絡出現中央化的風險。此外，提高基礎層的運算能力，也會提高複雜度以及網絡表面可能遭到的攻擊。在所謂的「最大可提取價值」（maximal extracted value）過程中，也會讓礦工或驗證者更有機會利用交易排序耍花招搶占先機，讓中央化的區塊建構者（constructor）更能輕鬆獨霸市場。

第四種取捨：電力用量

在權益證明（proof-of-stake）系統裡，是由「持有」貨幣的人來驗證交易與創造新幣，而不是投入大量心力的礦工。用比較輕鬆的權益證明共識取代工作量證明共識，就要接受循環性的驗證流程，換言之，帳本的狀態決定現有的貨幣持有者，現有的貨幣持有者決定帳本的狀態：這是一部永動機，其基礎是容錯度不高的循環性邏輯。權益證明制帳本的歷史，並沒有不能偽造的成本，因此，創造出無限量交易歷史不同的區塊鏈副本的成本，幾近於零。如果網絡因為某種原因暫時無法連線，除了靠治理決策及／或中央化的查核點，來決定哪部帳本才是「真的」帳本並從這裡重新開始，別無他法。工作量證明系統把電力當成外部的真相仲裁機制，以不可偽造的成本創造系統的歷史，並讓系統穩健。

中本聰在比特幣網絡白皮書中，曾提到過 1990 年代的區塊流公司（Blockstream）以及其發展出來的雜湊現金，該公司的執行長亞當·貝克 2021 年接受訪談時就講到了比特幣網絡的取捨：

比特幣網絡非比尋常。

2013 年時，我大概用了四個月的餘暇時間，想找方法大幅強化比特幣網絡，嗯，範圍涵蓋了可擴充性、分權、隱私權、可替代性，讓一般人更輕鬆就能用小型裝置挖礦⋯⋯我想到了一些指標來當作改進標的。所以我看了很多不同的方法，改變參數，改變設計，改變網絡，改變密碼學，結果是，嗯，我得出了很多構想，當中有些東西後來也被其他人提出來講。

不過，基本上很讓我意外的是，不管你做了什麼，幾乎都是在某個方面可以做出明顯改進，但在其他多個方面卻變得更糟了，讓系統變得更複雜，要使用更多的頻寬，某些面向擺明了變得更差。

也因此，我的想法是，比特幣網絡存在於設計範疇中很狹窄的地帶上。嗯，比特幣網絡有很多可行設計，建構出一個廣大的可供探索設計空間，但相當反直覺的是，我們似乎無法大幅改進整個網絡。

請記住一點，我有分散式系統博士學位的背景，大部分的經歷都是替新創公司、大企業建置大規模的網路系統，還做過安全協定這一類的工作，我想，如果要說有誰能做一點漸增式的改進之類的話，我應該很有機會。基本上，我試過了，得出的結論是：「哇，基本上、根本上什麼都動不了。你做的每一件事，都會讓系統變得更糟。」這可不在我意料之中。[344]

比特幣網絡會成功，很重要的原因是因為節點網絡廣為分散、系統簡潔又穩健，而且蘊含了「貨幣自主權」的相關概念。只需要一臺老電腦且基本能上網，任何人都可以操作節點，在有相當隱私的條件下使用網絡，也可以自行發起交易，並驗證從初生至今的整個系統。節點門檻要求會提高，但速度比不上電腦處理效能、資料儲存以及網路頻寬的發展，這表示，從此時算起，即便過了幾十年後，還是很有可能由個別用戶來操作節點。操作節點的基本要求提高的速度落後於頻寬和儲存等科技的發展，這代表長期下來，人們可以更輕鬆、更容易操作節點。也因此，比特幣網絡在設計上很可能會隨著時間過去愈來愈分權，相對之下，多數其他加密貨幣都很可能愈來愈中央化。

就算開發人員想改造比特幣網絡，也無法強制用戶節點接受他們所做的變更。決定比特幣網絡規則組成的，是現有的節點網絡。實務上，比特

---

[344] Adam Back, "Early Days of Bitcoin & Future Outlook," Blockstream Talk #1 (17:02-19:11).

幣網絡上的任何變更，都必須是與過去相容的更新，節點用戶如果願意的話可以自願更新，但還是能與舊節點相容。開發人員如果嘗試提出與現有節點網絡的過去不相容的更新，除非能贏得壓倒性的用戶同意，不然，那就只是硬分叉而已：他們創造出來另一套沒有網絡效應也不具備相當安全性的新貨幣。

想要從比特幣網絡做出硬分叉，這概念上就好比你去複製維基百科（Wikipedia）上的所有的資料（維基百科的資料量還不如比特幣網絡這麼多），然後移到你自己的網站上，但你能贏得的網路流量很低，因為你沒有千百萬指向真正維基百科的反向連結（backlink），也沒有持續更新真正維基百科網站的志願大軍。從你複製的那一刻開始，你這個分叉版的維基百科，天生就比真正的差。同樣的，任何比特幣網絡的少數派硬分叉，節點本來就少很多，礦工的算力也低很多，從一開始的分權程度就低，對抗審查的能力也比較差。[345]

如果要操作節點的門檻要求大幅提高，就只有大型實體能操作節點，那麼，節點集合就會小很多。礦工集團、交易所、保管機構以及其他大型機構可以達成協議，更改網絡。如果發生這種事，那麼，比特幣網絡的不可竄改與分權特性就沒了。特別是，比特幣2,100萬個的供給量有可能會改變，而且，各種反抗查核的特質也會受到威脅。

讓比特幣可以「強勢」如貨幣的因素，是其網絡規則具有不可竄改的特質，而且由個別用戶組成的廣大節點網絡負責落實。基本上，除非用戶達成非常高度的共識，不然的話不太可能出現與過去不相容的改變。有些軟分叉（比方說隔離見證〔SegWit〕和主根〔Taproot〕）創造出了漸增式的改善，而且可以過去相容，如果節點操作者希望使用這些新功能的話，他們可以慢慢地自主更新。

支持其他新加密貨幣的人常會批評比特幣是舊技術，但實際上比特幣網絡只是在設計上對於取捨比較嚴格，為了達成最高的安全性和分權，可以犧牲其他的特質。協定層次的技術一旦確立之後，通常都會持續很

---

[345] Lyn Alden, "Analyzing Bitcoin's Network Effect."

久。1970 年代發明的網際網路協定（Internet Protocol），1980 年代初期發明的乙太網（Ethernet），1990 年代發明的通用序列匯流排（Universal Serial Bus），這等等協定至今仍然穩健，而且未來幾十年可能也還是這樣，因為這些協定都很基本，而且會隨著時間更新。這些協定有網絡效應帶來而牢牢確立的優勢，而且可以在與過去相容的條件下更新。

比特幣網絡在很多方面，都和這些具主導性市占率的長期性協定技術很相似：很基本，且極為簡單而穩健。比特幣的屹立不搖來自於可以和過去相容；任何人嘗試製造出無法達成共識的硬分叉，創造出來的對手本來就會比較弱勢、分權程度比較低、比較不安全且流動性比較低，不太可能與之匹敵。

但這仍留給了我們一個潛在的兩難。如果實務上只可能有小幅更新，多數重要的改善都會導引出無法接受的取捨，那麼，比特幣網絡要如何壯大？由於區塊空間的限制再加上刻意拖慢區塊生成的速度，每個月能處理的支付交易僅能達幾千萬筆，如果有一天真的會有幾十億人想要使用，這樣的網絡，要怎麼樣才能擴大成容納這麼多用戶？

答案是分層。最成功的金融系統與網絡設計，用的都是分層法，每一層各有其最適合的目的。

分層式的設計

如果區塊鏈網絡裡的某一層想要用來滿足所有目的，那就必須做出很大的犧牲，長期下來，幾乎什麼都不好用。這種設計，稱之為水平擴充（scaling horizontally）。

然而，如果系統的每一層都根據某些變數，調整到最適狀態以滿足特定目的（交易量、安全性、速度、隱私、表達能力，凡此種種），那麼，完整的網路堆疊就可以同時針對多種用途調整到最佳狀態，又不會導致無可接受的取捨。這稱之為垂直擴充（scaling vertically）。

網際網路協定就是一個明顯的例子；這套系統以四個層堆疊功能。最上層是應用層（Application Layer），裡面包括了各種資訊格式的協定。接下來是傳輸層（Transport Layer），常見的協定不是 TCP 就是 UPD。之下是網際網路層（Internet Layer），過去的協定向來用的是 IPv4，全世界未來的目標是升級為 IPv6B。再來是連結層（Link layer），由乙太網和其他實體網路細節構成。上層通常有比較多選項，可視手邊的任務而定，下層則是每個人都會使用的基礎層。

以金融為例，美國有聯邦準備體系電匯系統，作為銀行間的總結算系統，目前轉帳數目每個月不到 2,000 萬筆（每年大約 2 億筆），但每月結算金額超過 80 億美元（每年大約為 1,000 兆美元），這是因為每筆轉帳金額的平均值很大，每筆結算都代表由很多較小額支付交易構成的批次。[346]

圖 22-A

聯邦準備體系電匯系統轉帳

年度	轉帳筆數	轉帳總金額	轉帳平均規模
2022	196,052,238	1,060 兆美元	5.41 百萬美元
2021	204,490,893	992 兆美元	4.85 百萬美元
2020	184,010,202	840 兆美元	4.57 百萬美元
2019	167,650,062	696 兆美元	4.15 百萬美元
2018	158,430,742	716 兆美元	4.52 百萬美元

一般人不會直接使用聯邦準備體系電匯系統的基礎層，反之，我們用的是信用卡、金融卡、PayPal、Cash App 等等支付方法，銀行把這些交易記錄在他們的帳本上，之後才互相結算。聯邦準備體系電匯系統上的每一筆交易，都代表了由這些發生在較上層的很多較小額交易構成的批次。

換言之，整個網絡裡有基本的核心結算系統，然後上面有不同階層，容納更大的交易量，每個月可以執行幾十億筆交易。

比特幣網絡的生態系統也依循類似的方式演變，差別在於這用的是開放式與點對點的方式進行。聯邦準備體系電匯系統是一套中央化的封閉性國內結算層，比特幣網絡是一套分權的開放式全球結算層，有自己的數量

---

[346] The Federal Reserve, "Fedwire Funds Service: Annual Statistics."

有限基礎記帳單位。比特幣網絡在許多方面很像是把黃金和聯邦準備體系電匯系統包裝成同一個系統，但具備分權與開放原始碼等性質。

比特幣的基礎層容量大約是每天可以處理至多約 400,000 筆交易，但每一筆交易可以有多種結果，因此，每一天可以處理超過 100 萬筆支付。換算下來，一個月大約是幾千萬筆，一年大約有幾億筆，比聯邦準備體系電匯系統目前能處理的稍多一點。

從基礎層往上，還可以打造不同的層（事實上也已經有了），給予系統更大的交易量或容量。

閃電網絡是目前最重要的範例，這是在比特幣機數層上運作的一系列二之二（2-of-2）多重簽名智慧型合約。這些都是點對點的支付管道，長期下來，可以支持基礎層每筆交易中的多筆交易。當中的取捨是管道必須持續連線，以保護資金並收取支付款。

第二重要的範例是流動網絡，這是一個由幾十種實體組成的聯盟，把比特幣打包成一種稱為 L-BTC 的符碼；打包之後，L-BTC 可以快速移動，隱私性更好，還可以支援各種智慧型合約，包括在這個網絡之上運作的其他各類安全性符碼，也因此，很多 L-BTCT 交易可以納入兩件比特幣交易內（一件掛入〔peg in〕，一件掛出〔peg out〕）。當中的取捨，是用戶一定要相信聯盟；信任聯盟的分權程度會高於信任單一實體，但是低於信任比特幣網絡的原基礎層。流動網絡功能性聯盟裡的多數實體，需要一同勾結對抗系統，才可能把用戶的資金偷出來。順著這樣的思路，Fedimint 這套開放原始碼協定，讓人們自行建置小型且隱私性更高的社群聯盟，很像是客製化的社區銀行。

第三個範例是 RSK，這是一種聯合挖礦（merge-mined）層，把比特幣包入名為 RBTC 的符碼裡，從這裡開始，RBTC 就成為基底，支撐起一套智慧型合約生態系統。

第四個範例是 Stacks，是比特幣網路上的另一個智慧型合約層。Stacks 的設計會隨著時間改變，目前的目標，是以獨立的權益符碼建置有擔保的掛入和掛出，這引發了一些爭議，但與已知且受信任實體組成的聯盟相比，也代表了不同的誘因架構。

第五個範例，是提議使用限制條款，容許用暫時性的可程式化限制來分配某些比特幣。如果要在比特幣網絡上啟用限制條款，就需要軟分叉，容許一些可使用程式執行的鎖定以及分層設計。

第六個範例，則是目前與未來可能出現的各種匯總（roll-up）方法。這些是數據壓縮技術，可以提供更大的交易量及／或更高的隱私性。現在已經有一些了，其他則需要軟分叉才能在比特幣網絡上啟用。

第七個範例關係比較遠：任何經常性把查核點插入比特幣網絡區塊鏈的權益證明系統，從某種意義上來說，都屬於比特幣網絡的側鏈。

從這裡開始，保管機構可以在這之上的各層運作，為想要的人提供服務。交易所、支付應用程式、銀行等等都可以提供服務，讓願意信任他們的用戶挪一部分的資金過來。這可以任意擴大比特幣網路的使用規模。閃電網絡上的每一個節點，不一定是單一個人，可以是由幾千個、甚至幾百萬的用戶組合的保管機構或聯盟。

舉例來說，由區塊公司（Block, Inc.）經營、用戶多達幾千萬人的行動支付服務 Cash App，讓用戶可使用美元或比特幣互相轉帳。這套應用程式連結到比特幣網絡的基礎層與閃電層，讓用戶有很多選項。Cash App 的用戶可以免費轉美元或比特幣給另一位 Cash App 用戶，因為這只要由 Cash App 更新他們的內部中央化帳本即可。由於 Cash App 連上比特幣網絡／閃電網絡堆疊層，用戶也可以發送比特幣到 Cash App 生態系統以外或從外部接收比特幣。Cash App 用戶所做的外部交易，可以包括和未使用 Cash App 或其他自主保管比特幣的人交換價值。

在目前的法定金融體系裡，系統用戶實際上並不能選擇要和哪一層互動，比方說，個人就不能直接使用聯邦準備體系電匯系統。他們可以選擇要使用哪一個品牌的支付服務，而不管怎麼選，組成的內容都是中央化、較高層支付服務，並在比較底部的中央化層級結算，比方說聯邦準備體系電匯系統。

但是，用戶在和比特幣網絡互動中，是可以有選擇的，可以針對自己的特定需求，選用不同的層。比特幣的基礎層適合大型、反審查且沒人能控制的不可撤銷結算交易，以及重要的長期性儲蓄。這可提供最高的安全性和可靠性，但交易速度與交易量就會受限。閃電層適合小額快速交易，隱私性很高，也能以抗審查的方式來使用。人們也會基於不同的理由使用不同的側鏈，包括偏好信任聯盟（而不是單一的中央化實體），以換取在速度、隱私以及可程式化特性等相關面向調整到最佳狀態。在這些層的上方，可以出於便利與最佳化調整的原因使用保管機構、聯盟以及其他中央化或辦中央化的金融服務公司。比方說，一個人可以使用 Fedimint 錢包從閃電網絡付款或收款，就當成支票帳戶那樣用，但同時又把多數比特幣存放在比特幣基礎層的冷儲藏區（cold storage），就當成儲蓄帳戶一樣，偶爾還可在兩者之間轉帳。

　　開放式協定之所以強而有力，是因為這些協定讓應用程式可以在不知道對方做了什麼之下和彼此互動。舉例來說，電子郵件供應商不用確保自家軟體和其他每一家特定電子郵件供應商都能相合，他們只需要確定使用了共同的電子郵件協定即可。同樣的，每一種和比特幣相關的應用程式，只要用了相同的基本協定堆疊，即便不知道對方是誰，也可以用各種方法和其他相關應用程式互動。這和目前多半以封閉式、非互通系統運作的支付網路剛好相反。比特幣網絡與閃電網絡都是分層式的網絡，可以成為開放原始碼締結組織，連結所有選擇連上來的支付生態系統。

　　具有網絡效應的開放式協定，能讓很多不同的企業和個人以此為基礎繼續發展，因此具有極大的擴大規模潛力。比特幣網絡是有史以來第一套可以讓其他人公開在上面打造系統的大型貨幣協定，開發人員帶來新的構想，以指數級程度強化系統，可以連上各式各樣不同的支付生態體系，也讓它們可以和彼此互通。

第 23 章

閃電網絡

在我寫到這裡時，在比特幣基礎層上最重要的一層是閃電網絡。組成閃電網絡的，是一系列在比特幣基礎層上運作的智慧型合約管道。

個別消費者透過管道進行支付，會比每付一筆款項就要昭告全網來得有道理。如果你我之間面對面用實體現金交易，這是一種直接的點對點，我們不用告訴全世界說我們在做交易。閃電網絡把現金的概念複製到比特幣基礎層之上，2017 年時由隔離見證這個軟分叉所啟動。

結果就是：成就了一套速度更快、更可以擴大規模、更廉價且隱私性更高的全球支付系統；但與直接使用比特幣基礎層做交易相比，也有一些取捨與限制。

比特幣網絡發展早期，就已經把管道導向的支付方式概念化，以此為出發點，2015 年寫出了閃電網絡白皮書，2018 年初就開始建置軟體並用上了真實的比特幣，距離隔離見證更新啟用只有幾個月。[347] 開發人員一開始刻意限制軟體管道的規模，在早些年間謹慎地壯大，安全地進行相關測試。

這套網絡自此之後開始運作與成長，到了 2020 年底，網絡的流動性、可用性與關鍵門檻已經達到一定程度。從總體經濟觀點來看，這對我來說很有意思。我開始在當時所做的研究中納入這個主題，這套網絡在之後的幾年持續快速成長。[348]

廣播網絡的限制

每天在上班路上順便買杯咖啡，也要用到廣播網絡周知每個人，這個概念不太符合比例原則。區塊鏈的用意，是要成為一套不可竄改的公共帳

---

[347] Joseph Poon and Thaddeus Dryja, "The Bitcoin Lightning Network: DRAFT Version 0.5." 亦請見 Poon and Dryja, "The Bitcoin Lightning Network: Scalable Off-Chain Instant Payments," which is often considered the official Lightning white paper

[348] 例如，請參見 Lyn Alden, "Analyzing Bitcoin's Network Effect."

本,但你真的有需要把買咖啡這筆交易告訴全世界幾萬個節點,讓其他人在一套分散式資料庫裡為你騰出一席之地嗎?

想像一下,假如在網路上發送的每封電子郵件不只要送給收件者,還要傳送副本給每個人的伺服器並存起來,那會怎樣?就算我們可以把相關人等匿名,消除隱私權的問題,這樣的廣播仍是完全無效率之舉。然而,各種高交易量、大節點區塊鏈在處理錢時,就是試著這麼做。

如果我改成在廣播網絡之上開啟一個管道,針對只有我和交易商人知道的項目付款,然後就關閉這個管道,這些個別的支付款項不留下任何不可竄改的公共紀錄,那會怎樣?

從分權的角度來看,如果有一套網絡想要在廣播導向的基礎層上擴大交易量,快速擴大區塊規模及／或區塊速度,並無意義。這會導致節點的門檻變得天高,導致網絡發生變化,變成剩下一小撮大型節點的中央化、企業規模資料庫。只要這一小撮操作節點的大型企業同意,隨時都可以更動系統的基本規則,所有網絡規則(包括貨幣供給在內)也可更動,也會愈來愈容易審查交易。要保有隱私權將會很困難;各式各樣的實體都可以追蹤你的財富淨值與支付歷程,這種事在善意的環境裡已經夠糟,在威權主義環境裡更是可怕,而全世界有一半的人都活在威權主義之下。

此外,管道交易的速度大概都會比廣播交易快,因為就算是最快速的區塊鏈,要在整個廣播網絡布達也需要時間。

正因如此,所有嘗試致力於在基礎層全面性擴充交易規模的區塊鏈,本質上是錯誤的。比特幣現金(Bitcoin Cash)、比特幣聰願景(Bitcoin Satoshi Vision)、萊特幣(Litecoin)、狗狗幣(Dogecoin)以及其他這類貨幣,做出了太多犧牲並變得太中央化,但從擴充性或隱私性來說,其做出來的東西,在技術上意義不大。

唯一有意義的擴充與避免犧牲分權特質的方法,就是採用分層法。前一節也講過,用戶可以自行挑選解決方案,這表示,他們可就自己特定的需求去尋找對他們來說最合適的層。

閃電網絡入門課

假設你和朋友們在一家昂貴的餐廳聚了一整晚。多數餐廳不會每上一道菜或一杯酒水就收錢，而是會讓客人先完整享受餐點饗宴，最後才一次收一大筆錢。不過，這也要看餐廳信任你到何種地步。

假設餐廳一開始用餐時就跟你要了信用卡號，接下來，你每點一道菜就把餐費加到你的帳上。當晚結束時，侍者把帳單給你，你簽了名，然後他們就用你一開始給的信用卡收錢。

這麼做，就代表你和餐廳之間開通了一條支付管道。一開始開啟帳目時會出現摩擦，最後在結算帳目時會有第二次摩擦，但在這兩次之間，你點的每一道菜或飲料都不會有支付摩擦的情況，你只需要跟侍者說你要什麼，美食佳釀就會端上來。

閃電網絡在概念上就是這樣運作，只差在不用信用卡。我跟你之間，會先在比特幣網絡基礎層做一次交易，藉此開通一條管道。該管道是一種二之二多重簽名且設有時間鎖的管道，意思就是，我們雙方都必須同意開通管道，但由於管道被設計成時間限定，因此，如果我們需要或想要的話，都可以片面關閉管道（但如果我們在合作之下關掉管道，會比較快也比較簡單）。管道開啟時，只要管道裡的流動性足夠，我們可以來來回回即時交易，幾次都可以，直到有一方或雙方決定以另一樁比特幣基礎層管道交易來關閉管道為止。

和餐廳帳目不同的是，閃電網絡裡的管道不是以信用為基礎。創立管道時，錢就會鎖進管道裡，負責執行規則的是分權式的全球性軟體。管道裡支付的款項，幾秒鐘之內就會更新，任一方隨時可以關閉管道，結束進行中的帳目，和基礎層對帳，兩邊都會收到目前餘額。管道裡沒有欠債，沒有先賒帳後付款的承諾。這就好比是你每點一道菜，就透過管道把錢轉到餐廳的帳戶裡。然而，由於比特幣網絡的區塊空間有限，每單位時間能關閉的管道數目也有限，這表示，閃電網絡裡的每一條管道不見得都能在短時間內關閉，因此會有暫存款項，這是唯一的間接信用形式。要關閉閃電網絡裡的管道，也需要在支付鏈上交易手續費。

現在，我們繼續往下講。艾莉絲（Alice）和餐廳開了一個帳目，另一桌的鮑伯（Bob），也和餐廳開了一個帳目。如果鮑伯把錢都花完了，卻發現自己還得坐計程車回家，那麼，艾莉絲可以請餐廳從她的帳目裡扣錢，把一些錢轉給鮑伯。雖然艾莉絲和鮑伯兩人並不認識對方，兩人之前也沒開啟過支付管道，但艾莉絲可以透過餐廳付錢給鮑伯，鮑伯也可以透過餐廳付錢給艾莉絲。兩人的共通點，是都和同一家餐廳開立了一條支付管道。

閃電網絡也這麼做，但規模更大，且無須信貸。圖 23-A 是一個範例示意圖。如果用戶 A 想要付一筆錢給用戶 P，可以透過從 A 到 C 到 E 到 J 到 L 到 P 這條路徑完成。中間的每個節點可能會收一點過境手續費，但因為過程很容易就可以自動化，因此費用可能不到 1 美分。用戶 A 不需要直接和用戶 P 開通一條管道。

圖 23-A

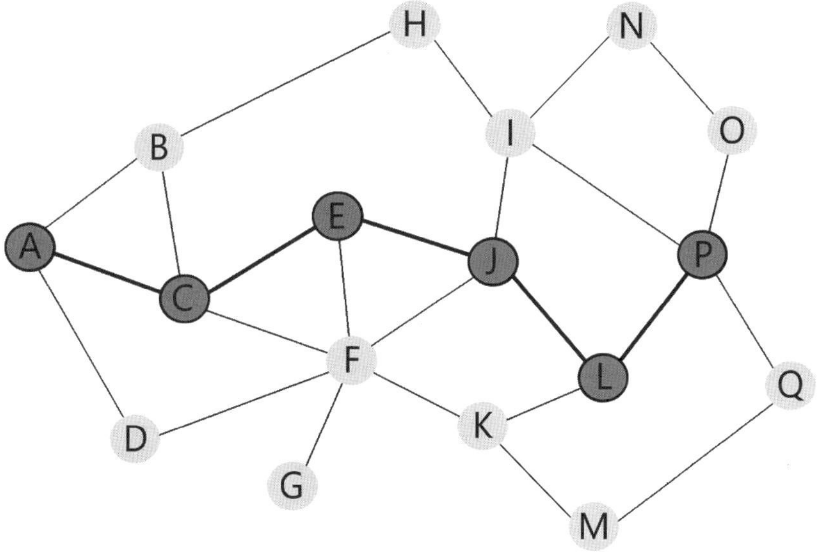

閃電網絡使用洋蔥路由（onion routing）技術，中間的節點不一定知道支付款的起點是哪裡或流向的終點是哪裡。比方說，節點 J 只會被告知「請貫通從 E 到 L 的這筆款項」，得到的資訊不會多於必要的程度。

有了這套管道網絡，一樁在基礎層做的交易可以開啟一條管道，讓你可以存取多筆個別支付給多個獨立實體的款項，因此可以大幅擴大比特幣網絡的規模。

想像一下，有一套全球性的系統裡有大量互相連結的閃電網絡節點。任何人都可以用新節點進到網絡裡，開始設立管道。或者，很多保管服務也可以透過自家的節點與管道，讓用戶進入網絡。

這套網絡效率很高，因此交易手續費通常可以壓到 1 美分或更低，這樣就可以進行微型交易與機器對機器的高頻率交易。用人工智慧程式控制比特幣錢包、和比特幣有關的喬姆電子現金（Chaumian e-cash）符碼，或是閃電網絡管道（這是無需獲得審核且開放原始碼的活動），遠比控制銀行帳戶（這是需要獲得許可且封閉原始碼的活動）容易。用來執行不同任務的先進程式，也可以用來創造錢包、賺取或收取比特幣，還可以判斷需不需要以有效的方式花掉這些比特幣，當作完成任務的步驟。舉例來說，這可以是購買額外的雲端導向處理能力、購買某些 API、數據或類似活動的存取權。由於運作的程式相當先進，此時，想清楚機器可以付款的權限在哪裡，非常重要，閃電網絡有潛力達成的速度與效率，可是前所未見。

除了基礎層交易能開啟與關閉的管道之外，閃電網絡長期下來的規模可以大到什麼地步，以及網絡每秒鐘可以處理多少交易，別無其他硬性限制。如果未來閃電網絡的規模達到可以開啟幾百萬個管道，理論上，每秒可以處理的點對點交易數目幾乎無限，但在特定期間內可開啟與關閉的管道數量會有上限，這要看比特幣網絡基礎層的交易，有多少比例是用來開啟與關閉閃電網絡管道。[349] 接著發展下去，或許可以讓更多參與者共享同一條管道，從而大幅提高有效規模的上限。許多保管業者（包括傳統帳戶導向金融服務公司，以及使用自動化程度更高、且無需審核的喬姆電子現金技術業者），已經可以讓很多人共享同一條閃電網絡管道，從而把網絡的規模擴大達幾十億人，但他們需要得到用戶的信任。

這類網絡雖然有些限制（在發展初期階段尤其明顯），不過，對於付錢這件事來說很有意義。如果是個人性的小額交易，或是獨立支付生態系

---

[349] Bobby Shell, "How Many Transactions Can the Lightning Network Handle?"

統之間的連結，點對點管道勝於廣播網絡，前者速度比較快，比較便宜，而且隱私性相對高。

此外，閃電網絡可以做到金額比威士（Visa）和萬事達（Mastercard）等支付網絡更小額的微型支付。利用閃電網絡，用戶可以發送幾美分或更低金額的款項。這打開了信用卡做不到的新用途，比方說機器對機器的快速支付，或是開始應用把微型支付當成防止垃圾郵件的技術。

這些能力，包括基礎層以及在基礎層上開起的管道，都是全球性的，且無需審核。用戶可以直接使用，不必取得銀行或其他中央實體許可。政府若要阻止，就必須主動告誡人民，使用這類友善、免費且輕量到在基本電腦系統上就可以操作的開放原始碼軟體是違法的，然後再想想看現實中要怎麼樣去揪出這樣的違法行為。

建置與應用程式

閃電網絡和比特幣網絡本身很像，不受任何公司控制。

閃電網絡的基礎是一套以合意為根據的最基本度協定，網絡節點軟體的開發人員如果想要和彼此以及整個網絡合作運作，就要遵守這套協定。這些標準和供應用程式用來和彼此溝通的電子郵件基本標準或網際網路標準很像，只要以協定為核心的網絡效應仍穩固，這些標準就可屹立不搖。

閃電網絡節點軟體稱為閃電網絡系統實作（Lightning implementation）。截至我寫到這裡時，閃電實驗室（Lightning Labs）、區塊流、ACINQ和區塊公司等企業，開發了四種主要的閃電網絡系統實作，供各種開發人員使用，但其他也還有很多。

如果想要親自動手，你可以自行選擇要使用的系統實作，可以客製化系統實作，甚至從無到有自己做出系統實作。這是套公開原始碼的協定，沒有守門人（gatekeeper），無法阻止任何人打造自己的系統實作，並用系統實作和網絡裡的其他部分互動。

從這裡開始，很多公司就可以把這些閃電網絡系統實作，納入簡單好用的應用程式裡。終端使用者通常不會直接使用閃電網絡系統實作，他們會用行動應用程式連上閃電網絡，不去管大部分的技術細節，包括背後的閃電網絡系統實作細節。

流動性和網絡效應

流動性，是以各種路徑型管道構成的網絡，所會遭遇的最大限制。

如果參與者只有幾百人，要在任兩個節點之間都能找到一條可連起來的路徑，而且每一條管道路徑上還要有相當的流動性，以貫通支付，是很難的事。嘗試支付時經常都會失敗。資金不會遺失，但可能無法啟動交易。這樣的網絡很受限，使用者經驗也很糟。

等到參與者多到幾萬人、幾十萬人或幾百外人，管道的平均餘額就會更高，對整個網絡來說，大部分的任兩點之間都可以找到很多可能的路徑，就更容易從網絡裡的任何一點把錢導引到另一個點，而且也更加可靠。

在閃電網絡中，你想支付的金額愈大，就愈難找到一組整體流動性夠大、足以處理這筆支付款的管道路徑。舉例來說，網絡兩點之間要發送相當於 25 美元的款項很簡單，因為你軟體只需要找到一組互相連結的節點、而且在你想要發送方向上的每一條路徑都至少有 25 美元的流動性，那就可以了。但是，如果你想要發送相當於 2,500 美元的款項給多個終點，那就困難多了，因為有這麼高流動性的管道比較少；反之，你的支付款可能需要拆開來，透過多條路徑平行發送，也因此，你所在的節點和目標節點之間需要很多可行的路徑。此外，目標節點本身的總流入流動性很可能也不夠，無法收取這個金額的款項。

管道愈多，而且管道愈大，要導引大額支付時就愈可靠。

在這樣的動態之下，閃電網絡並不像電燈開關，不能「啪」一下打開之後就順利運作，必須花很多年，辛辛苦苦建立起一條又一條管道。早期的用戶是開發人員與信念堅定的早期採用者，他們努力從一套很難用的網絡中找出一條路；這些人付出多年心力，才讓只想找到便宜與快速方法付款的一般用戶重視起這套網絡。

此外，這一路上必須打造出各式各樣的工具，節點操作者才能更輕鬆地妥適管理流動性。這方面的情況漸入佳境，但仍有很多工作都還是現在進行式。很重要的一點是，在管道式網絡裡，流動性的品質比流動性的金額更重要。有很多替節點排序的指標,例如「波士分數」(Bos Score),不只根據節點的規模,也要看節點的存在時間、上線時間、與其他優質節點的距離,以及其他可靠度的指標。閃電實驗室的伊莉莎白・史塔克就說了,波士分數就像 Google 網頁排名(PageRank)加上穆迪(Moody)信用評等的綜合體。[350]

以到目前來說,閃電網絡讓用戶有了選擇,善用基本比特幣網絡基礎層的安全性來進行更快速的支付行動,大大強化了比特幣網絡。我預期閃電網絡會繼續提升,我認為,長期下來,更多的協定,例如 Fedimint,會讓非技術性的用戶更容易上手,強化閃電網絡的好用程度。

時機成熟時,我們會看到會發展出哪些其他分層與擴大規模的方法,並且廣為人採用,實現更廣泛的用途。

---

[350] Lyn Alden, "A Look at the Lightning Network."

第 24 章

工作量證明與權益證明之比較

本書這部前面有一章，講過區塊鏈設計上關於速度、交易量、隱私、表達性和使用能源方面的取捨，在這當中，利用能源使用量來替區塊鏈交易排序與維護一部不可偽造的歷史，值得專門用幾章來談一談，因為這是一個並未被充分理解但又極為重要的主題。[351]

為了取代比特幣網絡裡的能源投入要素，目前已經有人提出並建置了幾種達成共識的模式，權益證明系統是最常見的另一種選擇。權益證明系統以現有的貨幣持有者當成驗證者，由他們把新的交易區塊加入區塊鏈。這些系統有一些很有意思的地方，而與工作量證明系統相對之下，做了許多重大的取捨。

簡而言之，區塊鏈中的電力能源投入要素，是讓網絡得以盡量降低人為治理成分的原因。如果設計區塊鏈的人消除了能源投入要素，就要把顯著的人治加回網絡裡，這麼一來，至少牴觸了部分一開始要使用區塊鏈的理由。比特幣網絡仰賴電力能源作為中立的真相仲裁機制，本章要詳細討論為什麼會這樣。

工作量證明綜覽

之前有一章講過，比特幣網絡設定為平均每十分鐘就產生一個新區塊並把這個區塊加到區塊鏈裡，區塊鏈由 2009 年創始以來的成千上萬個區塊所組成。

產生新區塊的方法，是一位比特幣礦工（也就是一部專業化的電腦）貢獻處理能力（從而貢獻電力），解出了前一個區塊創造出來的加密難題。

---

[351] 這些部分借用了 Lyn Alden, "Proof-of-Stake and Stablecoins: A Blockchain Centralization Dilemma"; 以及 Alden, "Bitcoin's Energy Usage Isn't a Problem. Here's Why."

解出難題的實體可以創造一個新區塊，把目前在排著隊的幾千樁比特幣網絡交易打包到新區塊裡，然後連到區塊鏈上，成為下一個區塊的基底。交易就是這樣排序，帳本就是這樣更新。比特幣網絡設定的目標是生成區塊的平均時間為十分鐘，意思是，平均而言，每十分鐘就有一個內含幾千樁交易的區塊加入區塊鏈。

處理器以隨機猜測解決前一個區塊留下的難題，而根據大數法則（law of large numbers），你擁有愈多專業化的處理能力，就能得到更多區塊。

如果很多礦工離開網絡，產生新區塊的平均時間開始長過十分鐘，那麼，網絡就會自動把難題的難度調降到一定程度，回歸平均每十分鐘創造一個新區塊的排程。反之，如果很多礦工加入網絡，區塊加入區塊鏈的平均時間低於十分鐘，那麼，網絡就會出比較困難的難題。這就是所謂的「難度調整」（difficulty adjustment）。比特幣每兩星期就會自動調整難度；中本聰為了讓網絡順暢運作，解決多項程式設計上的重要挑戰，這就是其中之一。[352]

全世界隨時都有幾百萬比特幣挖幣機器，想著要解決難題然後創造出下一個區塊，前述設計成為確保維持平均每十分鐘創造新區塊的自然回饋機制，不用去管有多少算力加入或脫離網絡。

2021年上半年，中國（到當時為止，中國是最多礦工聚集的國家）禁止挖加密貨幣，全球有將近一半的比特幣挖礦網絡下線，開始移到其他地方。比特幣的支付網絡有一段很短時間慢了下來，但其他時候也都維持百分之百的運作。難度調整機制介入，把整個網絡又帶回本來的目標速度。假設像亞馬遜（Amazon）或微軟（Microsoft）這類大型雲端基礎供應商，在短短一個星期前收到通知，說他們必須把一半伺服器容量移到不同國家，那會怎樣？他們很可能在接下來的一年裡，都會出現服務時間無法維持正常的問題，甚至更久，因為他們要挪動與重新打造基礎建設。反之，比特幣網絡可以繼續維持百分之百的運作。還有，很諷刺的是，在禁令之後，中國有大量挖礦行動回歸線上；即便是中國的威權主義政府，也無法

---

[352] van Wirdum, *The Genesis Book*, ch. 15; Gladstein, *Financial Privilege*, 24–33.

完全消滅挖礦。[353] 截止我寫到這裡，多數人估計中國是第二大的挖礦區，僅次於美國。

如果礦工挖出一塊無效區塊，這是指這個區塊並未遵循現有節點網絡的共通規則，因此網絡刪掉此區塊。如果兩名礦工大約在同時都產出了一塊有效區塊，那會根據哪一塊區塊之後又產出了有效的區塊並加了進來、因此成為較長的（而且是正式的）區塊鏈，以決勝負。如果緊接著的第二塊區塊也很接近，那就由誰贏得第三個有效區塊或第四個有效區塊來決定。比較長的鏈條會勝出，因為網絡裡找到這條鏈、並在其上繼續創造區塊的比例比較高。

這樣的過程就稱為「工作量證明」。千百萬臺機器使用電力和專業處理器，運用處理能力來猜最近的區塊留下的加密難題答案。這看來像是在浪費能源，但也是因為這樣，系統才得以分權，降低人治的必要性。在這個例子中，能源是判定真相的仲裁機制。系統裡沒有中央權威或一群寡頭型的驗證人來決定哪些因素才構成有效的區塊或有效的交易群組，或者斷定哪一筆交易先發生、哪一筆後發生；在任何特定時間點上，區塊鏈中多數的工作都可用數學驗證，並由節點網絡中的其他人認可為真；一切都以節點為基礎。

投入最多工作量、且同時能通過比特幣網絡節點查核共識標準的區塊鏈，持續成為被認可的全球性共識帳本。

比特幣網絡主動使用的能源愈多，任何實體想要取得並維持網絡中超過50％的處理能力，以審查刪改交易及／或發動各種重複支付攻擊，就要付出愈高的成本。很多非比特幣網絡的小型區塊鏈，成為這類51％攻擊的受害人，而比特幣的採礦生態系統更大型且更多元，到目前為止還很能抵禦攻擊。

中本聰在設計上會使用工作量證明交易排序機制，是基於其無須仰賴信任（trustless）的特質。他是這樣說的：

---

[353] Tanzeel Akhtar and Sidharta Shukla, "China Makes a Comeback in Bitcoin Mining Despite Government Ban," *Bloomberg*, May 17, 2022.

工作量證明具有的美好特質是，可以替代不受信任的中間人。我們不需要擔心通訊的監管鏈會出什麼問題。是誰說最長的鏈條是哪一條，並不重要，工作量證明會替自己發言。[354]

　　工作量證明系統的基本優勢，是除非有人願意且能夠投入更多的算力，超過比特幣網絡整個歷史的總量，不然就無法推翻帳本的歷史。中本聰本人又在這方面提出了有用的洞見：

　　由網絡替交易加上時間戳記，把各筆交易雜湊成一條持續性的雜湊導向工作量證明鏈，構成如果不重做工作量證明就不能更動的紀錄。最長的鏈條不但可以用來見證事件發生的序列證明，也證明了這也集結了最大量的中央處理器算力。[355]

　　雨果・阮（Hugo Nguyen）在他 2018 年的論文〈工作量經得起時間考驗，權益則不然〉（Work is Timeless, Stake is Not）裡描述這種效果：

　　每區塊消耗的能量，不僅確認了屬於該區塊裡的未花費交易輸出（UTXO）交易（譯註：未花費交易輸出原文為 Unspent Transaction Output，這是一種記錄交易輸出狀態的方式，追蹤所有還沒有花掉的交易輸出，以確定哪些比特幣屬於哪個地址），也回過頭去全面確認了過去所有區塊中的未花費交易輸出。可以做到回溯，是因為如果不先逆轉現有的區塊，就不可能逆轉過去的未花費交易輸出。每一個新區塊，基本上是把所有的既存未花費交易輸出「埋」進下方。[356]

　　我們可把比特幣區塊鏈帳本想成一個用算力建成的分權式巨型數位紀念碑，專門用來保存過去的客觀事實，規模一天大過一天。在每一個當下，

---

[354] Satoshi Nakamoto, "Re: Bitcoin Minting is Thermodynamically Perverse," BitcoinTalk forum, August 7, 2010.
[355] Nakamoto, "Bitcoin: A Peer-to-Peer Electronic Cash System," 1.
[356] Hugo Nguyen, "Work is Timeless, Stake is Not," Medium, October 12, 2018.

第 5 部　網路原生貨幣　329

如果有某個實體要根據比特幣網絡的共識機制重新整理過去，需要用到多到難以想像的能源和算力。

權益證明並無不可偽造的歷史

權益證明這套系統，是由加密貨幣持有者暫時鎖住自己的貨幣（或者說拿出貨幣作為「賭注」），以取得投票權決定哪些是新創出來的區塊，並因為成功創造出新區塊而獲得更多貨幣當作獎勵。他們並不是靠著投入電力與算力在區塊鏈上創造新區塊，而是證明他們在網絡中持有相當的貨幣權益，並以這樣的地位作為他們簽核交易的權威來源。

與使用工作量證明機制相比之下，權益證明共識模式的主要優勢，在於小型區塊鏈可以拉高外人對其發動暴力攻擊所需的成本。以很多小型的工作量證明型的區塊鏈來說，要進行51%的攻擊成本很低，使得攻擊者可以輕易審查網絡，或逆轉最近的交易。另一方面，外部人士要對小型權益證明型區塊鏈發動暴力攻擊很難，因為外部攻擊者必須買進高比例的貨幣，這會帶高價格，讓攻擊者更難買齊發動攻擊必要的貨幣。

權益證明式共識模型的次要優勢，是這可以降低替交易排序的外部成本，然後把省下來的費用燒幣燒掉。換言之，他們是替自己的貨幣設定了純然的通縮貨幣政策。系統的設計是，繼續發行大量的新幣作為驗證者的獎勵，同時把省下來的額外交易手續費燒掉（毀棄貨幣），這樣一來就可以避免通膨式的貨幣政策，甚至可能達成通縮式的貨幣政策；只要網絡的需求仍大，用戶還願意支付高額的手續費，這種方法就行得通。

但是，權益證明系統也有很多缺點，與工作量證明系統相比之下，會被攻擊的表面多更多。權益證明型的區塊鏈幾乎可以說是完全脫離了實體世界，變成了以循環性邏輯為基礎的永動機，容錯率很低。我剛開始研究權益證明時，這個概念看來很有趣，但我愈是深入研究就愈是明白，在不可竄改這點最是關鍵的環境下，工作量證明極為重要。

權益證明系統的主要（且無法克服的）缺點，是其帳本的歷史沒有不可偽造的成本；構成帳本的，只有一系列由驗證者（貨幣持有人）簽核的交易。也因此，任何人都可以創造接近無限多的替代交易史（也就是替代帳本），任何人都沒辦法用看的然後獨立判斷哪一部交易史才是「真的」，也無法證明過去有哪些驗證者、他們又簽核過哪些交易。

在權益證明系統裡，最接近能知道哪一部是真歷史的方法，是節點永遠都不要下線。如果他們從網絡創始以來就操作節點一直到現在，從來不曾離線，看著每一個從創世紀區塊中生出的區塊，那麼，他們或許可以宣稱自己知道完整且真實的帳本歷史。但他們要如何向別人證明這一點？這些人會成為中央權威，從而重挫分權區塊鏈要達成的目標嗎？

節點可以隨意離開或重新加入無須仰賴信任的網絡，對中本聰來說是很重要的事，他在2008年原創的比特幣網絡白皮書，最開頭的摘要部分就提到了這一點：

> 有了純正的點對點電子現金，就可以有由一端直接付給另一端的線上支付，無須經過金融機構。數位簽章可解決部分問題，但如果仍需要受信任的第三者來預防重複支付，那麼，主要的好處就都不見了。我們提出的解決方案，是使用點對點網絡來解決重複支付的問題。由網絡替交易加上時間戳記，把各筆交易雜湊成一條持續性的雜湊導向工作量證明鏈，構成如果不重做工作量證明就不能更動的紀錄。最長的鏈條不但可以用來見證事件發生的序列證明，也證明這也集結了最大量的中央處理器算力。只要大部分的中央處理器算力都控制在彼此講好不攻擊網絡的節點手上，就能創造出最長的鏈條，勝過攻擊網絡的人。網絡本身不需要什麼架構。相關的訊息會靠著大家竭盡全力廣傳，任何節點都可以按自由意志離開或重新加入網絡，接受最長的工作量證明鏈條確實記錄了他們不在網絡期間內發生的所有事。[357]

權益證明系統放棄了不仰賴信任、可離去與重新加入網絡的能力。如果節點離開、之後再重新加入網絡，他們無從證明什麼才是帳本真正的歷史，也不知道他們離線時發生了哪些事。如果帳本的歷史出現了彼此較勁

---

[357] Nakamoto, "Bitcoin: A Peer-to-Peer Electronic Cash System," 1.

的版本，他們也沒有能力判斷哪一個是有效的。他們必須轉求某些權威，比方說，某些宣稱自己一直在線上的節點，然後信任這些節點。

更糟的是，就算某些節點自權益證明型的區塊鏈創始以來，持續都在線上，也可能因為某些聰明的攻擊而被孤立在大部分的網絡之外。雨果‧阮在 2018 年的文章〈權益證明、私人金鑰攻擊與不被歌頌的英雄：不可偽造的成本〉（Proof-of-Stake, Private Key Attacks and Unforgeable Costliness the Unsung Hero）裡講到這個效果：

> 其次且更重要的是，對工作量證明節點操作人來說，下載了工作量證明節點軟體之後，任意關閉節點一段時間是相當安全的事。走過了自力發展階段之後，工作量證明網路就不太需要審核：節點可以隨意來來去去。唯一的例外是發生硬分叉事件之時；此時，節點操作者需要重複自力發展過程（這是另一個應該謹慎使用硬分叉、可以的話應予以避免的理由）。
>
> 反之，權益證明的節點操作者即便下載了正確的軟體，也需要定期去接觸受信任的第三方，確保自己仍留在標準鏈條上。擔心與主網絡失去聯繫以及被誘拐到錯誤的鏈條上的恐懼，將永遠存在，連受信任的第三方不存在之後都還在！這代表了安全性嚴重退化。[358]

換言之，在權益證明系統之下，我們要擔心通訊的監管鏈，因為權益證明和工作量證明不同，前者無法自證。化名琪琪的《21 條心法》作者也摘要了兩者的差異，且講得很好：

> 工作量證明不僅有用，而且絕對必要。無須仰賴信任的數位貨幣少了這一點就不能運作。你永遠都需要定錨在真實世界裡。少了這個定錨，就不可能讓真實的歷史自證。能源是我們擁有的唯一定錨。
>
> 工作量證明＝交由物理證明發生了什麼事。

---

[358] Hugo Nguyen, "Proof-of-Stake, Private Keys Attacks and Unforgeable Costliness the Unsung Hero," *Medium*, April 3, 2008.

權益證明＝交由人證明發生了什麼事。[359]

權益證明區塊鏈裡的信任問題，也適用於個別的節點操作者，從這裡開始，就套用到整條區塊鏈了。如果網路裡出現漏洞因此暫停運作，那就會引發一個明顯的問題：沒有任何一個節點能說自己從未離線。

2022年，權益證明區塊鏈索拉納（Solana）發生五次個別的離線事件，2023年又來一次。同樣也是權益證明系統的幣安智慧鏈（Binance Smart Chain），2022年也因為鑽程式漏洞（code exploit）問題一度刻意離線。這兩種區塊鏈離線當時，以市值來算都是前十大加密貨幣。當這些網路的驗證者最終改正問題並重啟區塊鏈，既然沒有可自我驗證、不可偽造的帳本歷史，那他們怎麼知道要從哪裡開始？任何人都可用差不多為零的成本做出數量無限的替代歷史，根本沒有辦法證明哪一個版本的歷史才是真的。

答案是，這些驗證者化身為寡頭人物，治理網絡：大型的驗證操作人還真的會進入（聊天）室內，根據他們自己的紀錄，用人為方式找出要從哪裡重啟區塊鏈。由於要成為這些區塊鏈驗證人的要求門檻很高，持有貨幣的分布也相當集中，也因此，只有一小群舉足輕重的大型驗證實體。如果要避免直接使用能源，替代方案就是使用這種人為治理。

權益證明區塊鏈在想辦法解決這種兩難局面時，可以設置規律的查核點，萬一系統離線，就可以從最近的查核點重新啟動。但這又引發了新問題：誰決定要使用哪些查核點，又該把查核點儲存在哪裡？其他人為什麼要信任這些查核點？到目前為止，要解決這個兩難局面，最好（但也最諷刺）的解決方案是定期把查核點插入比特幣區塊鏈裡，仰賴分權式工作量證明的不可偽造歷史。

我很喜歡用一種比喻來講權益證明與工作量證明之比較：這兩種分別就像是揮發性電腦記憶體（volatile computer memory）與非揮發性電腦記憶體。[360] 使用電腦時，你主要和這兩種不同的記憶體互動，這兩者各有目的。

---

[359] Gigi, "A Failure to Understand Proof of Work," *Twitter*, May 13, 2021.
[360] Lyn Alden, "What is Money, Anyway?"

揮發性記憶體速度快，但切斷電源再恢復之後，會遺失所有儲存的數據。揮發性記憶體本就只是在你執行功能時供短期記憶使用。隨機存取記憶體（random access memory，簡稱 RAM）就是一種揮發性記憶體，很多人都很熟悉這種記憶體。概念上，權益證明區塊鏈就有點像這樣。如果一個節點離開網絡之後又回來，沒有辦法自行決定要從哪裡開始，只能仰賴受信任的第三方。如果整個網絡離線後再重新上線，參與者也無法判定真正的帳本歷史是什麼、又要從哪裡重新開始，只能仰賴寡頭驗證者共聚一堂達成共識，手動重新開始。

非揮發性記憶體的速度沒這麼快，但是斷電之後又恢復電源的話，還是會保留斷電前的記憶。由於具備這種穩健的特質，所以能用來儲存長期數據。很多人都很熟悉的硬碟或固態硬碟，就是這類記憶體。概念上，工作量證明區塊鏈就有點像這樣。如果一個節點離開網絡後又回來，可以很輕鬆地環顧正在傳達的區塊鏈，找到插入最多算力的區塊鏈，直接驗證，然後就用這一條。如果整個網絡離線、然後再重新上線，節點隱隱都知道要如何找出最大的區塊鏈，並以這條區塊鏈為基礎繼續打造鏈條；最長的區塊鏈，就是仍然存在、嵌入了最大可驗證算力，而且遵循網絡規則組的那一條。

要總結這一節，可以很簡單地說，權益證明系統仰賴循環性邏輯以獲得各種益處。在工作量證明系統裡，被眾人接受的帳本歷史，是能滿足節點網絡規則而且嵌入最多工作量的鏈條。在權益證明系統裡，由貨幣持有人決定帳本歷史，至於誰是現有的貨幣持有人，則由帳本的歷史決定。就因為使用了循環性邏輯，才使得權益證明系統的容錯度很低、沒有不可偽造的歷史，也不具備讓網絡從離線復原的既有能力，只能仰賴寡頭決策（人為治理），或固定把查核點插入工作量證明系統內。

權益證明複雜多了

工作量證明很簡單，因為這可以自證；這套系統不需要懲罰驗證錯誤鏈條或者創造出不符合節點網路規則的無效區塊的礦工，他們會自會得到懲罰：他們把電力浪費在無效的區塊上，或是沒有被納入最長的、持續不斷的鏈條裡，從而損失了金錢。他們這麼做是自傷自殘，因此很少人會故意這麼做。區塊鏈和真實世界資源之間有明顯可見的連結。

權益證明比較複雜，因為無法自證，並未連上真實世界的資源，系統需要找到方法懲罰投票給「錯誤」鏈條的權益人。此外，他們也需要有辦法確認權益人不會把票投給所有可能的鏈條（工作量證明系統就不會有這種事，因為每一次「投票」都要動用真實世界裡的資源）。因此，權益證明共識法是更為複雜的系統，要用各種不同的方法檢查驗證者有沒有把票投給多條鏈條，如果權益人投錯票，則會試著消除權益人的貨幣。這稱為「懲罰」（slashing）。

權益證明網絡要能運作，需要的程式行數可不是多一點點而已，因為這類網絡不使用能源當作真相仲裁機制，而是仰賴一系列複雜的循環事件來整理帳本與化解爭議。他們不用能源解決基本問題，還在系統中注入真正的熵，引發了不同的問題。他們想要解決這些問題，但又創造出更多問題，就這樣一圈一圈循環下去。

到最後，追根究柢是權益證明網絡裡的治理問題。到最後，在權益式的架構裡，開發人員與貨幣持有者分別變成了高階主管與股東的角色。

工作量證明加上難度調整，是讓分權和不可違造的交易排序得以實現的真正發明，換言之，中本聰不但以不可偽造的歷史創造區塊鏈，更創造出一條真正的時間鏈。反之，權益證明共識機制在數位世界裡重新創造出企業權益架構，包括因為缺少真正的容錯機制，因此需要部分中央化的治理。以權益證明作為共識機制，讓區塊鏈得以運作，但不是真正的時間鏈。

權益證明本來就是中央化

熟悉真實世界裡開採自然資源企業的投資人，都很清楚這類企業的長期報酬多半很糟。以開採自然資源為業的公司，在發生通膨的那幾十年裡，表現可能很不錯，但在其他時候，採礦公司整體來說通常都在燒錢，他們的財務表現遠不如他們花下資源開採出來的大宗商品本身，只有最出色的企業才好一點。

這是因為開採大宗商品的企業很少能、甚至完全不能控制他們的費用

（比方說柴油與勞工），也無力掌控自家產品（也就是他們開採出來的大宗商品）的價格。我們就以銅礦公司為例。採銅的公司甚至不能選擇營運地區，他們必須去有銅礦的地方。接著，他們必須支付勞工、設備還有大量柴油的費用，而且不太能控制這些投入要素的價格。同樣的，他們也不能控制銅的價格，銅價會根據全球供需而有大幅波動。

但開採大宗商品的企業，可以決定何時要承擔風險、投入更多資金開礦，何時又要降低風險、減少投資與強化資產負債表等等。這些就是重點了，而也正是這些因素，決定了哪些開礦公司是好企業，哪些很糟糕。大宗商品價格上漲時，開採藏量的利潤愈高，也會有愈多採礦公司投入資源開礦。當大宗商品價格下滑，很多採礦公司的礦區就無利可圖了，他們會破產或財務上遭受其他打擊。基於這些理由，礦業通常都是大好大壞。

加密貨幣的礦工也大致上適用同樣的道理。他們買進最新的專業化處理器，他們打造資料中心基礎建設來安放伺服器，他們還要花錢買電。他們可以去電力最便宜的地方，但整體來說，他們也不太能控制這些生產要素的價格。一旦他們架好整個基地，開始挖加密貨幣，他們也無法控制自己挖出來的加密貨幣能有多高的購買力。也因此，這是很難經營的業務，而且通常無法做大。

以相對營運規模來說，大型的比特幣挖礦者可省一些行政管理成本，但程度有限。反之，小型挖礦業者也有優勢，因為很多最便宜的滯留電力以及可有效利用的廢棄熱能，都只有很小量。結合這兩方面的因素，工作量證明系統裡的加密貨幣礦工通常中央化的程度不高，反而是一直都很分權，而且不斷變化。

權益證明系統下的礦工完全相反，中央化程度較高，而且比較能堅持下去。一旦某個大型的貨幣持有人收集到了大量的貨幣，成為驗證人並開始賺取更多貨幣，他們也就開始了一段指數型成長的旅程，在網絡裡的占比不斷擴大。工作量證明系統裡的礦工，要面對高昂且會不斷波動的真實世界費用；權益證明系統裡的礦工，維護貨幣和驗證者身分要花的費用幾近於零。他們可以靠著驗證，繼續累積更多貨幣，並用這些新貨幣賺得更多貨幣。

企業的權益所有權，長期來說會匯聚到社會上前 10%、尤其是前 1% 的人手上（因為持有股權持續能提供報酬，對富有的持有人來說業沒有維護成本），權益證明系統裡的貨幣，通常也會匯聚到最大的持有者手上。這就代表，長期下來，網絡裡最富有的成員會有能力審查網絡，小型用戶則沒有資源。

如果某個工作量證明區塊鏈，被一群礦工以 51% 的優勢審查刪改，這確實是個問題，但可以扭轉。其他人，例如網絡裡各種被審查的實體，可以建構或取得新的處理器，加入系統裡，提高網絡裡的處理能力總量，把攻擊者的總算力壓低至不到網絡的 51%。除了真實世界的資源限制之外，工作量證明的網絡不限制可以加入多少算力以對抗審查。換言之，以工作量證明區塊鏈來說，51% 的審查攻擊只算是「將軍」，而不是「死棋」。

對照來說，如果某個權益證明網絡被占大多數的驗證人審查刪改（在目前的實務上，這是一小群最富有的貨幣持有者，包括把小型貨幣持有人的貨幣匯聚在一起、像銀行一樣可由政府控制的大型保管機構），那麼，被審查的實體除了自己又開方向之外，沒別的辦法能讓自己的交易不受審查。攻擊期間產生出來的新貨幣，多數都給了最大的驗證者（也就是執行審查攻擊的人），沒有其他方法可以拿到新貨幣並稀釋大多數權益人的控制。除非能說服或強制驗證人不要審查網絡，或者出現極端的分叉分開網絡，並從這種弱化的狀態中重新恢復，不然的話，這就不只是「將軍」，而是落入了「死棋」的情境。

總而言之，權益證明區塊鏈裡的驗證者，操作成本很低或甚至為零，因此貨幣通常都集中在最富有的人手上。如果一小群富有的持有者因為任何原因決定要審查刪改某些交易，那麼，除了發展出少數分叉之外，無法利用任何流程從他們手上拿回控制權、不再審查這些交易。權益證明系統裡的驗證者，決定誰可以成為驗證者、網絡裡能不能加入更多驗證者，因此，永遠都可以牢牢掌握網絡。反之，工作量證明系統裡的礦工，無力阻止其他礦工花下算力和電力創造新的交易區塊。也因此，網絡有可能暫時被有心人把持，但不必然能夠永久。

權益證明的傳播能力有限

　　工作量證明共識模式除了能替交易排序並以分權模式提供時間戳記服務之外，還能讓區塊鏈在匿名的條件下自力發展，不需要籌資。要傳播最初創造出來的貨幣，這是很理想的方法。

　　中本聰在 2009 年 1 月創造出比特幣網絡並傳播出去時，就是在匿名且未籌資的條件下這麼做。他只是發布了一篇白皮書、幾封電子郵件和開放原始碼的軟體。非常值得一提的是，他在發布軟體本身之前，已經宣講完所有重要見解，這證明了他並非在營利動機之下行事。原始軟體是結合了節點與礦工的用戶端，所有比特幣最終都是從這套程式以及各種和過去相容的後繼版本生出來。早期用戶在操作軟體時，電腦僅使用最低限度的電力，他們將新的交易區塊加入區塊鏈，並在過程中為自己創造出新區塊。

　　在比特幣網絡裡，所有貨幣都在礦工把新區塊加入區塊鏈時生成。網絡生成最初的 210,000 個區塊時（大約要花四年生成），礦工創造出一個區塊，軟體就會給他們 50 個比特幣，再加上發送交易的人為了確保交易可以納入區塊中所支付的交易手續費。每個區塊裡生成的新貨幣稱為「區塊補貼」。每生成 210,000 個區塊，區塊補貼就會自動減半，直到不再生成新幣，礦工的收入將完全都只有交易手續費。

　　區塊補貼是讓人有動機貢獻算力來經營網絡的誘因，也是分配貨幣的機制。中本聰沒有隨便發貨幣給自己，也沒有隨意把貨幣給親朋好友。他沒有簽署任何投資契約、籌募資本當成擔保，並把最初的貨幣發給這些提供資本的人。反之，他只提供了一套開放的用戶端軟體，每個可拿來用的貨幣，都要靠用戶貢獻算力到網絡裡來賺取，或是向賺得貨幣的用戶購買。

　　權益證明的區塊鏈就沒有這種很簡單的自力發展能力。當貨幣持有人（「權益人」）在權益證明的區塊鏈裡創造新的交易區塊之後，就出現了一個明顯之至的問題：誰是初始的貨幣持有人？如果沒有一群初始貨幣持有人，就無法處理交易；然而，這些初始貨幣持有人，又是從哪裡拿到貨幣的呢？

　　常見的答案，是開發人員簽訂了投資契約：投資人用某種方式付錢，得到了初始貨幣。換言之，這個網絡的生命起始是一種財務上的擔保品。

或者，創造貨幣的人可以把貨幣給自己與親友，或者創造出某些機制，一開始免費發送貨幣（但不管是用哪一種基礎，都很難做到公允）。

就像之前講過的，一旦權益證明系統開始運作，也就開啟了邁向相對中央化的過程。有很多貨幣的權益人可以拿貨幣當擔保，憑著這些錢幣來驗證新區塊，以飛快的速度賺得更多貨幣，且沒有什麼花掉貨幣的必要。

工作量證明的區塊鏈，本質上就具有傳播力道。持有貨幣的人不會僅因為持有貨幣而再得到新貨幣；他們得靠自力賺取才能得到新貨幣，比方說拿出什麼東西來買幣（例如他們有的美元或其他資產），或是花費能源與其他資源來挖礦。不管貨幣持有者是個人還是企業實體，除非他們的額外來源收入高過花費金額，不然的話，要在系統裡花錢通常都需要賣幣。

權益證明區塊鏈本質上偏向集中。如果貨幣持有人把自己的貨幣拿來當作籌碼（他們可以自己這麼做，或是替他們處理細節的第三方質押服務供應商去做），就可以根據目前持有貨幣的一定比例收到新幣。這需要花費的資源極少，甚至根本不用。如果他們質押貨幣賺得的收益，超過個人或企業的費用，就可以飛快且無限地讓貨幣加成再加成。這還沒算到他們可能擁有的額外所得來源。

權益證明系統有用處嗎？

我的分析得出的結論，是權益證明系統並不適合當成打造穩健分權式全球貨幣的共識機制。換言之，權益證明區塊鏈並不夠穩健，無法在全球性、分權式的規模下創造「付給敵人的錢」（money for enemies；譯註：指貨幣不受人為影響，不管對方是敵是友，只要有交易，就可以用貨幣支付）。在這方面，少了不可偽造的成本來證明帳本的正確歷史，是一個嚴重到不可克服的問題。權益證明系統刪除了能源這個投入要素，原本就需要更多人治，貨幣也變成像股權一樣，並不適合用來因應政治地緣挑戰。

但是，這就意味著權益證明系統，長期來說沒有合理的用途嗎？截至我寫到這裡為止，我的答案是：我不知道。

有一種常見的邏輯論證謬誤叫「稻草人論證謬誤」（strawman），這是指當某個人想要反駁對手的論點時，並不是提出適當的論據，反而簡化對手的主張,變成另一種不成立的論述版本,然後反駁這個版本。與這種謬誤相對的是「鋼鐵人論證謬誤」(steelman),這是指補強對方的主張,建構出你能想得到的最強悍版本(最理想的版本,是比對手的更有說服力),然後去反駁這個版本或認可其價值。在理性面做到坦白誠實,這是很重要的練習。

區塊鏈,尤其是真正分權的區塊鏈,基本上是一種小巧緊湊的資料庫,全世界千百萬的實體都可以存在本機裡,使用既有的規則組合持續地點對點更新。

完全中央化的資料庫沒必要做到小巧緊湊,所以限制少很多。大型服務供應商可以建置大型資料庫,放在伺服器農場裡。這麼做,運作起來的效率相當高,但和區塊鏈不同的是,外部實體無法直接稽核其內容與變動,也無法控制。

你的社交媒體帳號,就是該公司資料庫裡的一個項目,公司可以刪掉或更動,你完全沒有話語權。你沒辦法稽核他們在資料庫裡持有哪些和你有關的資訊。你的銀行帳戶、犯罪紀錄、醫療紀錄、你使用的雲端服務等等,也都一樣。企業和政府實體都有資料庫,隨時可以選擇要不要讓你以有限的權限存取資料庫。這些資料庫完全中央化且不可稽核,負責管理的機構很容易就可以更動。

本書這一部做了相關探索,得出的結論是:一套分權性極高的資料庫,最佳的應用就是拿來當成貨幣。貨幣就是一套帳本,愈是公開且無法竄改,從使用者的角度來看就愈好。只要儲存或記住一組數字,就可以把價值存在一套分散式的帳本上,你想要時便可把價值轉給其他人,會有其他千百萬人替你做證,而且任何中央化的實體都無法改變、阻止或貶低價值,這樣的能力非常有用。

這也可以當歷史的時間膠囊來用。比特幣區塊鏈可以發展出一些用途,讓願意支付手續費的人,把某些任意數據插入比特幣區塊鏈裡。文件、書籍、照片或其他軟體程式的時間戳記,都可以放進區塊鏈裡;雖然這麼做不見得能證明這些東西客觀來說是真的,但可以證明其自納入區塊鏈之後都沒有改過。

權益證明智慧型合約平臺的開發人員指出，除了當成貨幣與儲存小量不可竄改的資料之外，還有更多方法可應用區塊鏈技術的益處，而這也是加密貨幣交易商與投資人尚未解決的問題，他們在問：還有哪些應用？把資產與收藏品化成數位符碼，看來是最先出現的應用，另外還可利用各種智慧型契約，以假性分權的辦法來做交易或做槓桿。

這些提案遭遇的最大挑戰，是在區塊鏈的基礎層納入愈多功能，「小巧緊湊」的特質就愈少，分權程度也就愈低。如果一條區塊鏈不夠小巧緊湊，用戶無法自行操作節點，也不能在沒有受信任的第三方之下與網絡互動，不就牴觸了區塊鏈努力要達成的目標嗎？

人們願不願意接受部分分權，以換取資料庫可以提供更多功能？些部分分權的區塊鏈長期下來能不能撐過攻擊、分歧和其他測試？我們知道完全中央化的資料庫（例如各式各樣的社交媒體網絡、雲端供應商以及其他我們會定期與之互動的系統）很好用，完全分權的資料庫（例如比特幣）也很好用，那麼，「部分中央化加上部分分權」的資料庫好用嗎？

如果答案為是，基本上，這就是用鋼鐵人式的論證，來講複雜的權益證明區塊鏈，或是將智慧型合約嵌入基礎層的類似協定的長期發展。

這種假設性的部分分權的資料庫，以地緣政治規模來說，在概念上不足以和真正分權與幾乎無法竄改的貨幣資產比特幣網絡抗衡，但可否和比特幣網絡共存，成為應用程式的半開放作業系統，從部分可稽核或部分分權控制的設計中得到好處？

舉例來說，如果一套資料庫由某個中央機構控制一部分，但這是開放原始碼系統，並設計成內容可以即時由某些高效能的外部節點擔保與稽核，這樣的概念有潛在市場嗎？可不可以用於將資產轉化成符嗎？可不可以建構出需要由幾個大型組織合力、或者由大型（而且通常都有寡頭成分）實體的權益證明才能改變，而不是僅有單一實體操控的聯盟式資料庫呢？長期來說，這會有價值嗎？

截至我寫到這裡時，美國股市的正常交易時間是早上九點半到下午四點，一星期交易五天，加起來就是 32.5 個小時。一星期有 168 個小時，這表示，美國股市能交易的時間僅占 19.3％。繼續算下去，扣掉一些假日之後，股市有交易的時間大約占了19%。富有的投資人可以在盤後交易，但流動性比較低。如果有創業家想要研究看看，設法讓股票在剩下的81%時間也可以交易，而且是每個人都可以，這是合理的想法嗎？我認為是。

此外，股票和其他證券交易要花好幾天才能完全結算。近年來來結算的時間有縮短，但仍沿用傳統的結算管道。[361] 如果每筆交易都可以在幾秒鐘或幾分鐘內結清，那會怎麼樣？對於需要流動現金的證券持有者來說，如果這些資產很容易可以到處兜售，有各種機會可以用擔保品借到錢，那會怎麼樣？

此外，對開發中國家多數人民來說（至少以非上層階級來說），要接觸到股票以及一般性的其他證券，不管是國內的還是全球性的，都並不容易。從1990年代開始的線上經紀商把這件事變得簡單一些，過去十年來，手機應用程式上的經紀商又把事情變得更容易了，但不得其門而入的問題仍在，要接觸到其他國家的股票更是難上加難。如果全世界的傳統證券，比方說股票和債券，再加上大宗商品、貨幣，以及房地產、畫作、私人股權企業或某些數位收藏品等，都可以轉換成符碼，世界上每個人都可以透過智慧型手機存取，在各個不同交易所隨時都可交易，全年無休，幾分鐘內就可以完全結算，在各種的流動資金平臺還可以當成抵押品，那會怎麼樣？這些符碼會跟穩定幣很像，仍然由中央發行，但負債面則是數位不記名資產，更有效率。

最後，如果小企業更簡單就可以把權益證券化，那會怎麼樣？如果社區裡每個人都可以投資附近新開的新餐廳，以換得一些權益代幣，讓持有人可以分享利潤、享有折扣或常客優惠，那會怎麼樣？這會和強勢貨幣世界很契合；如果大部分企業是靠權益融資、而不是負債融資，要讓小企業在新創時發行權益，並在有必要時可以把權益當成抵押品，利用科技來做不是更容易嗎？

把對現實世界傳統資產的請求權，轉化成某種形式的符碼，看來是很合理的期待，這也代表了現有的證券運作提升到了技術性的管道。有些開

---

[361] Carla Tardi, "Settlement Period: Definition, Process, SEC Rules," *Investopedia*, March 17, 2023.

發人員提議說，這類科技應該存在於比特幣網絡的側鏈，有人說獨立的專用基礎層區塊鏈最適合來做這些事，也有人建議不一定需要區塊鏈才能辦到，其他分散式帳本也可以為中央化證券發行人提供同樣的功能。

從我的觀點來看，不管是權益證明智慧型合約區塊鏈，還是與區塊鏈相類的協定，都是作業系統形式的股權（也就是證券），彼此間在網絡效率與可靠度上競爭。等到可以有效率發行證券符碼時，可能會出現以這些東西為標的物的全球性市場，運作上有點像是目前的交易所公司或科技平臺公司。而我認為這些東西並沒有不可偽造的歷史，因此不適合成為穩健的全球性貨幣，除此之外，我在這個議題上沒有其他確定的看法。

近年來的一大問題是，很多創投業者與早期開發人員不斷把沒有註冊登記的劣質加密貨幣開發專案倒給一般投資人，就好像是1990年代初期，投資詐騙集團把爛股當明牌報給散戶一樣。以正常的創投來說，創辦人和投資人的資本要鎖住五到十年，之後才能從他們提供資金的新創公司賺回現金出場。他們在財務上的成功，深繫於其根本業務能夠成功。創辦人與早期投資人想要拿回大部分現金出場，新創公司要不就要完成相關流程成功上市櫃（走這條路的話必須提供詳盡的資訊揭露與風險分析），要不就要得到大公司收購（並由他們的專業分析師與稽核審查），再不就是透過私人交易，把私人股份賣給其他合格投資人。但以加密貨幣來說，很多創辦人與創投業者追求的，是「快速出場的流動現金」，鎖定貨幣幾年，在交易所掛牌，傾全力做行銷大加吹捧，然後倒給散戶投資人，而且不揭露相關資訊。這違反了很多地方的證券法規，卻也讓創辦人和創投業者帶著滿滿的荷包走人，不必管這些案子啟動之後幾年內就垮了。

網際網路讓人們更容易創作與傳播自己寫的書籍和歌曲，同樣的，智慧型合約也讓人更容易創作和傳播自己的金融資產。移除或降低「守門人」機制確實可以帶來更多力量，但也讓長尾的低品質尾部更長，市場裡更多濫竽充數，潛在的顧客需要考慮到這一點。更糟的是，比起書籍、歌曲或其他內容，新發行的金融資產更有可能成為完全的詐騙，會對信以為真的人造成更大傷害。也因此，以真實世界的創造商品與服務而言，發行加密貨幣代幣這幾年能發揮的影響力，遠不如啟動平臺（Kickstarter；譯註：

2009 年成立於美國的群眾籌資平臺）以及其他相似群眾籌資活動。

有鑒於此，我認為，經歷過相當的詐騙教訓之後，多數證券符碼的潛在用戶，會發現這些東西大部分都沒有價值；如果有獲得某些註冊權威機構認可（以大企業來說），或是用戶自己認識的標的，比方說當地企業（以小企業來說），比較可能是真正有價值的證券符碼。

能源是真相的仲裁機制

在發明工作量證明之前，尤其是在發明比特幣網絡之前，數位作品幾乎全都可以免費複製。事實上，免費複製是一項重要特色，而不是漏洞。軟體之所以能大幅提升生產力，靠的就是這一點；東西數位化之後，就可以用微乎其微的邊際成本快速增生。

一個人花費時間資源創作出書籍、歌曲、畫作、電影、遊戲、應用程式或其他數位作品之後，要傳播給一百人、一千人、一百萬人或一億人，成本上差不了多少。

免費複製是很了不起的特質，卻製造了一些問題。比方說，軟體公司花了幾十年，想盡辦法確保只有付費客戶才能存取他們的產品，使用軟體授權金鑰或雲端導向帳戶以消除未獲授權的盜用。同樣的，可以輕鬆傳遍全球的數位音樂檔案，永遠改變了音樂產業的經濟動態。幾十年來，數位剽竊一直是讓各類內容創作者很憂心的事。

網路垃圾郵件是另一個問題。如果發送電子郵件、貼出訊息或設立帳戶都沒有成本，我們要如何防止有人親自濫用、或寫程式以非人的快速重複濫用這項特質呢？垃圾郵件的問題，可以回溯到 1990 年代亞當・貝克發明雜湊現金，這就是他當時要解決的問題；數位互動幾乎不費吹灰之力，於是他發明了工作量證明這個概念，刻意地把一些摩擦成本帶進來，在適當時對某些數位行動加上一點很微小的成本。

有個和垃圾郵件有關的問題，就是冒名。任何人都可以在任何平臺上設立一個線上帳戶，宣稱自己是某個別人。人們也可以寫好程式，叫機器人自動大量做這些事。如果程式設定到相當程度，人工智慧還可以幫忙創造出一個完整的虛構社群，裡面有獨一無二的角色，而且每個角色還都有假的追蹤者。這種東西可以數以兆計，遠勝過真人在網路上的互動次數。

身為 2020 年代活躍的社交媒體用戶，我擁有五十萬以上的追蹤者，一天到晚就收到垃圾郵件和碰到假冒身分這種事。這問題出現至今已數十年，仍不得其解，真是讓人訝異。我在推特（Twitter）上的貼文，馬上就會有幾十篇機器人自動回覆留言湧進來，這些東西看起來應該可以攔下來，但到目前為止，嘗試濾除這些東西的相關作為都被擋了回來。有人在臉書、Instagram、YouTube 和其他平臺上假裝是我，我聯繫社交媒體公司，成功刪掉幾百個自稱是我本人的假帳號，但我一移除，他們又火速另起爐灶。其中有些帳戶在假扮我時，號稱可讓人們取得某些「獨家」投資機會，但拿了別人的錢之後就消失無蹤，成功詐騙了很多人。

還有，現在的人工智慧已經可以在幾乎不用成本之下創作照片、影片、文本、程式和其他作品，很難分辨哪些內容是真的，哪些又是高品質的偽造影片或角色。當我們在看對於企業、社會、政治或地緣政治來說很重要的照片或影片時，怎麼才能知道那是真實的影片，而不是用人工智慧做出來的數位贗品？

微策略公司（MicroStrategy）的共同創辦人兼執行董事長麥可·賽勒（Michael Saylor）在社交媒體上比我更活躍，他碰上的假冒問題比我更嚴重。他常說假的機器人網路帳號是「鬼」，因為你根本不可能知道他們是真是假，他建議應用比特幣網絡與連帶的工作量證明機制，以濾除垃圾郵件和假冒帳號。他在 2022 年一場演說中提到，比特幣網絡和工作量證明的意義明顯可見：

多數人並不明白，中本聰開啟了一道從實體世界通到數位世界的門戶。能源開始流進網路空間，讓之前只有影子和鬼魅構成的死氣沉沉世界有了活力。把能源和物質、事實、時間和結果的守恆帶入數位世界，把有別於物理與政治世界的財產權、自由和主權，帶入了人世間。[362]

---

[362] Michael Saylor, "GALA 2022 Keynote Speech."

比特幣網絡使用能源當成投入要素，至少在貨幣以及某些其他類型的資訊上消除了中央化人為治理的需求。有了轉化為算力形式的能源投入要素，讓全世界的匿名電腦與操作者可以運用客觀的事件序列，合力打造與維護一套全球帳本。這套網絡的提議很簡單而且幾乎無可爭論：嵌入最多算力、而且也由分散式網絡節點判定為遵守共識規則的區塊鏈，就是正式的帳本。

換言之，比特幣這個網絡，是人們在處理交易時把能源當成處理真相仲裁機制，而不使用銀行、科技公司或政府這類中央化的實體。這是自動化的會計記帳，代表了一部適合二十一世紀的帳本。我們會接觸到的其他數位世界，可以用各種方式連上比特幣網絡，承襲到一部分的稀少性特質，受惠於無國界限制的價值流動、連結過去事件的可靠紀錄，以及減少了垃圾郵件和假冒身分等等好處。

舉例來說，人可以創造出公用／私人金鑰配對，把公用金鑰嵌入比特幣區塊鏈裡，並透過支付手續費嵌入真實世界裡的資源，向很多人證明這把金鑰確實屬於他們，然後使用私人金鑰搭配公用金鑰，簽署他們創作或授權的數位內容。任何秉持已知道德標準的大型新聞組織也可以這麼做。這麼一來，人們就可以分出內容的真偽（至少可以知道是不是特定個人或組織創作的作品，不見得可以知道客觀上是否為真），千百萬的冒名者也就無法這些使用透過真實世界費用嵌入比特幣區塊鏈裡的金鑰配對了。

在一個人工智慧科技夠進步，且假冒或造假幾無成本的世界裡，我們可能要先學著要求對方提供以加密公用／私人金鑰配對為形式的延續性證明（proof-of-continuity）以及工作量證明（證明特定公用／私人金鑰配對裡已經加入了真實世界裡的資源），之後才認真看待某些類型的數位內容。

此外，某些被視為很重要的資訊，可能值得花點交易手續費直接嵌入比特幣區塊鏈，只要網路還持續存在，就可以用可證明未改變的方式存取該項資訊。

第 25 章

比特幣的能源使用狀況

2017 年，世界經濟論壇（World Economic Forum）發表一篇文章，講到比特幣網絡在 2020 年之前會耗盡全球的能源。[363]《新聞週刊》（*Newsweek*）也在同月針對同主題刊登類似文章，其他幾家媒體與機構也陸續跟上。[364]

後來的結果可以說是天差地遠。到了 2020 年，這套網絡消耗的能源在全球的占比不到 1%，我在 2022 年與 2023 年時寫作本書，此時耗用的能源仍遠遠不到 1%。

多年來，關於比特幣網路耗用能源，從不乏危言聳聽之人與事實並不正確的分析。本章要討論比特幣網絡的能源耗用情形，以及網絡通常耗用哪些類型的能源。[365] 本章的重點是（1）比特幣網絡長期耗用的能源，會受限於網絡能為用戶帶來的效用，以及（2）比特幣網絡主要使用的，是不用也會被浪費掉的滯留能源。

挖礦收入：補貼和交易手續費

檢視比特幣的挖礦總收入，可以作為一個相當好的替代指標，讓我們一探網絡每年整體耗電量的上限。到目前為止，電力是礦工最大的營運費用；以多年為期來看，礦工必須維持償付能力，因此花的錢不能超過賺的錢。礦工當然也要付一些設備成本、房地產成本和勞動成本。礦工也可以靠著用低價買進電力使用權、然後在某些缺電時期以高價賣出獲利，或著把處理器的廢熱拿來利用賺錢。這兩種辦法都有生產力。

比特幣網絡一開始便設計成一位礦工每十分鐘就可以生成一個交易區

---

[363] Adam Jezard, "In 2020 Bitcoin Will Consume More Power Than the World Does Today," World Economic Forum, December 15, 2017.
[364] Anthony Cuthbertson, "Bitcoin Mining on Track to Consume All of the World's Energy by 2020," *Newsweek,* December 11, 2017.
[365] The chapter draws on Alden, "Bitcoin's Energy Usage."

塊，創造出新區塊的礦工可以賺得 50 個新比特幣。四年之後，產生的新貨幣數目變成每十分鐘 25 個，再過四年之後變成 12.5 個，到了下一個四年後就變成 6.25 個，依此類推。新生成的比特幣稱為「區塊補貼」，是在網絡這個時代比特幣礦工最大的一筆收入。

這種每四年減半的模式會繼續下去，直到新生成的比特幣趨近於零，系統設定的絕對上限是 2,100 萬個貨幣，將在 2100 年之後達到目標。經過幾十年，礦工創造出新區塊時能賺到的比特幣就會變得微乎其微。以這 2,100 萬個總貨幣來說，目前已經創造出接近 1,950 萬個。

然而，礦工也可賺得交易手續費。發送比特幣的人要支付手續費（以很少量的比特幣計價），以確保他們的交易能及時納入區塊鏈。早期，區塊通常都沒滿，因此交易手續費微不足道。隨著愈來愈多人使用比特幣，區塊常常被塞滿，交易手續費的金額雖然仍低，但在礦工所得中的占比愈來愈高。

圖 25-A 顯示每年比特幣網絡平均市值、礦工年收入（包括區塊補貼和交易手續費）以及礦工所得在市值中的占比。

圖 25-A

礦工所得市值占比％

年度	平均市值	礦工年收入	市值占比
2011	38.6M	17.6M	45.7%
2012	80.0M	21.1M	26.4%
2013	2.23B	307M	13.8%
2014	6.76B	785M	11.6%
2015	3.93B	375M	9.6%
2016	8.95B	571M	6.7%
2017	65.9B	3.37B	5.7%
2018	129B	5.50B	4.3%
2019	132B	5.20B	3.7%
2020	205B	5.01B	2.4%
2021	892B	16.8B	1.9%
2022	535B	9.51B	1.8%

M：百萬美元／B：10 億美元，資料來源：玻璃節點公司（Glassnode）

從歷史紀錄來看，比特幣礦工的收入以非常強勁的速度成長，但網絡給礦工的收益在市值中的占比，永遠都比前一年低一點。這不是由任何中央化的單位所做的決定，而是區塊補助減少，與個別礦工根據情境的經濟條件來決定要不要挖礦，所綜合得出的結果。

不理解背後運算法的新聞記者與其他人士，常忽略了區塊補貼減少這件事。這會使得比特幣網絡的供給膨脹率以及礦工所得，在比特幣網絡總市值中的占比雙雙下跌，一直到礦工所得只剩交易手續費，才會進入較穩定狀態。

諷刺的是，有些分析師與批評者很擔心一旦比特幣網絡大致上只剩交易手續費時，未來**使用的能源用量就會不足**，再也無法維持安全穩定。我不認為這是重大風險，但確實很有可能變成一件麻煩事。反之，網絡使用過多能源就比較不是問題（設計上就不可能有這種事；長期來說，人們只有在能從網絡中得到很多效用時，才會把能源用在這裡）。

圖 25-B 顯示礦工的交易手續費收入占比，這是前一張表的子集合。

圖 25-B

礦工手續費市值占比％

年度	平均市值	礦工年手續費收入	市值占比
2011	38.6M	30.1K	0.078%
2012	80.0M	64.9K	0.081%
2013	2.23B	2.17M	0.097%
2014	6.76B	2.44M	0.036%
2015	3.93B	2.34M	0.060%
2016	8.95B	13.6M	0.152%
2017	65.9B	552M	0.837%
2018	129B	284M	0.221%
2019	132B	156M	0.118%
2020	205B	326M	0.159%
2021	892B	1,020M	0.114%
2022	535B	141M	0.026%

K：千美元／M：百萬美元／B：10億美元，資料來源：玻璃節點公司

我們看到，交易手續費在比特幣網絡市值中的占比每年都很低。比重最高時是 2017 年，當時是泡沫的巔峰。2017 以來，即便網絡用量提高，但隨著隔離見證、批次交易與減少使用 OP_Return（譯註：這是比特幣網絡裡的一種交易代號），效率隨之提高。我在 2023 年年中時寫到這裡，2023 年的手續費正要開始高於 2022 年，2022 年的交易手續費低到非比尋常。

比特幣網絡目前每年花在礦工收入上的費用，不到市值的 2%，其中包括不到 1% 的交易手續費。2024 年，區塊補貼又要再減半，會讓礦工的收入占比降至接近市值的 1% 或更低。2028 年區塊補貼要再度減半，2032 年又要再來一次。在那之後，區塊補貼就會變得很少，礦工收入有絕大部分都會是交易手續費，在市值上的占比很可能不到 1%，接近以手續費為基礎的穩定狀態，但由於交易手續費取決於網絡的整體採用度、效用和速度，因此很難用模型推估。

市場導向的交易手續費有很多變數，所以我們無法確知穩定狀態將會如何，圖 25-C 顯示要在什麼樣的假設下礦工年收入才能達到某個數字。直欄顯示比特幣網絡的可能市值，橫列顯示礦工年收入占直欄市值的比重，讓讀者可以看出每一種組合下的礦工年所得。

圖 25-C

礦工手續費在市值中的占比

	0.05%	0.10%	0.25%	0.50%	1.0%	2.0%
100B	50M	100M	250M	500M	1B	2B
500B	250M	500M	1.25B	2.5B	5B	10B
1T	500M	1B	2.5B	5B	10B	20B
5T	2.5B	5B	12.5B	25B	50B	100B
10T	5B	10B	25B	50B	100B	200B
20T	10B	20B	50B	100B	200B	400B
50T	25B	50B	125B	250B	500B	1T
100T	50B	100B	250B	500B	1T	2T

M：百萬美元／B：10 億美元／T：兆美元

如果比特幣網絡因為任何原因無法成長，發展因而停滯不前，市值長期維持在目前不到 1 兆美元,那麼由於區塊補貼減少,礦工收入也會比目前的水準低很多。到了 2030 年代,比特幣礦工的收入約會占市值的 0.50％或更低,網絡的能源耗量會停在 2018 年到 2020 年的水準,甚至更低。

如果比特幣網絡開始具備系統重要性,例如網絡價值達到 5 到 10 兆美元(這表示每個比特幣的價格為 25 萬到 50 萬美元),而且有一億用戶,當礦工的所得在市值中占 0.5％,換算下來就是 250 到 500 億美元。這也代表 0.3％到 0.5％的全球能源使用量。

如果比特幣大漲,每幣的價格高到百萬美元,市值達到非常重要的關鍵點 20 兆美元或更高,還有幾十億的用戶,那麼,礦工的年所得如果占市值的 0.25％到 0.50％,那就是 500 到 1,000 億美元。這可能代表了 0.6％到 1.0％的全球能源使用量,對一個有幾十億人用來滿足不同用途的網絡來說,堪稱適當;到了那個時候,就需要用到這麼多能源,才能達到這麼高的價值。

到那時候,比特幣網路的規模已經夠大,很可能取代了全球銀行體系中某些部分並使用他們之前用的能源,而不是額外多用。全世界的銀行業與金融科技公司從業人員上千萬,使用著能源密集度高的辦公建築、辦公設備、支付系統用伺服器,以及各式各樣的行政管理資源。正如同其他產業,貨幣根基層的應用軟體可以創造出效率,減少某些傳統基礎建設裡的人員、設備、房地產和行政管理需求,釋出這些人力資源與對應的能源,用於其他生產性用途。

我們也可以不要看市值,改看年交易量的數據,這很可能是更好的檢視觀點。比起市值,交易量和手續費市場更是息息相關,但交易量比市值難衡量,因為很多不同的方法都可以衡量交易量。

舉例來說,如果有人從一個由其控制的地址發送比特幣到另一個同樣也由其控制的地址,這筆交易應不應該計入網絡的交易量?區塊鏈分析產業裡的貨幣矩陣公司(Coin Metrics),計算調整後的比特幣網絡交易量時會排除各種短期交易跨鏈(因此排除很多交易所的冷儲存挪移以及私人工具的用途)。次頁圖 25-D 顯示不同年度的比特幣網絡貨幣速率,計算的根據是平均市值與調整後年度交易量。

圖 25-D

比特幣貨幣速率（調整後）

年度	平均市值	調整後年度交易量	調整後速率（交易量／市值）
2012	80.0M	910M	11.4
2013	2.23B	22.0B	9.9
2014	6.76B	34.3B	5.1
2015	3.93B	32.4B	8.3
2016	8.95B	87.9B	9.8
2017	65.9B	671B	10.2
2018	129B	753B	5.8
2019	132B	673B	5.1
2020	205B	1.00T	4.9
2021	892B	4.67T	5.2
2022	535B	4.10T	7.7

M：百萬美元／B：10億美元／T：兆美元，資料來源：玻璃節點公司、貨幣矩陣公司、梅薩里公司（Messari）

圖 25-E 這張表格，列出比特幣網絡的調整後交易量、礦工年收入（包括區塊補貼和交易手續費）以及礦工年收入在調整後年交易量的占比。

圖 25-E

礦工收入在調整後交易量中的占比％

年度	年交易量	礦工年收入	年交易量占比
2012	910M	21.1M	2.319％
2013	22.0B	307M	1.401％
2014	34.3B	785M	2.284％
2015	32.4B	375M	1.157％
2016	87.9B	571M	0.650％
2017	671B	3.37B	0.502％
2018	753B	5.50B	0.730％
2019	673B	5.20B	0.772％
2020	1.00T	5.01B	0.501％
2021	4.67T	16.8B	0.360％
2022	4.10T	9.51B	0.232％

M：百萬美元／B：10億美元／T：兆美元，資料來源：玻璃節點公司、貨幣矩陣公司、梅薩里公司

圖 25-F 跟之前的 25-B 表相同，差別只在於本表換成了交易手續費。

圖 25-F

礦工手續費在調整後交易量中的占比%

年度	年交易量	礦工年手續費收入	年交易量占比
2012	910M	64,899	0.007%
2013	22.0B	2.17M	0.010%
2014	34.3B	2.44M	0.007%
2015	32.4B	2.34M	0.007%
2016	87.9B	13.6M	0.015%
2017	671B	552M	0.082%
2018	753B	284M	0.038%
2019	673B	156M	0.023%
2020	1.00T	326M	0.033%
2021	4.67T	1.010B	0.022%
2022	4.10T	141M	0.003%

M：百萬美元／B：10億美元／T：兆美元，資料來源：玻璃節點公司、貨幣矩陣公司、梅薩里公司

可以從表格看出，2017 年之前，手續費都微乎其微；從這一年後，區塊經常都是滿的，也因此發展出有意義的手續費市場。

隨著網絡繼續成長，區塊空間後來提高的效率也已用掉很多了，我預期，到了 2020 年代這十年結束時，未來交易量的成長，很可能引發手續費持續提高的壓力。這很可能導致交易手續費結構性提高，但在平均交易量中的占比可能仍然很低。之前講過，截至我寫到這裡為止，2023 年的手續費正要開始高於 2022 年，但因為這一年還沒過完，所以未納入圖表內。

次頁圖 25-G 的直欄是比特幣網絡長期可能的調整後年交易量，橫列則是礦工年手續費收入在調整後交易量中的占比，讀者可以看出要在什麼樣的假設下，礦工年收入估計值才能達到某個數字。

圖 25-G

礦工手續費在市值中的占比

	0.001%	0.005%	0.01%	0.02%	0.03%	0.10%
1T	10M	50M	100M	200M	300M	1B
5T	50M	250M	500M	1B	1.5B	5B
10T	100M	500M	1B	2B	3B	10B
20T	200M	1B	5B	4B	6B	20B
50T	500M	2.5B	5B	10B	15B	50B
100T	1B	5B	10B	20B	30B	100B
500T	5B	25B	50B	100B	150B	500B
1000T	10B	50B	100B	200B	300B	1T

M：百萬美元／B：10億美元／T：兆美元

　　未來的幾十年，比特幣網絡鏈上交易量或調整後交易量會來到什麼水準，還很難說，要看人們的採用速度和貨幣速率而定。此時此刻，比特幣主要用於投資／儲蓄，比較少用在花費上，因此鏈上交易速率很低。如果來到某個轉折點，比特幣更加融合到金融機構裡，兌換率的波動幅度不再那麼大，並有更多人用比特幣作為支付工具，那麼，比特幣的貨幣速率可能會快一點，偏高的能源使用估計值成為現實（例如，可能占了1%的全球能源使用量），換得網絡提供的大量效用。

　　至於比特幣網絡消耗電力造成的二氧化碳排放量，目前預估，數量遠低於我們連想都不去想的小東西，比方說滾筒烘乾機或製鋅業。如果把世界上沒在使用也開著的電器產品關掉，可以提升10%的效率，省下來的電力還高於比特幣網絡用掉的。[366]

　　如果比特幣網絡非常成功，為用戶帶來價值幾兆美元的效用，我們大有可能看到網絡每年消耗的能源會和製鋁業旗鼓相當。換言之，即便比特幣網絡達到很大的規模，並成為能滿足諸多用途的全球性貨幣網路，但其耗能量也只是和各式各樣我們通常不會憂心其用電量太高的產業相當而已。[367]

---

[366] Rachel Rybarczyk et al., "On Bitcoin's Energy Consumption," 4.
[367] Nic Carter, "Debunking 'Bitcoin Wastes Energy'," 14:14–17:20.

利用分層擴大規模與「每筆交易之成本」謬誤

比特幣網絡的基礎層每天最高可以做幾十萬筆交易，換算之後大約是一秒鐘 5 筆。長期下來，由於不時的更新強化了交易的密集度，理論上的上限已稍微提高。

與信用卡網絡相比，這樣的交易上限通常很不討好；信用卡網絡每秒鐘可以處理幾萬筆交易。因此，批評者經常指出比特幣網絡每筆交易耗用的能源量很高，從而推出這個網絡很沒有效率，基於環保理由避免使用等等結論。

這番論據的第一個問題是，不管區塊裡面有多少交易，比特幣網絡都會在礦工創造新區塊時給予區塊補貼，因此，不管有沒有做交易都要使用能源。要思考比特幣網絡使用能源這件事，思路應該是大部分使用的能源都是為了用來確保網絡能運作，對抗交易被審查刪改或是避免深處的區塊遭遇重組，讓網絡在剛剛興起時期也能以結算網絡和價值儲存等功能吸引用戶。某個區塊可能有 1,200 筆交易，下一個區塊可能有 2,500 筆交易，第三個區塊可能有 1,800 筆交易，而在此同時，在這些依序產生的區塊之間，就是有這麼多礦工掛在網絡上，使用的電量並未隨著交易量而改變。不管區塊有沒有滿，用的電量都差不多相等。每多一塊新區塊，就是又一次確認之前所有的交易，一直回到創世紀區塊為止。

無論你選擇做不做交易，都不會對讓特幣網絡當下的用電量造成實質變化。比特幣會用到能源，是因為礦工花能源去賺區塊補貼與（平均）交易手續費；能源用量是用比特幣來計算，以每個比特幣能產生的價值為基準，主要來自於人們持有比特幣當成價值儲藏的工具，而不是把貨幣花掉。交易量只會影響到交易手續費的部分，而且只有長期的平均交易手續費才是重點。[368] 人們在購置挖礦硬體時，會預期這些機器可使用五年或更久。每個比特幣區塊都更是又一次確認在其之下所有區塊已成定局，進一步確保整條區塊鏈的不可變更性，不單只是執行當中的交易而已。

你可以用每天晚上洗碗機的運轉來想這個概念。當你開洗碗機時，不

---

[368] Carter, "Debunking," 9:10–11:47.

管是三分滿還是九分滿，每次運轉要用掉的能源量都相同。多放一個盤子或用具，並不會對洗碗機的能源用量造成實質影響，也因此「每個盤子的用水量」這個指標並不特別有用。另一個比方是，你一整天都開著電腦，一天可能發送二十封電子郵件，也可能發了一百封。你多發送一分電子郵件的邊際「每封郵件用電量」並不重要，因為不管你那天發幾封電子郵件，你的電腦都開著，用掉的能源量就差不多是基本電量。

前述論據中講到的第二個問題，是比特幣網絡交易的交易上限是每秒5筆，但這其實也不是真的上限。實際上，比特幣網絡就跟現在的金融體系一樣，分成很多層。我們稱為比特幣網絡的基礎層，是一個結算網絡。

信用卡網絡是上層網絡，其下還有其他網絡。前幾章有提過，美國有聯邦準備體系電匯系統，一年可結算的總交易量大約為 1,000 兆美元。這是銀行彼此間用來執行大額交易的總結算層。這套系統每年處理的交易數目大約和比特幣網絡差不多，必要時也會慢慢擴大規模；聯邦準備體系電匯系統裡的交易金額非常大，每一筆都高達幾百萬美元。在這一層之上的，是威士、萬事達、PayPal、Venmo 以及人們寫實體支票給彼此等等。

比例來說，如果你用信用卡付一筆錢給我，在我們兩人來說，這是一筆立即的交易，但以背後發生的流程來說，可不是這麼一回事。當我們兩人都認為完成交易了，但在後臺，我們兩人的銀行才正在對談，彼此之間收發請求權。晚一點，這兩家銀行會把很多消費者的交易打包成批次，用一筆比較大額的結算交易結清帳目。表面層可以有多少筆支付交易並無上限，因為大額結算交易的規模沒有上限。每一筆結算交易都代表了幾千筆較小額的支付交易。

同樣的，比特幣網絡也有不同層：閃電網絡、側鏈、保管生態體系和其他。銀行體系的運作需要的結算時間很長而且要仰賴請求權，但比特幣網絡不同，後者的各層透過軟體，利用可程式化的合約，需要的結算時間很短，在設計上已經把對信任的需求降到最低並避免使用信貸。

為何比特幣礦工並非一般的能源買方

除了簡單計算比特幣網絡的能源用量之外，我們也應考慮這個網絡如何使用能源以及使用哪些類型的能源。

人們通常想像比特幣的礦工和其他產業競爭用電，說的好像比特幣挖礦必須排擠掉電力的其他用途一樣。然而，比特幣礦工身在一個商品化程度很高的全球性產業，他們本來就需要取得非常廉價的電力才有競爭優勢，根本不能和一般的用電戶相提並論。比特幣礦工會在全世界尋找無效率之處，看看哪裡有利用率低、被浪費掉與幾乎是不要錢的被丟棄電力。

多數能源使用者無法來到生產能源之地；他們必須要靠別人把能源送到眼前。人們會選擇不同的地方安居落戶，從歷史上來看，主要是以運輸管道為中心。人會住在海岸邊或河畔城市、這些地區的市郊以及富饒土地的鄉村周邊，但不會以能源來源為核心。人不會搬到有石油、天然氣和鈾等能源藏量的地方，我們會派人去這些地方把石油、天然氣和鈾挖出來，然後帶回來供我們在自家、加油站或附近的核能發電廠使用。

比特幣礦工只要可以有基本的低頻寬網路連線，如果有必要時可以用衛星連線，可以居住在能源資源的地方，從這點來說，他們並非尋常的能源使用者。這表示，他們可以用效率極高而且非比尋常的方式使用能源，也因此，在電力通常比較昂貴的城市附近通常不會看到比特幣礦工聚集。

尼克・卡特是富達（Fidelity）第一位數位資產分析師，後來成為城堡之島創投公司（Castle Island Ventures）合夥創辦人，他在 2018 年時深富洞見地描述了比特幣網絡使用能源的狀況：

工作量證明貨幣有一個很有意思的外部性：挖礦工永遠都願意以每千瓦時（kWH）3 到 5 美分的價格購買能源。某些最好的能源資產在電網之外。這套全球能源網絡釋放出滯留資產，並讓新的資產有了活力。[369]

假設有一張全世界的 3D 地形圖，便宜的能源熱點在下層，昂貴的在上層。我可以想像比特幣網絡挖礦的分布會像是一杯水倒在表面上，落在角落與縫隙之處，整個攤平開來。[370]

---

[369] Carter, "An Interesting Externality."
[370] Carter, "Imagine a 3D Topographic Map."

2021 年，我針對比特幣礦工做了大規模研究以檢視細節，之後每年都繼續做後續追蹤。第一年，我聯絡了馬帝・本特（Marty Bent），當時他是一家比特幣挖礦私募企業偉大美國挖礦公司（Great American Mining）的業務發展總監，目前則是比特幣挖礦上市公司教座公司（Cathedra）的董事。他向我說明了一些細節，到今天仍適用：

比特幣網絡是一種分散式的點對點網絡，不用靠任何單一礦工促進交易，因此，與伺服器農場這類能源密集度高的運算處理想比之下，比特幣礦工更有機會善用燃燒塔廢氣（flare gas），他們可以接受現場發生干擾，因為這種情況並不會明顯影響整個網絡的正常運作時間。伺服器農場做不到，只要干擾到正常運作時間，就會嚴重影響關鍵業務運作。此外，礦工發送給挖礦池的資料量很小，不需要太多頻寬，因此，他們可以跑到很偏遠的地方，使用與其他高能源密集度資料處理業務相對之下微不足道的行動數據作業。[371]

有些礦工仍使用廉價的傳統能源，但以下幾節提出一些比特幣礦工的創新用法，利用本來會滯留沒人用或沒人想要的能源，為自己與交易對手帶來好處。

(1) 使用水力發電滯留能源開採比特幣

中國有很長一段時間都是最大的比特幣挖礦區，高峰時，中國礦工總體在網絡中的占比超過七成，但隨著其他地方競爭竄起，到了 2021 年春天，中國的礦工占比據估計已經緩緩跌到不到五成。之後，中國在 2021 年發布比特幣挖礦禁令（很可能是為了強化資本控制），中國比特幣挖礦的布局大幅下降，有大量的礦工小群組轉往他處。[372]

然而，多年來，中國還是很有意思的比特幣挖礦機動性範例。四川省

---

[371] 馬帝・本特私人信件往來，引用於 Alden, "Bitcoin's Energy Usage."
[372] Gian Volpicelli, "This is the True Scale of China's Bitcoin Exodus," *Wired*, October 13, 2021.

有超額水力發電容量，雨季時，這些水力發電設施創造出來的乾淨電力根本用不完，就這麼浪費掉了。這是一種滯留電力。

比特幣礦工可以移往能源所在之處，過去他們確實也會在雨季時大批前往四川，善用那些本來會廢棄的能源。這些人這麼做並非因為他們是利他的環保人士，而是因為這些電力很便宜，別人也沒辦法拿來用。本來會浪費掉、無法替發電廠帶來任何收入的電力，可以用極低廉的價格賣給找到用途的人，以這個例子來講就是比特幣礦工。

中國在 2021 年頒布比特幣挖礦禁令，很多機器以及他們創造出來價值幾十億美元的年營收，就轉移到美國與其他國家，但多年來，這仍是比特幣礦工取用滯留與廢棄能源的絕佳範例。即便頒布了禁令，中國的比特幣礦工後來又以比較小的規模捲土重來；要消滅這個產業很困難。[373]

許多其他國家也有類似的狀況，有很多沒有人用的水力發電容量之地，也因此成為比特幣挖礦區。比特幣挖礦可以把沒人用的水力發電轉換成錢，不用的話很可能也浪費掉了。

(2) 利用滯留天然氣開採比特幣

很多蘊藏石油的地方都有天然氣。

天然氣是很好用的發電與加熱能源，如果這類天然氣的量夠大，可以收集起來透過管線或其他輸送網絡運送，作為基本的能源來源使用。但是，如果量很小，建造管線或用其他方法輸送，就不符經濟效益。

那怎麼辦？這些氣就散逸或燃燒後進入大氣裡，就這樣浪費掉了。散逸指的是天然氣直接飄進大氣裡，主要成分是甲烷（這是比二氧化碳還強烈的溫室氣體）。燃燒是指天然氣燒了起來但並未滿足任何生產性目的，之後轉換成二氧化碳並排放到大氣裡。不管哪一種都是純然的浪費，而且還會助長全球溫室氣體排放。

以規模來說，世界銀行使用衛星數據，預估全世界每年散逸或平白燒

---

[373] E.g., Akhtar and Shukla, "China Makes a Comeback."

掉的天然氣約有1,440億立方公尺。[374] 根據劍橋大學針對比特幣網絡所做的能源用量分析指出，光這些被浪費的能源，就已經足以為整個比特幣網絡提供好幾倍的電力用量。[375]

有幾家私募比特幣挖礦公司，專門把載著比特幣礦工的拖車安置載有滯留天然氣的產油現場，善用這些本來也只能廢棄的能源。這對產油商和比特幣礦工來說是雙贏局面。產油商可以出售滯留天然氣，不用丟掉了，還可以賺得更多環保分數並滿足國家制定的燃燒限制。透過發電機將天然氣的甲烷轉換成二氧化碳，會比用燃燒更有效率。比特幣礦工在過程中也可以得到廉價的電力來源。

(3) 利用垃圾掩埋場沼氣開採比特幣

除了伴隨著石油礦藏找到的天然氣之外，甲烷還會透過另一條很重要的途徑逸入大氣裡，那就是垃圾掩埋場。以全球來說，從垃圾掩埋場分解有機物質中逸出的甲烷數量，多達幾十億立方公尺。某些大型的垃圾掩埋場會捕捉這些甲烷，用來產生有用的能源，但全世界的小型垃圾掩埋場太多，而且，就算是大型掩埋場，也不見得能找到符合經濟效益的用途，也只能任由甲烷逸入大氣裡。

偉士裴納能源公司（Vespene Energy）2022年籌得430萬美元資金，將比特幣礦工安置在垃圾掩埋場旁，以善用這類甲烷。該公司捕捉甲烷，燃燒後變成二氧化碳，創造出可用能源並降低了整體溫室效應。唯有能源買方有足夠的靈活度，可以在中小型垃圾掩埋場邊安頓下來，比方說比特幣礦工，誘因才有可能化為現實。

2022年8月9日美通社（PRNewswire）加州柏克萊新聞──一家減緩甲烷排放的企業偉士裴納能源公司今天宣布，結束一輪由多鏈資本公司（Polychain Capital）領軍、並有多家著重氣候變遷議題基金參與的募資活動，

---

[374] World Bank, "Global Gas Flaring Data."

[375] Cambridge Centre for Alternative Finance, "Cambridge Bitcoin Electricity Consumption Index."

共募得 430 萬美元。偉士裴納公司在各市立垃圾掩場旁安裝的高效的微型渦輪，把廢棄的甲烷轉化成電力，供應各種現場用途，其中第一項就是比特幣挖礦資料中心用電。偉士裴納公司可立即部署、規模靈活動高的科技，讓市立垃圾掩埋場營運商將本來滯留無用的資產換成收益，同時降低了有害的溫室氣體排放量。[376]

寫到這裡時，偉士裴納公司在官網上寫了相關的流程如下：

我們利用垃圾掩埋場的甲烷創造了現場使用的能源來源，可以支持廣泛的電動車電氣化與其他各種設施的用電。藉由將發電搭配可中斷數據處理，我們確保可以完全消滅甲烷，能源永遠都能用在有益的用途上。[377]

這裡所說的「可中斷數據處理」，主要講的就是比特幣挖礦，之所以用這種婉轉的說法來講，很可能是為了避免有人對他們的服務有興趣、但對比特幣網絡有不正確的負面解讀。比特幣挖礦只是一種和交易排序有關的運算與資料處理，與其他資料中心用電戶不同的是，個別比特幣礦工可以承受很嚴重的中斷干擾，很有彈性。

有人會問：「我們難道不能在沒有比特幣礦工之下使用這種甲烷嗎？」問題在於，如果沒有適當的經濟誘因，就沒有這種用途了。人可以用理論來講應該發生什麼事，但自己不會去做。某些小型的垃圾掩埋場或燃燒天然氣的現場會出現這種再利用，是因為出現了彈性很大的用電顧客，在現場使用這些電力有利可圖，用在比特幣挖礦這件事上是最直接的用法。

這是新產業，新創公司來來去去。我不知道這家公司在未來五年或十年的成敗如何，但我知道全世界垃圾掩埋場都會有高能源密度的甲烷散逸到大氣裡，過去並沒有具成本效益且靈活度高的方法善加利用。

---

[376] Vespene Energy, "Vespene Energy Closes $4.3 Million Funding Round," *Cision*, August 9, 2022.
[377] 請上 https://vespene.energy/

（4）比特幣挖礦成為電網電池

電網必須不斷針對兩件事做調整：時時變動的電力供給以及時時變動的電力需求。

有些電力來源很穩定，比方說基本負載核能發電廠可以時時運轉，全年無休。有些電力來源，比方說風力發電、太陽能發電以及某種程度上的水力發電，變動就比較大，要看大自然在特定期間要不要給風力、陽光和雨水。由於會出現這種不完全的變動幅度，通常都需要超建發電設施，以求就算在發電量特別「低」的日子裡，提供的電力也足以供應整個社群的需求。

從需求面來看，有些日子或季節對電力的需求會比較高。舉例來說，我冬天時的天然氣用量就高於夏天，因為夏天僅用來煮飯，冬天則要用天然氣來煮飯與取暖。在此同時，我夏天的用電量會比通常的基本用量高一點，因為夏天時會開冷氣。此外，一年裡也會有幾天用電高峰期，比方說最熱的那幾天，家家戶戶的空調大概都在全速運轉。電網工程師在做設計時需要考量到這些日子。此外，一天裡有某些時段的用電量也會比較大。

還有，到目前為止，電力只能靠傳輸，傳輸的距離愈長，耗損（浪費）的量就愈大。換言之，電力某種程度上是很在地的。

總結來說，由於以小時計、以日計和以季節計的電力供給面和需求面都有波動，必須超建電網，而且以一般日子來說，發電量會遠高用電量。有些發電設施的發電量可以有很大的變化，比方說因應高峰用量的天然氣發電廠可以在必要時快速啟動與關閉，在需求量達高峰時發電以滿足需求。某些類型的發電設施則無法由人為控制，比方說太陽能發電板與風力渦輪組。如果發電廠超建太陽能發電容量與風力發電容量，又沒有用掉多出來的電，也沒有賣給其他電網，那這些電就只能浪費掉了。

太陽能發電廠與風力發電廠的問題之一，是儲存能源的成本很高。不管人再怎麼聰明靈巧，我們還是沒辦法做出具成本效益且適合電力公用事業使用的大電池，因為要用掉太多金屬和礦物。這是一個非常困難的物理問題。但我們當然可以針對某些小眾用途製造電池，但是廣泛使用大型電池不具成本效益，也不環保。[378]

比特幣挖礦可以把超額供給的電力轉換成營收，超建再生能源發電設施就會有利可圖。每個想要享有可靠電力的社群，都需要超建發電設施，超建對於風力發電、太陽能發電與水力發電來說更是重要，因為這幾種方法的發電量都會發生變異。然而，超建通常不具成本效益，除非可以用可獲利與有用處的方法，去用掉本來不需要的電力。

比特幣礦工是解決這個問題的獨一無二答案，因為他們可以讓超建有利可圖，也因此，可說是在能源儲存解決方案上扮演了間接的角色。

大部分時候電力供過於求，比特幣礦工可以成為社群裡的用電戶，為機器供電，賺取所得之後可支付用電成本。如果用電需求突然大增或供給量大減，導致該地供電受阻，那就可以暫時切斷這些比特幣礦工的用電。

利用精心設計的商用電費合約，可以讓這套作法平順運作。公用事業可以給礦工當地最低的電費，交換他們面對電力供應變動的高耐受度與接受契約上其他的彈性設計。

格瑞德公司（GRIID）是一家比特幣挖礦公司，該公司的策略長哈利・蘇達克（Harry Sudock）於 2021 年 6 月時，在彼得・麥康默克（Peter McCormack）的網路廣播節目上對這位主持人解釋道：

如果你是發電商，你不會希望碰上（發電量不足）這種場面。我們就以風力渦輪機來做一個很簡單的例子。渦輪機組一開始運轉，就會發電。當某些地區的風力發電市價為負值，發電商會選擇不要把電力輸送出去，電就這樣沒了。

如果他們可以和其他顧客針對這些能源達成交易，這些人可以容許時斷時續，在某些時候能用、某些時候不能用，這種是非常寶貴的顧客，可以讓這些人進入不一定能支撐起廣泛生產的發電市場。

我認為，比特幣礦工很特別，與傳統用電顧客相比之下，技術能力高很多。我認為我們比特幣礦工有兩種「能源超能力」：其一，能源在我們

---

[378] Vaclav Smil, *How the World Really Works*, 27–43.

每個月的成本裡占了八、九成，其二是我們可以在時斷時續之下用電，又不會嚴重損害我們的業務模式。如果有人跟我說，他需要我一年中斷礦工用電 100 小時或 500 小時，我們不會說不，我們只會說：「我們要把這個要求，反映在我們支付的能源價格上。」

當我要談用電合約時，我會說：「我要你報你認為可以給的最低價，我很願意協商用電負載狀況裡每一個其他細節，比方說我們可以打造多大的礦場？你多常會需要把發電量拿回去？你需不需要我們在你的能源組合或系統中，滿足其他很有創意的目標？你需不需要我們的設施一分為二，在本地內兩個不同點布建？很好。我們需不需要支付本項運作其他部分的保全預算？」

我們的工作室盡量把能源價格壓到有競爭力的程度，針對每一項其他變數和發電商合作。[379]

我想要補充他們的第三項超能力，把蘇達克的話講得更清楚一點：他們可以搬到和發電來源相同的地方，降低傳輸損失的電力，這樣有助於把電價壓低。比特幣挖礦工在幾個方面，可說是獨一無二：（1）他們最大宗的營運費用是電費，（2）他們可以忍受時有時無的電力供給，以及（3）他們在選擇地點時很有彈性。因此，他們可以犧牲多數其他企業無法犧牲的面向，換取在電力很豐沛時已低到不能再低的價格用電。

比特幣礦工有能力前往電力的源頭，他們可以填補意外出現的需求不足或是其他特殊情境。蘇達克在同一集網路廣播節目中描述了以下情境：

這個小故事是我們現在正在處理的狀況。有一個社區所在地在分區使用上規劃了要新蓋一座醫院。當地的電力事業轄區裡，有 17,000 戶能源用戶，一戶連著一戶。新蓋的醫院將會讓此地消耗的能源倍增。我們都同意醫院很有價值，應該讓醫院用電，這一點不用爭論。

電廠重拉傳輸線，也建造了一座更大的子電廠，足以因應額外的負載

---

[379] Harry Sudock, "The Truth About Bitcoin's Energy," *What Bitcoin Did*, June 16, 2021: 30:28–32:59.

量，然而，就在他們完成這些工作之後，興建醫院的計畫落空了。

他們為了吸引這位大客戶，在本地投資了幾百萬美元，現在，除非他們替多出來的能源覓得他用，不然就必須把成本轉嫁給這 17,000 戶用戶。那麼，他們怎麼辦？他們打電話給我們的能源管理部副總，並說：「我們有超建的供給量，如果找不到大規模的能源用戶，這些成本就得轉嫁給沒有預算支應能源價格上漲的家庭。」

於是乎，我們有了這個介入的好機會，成為這家公用事業的靠山，在前項專案破局後帶來了一家客戶，成為社區的中流砥柱，為他們守穩從現在算起十年間的能源價格。就是這樣，這些是沒有浮上檯面的比特幣挖礦故事。很剛好的是，這項能源來源，超過六成都是零碳排（carbon-free）。[380]

我從 2021 年開始發表和比特幣網絡能源用量相關的研究論文，包括說明各式各樣的能源採購協議，從歷史上來說，當時比特幣網絡的規模太小也太小眾，電網工程師無法把這套網絡納入他們的計畫內。從 2022 年開始，用電限制合約愈來愈普遍，也有更多人公開報導。2022 年與 2023 年，美國大型比特幣上市公司一再以用電量限制來因應各種波動，大型發電商也開始成立比特幣挖礦業務，東京電力公司（Tokyo Electric Power Grid）亦宣布，計劃用超額能源來從事比特幣挖礦。[381]

如果比特幣網絡壯大到一定地步，每一個永遠都在運轉的發電廠都可以與比特幣挖礦設備在同一個地點共生，以能獲利的方式吸收電廠的電力供應量與周圍電網的電力需求量之間隨時在變動的落差，就不會浪費掉這些電了。發電商與用電顧客的成本都能降低，變數大的能源來源也能更具成本效益。換言之，多出來的電力永遠都能導向有用的運算用途。從這一點來說，比特幣網絡的交易處理可以分散到全世界能源系統中現有的各種小小效率不彰之處，利用這些機會。

正因如此，我才認為即便比特幣網絡的用電占比超過全球能源用量的

---

[380] Sudock, "Bitcoin's Energy," 5:44–7:34
[381] Xinyi Luo, "Bitcoin Miners Offered Way to Cut Texas Electricity Usage to Help the Grid." *CoinDesk.* December 6, 2022; Deniz, Saat, "Japan's Largest Power Company Will Mine Bitcoin with Excess Energy." *BTC Times.* December 14, 2022

1％，也不是壞事；到了那個時候，比特幣網絡已經針對能源體系調整到最佳狀態，對能源系統來說的淨效果很可能是正面的，而非負面。

比特幣挖礦是一個高度商品化的產業。長期來說，比特幣礦工要生存下去，唯一的辦法就是使用最便宜的電力來源，而最便宜的電力來源，就是本來滯留、沒人用或會被浪費棄置的能源。在比特幣暫時走大多頭時，礦工不管使用哪一種來源的能源都有利可圖，但歷經了幾個多頭／空頭循環之後，趨勢就會變得很清楚：比特幣礦工希望能撐過一個又一個循環，只有靠著最便宜的電力來源才能辦到。他們需要和電網訂合約，幫忙平衡電力負載及／或和發電商搬到同一個地方共存，把多餘的電力轉化成收入，他們也／或需要善用各個地區的電網外滯留能源資源。

（5）比特幣礦工變成暖氣

比特幣礦工使用的多數能源，都會排放熱氣。電腦處理器基本上是一種暖氣機，只是在發熱時又剛好可以進行運算。比特幣挖礦要能達到成本效益，除了找到最便宜（也就是滯留的）電力來源，另一個方法就是把熱氣運用在有用的用途上。

一個比特幣礦工發出的暖氣，可以取代室內用小型暖氣機或游泳池加熱器供單人用或單一家公司用，差別在於礦工要投入比較高的前期成本，才能換到在發熱的同時也賺得收入。比特幣礦工也可以取大規模更大的室內暖氣與溫室加熱器。現在已經有人用很新穎的方法落實這些想法，而我預期，隨著比特幣網絡日漸成熟，礦工會善用每一方面的優勢，包括想辦法更加善用運用廢熱，超越今時今日的水準。

不喜歡能發熱、同時能進行運算的室內暖氣機，不太有道理；對比之下，傳統的室內暖氣機只能發熱，別無其他功能。一般人對於比特幣網絡用電頗有微詞，本質上是因為認為那些電都浪費在挖礦上，但實際上這些電是用來（1）確保比特幣網絡的安全，以及（2）加熱處理器周邊區域。

比特幣網路對環境造成的影響從一開始就被拿出來討論，中本聰本人2010年時就觀察到這個這個現象。中本聰是這麼看的：

如果你的住家需要暖氣，你的電腦產生的熱氣就不會浪費。如果你住的地方使用電熱，你的電腦產生的熱氣就不會是浪費。如果你改用電腦生熱，成本是一樣的。如果有比用電生熱更便宜的取暖方法，那麼，浪費的部分只有兩者之間的成本差異。如果夏天你要開冷氣，那散熱的成本就會變成兩倍。比特幣最終會在最成本最低的地方生成，有可能是用電來加熱取暖的嚴寒氣候區，在那裡的話，用電腦的熱來取暖基本上不用多花錢。[382]

（6）推動新能源技術

產品回收科技國際公司（Product Recovery Technology International，簡稱PRTI）過去十年來都致力於把廢棄輪胎轉換成碳氫化合物商品。全世界每年丟掉超過十億個以碳氫化合物製成的輪胎，大部分都是被燒毀或掩埋。

產品回收科技國際公司發展出一種獨特的密封鍋爐製程，把廢棄輪胎分解到剩下各種不同的碳氫化合物商品，然後出售這些碳氫商品。他們在過程中也製造出一些天然氣，並用天然氣發電。他們的營運地點通常不在人口稠密的市中心，而是在廢輪胎堆放場所，他們在地電網發的電利用率不高，只能賣得非常低的價錢。天然氣的量也不夠大，建造管線輸送或用於其他目的都不划算。

產品回收科技國際公司利用他們製造出來的天然氣，在現場使用這項能源經營比特幣挖礦。這麼做提升了營運的經濟價值，公司也因此可以繼續好好做輪胎回收業務，針對這種數量極大的全球性汙染物和垃圾來源減量。他們的創新製程製造了滯留能源，比特幣挖礦恰好是這些能源最具經濟效益的用途。

另一個案例是一種基本負載再生能源發電海水溫差發電（Ocean Thermal Energy Conversion，簡稱 OTEC），這種發電法在百年前就已經證明可行，但一直未能興盛起來。當大量的太陽能照在海上，會加熱海水表面，與海底深處的冷水溫形成明顯對比。這種垂直的溫度差代表了一種可發電的方法，也是一種儲存天然能源的媒介。大型平臺或船艦可以藉由大型的管子

---

[382] Satoshi Nakamoto, "Re: Bitcoin Minting is Thermodynamically Perverse," BitcoinTalk forum. August 9, 2010.

和特殊的能源轉換過程,利用表面溫暖海水與深處冰冷海水的差異,進行基本負載發電。他們利用海水溫差發電後可以直接送回陸地,或者用電力來製造液體燃料。[383]

到目前為止,海水溫差發電的問題在於規模。小型海水溫差發電廠已經證明可以通過測試,但不具經濟性。中型海水溫差發電廠也沒什麼效用,因為要把電力送回陸地上需要很多基礎建設,但發電量根本沒這麼大。大型海水溫差發電廠具經濟效益,但是在中型電廠通過相關檢驗之前,沒有人會去蓋大廠。

然而,如果不需要把電力回送陸地,中型海水溫差發電廠很可能就有了經濟效益。如果這類電廠可以自由在外海漫遊,前往赤道附近最溫暖的海洋,那麼,即便只是中型電廠,都很可能有經濟價值。問題在於海面上的電力需求沒這麼高,或者說,至少過去都沒這麼高。如果能讓比特幣礦工登上海水溫差發電船,那麼,他們就能在海上把電力換成錢,證明這樣的發電概念可行,也許有一天就很有希望籌募到足夠的資金蓋出大型平臺,為海岸邊的人民提供電力。

海洋比特公司(OceanBit)便試著這麼做。他們相信,利用比特幣挖礦就可以讓海水溫差發電回春,成為研究與發展的活躍地帶。他們的其中一位共同創辦人納薩尼爾·哈蒙(Nathaniel Harmon)也開發出一種方法,把比特幣挖礦直接納入海水溫差發電製程,用他們從海裡打上來的冷水替礦工(電腦)降溫,並用礦工產生的熱廢氣再加進他們已經在使用的溫熱表面海水。我在 2022 年時和哈蒙以及麥可·班奈特(Michael Bennett)深入暢談他們做的事,具有電機工程背景的我認為,這項技術前景看好。

(7)自助發展國內電力基礎設施

很多低所得國家有很多能源資源,包括水力發電能力,但他們通常會遭遇一個「雞生蛋、蛋生雞」的問題。開發商要打造電輸電與配電的基礎建設,把電力從發電的地方傳輸到用電的地方,他們得面對高昂的成本和

---

[383] U.S. Energy Information Administration, "Hydropower Explained."

很多的不確定性。居住在無電可用地方的人民，沒有太多錢可以花在電器設備上，因此，開發商很難看到他們的投資真的能帶來回報。但是，住在這些地方的人需要有電可用才能多賺點錢、多買點電器。電力是帶動生產力與創造更多財富的關鍵要素。

比特幣網絡代表了一個很有意思的機會，讓某些地區可以打造出自有的發電能力並能創造營收。如果蓋了電廠，可以先讓比特幣礦工進駐，成為確定的低價基本買盤，立刻為電廠帶來利潤，並在之後待個幾年，直到該地區有更多人開始使用電器設備，電力找到更好的用處為止。人權基金會的艾力克斯‧格拉德斯坦於2021年發表了一篇文章〈比特幣網絡的人道與環保面向〉（The Humanitarian and Environmental Case for Bitcoin），他說道：

開發中國家有幾十億人面對滯留電力的問題。為了讓經濟成長，他們需要拓展電力基礎設施，這是一項資本密集度高且甚為複雜的任務。然而，當他們在海外援助或海外投資協助之下蓋了電廠，試著善用偏遠地區的再生能源時，卻沒有地方可以使用電力。

舉例來說，在非洲各國有豐沛的太陽能、風力與水力資源，這些力量可以帶動經濟活動，但當地社區與政府卻沒有資源可投資在這些基礎建設上，因此無法啟動發展流程。

海外捐助者與投資人不會熱衷於支持找不到路達成可永續或可獲利目標的專案。少了可以將能源從生產點傳送至人口聚集中心的強大運輸線路，電廠開發商可能要等上很多年，才能在沒有外國的補助之下運作。

比特幣網絡在這裡可以變成改變規則的誘因。新的電廠只要把他們的能源導入比特幣網絡，就可以把陽光、水力或風力換成錢，不管蓋在多偏遠的地方多可以立即有營收。

隨著當地的權力機構或顧客逐漸和電廠有往來，並且願意支付的電價比礦工更高，比特幣網絡的用電量就會下降，社區也可以隨之成長。經濟活動與可再生能源電網可以利用比特幣挖礦自助發展，國際援助也可以點燃火花。[384]

2020年，另類資產管理公司石山脊公司（Stone Ridge）的創辦人兼執行長羅斯・史蒂文斯（Ross Stevens）針對比特幣網絡使用能源發表了很有意思的看法，他說，有了比特幣網路採礦，是人類歷史上第一次不需要在人們的聚居地附近，就能以有利可圖的方式善用能源。比特幣網絡採礦的地點可以鄰近尚未被利用的能源來源，這有助於基礎建設的發展，也讓人們有誘因，來到尚未被利用的能源來源附近安頓。他在2020年12月的致股東函裡寫道：

因此，全世界各種孤懸的能源來源，例如瀑布、河流和蓋得出來的水壩，雖然因為成本限制而無法連結到接近住宅區或工業區的電網，但在比特幣網絡幫忙之下，都可以創造出營收。

比特幣網絡引入了不受所在地限制且獲利性很高的電力用途，這麼一來，就從根本上改變了能源的經濟法則。這個世界過去不曾有過不受所在地限制又可獲利的能源用途，現在有了。石化燃料已經太過昂貴，對比特幣網絡挖礦來說已經不是可獲利的能源來源，我相信，長期來說，比特幣網絡挖礦要能獲利，必須要靠水力發電。

想像一下，在某些極偏遠的地區有了比特幣網絡開礦農場（而且不需要補助）之後，未來會怎樣；比方說，假設非洲某個飽受極度貧窮之苦的國家有一大片人煙罕至之地，裡面有一座瀑布。這裡可以很輕鬆連上比特幣網絡，認真打造出能源基礎設施，提供當地的潔淨能源供挖礦之用，並從中賺到營收。等到之後發展出工業等級且可獲利的基礎建設之後，就可以繼續延伸擴大。我們可以蓋鐵路，蓋房子，蓋學校，蓋醫院，最後發展出適合人居住的聚落。

最後的淨效果，是人們圍繞著由比特幣網絡帶動起來的水力發電基礎設施安頓下來，有愈來愈多人聚居在廉價的潔淨能源來源周邊。從歷史上

---

[384] Alex Gladstein, "The Humanitarian and Environmental Case for Bitcoin," *Bitcoin Magazine,* May 26, 2021.

來看，我們面對的能源挑戰是要如何把電力帶到人們眼前，但有了比特幣網絡之後，我們可以把人帶到發電的地方。[385]

2022 年，這番景象開始在非洲成為現實。無電網公司（Gridless）開始利用比特幣網絡挖礦，以激勵與維持在非洲東部各地小型河流上興建水力發電廠。截至寫到這裡為止，該公司在官網上的說明如下：

非洲各地對於可靠、潔淨而且負擔的起的能源需求甚殷，但迷你電網發電廠辛苦求生，希望能可長可久。無電網公司和鄉村的再生性能源迷你電網電廠合作，擔任最終買家的角色，讓他們產出的所有發電量都換成營收，並且成為新創造出來能源的主力客戶。[386]

這使得非洲的電力發展更穩健，開發商也更能得到經濟效益，幫忙促成這些專案，不至於永遠都在成與不成的邊緣。到了 2022 年底，這家公司籌得 200 萬美元的創投資本，用於擴大營運。《比特幣雜誌》（*Bitcoin Magazine*）報導：

無電網公司第一年營運時，在肯亞鄉下和非洲水力發電業者水力盒子公司（HydroBox）簽署了五項專案試行合約，其中三項試營運案目前都已經正式營運。無電網公司為營造工作提供資金，並在這些鄉村地方管理資料中心的運作。這間公司目前的抱負是要跨足東非其他地區。[387]

以比特幣為主的創業家歐比・沃斯（Obi Nwosu）在 2022 年時說這些地方叫「邊疆城鎮」（frontier town），他把這些地方比做 1800 年代隨著人們在北美西部安頓下來，圍繞著淘金地點冒出來的城鎮。比特幣網絡開礦

---

[385] Ross Stevens, "2020 Shareholder Letter."
[386] 請上 https://gridlesscompute.com/。
[387] BTCCasey, "African Bitcoin Mining Firm Gridless Raises $2 Million In Funding Round Led by Stillmark, Block Inc," *Bitcoin Magazine,* December 6, 2022.

可以成為誘因，激勵人們利用過去未善用的電力來源（比方說小型河流發電），並讓微型電網在經濟上更可行。當這些電力來源發展起來之後可以成為契機，吸引人們過來當地居住與工作，剛開始可以在電廠或資料中心工作，然後在這裡成家，接著慢慢擴大到出現支援服務，然後繼續擴大，變成完全發展成熟的村莊。微型電網開始運作後，地區的生產力會更高，從而變得更富裕，人們也能負擔得起更多電器設備，使用更多電力，享受更優質的生活。

一種有利於能源發展的技術

各種能源之間並不一樣，因此不可互相取代，這概念對多數人來說相當反直覺，但某些類型的碳氫化合物能源確實如此，比方說滯留天然氣，電力又特別適用這個道理。發電要在特定的時間與地點，且長途運輸一定會大量耗損。某些變數比較大的電力來源，例如太陽能面板與風力渦輪，在某些時候會超額發電，但超額電力又會被耗減（例如，變成廢棄熱散逸）。某些永遠在運作的電力來源，例如水力發電水壩，通常附近的電力需求不大或是需求變異性很大，發電量常常也就浪費掉了。一般人通常認為，所有的發電量都可以用在有意義的用途上，每一種新的電力需求必然和某些現存的電力需求互相競爭，但就像本章說的，由於沒有彈性夠高的買家願意過來支付邊際成本，被浪費的電數量很可觀。

發明牽引機之後，本來十幾個人做的工作，可改由一個人獨自完成。只是，牽引機需要用到額外的碳氫化合能源，如果我們僅根據外部的能源用量來做分析，得到的結論會是：用牽引機來從事農耕的能源密集度，會高於用人力。但如果深一層剖析，我們可以看到牽引機使用的能源，取代了農民耗用的所有熱量能源，讓他們空出寶貴的時間與能量，去從事其他生產。

同樣的，比特幣網絡會用到能源，但同時也能以分權且自動化的方式來維護與更新全球帳本，相對之下，目前的銀行體系帳本得以信任為基礎，仰賴中央化的處理方式，而且通常由人工來做。與權益證明型的網絡相比之下，比特幣網絡在運作上保留了「不可偽造的成本」這個概念，這是指，就算網絡暫時中斷，無法假造，也無須爭辯，換言之，比特幣網絡把能源納入過程中，為的是把人治的需求降到最低。如果像比特幣網絡這樣的原生數位貨幣網絡有更多人用，那麼，傳統的金融產業就不需要像現在這麼大、資源密集度這麼高了。

本章提到的所有公司都有可能遭遇風險，因此有可能倒閉。如果以多年為期來看，會有很多新創公司垮臺。

然而，就算特定的公司開開關關，比特幣網絡用新穎的方法使用能源，必會帶來更多有趣的機會。以地點和能源的可中斷性來說，這個世界從來不曾有過彈性這麼大的能源客戶。如果比特幣網絡繼續壯大並使用能源，那麼，現有能源生產方式中的各種無效率都會穩定下來，投入在具備經濟效益的用途上。此外，各種遠離現有人群聚集處的潔淨能源來源，也都可以在有利可圖之下拿來利用，這將會激勵人們移往這些地方。

第 26 章

加密貨幣風險分析

讀到本書這一部的讀者，過去如果對比特幣網絡不熱衷或不感興趣，可能會覺得「有些東西很不錯，但我認為長期來說不可行」。如果這也是你的觀點，那你和筆者可以說是所見略同。我認為，對於這種技術的長期金融價值抱持懷疑的態度，是健康且自然的反應。

人們把黃金當成錢來用已經有幾千年的歷史。政府或銀行發行的紙幣與中央化的帳本系統，幾百年來被人們當成交易的媒介使用。比特幣網絡是一種相對小眾的軟體網絡，自 2009 年開始運作，未來會如何，我們就別把話說得太早了。

我第一次聽說比特幣網絡大約是在 2010 年或 2011 年，當時我甚感興趣，但也心存懷疑。當時比特幣幾乎沒有市價可言。這種創新讓我著迷，但我手上沒有任何比特幣。我認識一位工程師，她用自家高效能電競電腦挖礦，我也一度考慮用我的電競電腦這麼做，但就跟我人生中的許多事一樣，我就是沒動手，最後完全拋諸腦後。這對我來說，沒這麼重要或說服力沒這麼強，難以讓我用有意義的方式移轉我的注意力，起身行動。

之後，來到 2013 年時，我再度聽到比特幣這個概念時，是因為價格漲翻天了。我重新檢視，再度欣賞起這項創新。我看了一些加密貨幣交易所，想著或許來買一點，但在我眼裡看來，這些東西都相當粗略，風險也高。我在心裡提醒自己，下個星期要多花點時間，研究如何才能安全地買進一些加密貨幣，但同樣地，我又忘了，忙著生活中的其他事務。我本來就沒有真的被說服到想去行動。

2017 年年底，在價格又漲了一大波之後，我以比特幣和其他加密貨幣為題，發表了一篇研究論文。我對一般投資大眾說明相關運作，並提出幾個可能的估值方法。[388] 我再度得出了結論，認定目前暫且別買任何加密貨幣。到頭來，這是個好決定：比特幣有過好幾次價格泡沫，當時已經接近其中一次的高點了，在接下來的三年裡報酬可謂慘淡。

從一開始，我的遲疑都是出於我認為每個人都可以複製程式碼，創造出不同的區塊鏈貨幣。如果是貴金屬貨幣，每一個都具稀有性，而且有只有幾種貨幣類型而已。換成區塊鏈貨幣，任何有寫程式經驗的人都可以複製某個現有的程式，更改某些變數，然後釋出。因此，雖然比特幣不管怎樣都只有 2,100 萬個，但如果引進多到數不清的新種類區塊鏈貨幣，整體上的區塊鏈貨幣，就會出現供給膨脹與稀釋。如果區塊鏈貨幣市場變得分散而且一直都是由各家各據一小片山頭，那麼，也許任何加密貨幣都無法長期維持相當的購買力、流動性或安全性。除此之外，我也考慮到和政府禁令、軟體漏洞，以及網絡規則任意變更等等相關的風險。

但與我在 2011 年與 2013 年剛開始做觀察時不同的是，2017 年之後我繼續密切專注比特幣網絡，包括歷經了 2018 年與 2019 年的熊市。比特幣的價格走了好長一段的熊市之後，在 2020 年初新冠肺炎疫情期間崩盤，我在我的投資研究網站中，建議讀者把這當成一項資產配置，我自己也買了蠻大的量。自此之後，即便我已經明白會有幾個風險因素關乎這個概念的長期存亡，但我整體上樂觀看待這個網絡。

讓我對比特幣網絡更感興趣的，主要還是「區塊容量之戰」（Blocksize War）終於有解這件事。從 2015 年到 2017 年，比特幣網絡生態體系熱烈辯證，激辯著應不應該利用硬分叉提高區塊大小的上限，這表示要更改共識規則，以後無法與現有節點的過去相容。不同的門派各自角力，想要影響協定的設計，以及看誰能搶到權力（開發人員、企業礦工／交易所或是個人用戶／節點）。這是真實世界對比特幣網絡分權程度的測試。換言之，這是比特幣網絡的一次「憲政危機」，而它最終通過了考驗。

比特幣網絡歷經早期發展之後，想要擴大區塊容量的人與想要維持小容量的人涇渭日益分明。擴大區塊容量，網絡每單位時間就可以處理更多

---

[388] Lyn Alden, "How to Value Bitcoin and Other Cryptocurrencies."

交易（不考慮第二層解決方案和側鏈解決方案，這都尚未發展完全），然而，提高區塊容量也會提高操作全節點需要的頻寬和資料儲存與運算能力，就無法讓一般使用者在普通的電腦上操作。如果用戶不能自己挖礦或操作全節點，就必須信任大型網絡供應商，比特幣網絡就不再是一個無須審核的分權式點對點系統，長期會弱化節點網絡的共識功能。

早在 2010 年時，就連中本聰本人，也在這樣的辯證中也扮演了雙面角色；他本人在網絡開始運作之後，親自設下了區塊容量的上限，但他也講隨著全球可用的頻寬大幅提高，長期下來或可提高容量以便更利於擴大規模。比特幣網絡自從協定成立以來，就埋下了區塊容量的歧見種子，再隨著中本聰長期消失不見，從 2015 年到 2017 年，戰爭全面開打。

在 2017 年某個時候，超過八成的礦工算力、比特幣挖礦設備最大製造商、之前比特幣網絡的首席開發者以及幾家大型保管機構和交易所，都偏向於升級成一種名為 2 倍隔離見證（SegWit2x）的機制，用以提高區塊容量（不可和隔離見證升級混為一談）。以比特幣產業的企業級參與者來算，這些人代表了壓倒性的支持，或者，就像他們在自訂的紐約協議（New York Agreement）裡所說的，他們是「比特幣生態系統的關鍵多數」。[389]

但他們失敗了，他們想要做的事也無疾而終。這證明了個人節點操作者的力量有多大，以及要把為人所不樂見的升級推銷給用戶群有多困難。這件事也回答了「誰控制帳本？」這個問題。

在這之後，有很多人試過各種不同的硬分叉。比特幣現金是最知名的大區塊容量硬分叉，截至我寫到這裡為止，其市占率還不到比特幣網絡市值的 0.5%。小型硬分叉則無法與真正的比特幣網絡相抗衡。

我在之前某一章提過，想要做出偏離比特幣網絡的硬分叉，概念上就好比複製維基百科所有的資料並移到你自己的網站上，但你能贏得的網路流量很低，因為你沒有千百萬指向真正維基百科的反向連結，也沒有持續更新真正維基百科網站的志願大軍。從你複製的那一刻開始，你這個分叉版的維基百科天生就比真正的差。同樣的，任何比特幣網絡的少數派硬分

---

[389] Bier, *Blocksize War*, 172–73.

叉，節點本來就少很多，礦工的算力也低很多，從一開始分權程度就低，對抗審查刪改的能力也比較差。這就是比特幣現金與其他硬分叉會碰到的問題。

比特幣網絡哪一天執行某個成功的硬分叉，也不是不可能的事，但這樣的硬分叉只可能是用戶針對重要議題達成壓倒性的共識，而不是透過企業集團或是小眾派別硬推。

從 2020 年到 2023 年，我會見了幾位比特幣網絡核心開發人員、幾位閃電網絡開發人員、其他擴大容量解決方案的開發者、幾位握有可觀數量比特幣的億萬富翁、幾家交易所與比特幣生態網路公司的創辦人、幾位替這些公司提供資金的創投公司、幾位暢銷比特幣相關書籍的作者、雜湊現金（工作量證明）的發明者，以及幾位來自使用比特幣與穩定幣極權主義國家的人權活動人士。我出席奧斯陸自由論壇（Oslo Freedom Forum），受邀以比特幣網絡能源使用主題專家的身分，在挪威國會大廈對幾位國會議員做簡報。我也在加拿大對幾位加拿大金融機構監理總署（Office of the Superintendent of Financial Institutions）人員做簡報，談比特幣網絡使用能源的問題。我參加幾項大型研討會，上遍和這個主題相關的網路廣播節目接受訪談，寫了好幾篇研究論文。2021 年，我成為比特幣原生金融服務業天鵝網路公司（Swan.com）的董事。2022 年，我也成為自我之死資本公司（egodeath.capital）的創始顧問，這是一家為比特幣相關新創公司提供資本的創投基金，自此之後，一直和他們密切合作。

在整個過程中，我深深浸淫在比特幣網絡生態體系裡，不斷學習。我的目標是要探索這項和貨幣演進有關技術的各方面可能性，同時評估隨之而來的風險與後果。

我從對技術感興趣的懷疑者，變成花下大量時間分析這套系統，並在系統內工作的人，我之所以有這番轉變，是因為每一項我認定為重大風險的因素後來都解決了，或者解決了一部分。我想這當中還是有很多風險，但以目前的狀況來說，我認為這項技術很可能威力無窮，足以克服這些風險。本章要把重點放在列出幾項我認為和比特幣網絡以及其他加密貨幣有關的重大風險，以及我為何認為雖然這些風險仍然存在，但在可控範圍或已經緩解。

風險 1：市場稀釋

我找到的第一項風險是市場稀釋風險。如果人們不斷創造新的加密貨幣，那麼，有什麼可以阻止整個市場被嚴重稀釋，從而分崩離析？我們無法保證只會有一、兩種加密貨幣出線成為最熱銷的商品，從種類無限多的可能貨幣當中脫穎而出，得到大部分的貨幣溢價。

但在實務上，比特幣連續 14 年來都是市值最高的加密貨幣，只有以太幣（Ethereum）在某些時間點可以追近一點，其他的加密貨幣可以說根本不是同一個等級。當某個設計得宜的加密貨幣壯大，其安全性與流動性將會蓋過其他。

當我寫到這裡時，在所有工作量證明區塊鏈中，比特幣網絡的占比超過九成。比特幣網絡也是到目前為止擁有最大算力的網絡，代表這最能抵抗審查刪改的攻擊。就算某個大型的權益證明網絡在某個時期的市值可以超越比特幣網絡，我仍認為，比特幣網絡特有的作法，讓它成為無可匹敵的網絡：以無可偽造的歷史打造出一套分權帳本。

比特幣網絡的節點設計成小巧且容易操作，到目前為止擁有最多的有效節點，勝過任何加密貨幣。其他加密貨幣為追求更明顯的表達性或更高的交易量所做的每一種取捨，通常都會提高節點的門檻要求，因此也會減少節點的數目並降低分權的程度。如果個人實際上無法選擇操作自己的節點，就會對區塊鏈的隱私性和對抗審查刪改的能力造成嚴重傷害。

協定一般的傾向是整合成一套優勢標準，然後憑藉著網絡效應讓這套標準維持幾十年或更久。舉例來說，網際網路就有很多互相競爭的協定堆疊。然而，一旦某項協定出線成為優勢協定，通常會進入有愈來愈多人使用的良性循環。要引進任何與其競爭的協定，由於和市場上多數應用程式與裝置都不相容，一開始會非常不利。新協定的優越性必須要高上好幾個等級，才能和現有的協定抗衡；只是好一點點並沒有用。[390] 此外，優勢協

---

[390] William Luther, "Cryptocurrencies, Network Effects, and Switching Costs."

定長期下來可以、也確實會以可和過去相容的方式升級，而也正因如此，這類協定才能長期舉足輕重。

雖然能做設計空間很小（亦即，就我們所知，任何改善都會導致更糟糕的取捨），但不能保證比特幣網路就一定不會被打敗或被超越，而這也是一定要考慮的風險。但目前還看不出來有任何在規模、流動性、安全性和不可竄改等方面旗鼓相當的競爭對手出現。以規模來說，唯一可比的網絡是以太幣，但後者在很多方面可說是天差地遠。

想要分析這領域的人，應該自己去研究各種取捨，並監督比特幣網絡效應、市占率和技術能力的健全度。小型流動性低的加密貨幣種類繁多，理論上會壓低比特幣網絡的市占率，但在實務上，從熱銷程度來看，只有前面十幾種貨幣才有重要性，而在這當中，也只有工作量證明型的貨幣有無可偽造的歷史。

風險 2：重大軟體漏洞

2010 年的比特幣網絡還是新東西，也沒什麼市場價格，其節點用戶端發現了一個會讓數量膨脹的漏洞，中本聰利用軟分叉修補了漏洞。

2013 年，因為疏忽，某次在做比特幣網路的節點用戶端更新時，機緣巧合之下導致無法和之前（而且廣為使用）的節點用戶相容，引發了意外的鏈條分裂。幾個小時內，開發人員分析出問題，要節點操作者回歸之前的節點用戶版本，解決了鏈條分裂的問題。這已經是十年前的事了，自此之後，比特幣網絡的運作時間一直達到 100％。在這段期間，即便是聯邦準備體系電匯系統，也都遭遇營運中斷的問題，運作時間無法達到 100％（這套系統和比特幣網絡不同，一開始就沒打算全年無休隨時運作）。

2018 年，比特幣網絡節點客戶端又意外出現一個會導致數量膨脹的漏洞，不過，開發人員很早就發現這次的漏洞並謹慎地修補了，任何人都來不及加以利用，因此實務上從來沒引發任何問題。

2023 年，人們開始用開發人員沒有想過的方式來使用隔離見證和主根這兩種軟分叉，包括在比特幣區塊鏈簽名的地方插入大型圖片。這本身並不是漏洞，但指出了人們可能以開發人員沒設想過的方式來使用某些程式碼的這種風險，因此，未來在進行升級時必須持續秉持保守主義。

比特幣網絡跟很多電腦系統一樣，都有「2038 年問題」（year 2038 problem）。到了 2038 年，很多電腦系統 Unix 時間戳記使用的 32 位元整數秒數將會不夠，導致錯誤。然由於比特幣網絡在這方面使用的是未簽署整數，因此秒數要到 2106 年才會用完。把時間更新為 64 位元整數，或是在解讀被繞回（wrapped-around）的 32 位元整數時，把區塊高度納入考量，就可以修正這個問題，但就我理解，這可能仍需要硬分叉，亦即需要無法與過去相容的升級。這在實務上應該不難，因為這很明顯有其必要，且可以在問題發生前就先動手修正（有幾年、甚至幾十年時間），但這也很可能形成弱點。一個可能的解決方法，是先發布一套可和過去相容的升級，但等到整數用完之後再啟動不相容的升級，這樣就可以解決問題。

我提到這些範例，想講的重點是，構成比特幣網絡以及其他加密貨幣的，是由會出錯的人寫出來的軟體程式。比特幣網絡在設計上刻意簡單，因此維持比其他加密貨幣更小巧、緊湊且可稽核的程式碼庫，但這套網絡一直以來也不盡完美。

有鑑於此，當開發人員發布新的升級版時，很多節點操作人會刻意拖慢更新速度。開發人員無法「強推」更新版給節點操作者，這讓系統可以在分權且不可竄改基礎下運作，並且讓開發人員的權力微乎其微。節點操作者要決定是否要更新，實務上，最好等到更多人檢視過程式碼且運作久一點之後才更新，確保不會出現嚴重漏洞。如果一小部分的節點網絡更新了並發現了漏洞，他們可以回到之前的版本就好。但如果長時間都沒有人發現有嚴重漏洞，且網絡裡多數節點都更新了，**之後**被有心人拿去利用，就可能會是一場災難。這個問題的解決方法包括使用軟分叉，也可能會引發爭議討論要多快修正漏洞，導致無法輕鬆解決的鏈條分叉。這很可能損害比特幣網絡很可靠的聲譽，導致發展倒退好幾年。

比特幣網絡的重點，在於能為節點操作者提供貨幣自主權。節點操作者可自主發送與接收交易，不需得到任何中央實體許可。實務上，核心規則組合不可改變，任何人都無法強迫操作者更新節點，節點產生貨幣的速度不能快過規定，貨幣數目不得超過 2,100 萬，區塊的容量也不得提高。

然而，貨幣自主權是一種只能逐漸逼近的柏拉圖式理想，實際上永遠沒辦法真正達到這種狀態。不管比特幣網絡設計成多簡單，永遠都不可能做到沒有漏洞。多數人不會親自檢查比特幣網絡節點用戶端的每一行程式，就算他們真的這麼做了，也很可能漏看了某個漏洞，就連開發人員有時也會這樣。如果節點操作者因為發現自己的版本有漏洞而被迫匆忙更新版本，而新版本又不能用，只好回歸之前的版本（可能是因為新版也有相同的未偵測出漏洞），這很可能導致暫時移除此節點操作者的貨幣自主權，且長期下來很可能損害人們對比特幣網絡的信心。

風險 3：政府禁令

比特幣網絡是一種無政府的貨幣，而「政府」在很多方面，其實並不像現實中那麼有必要存在。

世界各國的政府制定了各式各樣的銀行法，容許政府可以監督銀行交易並凍結帳戶。更重要的是，政府可以透過鑄幣稅得利；他們可以靠著多印鈔填補落差來解決預算赤字，每次都以不透明的方法把每個人的儲蓄都稀釋掉一點。以自家貨幣計價的政府債務，絕對不會在執政當局不願意之下發生名目違約；他們永遠都可以創造出更多貨幣。他們在實務上的限制是通膨和社會動盪，如果對貨幣失去信心的人民夠多，貨幣就會崩壞。

很多威權主義國家都不是很有吸引力的地方，他們的人民並不想把財富留在本國，而會想把財富挪移到海外法律規範比較完善的自由國家，以保身家。這些威權主義政府會竭盡所能，控制貨幣與銀行體系，以限制資本外流。

有了無政府的貨幣，讓人民得以使用非由政府發行的貨幣資產儲蓄，而且把審查刪改的成本拉得很高（必須要取得並維持全球網絡 50% 以上的算力）。這提供了一種銀行體系之外的可攜帶、可自行保管、點對點的價值移轉方法。以前只有有錢人才有境外銀行帳戶，但比特幣網絡讓每一個有智慧型手機的人，都可以使用功能上相當於境外銀行帳戶的方法，而且沒有交易對手風險。

人們通常把比特幣想成和美元、歐元與黃金一較高下，但比特幣引發的更立即性威脅，是會先和長尾部百餘種最脆弱、最小型的周邊國家貨幣一較高下。舉例來說，阿根廷人顯然就比挪威人更會去追逐美元穩定幣、比特幣和相關資產。比特幣和穩定幣威脅到很多國家的印鈔特權，會從衝擊最脆弱的貨幣開始，然後擴及其他。但政府也有各種方法抵制這種事。

首先，政府可以透過立法或非正式的壓迫，切斷已知的加密貨幣或經紀商與國家銀行系統的關聯。政府或央行可以周知所有銀行，不得讓顧客把錢轉到任何加密貨幣交易所、經紀商，也不能為加密貨幣相關企業提供銀行服務。這些事對政府來說易如反掌，是一種資本控制，也會限制價值從國家銀行系統流向比特幣、穩定幣或其他加密貨幣的速度。長期債務循環末期階段時，主權債務需要靠通貨膨脹減債，資本控制就是政府常用的方法。一國的公共帳本（即法定貨幣）會被嚴重稀釋，立法人員會竭盡所能強迫人民在帳本毀壞時也得留下來，不可逃到別的帳本上。

我們在2022年與2023年時的美國，就看到一部分這種現象，當時很多加密貨幣公司都因為規範壓力，而被排除在銀行體系之外。此外，某些在2023年銀行危機中倒閉的銀行擁有加密貨幣資產，買下倒閉銀行其他部分的銀行，卻被規定不得接收其加密貨幣。一家由凱特琳·蓉恩（Caitlin Long）領軍、在懷俄明州持有經營許可權的加密貨幣友善銀行守衛銀行（Custodia），對監理規範機構發出警告，指2023年很可能會發生某些銀行危機。守衛銀行向聯準會申請帳戶時遭拒，他們持有108％現金存款儲備這件事，完全被無視。美國顯然在打壓各式各樣的加密貨幣相關公司，也不讓他們有能力和金融機構維持可靠的聯繫。

不過，就算祭出更嚴厲的實務手段，完全禁止銀行發送法定貨幣到加密貨幣交易所，對政府來說，也不是一種可以完全防堵的解決方案，因為人們還可以透過點對點交換價值。奈及利亞就是一個很明確的範例；該國把加密貨幣交易所和經紀商斷開銀行體系，但該國人民採用加密貨幣的比率仍在全世界數一數二。奈及利亞人還是可以轉錢給另一個奈及利亞人，然後第二個奈及利亞人回傳比特幣給第一個人。個人和企業可以成為點對點的經紀商，利用各種方法在全世界存取比特幣，然後賣給自家國民賺價差。有很多平臺與市集幫忙替買家和賣家排序，隨附多重簽章交易中介服務（escrow service）或信譽評等系統（reputation system），以減少詐騙。銀行很難判定某一筆由一個人轉給另一個人的支付款，是否為用來交易比特幣、穩定幣或其他加密貨幣。此外，受雇於其他國家雇主而從事遠端工作（例如程式設計、平面設計或虛擬助理）的奈及利亞人，可以選擇領取比特幣或穩定幣。同樣的，奈及利亞人要收取人在他國的家人轉帳時，也可以用比特幣或穩定幣收款。

其次，政府可以用各式各樣的苛政反制。他們可以對加密貨幣課重稅，他們可以宣告加密貨幣違法，或讓經營已知的加密貨幣業務難如登天。

第三點也是最嚴重的，政府可以直接對人民發出禁令。比方說，他們可以規定操作比特幣網絡節點為非法行為，或者威脅持有任何加密貨幣的人將會面對牢獄之災。從 1930 年代到 1970 年代這四十年，美國人如果持有黃金會被懲罰，最高可判十年有期徒刑。政府嚴正控制公共帳本，人民如果要嘗試收回貨幣自主權以防儲蓄被貶值，會遭受嚴刑峻罰。

第二種與第三種解決方案的問題是，如果信任已經崩壞，很難大規模落實這些措施。1930 年代到 1970 年代規定持有黃金不合法時，人民很信任美國聯邦政府，而且國會以罕見的絕大多數通過這項法律。不管是好是壞（好壞要由你的觀點決定），當時多數美國人都服從這種集體主義。然而在今天的美國與許多地方，這種協調一致並不存在。要對銀行體系加諸限制很容易，但要對個人設限就難了。舉例來說，在禁止持有黃金的時代，主管機關不會一戶一戶去找黃金，這個過程既昂貴又危險。比特幣網絡是免費、開放原始碼且非惡意的軟體，人人都能用基本的電腦下載並執行。比特幣網絡是一套全球性的分權試算表，由人們彼此更新。從更根本的層次來說，一個人只要擲 256 次硬幣創造出私人金鑰、並用私人金鑰收取比特幣支付款，就可以擁有比特幣。政府要如何阻止這些事或如何知道貨幣屬於誰？如果有很多人都在用，那就更難弄清楚。

有些政府在這方面有很強大的言論自由法律。1990 年代，美國政府想要壓制人們使用開放原始碼點對點加密，然而，當程式碼以書籍的形式出版，就被視為一種言論，受到美國憲法第一修正案保障；憲法修正案本來就刻意訂成很難變更或很難迴避。

無論如何，還是有很多政府可以也將會對使用比特幣、穩定幣與其他加密貨幣設下一定的限制。到目前為止，各國政府特別擔心的，是人民自主保管加密貨幣與私下使用，因為這確實會威脅到他們的控制權。人民擁有加密貨幣並放在國內保管機構，這不是什麼大事，因為這跟銀行系統歷來的情況一樣，都在政府的控制下，政府大可告知保管機構不得任由顧客提領貨幣，或者要求他們必須把貨幣交給政府。

　　就像禁酒令下的酒一樣，比特幣也很難完全禁絕，只會被推入黑市，然後變得用起來很困難。此外，比特幣網絡的用戶多半會因應攻擊，多國禁令很可能導致比特幣網絡比較上層的隱私權相關技術被加快採用，點對點的市集也到處開枝散葉。

　　無計可施到要禁止、限制擁有，或使用比特幣與其他數位資產（這會抑制相關資產的吸引力，以至於難以招徠與留住企業參與這種新科技）的國家，很可能是因為國內出現很嚴重的貨幣問題或資本外流問題，才會這麼做。一個國家愈是想要禁止使用基本上不過就是分權試算表的東西，通常也是在昭告天下：他們的人民很可能有迫切的需要。一個國家如果有穩健的貨幣、強健的財產權制度，並且是資本想要流向的地方，就不太可能會禁止比特幣。一個國家倘若要處理自家公共帳本嚴重管理失當的問題，比較可能試著禁用比特幣，或者至少會加入很多摩擦因子。

　　正如本書第 3 部與第 4 部所述，現有的各種貨幣體系愈發不穩定，設計上本來就會隨著時間累積熵。如果這些體系確實發生了更嚴重的問題，可想而知比特幣或其他加密貨幣的用戶會受指責，好像是他們不知怎麼地導致現有的貨幣體系動盪不安。反制論點是指出，如果開放原始碼軟體帳本光是存在就足以威脅到現有體系，那麼，顯然出問題的是現有體系，而不是新技術。指稱分權式試算表會威脅現有體系，這套主張的核心其實是承認了現有系統會失靈。全球無法以全額購買力償付的信貸，高達幾百兆美元，政府對社會許下的承諾也累積到了一定程度，如果不大幅加稅或刪減其他支出，就無法完整維持現狀。當這些東西開始崩壞，人們自然而然想要找個對象來罵，比特幣持有人便是其中一種千夫所指的代罪羔羊。

風險 4：運算上的威脅

比特幣礦工使用 SHA-256 雜湊演算法，產生區塊鏈的新交易區塊。一般處理器在技術上都能做到這一點，比方說，普通的筆記型電腦就可以，比特幣網絡發展早期也都是這麼做的。然而，隨著比特幣挖礦成為一項大型產業，工程師也開發出更專門的處理器以調校出最佳效率。以定義明確的運算任務來說，設計並生產出特殊應用積體電路（application-specific integrated circuit，簡稱 ASIC）之後，解決運算問題的效率遠高於一般處理器。

如今，若想要挖掘比特幣，實務上唯一的辦法，是取得專為此設計的特殊應用積體電路。一般的電腦運算已無法再以具經濟效率的方式挖出比特幣。如今就算是亞馬遜、微軟與 Google 聯合起來，把所有雲端基礎建設轉向挖掘比特幣，或試著以 51％的優勢算力對網絡發動審查刪改攻擊，也難以造成嚴重損傷。全世界有千百萬特殊應用積體電路，一整天都在挖比特幣，他們用強了好幾個級別的算力來做這項工作，每一次猜數字時都盡可能快速、盡可能減少使用的電力。

也就因為這樣，比特幣挖礦相關的處理設備，也帶來了一些風險。

首先，全世界生產半導體產品（包括特殊應用積體電路）的高端晶圓廠數量很少，其中又僅有少數企業，目前有設計 SHA-256 特殊應用積體電路。因此，要製造與取得比特幣採礦處理器，會出現供應鏈瓶頸風險。

截至寫到這裡為止，幾家大型且資本充足的公司，目前正在努力從事多元化經營，涉足 SHA-256 特殊應用積體電路的設計與製造。說起來，這種風險可以緩解，但如果加上之前講過的政府禁令風險，供應鏈瓶頸是很現實的威脅，必須密切觀察。

其次，如果某些實體有辦法製造出極為卓越的特殊應用積體電路而且壟斷其用途，就可以打敗網絡裡其他的算力，造成審查刪改威脅。特殊應用積體電路效能的強化速度正在減慢，處理器大致上（不只是特殊應用積體電路）也很可能逼近摩爾定律（Moore's law）的物理上限，愈來愈難有任何實質上的強化。現代的電晶體已經很小了，並且開始跳入原子限制，很難認為未來會有一種可以壓倒眾人、更加出色的特殊應用積體電路，但由於運算領域還是有可能出現重要的漸進式發展，必須考慮這種可能性。

同樣的，長期來說，量子運算（quantum computing）也是一種可能性。如果發展並部署了相當先進的量子電腦，有可能從公用金鑰當中辨別出私人金鑰；傳統處理器根本不可能做到這一點。如果發生這種事，就會開始打破比特幣網絡的安全性保證。不過，可能會有對應的升級作為防範手段，具體來說，要利用量子難度的演算法是可能的，但這至少需要一個軟分叉、甚至需要硬分叉，很可能也會提高每交易需要的頻寬與儲存門檻要求。

常有人會提到一些絕妙的科技，例如核融合（nuclear fusion）與量子運算，但從過去來看，距離成熟的時機尚早。科學家與記者偶爾會替這類技術製造暫時性的曙光乍現，例如報導微核子反應或小型量子電腦，但實務上要發展與部署這些技術是兩回事。然而，我們仍要做分析，並在信號開始愈來愈明顯指向要化為現實時做好準備，迎接這些技術最終到來。任何可能突破比特幣網絡加密部分的新算力，都是需要找到解決方法的重大威脅。更廣泛來說，這也是對整個網際網路與現有銀行體系的威脅，因為這些系統用的都是類似的加密類型。

第三，政府可能想辦法審查刪改比特幣網絡。美國每年的軍事預算超過8,000億美元，中國每年的軍事預算超過2,500億美元，以目前來說，只需要幾十億美元就可有辦法持續對比特幣網絡發動51%的審查刪改攻擊，這些實體如果想做的話，都有資本可以做。這類提案在政治上可能不受歡迎（想像一下，如果人們知道五角大廈〔Pentagon〕在財政赤字破紀錄時，還要花掉納稅人幾十億美元，為的就是攻擊比特幣網絡，那會引來什麼樣的負面輿論），比特幣網絡也可以採取反擊，提高交易手續費，讓更多礦工上線並破解審核刪改。但這類攻擊並非完全不可能。就算只花個幾十億美元，用垃圾郵件干擾比特幣網絡好幾年，讓網絡更難用、用起來成本更高，都是大型政府和軍隊做得到的事。不過，這麼做會提高交易手續費收入，擴大並強化比特幣礦工的力量，他們可以在政治上與透過其他方式擁護網絡。基礎層的手續費提高，通常也會加快第二層技術被採用的速度，強化使用區塊空間的效率。

整體來說，我們可以想像幾種風險一起出現，結合形成相當嚴重的威脅。政府可以禁止或嚴格限制使用比特幣網絡，強迫各種金融機構出售他們持有的貨幣，讓價格崩盤，並把這種技術逼進黑市。接下來，他們可以追著供應鏈跑，竭盡所能防止製造與經銷新的 SHA-256 特殊應用積體電路。如果比特幣價格長期低迷，很多礦工將會無利可圖並切斷與網路的關係，直到難度調降到一定程度，找到新的穩定狀態。這會大幅減縮嘗試發動 51％審查刪改攻擊的成本，到了這個時候，可能會有一些大型政府會為了要完全消弭這種無政府貨幣的威脅，而花下資源發動攻擊。

比特幣網絡愈大、愈多人持有，政府就愈難發動這類多戰線攻擊。以美國為例，已經有參、眾議員擁有比特幣，並表達支持比特幣網絡。只是，截至寫到這裡時，持有比特幣與其他加密貨幣的，大致上只有少數人；因此，我看到的是機會之窗持續開啟，政府仍能抗拒與拖慢人們採用這種技術的速度。比特幣網絡十分穩健，我之所以要寫這個主題，是為了教育大眾比特幣網絡運作上的細節，以及可能帶來的用處，讓這套網絡能盡可能得到喘息空間存活下來而且活得好，並讓周邊的生態系統逐步發展，日趨成熟。

第 27 章

穩定幣與央行數位貨幣

有了區塊鏈與類區塊鏈的帳本網絡，我們可以用更趨向於數位原生的方式建構部署法定貨幣。

到目前為止，這有兩種主要型態：由私人發行機構發行以法定貨幣擔保的可贖回代幣，也就是所謂的「穩定幣」，以及直接由央行發行的數位版貨幣，稱之為央行數位貨幣（central bank digital currencie，簡稱 CBDC）。本章要探索與這些技術有關的應用和風險。

穩定幣的應用與風險

2014 年發展出最早的穩定幣，部署於比特幣網絡的上層，自此之後又出現了很多穩定幣，並移轉到其他區塊鏈。

以法定貨幣擔保的穩定幣，運作上是由某人透過傳統銀行系統把貨幣（通常是美元）轉帳給穩定幣發行機構，穩定幣發行機構產生新的穩定幣代幣，並且送回給之前轉出美元的買家。新的穩定幣持有人可以把這些代幣移到他們有興趣的區塊鏈上，用這些穩定幣做儲蓄、支付、交易、槓桿操作或其他運用，在保管或非保管的環境下，一天二十四小時、一星期七天、一年三百六十五天隨時進行。

擁有穩定幣的人可以向發行機構申請大額贖回，這個過程跟一開始創造穩定幣的過程剛好相反。穩定幣持有人把他們的代幣傳送給發行機構，發行機構刪除這些穩定幣，把他們對應贖回穩定幣代幣數量的貨幣金額匯給顧客。

發行機構為因應執法或類似的要求，可以凍結特定地址下的穩定幣，這使得穩定幣本質上成為中央化的貨幣。發行機構可以靠著創造與贖回的手續費賺錢，也可用他們持有的抵押品賺利息。從發行機構的觀點來看，穩定幣是他們的零息債務，他們可以拿抵押品（也就是法定貨幣）去投資美國政府公債或類似的流動性投資，賺利差獲利。

與傳統銀行帳戶相比之下，這種技術帶來了一些好處。穩定幣主要把銀行帳戶變成一種實物資產；穩定幣可以發送給不同的人，也可以由非原始匯錢給穩定幣發行機構的人贖回。穩定幣就像是一種數位銀行匯票。

穩定幣最初的應用，是當成境外比特幣交易所的美元記帳單位，也常在分散式金融（decentralized finance，簡稱 DeFi）應用程式理當成記帳單位與槓桿來源。除了交易與槓桿操作之外，生活在出現嚴重貨幣危機國家的人銀也把穩定幣當成儲蓄。比方說，很多阿根廷人就使用穩定幣。阿根廷政府與銀行系統素來有把美元存款沒收給銀行的惡例，阿根廷人還必須支付一大筆加價才能拿到十幾美元現金。然而，任何有智慧型手機的阿根廷人都可以存取穩定幣，而且，由於穩定幣的發行機構都在阿根廷之外，阿根廷政府無法祭出太多反制手段。他們能做的（也確實做了一部分），最了不起就是切斷加密貨幣交易所與阿根廷銀行系統之間的聯繫，迫使阿根廷人使用點對點或其他方法取得。換言之，雖然穩定幣有中央發行機構，但在這套系統裡，這個中央發行機構身在遭受貨幣危機的管轄區之外。出於這個理由，全世界很多國家想要得到美元的人都是透過穩定幣取得美元。簡單來說，全世界的人都可以利用網際網路和區塊鏈使用部分美國系統，繞過當地的銀行系統。因此，近年來，穩定幣成為中產階級的境外美元銀行帳戶，而不只是有錢人在用。

在此同時，這種技術也帶來風險。穩定幣所有用戶，都必須信任穩定幣的發行機構會依照他們說的來持有這些抵押品，要不然的話，穩定幣很可能無法贖回，價格也會崩盤。這類似於我們必須信任銀行，差別在於，在這裡，穩定幣產業大致上一直被監理機構邊緣化。此外，由於超過 99％ 的穩定幣都以美元計價，且直接或間接與美國某銀行綁在一起，美國聯邦政府隨時可以祭出制裁，要求對應銀行凍結該穩定幣發行機構的資產，封殺某種穩定幣。或者，負責管理某穩定幣發行機構所仰賴的帳本的政府，可以要求發行機構基於法律理由凍結某些穩定幣的地址，比方說瞄準特定用戶或特定地區的用戶。

整體來說，從貨幣觀點來看，穩定幣會愈來愈重要，因為穩定幣能讓全世界千百萬想要美元、卻又無法以其他方法取得美元的人，可以取得美元。如果穩定幣讓人們更容易就能利用智慧型手機，取得任他們想要的法定貨幣（或者，更廣泛來說，任何符碼化的資產），這很可能干擾160多種法定貨幣的現有／傳統體制與資本市場。

央行數位貨幣：綜覽

比特幣網絡之誕生，以及之後私人發行的法定貨幣擔保穩定幣，必然會導致政府與其央行的關注。紙鈔和商業銀行儲備都是一國央行的負債，從而是該國的「貨幣基數」。很多央行有意把實體紙鈔數位化，把國家的貨幣基數變成一套完全數位的帳本。

總部設在瑞士的國際清算銀行（這家銀行由全球各國央行所有，並以超國家實體的立場為這些央行提供銀行服務和規範架構），執行長奧古斯丁・卡斯滕斯（Agustin Carstens）參加2020年由國際貨幣基金與世界銀行主辦的「跨境支付——想見未來」小組討論，對央行數位貨幣發表一段很有趣的談話：

我們對央行數位貨幣所做的分析，尤其是一般性的應用，都傾向於把這種貨幣當成等同現金，這裡就出現了很大落差。比方說，以現金來講，我們並不知道今天誰用了一張100美元的鈔票，我們不知道今天誰用了一張1,000披索的鈔票。還有，央行數位現金最大的差異點是，央行絕對有權掌控法律規定，決定如何使用這種代表央行負債的標的。我們也有技術可以落實。這兩個議題十分重要，大大影響了什麼是現金、什麼不是。[391]

簡而言之，央行數位現金強化了央行監控能力，更能掌握人們如何使用其發行的貨幣。央行數位現金可以大大強化跨境交易，也能讓貨幣政策更能瞄準目標，但對大眾來說，也開啟了嚴重的隱私權與控制上的問題。

---

[391] Agustín Carstens, "Cross-Border Payments — A Vision for the Future," (24:12–25:06).

央行數位貨幣：跨境結算

即便這個世界在一個半世紀之前就已經透過電信通訊基礎設施彼此相連，但跨境支付某種程度上來說仍是全球銀行體系中充滿摩擦的一個點。雖然銀行長期下來表面上有很多技術升級，但基本上半個世紀以來都沿用相同的支付機制（例如 SWIFT 傳訊系統以及往來銀行間的轉帳），國際轉帳通常速度慢、成本高而且不透明。

此外，很多基礎建設都要透過美國銀行體系，這給了美國可觀的權力，能出於各種理由制裁他國。世界各國有很多政府希望用更分權的方式做交易，不要透過一個跟他們關係不太好的強權大國控制的各種系統。

2022 年秋天，國際清算銀行與幾個政府機構和央行宣布了一項國際專案，要升級跨境支付基礎建設。他們網站上的專案說明如下：

> 支撐起跨境金融流動的支付系統，並未跟上全球經濟整合快速成長的腳步。促成國際支付的全球往來銀行網絡，受制於成本高、速度慢且不夠透明以及運作上太過複雜。各家銀行也縮減其往來銀行網絡與相關服務，使得很多參與者（主要是新興市場和發展中經濟體）無法充分使用或根本用不起全球金融系統。
>
> 多元央行數位貨幣計畫直接用單一的通用技術基礎建設，串連起各地區的數位貨幣，大有潛力提升現有系統，以安全的結算提供立即、廉價且普遍可取用的跨境支付。
>
> 國際清算銀行香港創新中心（BIS Innovation Hub Hong Kong Centre）、香港金融管理局（Hong Kong Monetary Authority）、泰國央行（Bank of Thailand）、中國人民銀行數位貨幣研究院（Digital Currency Institute of the People's Bank of China）與阿拉伯聯合大公國央行（Central Bank of the United Arab Emirates）攜手合作，打造出一套多元央行數位貨幣平臺，名為數位貨幣橋（mBridge）。[392]

央行數位貨幣基礎建設可促成以更高的效率進行跨境支付，也可用複

---

[392] Bank for International Settlements, "Project mBridge: Connecting Economies Through CBDC."

雜的連結網絡在全世界安排流動路徑，不讓任何單一國家成為整個系統中的瓶頸。

央行數位貨幣：定向性的貨幣政策與財政政策

美國有 3.3 億人口，但聯準會只訂出單一的基準利率全國一體適用。其他國家也有相同問題。

批評央行系統的人，一般認為主動管理貨幣系統這件事本來就有問題。從他們的觀點來看，不應由央行設定利率，央行應該少有、甚至沒有角色可言，改交由自由市場設定基準利率。

支持央行系統的人（當然包括央行官員自己），對於能讓他們用更細緻的方式控制貨幣政策的技術甚感興趣。如果央行可以針對國內不同的地區或不同年齡層的人群調整利率，那會如何？如果央行希望擴大某些產業的規模、縮小某些產業的規模，那麼，央行就可以讓不同產業適用不同的資本成本。在消費者層面也可以這麼做。可以針對人民不同的支出類別訂出不同的配額，如果有誰超出配額，可以自動調控此人的開支。在發放刺激方案的款項時，也可以比現有技術更快速且更精準地將錢發到目標群體手上，還可以設定款項的有效期限，以激勵拿到錢的人趕快花掉。

關於何謂「理想貨幣」，是其中一個我們必須區別發行機構觀點和使用者觀點的領域。使用者通常希望貨幣儘可能自由、私密且稀有，發行機構則希望貨幣可監督、可控制，長期能以平順步調持續貶值。從發行機構的角度來看，他們能找到控制貨幣相關細節的工具愈是細緻，那就愈好。

央行數位貨幣：制定負利率

2010 年代末期全球出現反通膨的債券泡沫，很多貨幣政策決策者探索各種方法，制定幅度很大的負利率。他們通常認為高額儲蓄是「囤積」行為，希望大家快一點把錢花點，以便在短期內拉抬經濟。然而，因為實體現金取得的問題，央行很難訂出幅度很大的負利率，因為如果銀行開始向存款人收取高額的負利率，以便把錢逐出銀行體系，人們總是可以把銀行戶頭裡的錢領出來，改為持有實體現金。

2019年國際貨幣基金發表〈變現：負利率如何才能發揮作用〉（Cashing in: How to Make Negative Interest Rates Work）一文，詳細地說明了這個問題：

在無現金世界裡，利率沒有下限。央行大可調降政策利率以平抑嚴重的經濟衰退，比方說從2%調整為-4%。降息的效果會傳導到銀行存款、放款與債券。少了現金，存款人為了把錢放在銀行，就必須支付負利率，這使得消費和投資更有吸引力。這會鼓勵借貸、拉抬需求並刺激經濟。

但是，如果有現金，就不可能把利率調整到幅度很大的負值。現金的購買力等同銀行存款，但是名目利率為零。此外，現金可以無限量替換掉銀行裡的存款。因此，個人可以選擇不支付負利率，改為以零息持有現金即可。現金是自由的零息選項，是利率的地板。

因為有這層地板，各國央行只能訴諸非傳統貨幣政策。在歐元區，瑞士、丹麥、瑞典和其他經濟體容許利率慢慢降至稍低於零值之下，他們能做到這一點，是因為在這些國家要大量提領現金很不方便而且成本很高（比方說，有儲存成本和保險費用）。這類負利率政策幫忙拉抬了需求，但利率只能低到一個程度，無法完全填補失落的政策空間。

要突破零值更往下探，有一個選項就是消除現金。[393]

不過，要完全消除現金是一大挑戰，國際貨幣基金這篇文章背後的作者群建議把貨幣基數分為兩部分：會貶值的實體現金和存在金融體系裡的現金（譯註：後者指的是電子現金），兩者之間的轉換率，相當於存在銀行裡現金適用的負利率，因此也相當於實體現金也適用於負利率。換言之，這樣就無法逃避幅度很大的名目負利率。

美國國家經濟研究局（NBER）於2019年發表、並由美國前財政部長賴瑞・桑默斯（Larry Summers）擔任共同作者的25416號工作論文（Working Paper 25416），也討論到有實體貨幣也就代表了抗拒大幅負利率政策這個議題：

---

[393] Ruchir Agarwal and Signe Krogstrup, "Cashing In: How to Make Negative Interest Rates Work."

其次，如果能突破存款利率下限，我們的模型預測負政策利率應該能有效刺激經濟。要能收效，前提是銀行長期更願意做實驗推出負值的存款利率做實驗，而且存款人無法替換成持有實體現金，或是出現結構性的變革，突破了存款利率下限。我們會在第 4 節考慮在哪些條件下可以實現這種狀況。這類政策的範例之一是直接對實體貨幣課稅，最早提議這麼做的是葛瑟爾（Gesell；Gesell, 1916），之後古夫藍（Goodfriend；2000）、比特（Buiter）和潘尼潘尼格佐格洛（Panigirtzoglou；Buiter and Panigirtzoglou，2003）都曾經詳加討論；或者，也可以採取相關行動，提高儲存現金的成本，例如取消大面額的紙鈔。另一種可能性是完全消除實體現金。很多人都討論過這類策略，包括阿格瓦（Agarwal）和金波（Kimball；Agarwal and Kimball，2015）、羅格夫（Rogoff，2017a、2017c）等人，他們也建議用更細緻的政策制度迂迴繞過零利率下限。[394]

2010 年代的後半葉，消費者物價反通膨的情況很明顯，金融學術圈裡常見這類提案。低通膨時代，很多政策決策者會積極探索如何制定幅度很大的通膨調整後負利率；他們認為，有必要的話，名目利率可以一路往負值方向續跌，在此同時，他們也消除各式各樣萬一真的執行這類政策時人們可以轉向的逃脫管道，比方說實體現金。[395] 換言之，決策人士持續想方設法，要讓自己愈來愈能掌控公共帳本。

2020 年代這十年，隨著通膨升高，帶動高利率重新回歸，到目前為止，愈來愈少有人討論要如何訂出幅度很大的負利率。但萬一哪天又出現明顯的反通膨，這些提案很可能捲土重來，因為決策者總是希望自己更能夠控制帳本，這是一再出現的主調。

央行數位貨幣：自動執法

2020 年，創投業者兼分析師尼克・卡特在社交媒體上提出論述，指稱

---

[394] Gauti Eggertsson et al., "Negative Nominal Interest Rates and the Bank Lending Channel," 6.
[395] 關於這個主題，主要的處理方法與概覽請參見 Kenneth Rogoff, *The Curse of Cash*.

如果是到了現代才發明實體現金，很可能會被列為違法物品。換言之，我們長久習慣用現金，把現金視為很正常的私下交易方法，但這是政府機關與央行不太喜歡的東西。各國政府花了幾十年的時間制定愈來愈嚴格的方法以監督及凍結各種銀行帳戶和交易，實體現金是人們在目前金融體系可用來繞過法規從事私下交易的最大宗方法。

有了央行數位現金，讓各國央行有辦法把實體現金掃地出門，消除了他們的帳本最後的一點交易隱私痕跡。發行機構在控制央行數位現金時，能比控制現金更鉅細靡遺。同樣的道理也適用於穩定幣。

2021 年，中國開始測試央行數位貨幣（1）是否能更輕鬆追蹤交易或阻斷交易，（2）是否能設定貨幣的到期日，確保人們會把錢花掉，而不是存起來，以及（3）能否自動從和個別實體有關的帳戶扣錢或是凍結帳號。《華爾街日報》（*Wall Street Journal*）2021 年 4 月刊出一篇文章〈中國自創數位貨幣，主要經濟體開了第一槍〉（China Creates Its Own Digital Currency, a First for Major Economy）適當地概述了這個主題：

這種貨幣本身可程式化。北京當局測試過到期日的設定，鼓勵用戶快速花用，在需要的時候刺激經濟躍進。

這種貨幣也可追蹤，為中國政府已然緊密的監控再添一項工具。中國政府裝設了幾億臺臉部辨識監視器以監控人民，有時候也藉此針對某種行為罰款，比方說違規穿越馬路。有了數位貨幣，就可能一偵測到違規行為就開罰並收取罰款。[396]

自此之後，好幾個國家也發行了央行數位貨幣，奈及利亞（該國有超過 2 億人口）是最知名的國家之一。2021 年秋天，奈及利亞發行了該國的央行數位貨幣電子奈拉幣，但一年後奈國境內的採用率還不到 1%。2022 年底，奈及利亞的央行開始強力限制實體現金的取得。奈及利亞央行銀行監督部（Banking Supervision）主任哈魯納・慕撒法（Haruna Musafa）就寫道：

---

[396] James Areddy, "China Creates Its Own Digital Currency, a First for Major Economy," *Wall Street Journal,* April 5, 2021.

「應鼓勵顧客使用其他管道（網路銀行、行動銀行應用程式、非結構化補充服務數據〔USSD〕卡片／終端機〔POS〕或電子奈拉幣等等）來執行銀行交易。」[397]

《彭博社》2022 年 12 月也在〈奈及利亞設定自動提款機美日提醒上限為 45 美元以推動數位支付〉（Nigeria Caps ATM Cash Withdrawals at $45 Daily to Push Digital Payments）一文中談到這個主題：

據星期二一份發送給各家放款機構的公告指出，奈及利亞央行調降顧客每天能提領現金的上限，從原本的 150,000 奈拉調整為 20,000 奈拉（約 44.97 美元）。央行指出，個人每星期可從銀行提領的現金上限為 100,000 奈拉，企業為 500,000 奈拉，提領任何高於此限的金額，分別要收取 5％和 10％的手續費。

該國央行有一連串意在限制使用現金、擴展數位貨幣以強化人民使用銀行服務的命令，本次的行動是最新的發展。奈及利亞大致上都是非正式經濟，銀行外的現金代表了 85％的流通貨幣，沒有銀行帳戶的成人幾乎達到 4,000 萬。[398]

這類事件指出，實體現金是許多央行如有能力的話寧願收回的東西；央行數位現金搭配其他各種數位支付管道，讓央行有辦法把無實體現金變成現實。然而，奈及利亞到目前為止的狀況證明，如果大眾不配合央行的企圖，要做到無實體現金很困難。截至我寫到這裡，奈國推出電子奈拉幣已有一年半，但使用加密貨幣的奈及利亞人，仍遠多於使用電子奈拉幣的人，就算該國早已切掉其銀行系統與加密貨幣交易所的往來，依然無濟於事。沒辦法透過銀行轉帳到加密貨幣交易所的奈及利亞人，改為透過點對點交易，以取得他們想要的加密貨幣或其他資產。

---

[397] Alys Key, "Nigeria Limits Cash Withdrawals to $45 per Day in CBDC, Digital Banking Push," *Yahoo! Finance,* December 7, 2022.
[398] Emele Onu and Anthony Osae-Brown, "Nigeria Caps ATM Cash Withdrawals at $45 Daily to Push Digital Payments," *Bloomberg.* December 6, 2022.

這樣的結果並未阻止其他央行進入央行數位貨幣市場。2023年初，有俄羅斯人惡作劇，假扮烏克蘭總統弗拉迪米爾‧澤倫斯基（Volodymyr Zelensky），想辦法說服鮑爾和拉加德分別進行視訊通話；他們把相關的過程記錄下來，之後放上網路。[399] 和時任歐洲央行總裁的拉加德通話時，他們問她最近在央行數位貨幣這方面有何計畫，以及她對人民不喜歡被控制這件事有何想法，她的回應如下：

我們歐洲現在設有門檻：高於1,000歐元就不能用現金交易，如果硬要的話，你就處於灰色地帶，你必須承擔風險。你會被抓：你會因此被罰或鋃鐺入獄。你知道的，數位歐元即將設定限額。會有控制，你講對了，你說的完全正確。我們正在考慮要不要設定很小的金額，你知道的，比方說300（或）400歐元，我們也可以不要設置控制機制。但這有可能很危險。十年前攻擊法國的恐怖分子，就是靠可以完全匿名儲值的小額匿名信用卡提供金援。[400]

一開始，拉加德提到法國目前的現金支付限額，這是他們減少現金用量相關作為中的一部分，但某種程度上來說很難執行。幾個國家都用法律規定企業可以接受的現金上限，法國名列是額度最低的國家。其次，拉加德提到將近十年前的恐怖攻擊，指稱這是不容許人民進行任何不受控匿名交易的潛在原因。

過去五十年，僅有0.0001%的法國人民死於恐怖攻擊，但是她拿恐攻當理由，強調由上而下中央化監控法國國內所有交易很重要。

本書通篇，當我檢視各種不同的金融體系與技術時，我不斷回到「誰控制帳本？」這個問題。

顯然，長期來說，貨幣朝著愈來愈數位化的方向發展。比特幣的誕生引來了新紀元，比特幣的目標是要讓貨幣分權，把帳本的控制權歸還給使

---

[399] Forkast.News, "ECB's Lagarde gets pranked, reveals digital euro will have 'limited' control," *Yahoo! Finance,* April 7, 2023.

[400] 這是加拿大影片網站《隆隆響》（*Rumble*）的影片，參見 Real Truth Real News, "Vovan and Lexus' Pretend to Be Zelensky", *Rumble*, April 2023, (16:34–17:25).

用者。另一方面，法定貨幣系統採用本項科技的多個面向，也以央行數位貨幣的形式跟著數位化。與比特幣相反的是，央行數位貨幣犧牲用戶，把權力交給帳本的控制者，讓央行與政府機構比過去更有能力精準地控制帳本。央行數位貨幣的技術，讓央行有可能淘汰實體現金，實體現金將是現有法定貨幣體系內，最後的私人與抗審查交易淨土。

如果我們要去想何謂理想的貨幣形式，每個人想的東西會很不一樣，取決於想的人是誰以及目的是什麼。從央行或政府機構的觀點來看，理想的貨幣是他們絕對能控制的貨幣。他們希望貨幣長期逐步貶值、發行機構很容易監控與程式化，還有，發行機構可以根據任何他們認為合理的理由凍結貨幣。央行數位貨幣目前的賣點（未來也會繼續）是，這樣的系統能讓人民更能取得金融服務，還有，把這些先進的工具交給執法人員可以抓出非法行為。然而，具備這些特質的技術，也讓政府和企業更有能力摧毀大眾不同的聲音與控制人民的生活，在一個有超過一半人口生活在威權或半威權體制下、還有160多種不同貨幣壟斷權的世界裡，這事關重大。從個人用戶的觀點來看，理想的貨幣要能抗拒得了貶值、不能輕易被第三方掌握或控制、能強化交易的隱私性，而且能在全世界帶著走並讓全世界都接受。

這個紀元就像是十字路口。一邊是逐步往上走，走向希望延續幾個世紀以來趨勢的那些人，讓金融體系不斷不斷中央化。另一邊則逆轉了趨勢，裂解了現有的中央化力量，把更多的金融匿名性還給想要掌握隱私個別用戶。在本書最後的第6部裡，將要探討兩種不同方向的道德規範。

PART 6

金融技術與人權

「創建這個國家的人,來自很多不同的國家與背景,本國的立基原則是人生而平等,是當一個人的權利受到威脅代表了每個人的權利也都被削弱。今天,我們要向全世界承諾,努力推動與保護所有希望保有自由者的權利。」[401]
——約翰・甘迺迪（John F. Kennedy）

---

[401] John F. Kennedy, "Radio and Television Report to the American People on Civil Rights, June 11, 1963."

第 28 章

隱私陷落

本書已經闡述過，隱私在數位時代受到愈來愈嚴重的挑戰。

過去要侵犯隱私需要付出很大代價。在網際網路、智慧型手機、監控攝影機和其他科技廣為使用之前，要侵犯他人隱私只能實際監視對方、查對方這個人、搜對方的財產。也因為這樣，隱私遭侵犯的人很容易知道自己的權利受損了。

在數位時代，政府、企業或一般人要侵犯別人的隱私愈來愈簡單便宜，而且對方還不知道。以政府和企業來說，從所有大型金融與通訊平臺就可以自動收集幾十億人的公共與私密資訊。這些資料到手之後，就可以靠著機器學習（machine learning）等大數據（Big Data）技術做整理，並利用演算法做監督或讓資料庫的其他用戶更輕鬆就能做搜尋。這些資料構成的各種中央化資料庫，經常遭到駭客入侵，暗網也拿得到。

美國憲法《第四修正案》（Fourth Amendment）是 1791 年通過的《權利法案》（Bill of Rights）一部分，保護人們免受無理的搜查與扣押：

> 人民享有人身、住宅、文件和財產不受無理搜查和扣押的權利，此權力不容侵犯。除依照合理根據，以宣誓或代誓宣言保證，並具體說明搜查地點和扣押的人或物，不得發出搜查和扣押狀。[402]

聯合國於 1948 年通過的《世界人權宣言》（Universal Declaration of Human Rights），也在第 12 條（Article 12）明言隱私是人權：

> 任何個人之私生活、家庭、住所或通訊不容無理侵犯，其榮譽及信用

---

[402] National Archives, "The Bill of Rights."

亦不容侵害。人人均有權受法律保護，以防此等侵犯或侵害。[403]

實務上，在美國與全世界很多國家常常對這些權利視而不見。

人本能上就不想被監視。我們夜晚時會拉起窗簾。如果公共場合有陌生人一直盯著我們看，我們會深受困擾。洗手間會有門阻擋，圈票處也會有簾子。我們自然而然擔心自己的攝影機或麥克風遭駭，讓我們在不知不覺之下被別人監看或監聽。

這自然擴及我們對於財產和資訊也可望隱私。我們不見得是不希望任何人知道這些事，而是說，我們希望只有真正需要知道的人才知道。我們不見得想跟陌生人講自己的薪水多高、服用什麼藥物或性生活的狀況。當然啦，我們可能還是會在面試時揭露薪水，我們會對醫生暢所欲言講自己的健康問題和用藥，我們也會和伴侶談性生活。

如果合法機關需要侵犯我們的隱私，那麼，就像《權利法案》與《世界人權宣言》所說的，這不能是任意為之或普遍性的行為，必須要有一定程度的合理根據，要出於具體理由，而且必須合乎法律規定的界線。

隱私權在自由社會很重要，但在不自由的社會裡更加重要。在不自由的社會裡，政治意見、性生活或者是宗教信仰「出錯」的人，就算他們說的話、做的事或他們的信念，並不會對其他人造成直接傷害，也都可能遭到政府或社會中其他人迫害。總有人相信，自己很清楚什麼樣才是最好的生活方式，而且他們有權利強迫別人也這麼過日子。

遺憾的是，當監控科技隨著時間發展得愈來愈強大，人們實際上已經不能再要求政府或企業不得侵犯隱私了。人們提出這種要求的答案將會「不行」，而且他們的理由還會隨時改變。在 1970 年代與 1980 年代的美國，系統性侵犯隱私的理由是要向毒品宣戰，到了 2000 年變成向恐怖分子宣戰，2020 年代又變成了要向非法交易宣戰以及跟上敵國腳步。政府總能提出理由指出為什麼人民不該擁有隱私權，為的是確保一小群人民不能把隱私權濫用在非法目的上。

---

[403] United Nations, "Universal Declaration of Human Rights."

如果人民想要保有隱私，得反過頭來打造強大的反制科技，以保有自己的部分隱私，並迫使法律與各種活動以新科技現實為核心，重新建構。人為了保護自身和自己的實物財產，會建造需要耗費資源與採取合法行動才能越過的實體圍牆，同樣的，他們也需要打造數位圍牆以保護自己的數位資料安全。

交易隱私

隱私權自然包括交易隱私。如果政府、企業或個人拿到你的完整交易歷史，那麼，他們有可能從中知道很多關於你想要什麼的資訊。如果有人可以即時追蹤你的交易，那麼，推演下去，他們通常可以即時追蹤到你的實體位置。

當我們回顧本書中講過的各式貨幣，會發現其中有一些能給使用者相當的交易隱私，而且幾千年來大致已經成為慣例。以貴金屬以及紙幣為形式的實物資產貨幣，通常都有很高的隱私性。這類貨幣當成交易雙方交換的實物，任何第三方或旁人都無法追蹤到帳本上的變動（紙幣至今仍是這樣）。這類實物資產的「帳本狀態」，是靠著「持有」來維持，任何單一實體（包括實體貨幣的發行人）都無法監督帳本狀態的隨時變化。

只是隨著電訊通信系統興起，加上人們習慣把銀行存款當成儲蓄，原有的金融隱私嚴重縮減。銀行帳本的管理者很容易就能追蹤你有多少錢、你要把錢轉到哪裡以及你從哪裡收到錢，政府自然而然可以要求銀行固定交出這些資料。此外，助長持續通膨的貨幣政策會鼓勵人們追求利息以跟上通膨，這表示，貨幣政策本身就壓制持有實體現金，反而鼓勵使用部分儲備而且受到高度監控的銀行存款。

美國政府於 1970 年通過、至今仍施行的《銀行保密法案》，強迫銀行在顧客的日常交易超過 10,000 美元時要向政府申報。

在通過這套法案的 1970 年，美國人中位數所得不到 10,000 美元，因此，此法只適用於一天內有相對大額資金移動的交易，如果以今天比較弱勢的美元來算，大概是要超過 80,000 美元。然而，法律當中並沒有加入通膨調整的考量。美元的價值隨著時間不斷貶值，基本上使得銀行必須針對愈來愈小額的交易申報，因為日常生活中愈來愈容易碰到 10,000 美元的交易限額。政府事實上只需要透過通膨，就能一年一年降低金融監控的門檻，根本不需要再立法。

未來五十年的通膨數值如果和過去五十年的平均值相同，那麼，以購買力來說，申報的門檻就等於低了 8 倍。施行法案時，政府有權追蹤的是金額相當於買下一棟房子的交易，長期下來，通膨讓法案升級，他們可以追蹤金額相當於買下一輛車的交易。如果繼續下去，未來他們將可以追蹤金額相當於剪草機或腳踏車的交易。

其他國家也有類似的申報規定。本章後面幾節會提到，即便不到門檻，情報機構可以而且也會調查各類資訊，而且不管有沒有合理根據。現實中，銀行本身早就在監督很細微的小額交易了。

各國政府也竭盡全力把這些限制套用到別的帳本上。舉例來說，從 2020 年 1 月 1 日開始，德國政府就調降個人不需出示身分證明可以購買的實體貴金屬數量，從原本相當於 10,000 歐元的黃金降到僅剩 2,000 歐元，表面上的理由是要對抗洗錢。德國人不出示身分證明可以買很多超過 2,000 歐元的東西，但黃金不行。變革即將生效之前，2019 年底有很多德國人在金條店排起了長隊，搶著在更嚴格的身分證明門檻生效之前在有隱私的條件下購買貴金屬。

同樣的，過去十年，法國禁止用現金進行 1,000 歐元以上的交易，明講的目標，是要對抗恐怖分子融資與洗錢。其他也有多個國家，對現金下了限制令。

1980 年代的呼叫器傳奇

一旦新興技術可用，罪犯自然而然會善加利用。舉例來說，1980 年代毒販開始大量使用呼叫器以規避執法。當然，醫師、律師、技職、快遞員工以及其他人也在合法的條件下使用呼叫器。《華盛頓郵報》（*Washington Post*）的文章〈小蜜蜂傳訊息〉（Message is Out on Beepers）一開始就講了：

> 毒販碰上麻煩時有時候會打 911（譯註：美國報案電話），但這不是打

電話報警的意思。

反之,他們是傳訊息給配戴呼叫器的毒販,上面顯示發送訊息的電話號碼911,這就代表了附近有警察。

呼叫器、或者也有人稱之為小蜜蜂,在各種職業上愈來愈普遍,包括醫師、快遞人員和記者都常用,在販毒產業也成為標準配備,為執法製造新問題,也造成威脅,玷汙了一門正在發展的高科技產業形象。[404]

本文繼續說道,有很多技術可以用來過濾掉非法使用呼叫器。很多購買呼叫器的人就算付現,都遭到信用查核,目的是要盡量減少呼叫器落入罪犯之手。文中也講到美國公民自由聯盟(American Civil Liberties Union)大力反擊權力機構的可能越權,不要任由他們決定誰可以買呼叫器、而誰不可以。

在那之後,科技日新月異,這些作法看來古怪且不當,但這個範例說明了,任何科技都可以用來為善或為惡,尤其是剛剛發展出來的時候。在那之後,輿論就開始討論要如何把科技的用途限制在好的方面、同時減少落入壞人之手的機會。一次又一次,結論是很難全面且永久壓制新科技開枝散葉,最強大的科技會被用在好的方面,也會被用來作惡。

到了今天,多數人都可以用行動裝置上網,限制使用呼叫器顯得有點愚昧。與現在全世界九成以上的人可以取用的網路科技相比,呼叫器的技術層級很低。

監視型資本主義

在整個2000和2010年代這二十年,一股很重要的趨勢是把用戶的資料轉換成錢。各種不同的公司會為用戶提供「免費」服務,但這些服務真正的代價是要讓企業收集用戶的資料,之後可能直接使用,也可能拿出去賣。這種業務模式的基本目標,是根據人的線上活動投放定向性的廣告,這一行獲利豐厚。用戶可以得到各種服務,但隱藏的成本是把大部分的隱

---

[404] Jonathan Moses, "Message Is Out On Beepers," *The Washington Post*, July 11, 1988.

私送到大企業手上。

字母控股（Alphabet）收集數據的能力特別值得一提。他們的主網站Google到目前為止是世界上最多人使用的搜尋引擎，憑此，他們就可以追蹤你的搜尋歷史。Google Chrome是世界上最多人使用的瀏覽器，憑此，他們就可以追蹤你在網路上的位置。如果你上傳文件到他們的雲端伺服器，他們可以掃描內容，判定有沒有違反他們的服務條款。如果你使用Gmail，他們可以掃描你的電子郵件歷史與即時通。若你有安卓（Android）系統手機，再加上你沒有啟動某些隱私保護設定，他們就可以追蹤你的位置、你的應用程式使用情況以及其他的小細節。想像一下，人們給了一家企業多大的資訊量：企業可以讀他們的電子郵件、文件、搜尋歷史、他們瀏覽過哪些網站、他們用過哪些應用程式，甚至還可以即時知道他們人在哪裡。[405]

大約十年前，這一切都還是新鮮事，我還記得有次我剛好在Google地圖上瀏覽我住家附近，很驚訝地發現一棟建築物外貼上了一則提醒，上面寫說我下星期在這裡跟牙醫師約診。我想了一下，明白了這一定是因為Google的軟體讀了（而且明白了）我的牙醫師發出的確認電子郵件，然後在他們的平臺上分享這項訊息。

除了把免費用戶的資料換成錢之外，很多產品也利用這些數據以強化便利性。舉例來說，數位助理Alexa和Siri可以透過音控來協助你。但進一步來說，這也表示基本上你任由亞馬遜和蘋果這兩家全球最大型的企業竊聽你的住家。人們也很相信保全系統。很多人會安裝各式各樣的對外監視器，在室內的鍵盤上也有鏡頭。這些資訊通常會經由世界上最大型企業維護的各種伺服器，然後送往雲端。

就算你只是在街上走路，都很有機會出現在多部攝影機裡，而這些數據會即時上傳到雲端。在住宅區裡，有很多附攝影機門鈴與其他類型的對外攝影機，在城市地區，也有各種預防犯罪的監控系統。

---

[405] Shoshana Zuboff, *The Age of Surveillance Capitalism.*

數不盡的資料外洩事件

很遺憾的,不管當事人是政府、企業還是個人,如今一天到晚發生資料外洩的事。到頭來,多數事件最終都會對個人造成影響。有些人相信政府和企業的伺服器會安全儲存自己的資料,他們很可能要失望了。

2013年,30億個雅虎電子郵件帳號發生資料外洩,多數人被蒙在鼓裡好多年。駭客除了取得人們的電子郵件帳戶之外,包括姓名、出生年月日、安全性問題和很多帳戶的密碼等資訊,全都一覽無遺。

2014年,eBay也被入侵,導致1.45億人的資訊被公開散播。遭外洩的資訊包括姓名、電子郵件地址、居住地址、電話號碼和出生年月日。

2015年,美國人事管理局(U.S. Office of Personal Management)發生美國聯邦政府史上一次最嚴重的資料外洩事件。超過2,200萬人(多數是政府官員、約聘人員以及來應徵這些工作的人)的個人敏感資訊外洩,包括社會安全號碼、姓名、出生年月日與出生地、薪資史、醫療保險資訊以及住家地址。當中有好幾百萬人被進一步入侵,連安全審查(security clearance)的背景調查資料都流出去,包括所有心理檔案、家人親友資訊以及指紋。

2016年,色情社群網站成人找朋友(Adult Friend Finder)也資料外洩,涉及多個資料庫共4.12億個帳號(該網站還擁有幾個其他成人色情內容網站)。本次外洩的範圍包括已經刪除的帳號,而且可以往前回溯二十年的帳號歷史,被洩漏的資訊包括姓名、電子郵件和密碼,也點出了資料被外漏的人在這些色情網站註冊了帳號。

2017年,美國三大信用報告機構之一的艾可飛公司(Equifax)發生資料外洩,影響了1.48億美國人以及好幾百萬的英國人。被洩漏的資訊包括姓名、社會安全號碼和居住地址,有些人甚至連駕照號碼都被洩露出去。多數用戶並未主動選擇加入艾可飛的網站或用其他方式使用其服務,但艾可飛和其他信用機構根本不管人們的意願,逕自收集相關資料。大多數人連三大信用報告機構(分別是艾可飛、益百利〔Experian〕和聯環〔TransUnion〕)的名稱都講不出來,但是他們還是掌握了大量的個人與財務資料庫,從而得知人們的相關訊息。我們以不斷貶值的貨幣建構出的金融體系,幾乎完全是以取得信用為核心逐步發展,這些享有寡頭地位的機構實體就位在接近系統的中心位置,盡可能收集最多資訊以利系統運作。

2018 年,印度的身分辨識系統(Aadhaar)資料庫遭到入侵。這是世界上最大型的身分辨識資料庫之一,裡面有超過 10 億人的個人資訊,包括姓名、照片、居住地址、電話號碼、電郵地址、虹膜掃描、指紋,甚至還有一些銀行帳戶資訊。

同樣在 2018 年,萬豪飯店(Marriott)以及其旗下各品牌飯店資料遭到入侵。萬豪是全世界最大的旅館企業集團,他們還擁有很多並掛上萬豪招牌的連鎖飯店。資料被外洩的當事人達幾百萬,內容包括姓名、居住地址、電話號碼、電子郵件地址、護照號碼、出生年月日、預訂紀錄以及信用卡資訊。

2019 年,美國第一資本公司(Capital One)被一位亞馬遜前員工入侵,駭客將資訊拿去網路上散播。被外洩的資料包括客戶帳號以及信用卡申請書,最早可回溯到 2005 年,有將近 1 億人的資料被洩漏出去,內容包括姓名、居住地址、電子郵件地址、信用評分、帳戶餘額和社會安全號碼。

2021 年,巴西一個資料庫遭到入侵,幾乎每個巴西人(人數超過 2 億)的個人資料都被洩漏出去,內容包括姓名、稅務識別碼(tax identification number)、居住地址、電子郵件地址、電話號碼、信用分數、臉部照片、薪資資訊等等。

這些資料外洩事件只是冰山一角,只是剛好比較引人側目。從家得寶(Home Depot)、微軟、摩根大通銀行(J.P. Morgan Chase)、社群元宇宙公司(Meta Platforms)等等,某個時候都發生過嚴重的用戶資料外洩情事。本書的多數讀者很可能在過去十年也曾淪為各種資料外洩事件的受害者,甚至有些人根本不自知是受害者。

史諾登大洩密

2013 年,現在已經聲名大噪的美國國家安全局(U.S. National Security Agency)外包人員愛德華‧史諾登(Edward Snowden),把資訊洩漏給新聞記者,揭露了國家安全局的監控能力遠遠超過之前社會大眾所知的範疇。特別是,他揭露國家安全局可以直接利用大型電信通訊供應商的系統與大型企業軟體平臺收取資訊。英國的《衛報》（Guardian）透露，有一篇原始報告是這麼說的：

在《衛報》取得的極機密文件當中，含一份美國國家安全局編製的圖表，凸顯出該機構能拿到的資料有多廣：電子郵件、視訊和語音聊天、影片、照片、網路電話（比方說 Skype）、聊天紀錄、檔案傳輸、社交媒體詳細內容等等。

這是近期的文件，標註的日期是 2013 年 4 月。美國國家安全局史上極罕見這種資料外洩，該局向來以能維持高度的安全性而自豪。

透過稜鏡計畫（Prism program），國安局這個全世界最大型的監控機構可以取得定向性的通訊內容，不用向服務供應商索取，也不用個別取得法院命令。

憑藉這項計畫，國安局可以直接進入計畫成員公司的伺服器，針對特定用戶取得已儲存通訊內容並即時收集相關資訊。[406]

這些遮遮掩掩的方案理論上要遵循一些法律界限（例如，「應該」只瞄準外國人士），但基本上並未明顯保護美國本國用戶。這些方案的法律相關決定交由祕密法院決定，大眾無法事先得知，也因此，在消息洩漏之前人民基本上無法抗議或質疑這些方案的性質。十年之後，到了 2023 年，這些方案持續以各種不同的形式存在於美國和世界各地。

用戶端監控激增

2016 年，有人發現一套很精密的行動電話間諜軟體飛馬（Pegasus）。阿拉伯聯合大公國人權運動人士艾哈邁德・曼蘇爾（Ahmed Mansoor）收到一封文字簡訊，描述關於阿拉伯聯合大公國監獄虐待行為的祕密。他並沒有點開連結，反而是把簡訊發送給多倫多大學（University of Toronto）的公

---

[406] Glenn Greenwald and Ewen MacAskill, "NSA Prism Program Taps in to User Data of Apple, Google and Others," *Guardian*, June 7, 2013.

民實驗室（Citizen Lab）進行分析。實驗室判定，如果他點開連結的話，間諜軟體就會侵入他的手機。[407]

當時，曼蘇爾成為人權運動公眾人物已有多年，一直在抨擊阿拉伯聯合大公國的國家領袖。他遭遇各種要他禁聲的行動，包括逮捕他。2017年稍後，他又因為持續的和平抗爭被捕，罪名是意欲散播假訊息、損害阿拉伯聯合大公國國家領袖的名譽以及煽動衝突。為了人權運動，他被判處十年有期徒刑。這段期間，他多次絕食抗爭，抗議多年的單獨監禁、無法獲得醫療支援以及不當的身體虐待。[408]

飛馬這套間諜軟體可以偷偷摸摸安裝在手機上，用來監控目標對象。這套軟體不只能利用一個系統上的漏洞，還可以多管齊下利用多個漏洞，並用不同的方式影響不同的手機。飛馬軟體可以一鍵下載（例如，誘使人們點選一條惡意連結），有時候甚至不用點選就可以下載，目標對象連碰都沒有碰到惡意連結，這套軟體就可以從遠端自動下載，安裝到他們的手機上。一旦裝好，這套間諜程式就可以透過接觸、通話紀錄、文字簡訊、照片、瀏覽歷史、訂位資料和包括電子郵件與各式各樣即時通在內的應用軟體來檢視用戶，也可以在用戶不知不覺下，使用手機的麥克風和攝影機。

這套由以色列網路情報公司 NSO 集團（NSO Group）開發出來的間諜軟體，本意是用來監督恐怖分子與其他罪犯，但全球各地媒體不斷報導，各威權主義政府大量使用這套軟體來對付新聞記者與人權運動人士。

舉例來說，2021 年公民實驗室報導飛馬軟體成功入侵了九位巴林運動人士，其中有三位是巴林人權中心（Bahrain Center for Human Right）成員，兩位是遭驅逐的異議人士。[409]

非營利組織自由之家（Freedom House）在全球大力倡導民主，巴林在其國家自由度排行榜上敬陪末座，該中心對巴林人權現狀描述的摘要如下：

---

[407] Dave Lee, "Who are the Hackers who Cracked the iPhone?" *BBC News,* August 26, 2016.
[408] Americans for Democracy & Human Rights in Bahrain (ADHRB), "UAE: It's Time to Release Human Rights Defender Ahmed Mansoor," *IFEX.org*, April 28, 2023.
[409] Bill Marczak et al., "From Pearl to Pegasus: Bahraini Government Hacks Activists with NSO Group Zero-Click iPhone Exploits."

由遜尼派領導的君主體制主導了巴林政府機構，下議院的選舉既無競爭可言，也不包容。威權體制於以暴力手段摧毀了人民支持民主的抗議行動，自此之後便系統性地大規模消除政治權力與公民自由，瓦解政治反對力量，並破解主要在什葉派人民之間流傳的異議。[410]

2022 年，公民實驗室報導泰國有超過三十位社運人士、律師和學界人士的手機都遭到飛馬軟體入侵，當中有很多人都參與了支持民主運動。[411]

自由之家把泰國排在自由排行榜中的相對下方，並摘要說到：

歷經五年軍事獨裁統治之後，泰國於 2019 年轉向軍方主導的半選舉式政府。自此之後，民主退步加上人民對皇室在泰國政府治理上的角色感到灰心，觸發了大規模的示威。治理當局繼續採行威權主義的策略作為因應，包括任意的逮捕、威嚇、指控冒犯君主與騷擾社運人士。採訪報導過程不受保障，因此新聞自由有限，而且，以社運人士為攻擊目標的罪行還會被輕放。[412]

公民實驗室也報導，飛馬軟體被大量用來對付薩爾瓦多的記者，其中包括很多批評執政黨的人。[413]

2021 年，新聞記者調查發現，有證據指出匈牙利政府廣泛使用飛馬程式對付國內的異議人士。他們也提到，從 2010 年（當時匈牙利的首相為維克多・歐班〔Viktor Orbán〕）到 2021 年，匈牙利在全球新聞自由指數（World Press Freedom Index）上從第 23 名掉到了第 92 名。[414]

烏干達、盧安達、巴拿馬、摩洛哥等地的運動人士手機裡也出現了飛馬程式，另外還有幾十個國家的人們也無法躲過，名單太長，在此就不贅述。這套程式常被用來對付政治異議人士、支持民主的社運人士、人權運動分子，也是用來刺探他國政治人物的工具。雖然這也確實會用來打擊真

---

[410] Freedom House, "Freedom in the World 2023: Bahrain."
[411] John Scott-Railton et al., "GeckoSpy: Pegasus Spyware Used Against Thailand's Pro-Democracy Movement."
[412] Freedom House, "Freedom in the World 2023: Thailand."
[413] John Scott-Railton et al., "Extensive Hacking of Media & Civil Society in El Salvador with Pegasus Spyware."
[414] Shaun Walker, "Viktor Orbán Using NSO Spyware in Assault on Media, Data Suggests," *Guardian*, July 18, 2021.

正的罪犯，但上述範例說明了表面上用來對付危險個人與團體的監控技術，很容易因為政府認為異議與運動造成了很多不便，就把監控技術轉用在無害的個人或團體身上。

讓人憂心的是，相對自由國家的政府也採用了這套間諜程式。2020年，由《衛報》和西班牙《國家報》（*El País*）聯手做的調查發現，西班牙的情報單位大量針對加泰隆尼亞分離主義人士運用飛馬程式，包括當時加泰隆尼亞地區議會的激進主席。[415]

自由之家在排行榜上給西班牙的排名很高：

西班牙議會系統的特色，是競爭激烈的多黨派選舉與對立政黨間的和平移轉政權。法治很普及，公民自由通常也受到尊重。雖然政治上的貪腐仍讓人憂心，但還是能成功起訴居高位的政治人物與其他握有大權的人。近年來立法與執法受限，對於本來很穩健的表達意見與集會自由造成威脅。加泰隆尼亞地區持續的分離主義運動，代表未來會對西班牙的憲法體系與領土完整性構成挑戰。[416]

2021年底，各大媒體報導，由法律與正義黨（Law and Justice Party）領導的波蘭政府使用飛馬程式對付政治反對派人士。[417]

自由之家的排行榜將波蘭列在中間，摘要說明如下：

波蘭的民主制度，在該國於1989年從共產主義轉型之始就生了根。某些群體比其他人更能從快速的經濟成長與其他社會變遷當中獲益，導致自由派親歐政黨與意欲捍衛國家利益和「傳統」波蘭天主價值的政黨明顯分裂。由主張民粹的社會保守派法律與正義黨領軍的聯合政府，對國家體制展現了強大的政治影響力，損害了波蘭的民主化進度。近年來，民族主義

---

[415] Sam Jones, "Use of Pegasus Spyware on Spain's Politicians Causing 'Crisis of Democracy,'" *Guardian*, May 15, 2022.
[416] Freedom House, "Freedom in the World 2022: Spain."
[417] Frank Bajak and Vanessa Gerad, "AP Exclusive: Polish Opposition Duo Hacked with NSO spyware," *AP News*, December 21, 2021.

與歧視性的論調明顯高漲。[418]

2021 年，美聯社（Associated Press）的報導〈探究：記者，間諜軟體明確目標裡的社運分子〉（Probe: Journalists, Activists Among Firm's Spyware Targets）摘要說明了飛馬軟體的使用到了什麼程度：

一家全球性媒體集團根據外洩的資料做了調查，找到更多證據指向以色列 NSO 集團（這是世界上最惡名昭彰的駭客傭兵組織）生產的軍事用等級惡意軟體，被用來監控新聞記者、人權運動人士和政治異議分子。[419]

美聯社這篇報導繼續說道，從相對少數的電話號碼樣本中就可以知道監控有多嚴重：

總部在巴黎的非營利新聞機構禁忌故事（Forbidden Stories）與人權團體國際特赦組織（Amnesty International），得到一張列有超過 50,000 個電話號碼的清單，傳給 16 個新聞機構，各家記者從中辨識出 50 餘國的 1,000 多個個人，這些都是據稱可能被 NSO 客戶選定監控的對象。

根據也參與了本次辨識行動的《華盛頓郵報》指出，名單中的人包括 189 位記者、超過 600 位政治人物與政府官員、至少 65 位企業高階主管、85 位人權運動人士以及幾位國家領導者。新聞記者任職的單位包括美聯社、路透社、CNN、《華爾街日報》、法國《世界報》（Le Monde）和《金融時報》。

國際特赦組織也提報，其鑑識研究員判定，《華盛頓郵報》記者賈邁勒·卡舒吉（Jamal Khashoggi）2018 年在伊斯坦堡的沙烏地阿拉伯領事館遇害四天後，NSO 集團的旗艦產品飛馬間諜軟體就成功安裝在他的未婚妻海蒂傑·簡吉茲（Hatice Cengiz）的手機裡。之前已經有人暗指這家公司用其他方法

---

[418] Freedom House, "Freedom in the World 2023: Poland."
[419] Frank Bajak, "Probe: Journalists, Activists Among Firm's Spyware Targets," *AP News*, July 19, 2021.

監控卡舒吉。[420]

中國輸出監控

2013 年，中國推出全球性的基礎建設發展策略一帶一路計畫，要藉此將其經濟體制於大型貿易網絡的核心。

從多方面來說，他們複製了美國、英國、法國以及過去的世界強權自二十世紀中葉以來在開發中世界各地施行的同一套新殖民主義貨幣操作。中國放款給開發中國家，幫助他們興建基礎設施，但他們要付出的代價是讓中國政府施展可觀的政治與經濟影響力。

中國企業除了善於大量創造基礎建設專案，還是很有競爭力的電子系統與人工智慧製造商，這才是其一帶一路計畫的核心特色。中國素以在國內擁有廣泛的威權主義監控手段聞名，包括臉部辨識系統、各種透過掃碼的移動限制、廣泛的社會信用系統以及可以自動凍結銀行帳戶的能力。身為一路一帶計畫的一分子，中國也成為最大的監控設備系統出口國，在這方面輾壓美國。

這很讓人憂心，以下就是自由之家對 2023 年中國自由現狀的摘要說明：

中國的權威主義體制近年來愈趨高壓。執政的中國共產黨在生活與治理上持續緊縮各方面的管制，範圍涵蓋官僚體制、媒體、網路言論、宗教信仰、大學、企業以及公民社會組織。中國共產黨領導人兼國家總書記習近平，於 2022 年 10 月三度擔任黨領導人，進一步將權力集於一身，權力之大是中國幾十年來僅見。歷經多年打壓政治異議分子之後，獨立非政府組織、捍衛人權人士與中國公民社會已經大規模消亡。[421]

2019 年，卡內基國際和平基金會（Carnegie Endowment for International Peace）的史蒂芬・費德斯坦（Steven Feldstein）發表了〈人工智慧監控全球擴

---

[420] Baja, "Probe."
[421] Freedom House, "Freedom in the World 2023: China."

張〉（The Global Expansion of AI Surveillance）一文，本文涵蓋許多重點，其中講到全世界在中國的發展導引之下愈來愈多人使用搭載人工智慧的監控科技：

人工智慧監控科技以快速的腳步擴散到許多國家，超乎專家的共同認知。在全球176個國家裡，至少有75國積極把人工智慧用於監控，包括：智慧城市／安全城市平臺（56國）、臉部辨識系統（64國）和智慧警政（52國）。

中國是全世界的重要人工智慧監控帶動國。和中國企業有關的技術（尤其是華為、海康威、大華和中興通訊）為63國提供人工智慧監控技術，其中有36國已經簽署加入中國的一帶一路計畫。光是華為一家，就至少為全球50國提供人工智慧監控技術。[422]

由於人工智慧監控科技進展快速，寫到這裡時，前文的數字很可能又更多了。上文講到民主國家與極權國家都大量使用本項技術，但極權國家更傾向於濫用資料。文中也講到中國提供金援或補貼，讓很多本來難以負擔相關設備的國家都能用得起。文章是這麼說的：

中國在推銷產品時通常伴隨著優惠貸款，鼓勵各國政府購買他們的產品。這類戰術在肯亞、寮國、蒙古、烏干達和烏茲別克等國特別重要，這類國家本來很可能無法取得這種技術。這樣的操作引發了讓人困擾的問題：中國要補貼各國購買這種先進的壓迫技術到什麼地步？[423]

2022年，大西洋理事會（Atlantic Council）的啟陽（Bulelani Jili）發表〈中國的監控生態體系與其相關工具在全球蔓延的情況〉（China's Surveillance Ecosystem & the Global Spread of its Tools），也以同樣的詳盡程度探討這個主題。該報告的摘要這麼說：

---

[422] Steven Feldstein, "The Global Expansion of AI Surveillance," 1.

[423] Feldstein, "Global Expansion," 2.

本報告意在提出見解，剖析中國國內監控市場與網路能力生態體系的運作；分析其產業目標的系統性研究數量很有限，尤其是本項研究的動機。對中國政府來說，投資監控技術可以推動其成為全球科技領導者的企圖心，以及其監控國內社會的手段。這些發展也會進一步促進國家安全機構與私人科技公司之間的合作。也因此，支持國家發展網路能力的科技公司，從小型的網路研究新創公司到一流的全球性科技大企業都有。中國政府推動監控科技，並透過外交交換、執法合作和培訓方案推展到海外。這些作為帶動了監控設備廣為流行，也支持了中國政府想要在多國性與地區性組織成為國際規範制定者的目標。

　　中國大力傳播監控技術與網路工具，以及中國的國家和民間實體與其他國家（尤其是南方世界〔Global South；譯註：泛指非洲、拉丁美洲與亞洲的開發中地區〕）相關實體之間的連結，是中國政府努力擴張與強化全球政經影響力時很寶貴的要素。各國政府採購中國數位工具時考量的雖然都是在地企圖，但北京當局出口與推廣國內監控技術的相關作為，也形塑了南方世界採用這些工具的狀況。也因此，其他國家明知中國相關人士會透過需求因素以滿足自身的目標，也無損其查核與做決定。這大大證明了中國國家策略與在地政治環境的交互作用。[424]

　　這項技術以極高的效率傳播，這是因為用戶國家不想自行重新開發；包括中國、美國以及一些其他國家在內的一小群主要科技出口國與貿易夥伴，已經可以完全供應他們所需。這是「把監控當成服務在賣」。

監控的心態

　　政府密集監控，尤其並非根據合理原因以特定方式監控，反而是無所不在的自動監控機制，暗示著每個人把多數或所有隱私權交到中央政府手上，是確保不會發生壞事的前提。一般而言，人本質上並不太會量化，但會回應感性的訴求，因此多數人都接受政府的入侵隱私。

---

[424] Bulelani Jili, "China's Surveillance Ecosystem & The Global Spread of its Tools," 1.

舉例來說，過去幾十年來，全球死於恐怖攻擊的人不到 0.05%。[425] 在中東與非洲之外的多數國家，這個數值甚至降到不到 0.01%。這表示，在多數國家，因為恐怖主義而喪命的，一萬人中不到一個。然而，有數不盡給予政府更多權力的法律，立法的核心正是防範恐怖主義。

　　2001 年美國的《愛國者法案》，便是授予政府更大的權力使用監控技術以防範恐怖主義的立法範例；這套法案在惡名昭彰的 911 恐攻事件不久後就通過，當時獲得諸多好評。有了這類法律之後，一旦最近發生什麼事情引爆大眾的情緒反應，人們又會在最慷慨激昂時無限期交出了部分的隱私權。一個十年過了又一個，事件發生了一次又一次，中央化的趨向一點一點剝奪了個人的隱私權，開始塑造出認同「想要隱私權的人必然是想作惡的人」這種想法的文化。

　　在一個自由開放的社會裡，通常會針對不同的優先要務辯證與角力，罪犯與執法人員之間也在比拚裝置設備。我們當然想看到恐怖分子、人口販子、街頭暴力犯、黑社會成員、殺人犯、小偷、騙子和其他危險人物被抓起來、被起訴，因此多數人都樂於為執法機關提供資源以達成目的。不過，執法機關用來逮捕危險罪犯的程序和技術，也會被政府拿來壓制言論自由，監控人權運動人士、支持民主的社運人士與政治異己，並用威權主義掌控人民，正因如此，限制他們的權力才倍加重要。之前講過，表面上用來對付恐怖分子與危險罪犯的軍用等級間諜軟體，也被威權主義政府（甚至也有非威權主義政府）大量用來對付人權運動人士、支持民主的社運人士和政治反對派。

　　一有機會，世界各國的政府通常會在危機期間給自己更多權力，並且無限期延長當中的某些、甚至全部權力。通常，唯有具備深刻尊重個人自由、民主與政府當責文化的國家，社會上才有相當的力量抵制民選領導者，拆解他們之前的權力並主動壓制政府的過頭。

---

[425] Hannah Ritchie et al., "Terrorism."

整合後的結果

在現代，人們應假設大企業的資料庫基本上會收集所有和他們有關的資訊，政府可以存取這些資料庫，而且這些資料庫很脆弱，很容易被非政府或外國政府的駭客或內賊洩露出去。非常有可能的情況是，你的個人敏感資訊早已在暗網上不知外漏多少次，情報分析人員很容易就能得到你的個人資訊，那根本就是他們監控機制中的一環。

再多一點時間和金錢，再加上處理效能與軟體發展的進步，政府與企業採用監控技術很可能愈來愈稀鬆平常，也愈有能力從數位和實體環境下收集與整體相關資訊。即便是現在，記者、和平主義社運人士與任何被自家政府視為麻煩的人都應小心謹慎，假設自己的手機與電腦都已經被飛馬這類軍用等級的間諜軟體侵入。

此外，前一章講到央行數位貨幣時也提過，政府可以大幅提高本國貨幣可程式化的程度。有了央行數位貨幣，他們可以針對不同的群體量身打造不同的貨幣政策，自動凍結和某些人相關的帳戶，也可以用程式設定某些人的錢不得用於某些方面或地區。

具體來說，不管有沒有央行數位貨幣，到處可見的監控硬體、可以連結大量採集資料的機器學習系統以及可控制的銀行帳戶和貨幣，這些組合加起來代表了如果權力機構想要的話，比方說，大可自動從人群裡辨識出抗議人士的臉孔，接著就凍結他們的銀行帳戶。

當這些東西整合起來，很可能導引出一種很歐威爾式的結果。這種聽來像是科幻電影裡反烏托邦情節的場景，很可能在很多地方成為現實，尤其是比較偏向集權主義之處。有一些地方，比方說中國，目前已經具備了這些要素。想像一下，如果你收到以下這些自動產生的訊息：

「由於您上個月在網路上的活動引發疑慮，您的社會評分降至可接受的門檻以下。在您收到進一步通知之前，您的交易範圍僅限於您住家的五英里範圍內，而且僅能採購必要的商品和服務。」

「您本月的碳排量已經額滿。截至本月底之前，將會刪減您購買肉品、機票或是其他碳密集商品與服務的數量。以下的網站上有提供協助的指引，讓您了解如何降低碳足跡，或可以幫助您在下個月做出更適當的分配。」

「由於您所在地區最近出現造成分裂的抗議活動，未來72小時將暫停所有被監控或疑似介入活動人士的銀行帳戶或支付方法。請返回家中，等候進一步指示。」

「敵方正在攻擊我們的貨幣，支持貨幣與國家銀行系統才可維護全民利益。因此，目前將自動阻擋所有購買外幣、貴金屬、加密貨幣和類似資產的交易，直到另行通知為止。」

這些訊息對於生活在自由民主社會的讀者來說可能難以置信，但在這個結合獨裁統治全球逐步升溫、央行數位貨幣與銀行帳戶大致上都可精密地可程式化的數位時代，失去隱私是很讓人憂心的狀況，再怎麼樣大聲疾呼都不為過。無論一個人的政治立場是偏左還是偏右，只要想像一下某個自己最不喜歡的政治人物有權掌控這類體系會怎麼樣，便知輕重。一開始用來對付邊緣群體的手段，很容易就套用到大眾身上。就算是法治與財產權最強大的地區，都可能在這些壓力之下崩壞（而且，現在已經出現某種程度上的崩壞了），法治與財產權最弱的地方，則可能完全淪陷。

第 29 章

不對稱防禦

前一章討論的重點,是減少或消滅社會與金融隱私會引發哪些風險。企業和政府都可以透過大型資料庫蒐集用戶資料,這些資料庫很可能被他們濫用,也很適合用來發動駭客攻擊。自動收集資料、機器學習與政府控制金融體系,三者加起來會讓權力結構集中,讓政府可以對人民施行各式各樣社會控制手段。

本章要討論一些用來防禦或抵擋這類入侵的方法,以加密為主。

某些技術本質上傾向集中,有些則偏向分權,印刷術是分權技術的一個範例,也是宗教改革(Protestant Reformation)、美國獨立革命、法國大革命與所有重要社會變遷的要件。印刷術讓人們可用平價的方法跨越長距離,傳遞資訊與想法,促使了大國的治理模式從神權與君權政治轉向民主政治。

發明印刷術之前,書籍必須靠著手抄複製,這是勞力密集度很高(因此很昂貴)的製程。書面資訊很昂貴,識字率很低,因此資訊非常集中。以基督教來說,通常不會預期人們擁有自己的聖經或是能自行解讀內容,教會的神職人員才會有昂貴的聖經,並替教徒解讀經書。發明印刷術後,重製書籍、宣傳冊子與其他書面資料的成本就低多了,人們更能輕鬆擁有或取得聖經,自行詮釋經書,然後大量製作與發送宣傳冊子闡述自己的觀點。同樣的,人們也更能傳播政治文宣,反抗管理社會的統治者,並以新的想法或不滿為核心集結大眾。或者,人們也可以撰寫與傳播故事,激發新的想法與形塑身邊的文化。[426]

加密是一股比較新式的分權力量,而且,由於部署加密機制的成本很低廉、但破解起來很昂貴,這也是一種很不對稱的防禦法。直到如今,就

---

[426] David Deming, *Science and Technology in World History, Volume 3*, 28–42.

算是最出色的超級電腦，也無法破解最頂尖的加密法。無論政府與企業可以豪擲多少個億來破解強大的加密方法，他們也解不開。雖然電腦會愈來愈善於破解過去的加密法，但新式且威力更強的加密法也推陳出新。要用實體來做比較的話，可以說加密法就像是一座堅實的地下碉堡，目前現有的任何炸彈不管威力多強，都無法炸開來。

反之，權威必須避開加密。如果人們發送加密訊息給對方或是用加密方法移轉價值給彼此，政府想要阻止或監控的話，就必須在加密前先在裝置上安裝間諜軟體，或者實際對當事人施壓，要在個人層面落實這兩種方法成本都很高昂，而且會遭到各式各樣的抗拒。說起來，加密這種方法，在數位時代把侵害他人隱私變得很昂貴的事，就好像在實體時代要侵害他人隱私要付出很大的成本。

加密龐克族宣言

在上一個世紀的很多時候，都有人書寫與閱讀反烏托邦科幻小說。1980、1990年代網際網路興起，伴隨著貨幣數位化，很多技術導向的人開始在想這項科技會被用來滿足哪些壓制目的，又需要發展出哪些工具以抵禦這些壓制性的技術。這些人常被稱為加密龐克族（cypherpunk），特別支持把加密法當成主要的達成目的工具之一。

艾瑞克‧休斯（Eric Hughes）1993年發表了知名文章〈加密龐克族宣言〉（A Cypherpunk's Manifesto），開宗明義就想到了隱私和祕密之差異：

隱私是電子時代開放社會的必要條件。隱私並非祕密。隱私關乎的是一個人不想讓全世界都知道的事，祕密則是一個人不想讓任何人知道的事。隱私是選擇性向世界揭露自我的權力。[427]

在這篇文章裡，他繼續闡述為何私密交易有其必要，加密數位訊息又為何重要：

---

[427] Eric Hughes, "A Cypherpunk's Manifesto."

我們都渴望隱私，因此，我們必須確保交易雙方都只有對該交易而言直接必要的資訊。資訊可以說出口，因此我們必須確保自己僅揭露必要資訊。在多數時候，個人身分並非必要資訊。我在店裡買一份雜誌，我拿現金給店員，對方並不需要我是誰。當我要求我的電子郵件供應商收發訊息，我的供應商不需要知道我要發給誰、我要說什麼或是別人要跟我說什麼，供應商只需要知道如何送達訊息以及我要付他們多少錢。當根本的交易機制揭露了我的身分，我就毫無隱私可言。我不能選擇性地揭露自己，我得時時揭露。

因此，在一個開放社會中要保有隱私，需要匿名交易系統。直到此時，現金就是最基本的匿名交易系統。匿名交易系統並非祕密交易系統。匿名交易系統讓人有權利在有必要、而且只有在有必要時才揭露身分，而這正是隱私的本質。

在一個開放社會裡要有隱私，也需要密碼學。如果我要說什麼，我希望只有我想要講的對象聽到。如果全世界都知道我講了什麼，我就沒有隱私。加密代表了渴望隱私；用比較弱的加密方法加密，代表了沒那麼渴望隱私。此外，當預設狀態是匿名時，要保證一個人確實揭露了自己的身分，就需要加密簽名。

在本文中的另一段裡，他正確預言政府與企業不會免費提供隱私或強化隱私特性。如果人民想要隱私，就要打造並部署各種隱私導向的系統：

我們不能期待政府、企業或其他面目模糊的大型組織出於慈悲賞我們隱私；把我們的資料洩漏出去對他們有好處，我們應該預期他們會漏出去。要防止他們外洩，就要對抗資訊的現實環境。資訊不只想要自由，我們更可以說資訊渴望自由。資訊會擴散出去，填入所有可使用的儲存空間。資訊是謠言的表親，但更年輕、更強悍；比起謠言，資訊的速度更快，有更多雙眼睛可看，知道的更多，但理解的比較少。

如果我們想要有隱私，就必須捍衛自己的隱私。我們必須攜手併肩，打造容許匿名進行的交易系統。幾百年來，人們以耳語、黑暗、封緘、關上的門、祕密的握手手勢和信使捍衛隱私。過去的技術容不下高度的隱私，但電子技術可以。

我們加密龐克族獻身於打造匿名系統。我們要用密碼學、匿名電子郵件轉寄系統、數位簽章與電子貨幣來捍衛隱私。

加密龐克族寫程式碼。我們知道，必須要有人寫軟體來捍衛隱私權，除非每個人都要求隱私權，不然我們都得不到，因此我們要動手寫軟體。我們會發布程式碼，讓加密龐克族夥伴都可以拿來操作與賞玩。世界每個人都可以免費使用我們的程式碼。我們不太在意你不認同我們寫的軟體。我們知道這些軟體不會被摧毀，廣泛分散式的系統也不會被關閉。

加密龐克族對於加密學遭受的規範監管深表痛心，因為從根本上來說，加密是一種私密之舉。加密，事實上是把資訊從公共領域中移除。管制加密學的法律，最遠也只能管制到一國的國境與其暴力能及的範圍，加密必然會擴及全球，加密促成的匿名交易系統也將隨其傳揚。[428]

整篇文章簡短有力，放到 2020 年代來看，還是像 1990 年代時那般擲地鏗鏘。2008 年，開放原始碼加密創造出數位原生轉帳方法，距離這篇文章問世已經有十五年時間，從很多方面來說，都重新賦予該文內容生命力，讓這篇文章值得一讀再讀並不斷發人深省。

要對這件事有概念，方法之一是去理解真實世界裡各種機構制度的重要性，然後懂得為何協定會在數位機構制度裡擔負重責大任。有些國家可以一直是民主國家，有些國家則不斷退化成為獨裁，當中的原因就是獨立的機構制度與對權力的約束，有跟沒有就是天差地別。

以美國為例，美國的基礎層是憲法，其上是三權分立的政府，有明確規定三者之間要如何互動。這不是一套完美的系統，但是運作起來堪稱順暢，歷經不同類型的總統與科技時代，維持幾百年。如果民主永遠都得仰賴讓對的人掌權，那麼，注定很快就會失敗。比任何個人都活得更久的，是政府分權制與各種立國文書，這些才是給了民主系統一定力量以維持下

---

[428] Hughes, "Cypherpunk's Manifesto."

去的因素。強大且獨立的機構制度實現了民主,因此,民主不會因為一次糟糕的選舉結果就消失不見,得耗費長時間一點一點消磨侵蝕才會消滅。

同樣的,強化分享言論或價值的協定,可視為數位時代的機構制度。這些協定約束了中央化的權力,或者說,這是一種基本資訊,雖然並非堅不可摧,但也有一定程度的韌性,不會任由當下某個強大的實體說了算。

將程式碼視為言論的判例

1991 年,電腦科學家兼密碼學家菲爾・齊默爾曼(Phil Zimmermann)寫了一套程式,名為「優良保密協定」(Pretty Good Privacy,簡稱 PGP)。他開放原始碼,成為第一套廣為人用的公鑰加密建置系統,一般人可以用來確保網路訊息的隱私性,僅有收受雙方可得知。

1993 年,美國聯邦政府開始把齊默爾曼當成罪犯進行調查,據稱他違反了《武器出口管制法案》(Arms Export Control Act)。政府把軟體加密視為一種軍備,齊默爾曼免費分享原始碼,在政府眼中是某種形式的出口武器。

1995 年,齊默爾曼展開反擊,透過麻省理工學院出版社(MIT Press)出版《PGP 原始碼與內部架構》(*PGP Source Code and Internals*),裡面就是他這套程式的完整程式碼。他這麼做的原因是,雖然政府可以引用《武器出口管制法案》將他的程式視為軍用品而加以壓制,但如果他寫成書發表,就受美國憲法第一修正案保護,這項修正案賦予言論自由,法律位階勝過任何干預言論自由的較低階法律。軟體程式碼只是一些文字和數字,而以這個例子來說,軟體變成一種防禦技術,而不是會對他人造成直接傷害的東西。

其他支持加密的人,也使用類似的技巧。有人甚至把加密相關的程式碼印在 T 恤上,穿著跑來跑去,衣服上還印了警語,明講這些 T 恤被歸類成軍用品,不得出口。這類抗議活動有幾個特色,(1)以有利於己的方法應用更基本的法律(比方說第一修正案),以及(2)他們藉由暗示世界上存在所謂「有危險」的 T 恤,套用邏輯,把限制資訊的法律導引到他們的結論,概括地點出了其中的荒謬。某些方法,尤其是把整套軟體寫進書裡或 T 恤這一招，傳播速度很快，根本難以壓制。[429]

1996 年，美國聯邦政府撤銷對齊默爾曼的指控，也進一步放鬆對於加密技術的武器出口限制。之後，從 1990 年代末期開始直到現在，端對端加密扮演重要角色，促進了安全的電子商務，讓人們可以在線上付款時既可揭露相關細節，也能保護自己的資料不會受到惡意人士侵害。有時候，小蝦米確實會打贏大鯨魚。

然而，之後幾十年，美國聯邦與其他國家政府不斷想著把端對端加密收回來，限制使用。在美國，參眾兩院議員紛紛提出各種法案，要限制或禁止使用端對端加密，但是都沒通過。在歐盟，有人提議規定企業固定掃描每一種電子裝置，以搜出不法內容，包括加密內容。

在這方面有幾件非常引人注目的事件，其中一項引發持續論戰，牽涉到的對象是這個時代最大型的美國企業：蘋果公司。自 2015 年甚至更早開始，執法單位認為，即便他們拿到搜索票，也不一定能存取某些有密碼保護的手機，這讓人難以忍受。此事帶出了幾個問題，例如：

「蘋果或類似企業可以製造連他們自己都無法存取的手機嗎？」

「應該強迫企業在自家產品上替政府開後門嗎？」

「免費的開放原始碼又怎麼說呢？如果有些人創造出供其他人免費使用的端對端加密技術，那怎麼辦呢？這可以禁止嗎？如果可以的話，現實上要如何執法？」

我們把問題一路看下來，會發現政府愈來愈難以防範加密的存在。如果在立法上凝聚了相當共識，政府當然可以強迫國內企業去完成政府提出的要求，但無法阻止海外企業創造或使用可用的端對端加密，現實上，政府也很難阻止國內、外從事軟體開發的個人創作或傳播可以用來進行端對端加密的免費開放程式碼。

企圖把加密貨幣當成銀行來規範

十九世紀末開始有汽車之後，隨之而來的是大眾對於安全性的各種疑

---

[429] Jim Epstein, "When Encryption Was a Crime: The 1990s Battle for Free Speech in Software," Reason, October 21, 2020.

慮（合情合理）以及各種對於競爭上的考量。馬車產業的高階主管備受威脅，因為與他們提供的馬車運輸相比之下，汽車代表了更優越的技術。馬車產業裡有些政治關係良好的人物。利用恐嚇戰術可以影響公眾意見，政策決策者則自然想要希望限制看起來很危險的新技術公開出現，尤其是他們還受到傳統產業主事者的壓力，也仰賴業界的金援。

這導致美英兩國有一段時間通過了限制重重的相關法令，包括汽車的法定速限比步行的速度更慢，要求汽車要讓路給馬車，以及要求真的要有一個人拿著旗幟走在汽車面前，這基本上讓汽車變成無用之物。[430] 這些法規顯然站不住腳，因此都維持不久；這些企圖限制汽車的種種作為，都是從以馬車為念的人的觀點出發。

同樣的，引進點對點貨幣軟體，對決策者來說代表了陷入困惑與難以制定規範的立場，還對傳統銀行產業裡某些最重要的金主造成立即性威脅。發明比特幣網絡之前，人們如果要跨越長距離大額轉帳，就必須經過銀行體系。在這種狀況下，政府可以瞄準銀行本身以設下各種交易限制，而銀行也可以在必要時對客戶交易設限。然而，點對點比特幣網絡因其本質之故，在沒有惡意實體可以取得與維持整個網絡50%以上算力的假設條件下，使用者不用經過中央化第三方就可以在全世界移轉價值。

此外，寫到這裡時，以全球來看，有手機的人已經超過了有銀行帳戶的人。以能觸及的人數來說，銀行幾百年來都遙遙領先，但手機用了短短幾十年就超車銀行。有了智慧型手機，人們就可以透過加密貨幣儲存與移轉加密保護的價值。

講到加密貨幣的規範，尤其關乎自行保管的加密貨幣或藉由加密貨幣使用各種不同的維護隱私技術，引發了各式各樣的輿論辯證，各國政府也紛紛立法。人們有能力用自行管理的方法儲存價值、把價值傳送給他人或收取他人傳送的價值，以及使用各種維護隱私技術來提高追蹤交易的難度，都威脅到政府對於金融體系的控制權。政府和銀行希望人們使用國內的中央化帳本，而不是全球性的分權帳本；而且，他們希望能恆時監視帳

---

[430] Bill Loomis, "1910-1930: The Years of Driving Dangerously," Detroit News, April 26, 2015.

本，不希望當中有任何隱私。

也因此，各國政府試著把管理銀行的限制全套照搬到加密貨幣上。但當中的難處是，政府必須在個人層級執法（執法點有千百萬），而不只是對銀行層級而已（這只有成千上萬受到嚴謹規範的機構性執法點）。

人們不只利用維護隱私的技術來閃避政府，也藉此來逃避用盡全力追蹤用戶一舉一動、要把用戶數據變成錢的企業。如果加密貨幣本身就是一部公共帳本，很多用戶尤其想使用各種匿名化的技術，讓企業更難追蹤他們的支出。現在的情況是，如果你去加密貨幣交易所購買並提領比特幣，然後用比特幣來購買各式各樣的商品和服務，交易所營運商可以追蹤你的每一筆花費，接受你支付比特幣的商家也可以檢視你的電郵地址，看看你有多少比特幣，或許也可以透過之前的各式交易進行追蹤。也因此，人們還創造隨機性代碼混淆（probabilistic obfuscation）讓自己的貨幣匿名，防止企業和商家追蹤自己的交易和財富。

有這些匿名化的技術，隱私權還是會因為流動性而受限。利用比特幣網絡來做小額私密交易，會比做大額私密交易容易。混幣交易（coinjoin）、混幣器（mixer）、閃電網絡管道、以隱私為主題的加密貨幣、喬姆鑄幣（Chaumian mint）和其他維護隱私權的技術，仍相對有限。換言之，截至我寫到這裡，利用這些技術，一個精通技術的普通人可以就對他們而言有實質意義的金額享有隱私權，但還不足以為俄羅斯寡頭政治人物或其他億萬富翁提供相當的流動性，無法就對其而言有實質意義的金額保有隱私。

2022年，兩位美國參議員提出《數位資產反洗錢法案》（Digital Asset Anti-Money Laundering Act），截至我寫到這裡為止，通過的機率不高。但就像之前很多用立法來限制使用加密與壓抑整體隱私權的盤算，這項法案也指出了民意代表裡顯然有一群人想要帶的風向。法案的關鍵內容，是出於監管目的把幾個產業都列入貨幣服務業（into money services businesses）：

貨幣服務業之認定——金融犯罪執法網（Financial Crimes Enforcement Network）應發布規定，將保管型錢包與非保管型錢包供應商、加密貨幣礦工、驗證人或從事驗證或取得第三方的其他人士、獨立網絡參與者（包括追求礦工可提取價值〔MEV〕人士）以及其他控制網絡協定的驗證者歸類為貨幣服務業。

多數貨幣服務業都是金融機構的子集合，這一點很重要，因為法案後面有一節講到要新增規定，列出金融機構禁止從事之活動：

財政部應發布規定，禁止金融機構從事下列活動：（1）處理、使用數位資產混幣器、隱私性貨幣或其他財政部規定之強化匿名性之科技或藉以從事業務交易；（2）處理、使用以第（1）項所述科技匿名化之數位資產或藉以從事業務交易。[431]

當一般人被問到是否反對洗錢時，包括我在內的大多數人都會說是。顯然，如果我們幫得上忙的話，也不希望讓恐怖分子、人口販子、惡意的獨裁者或各式各樣的暴力罪犯把資金搬來搬去。但我們必須問自己三個問題。第一個問題是：我們要放棄什麼東西，才可確保能阻止這一小群涉入洗錢活動的人？比方說，應該讓世界各國的政府（包括威權主義政府在內）打著預防犯罪的旗號，自動可以檢視每一筆可能有問題的交易嗎？第二個問題是：政府在這方面真有能力落實他們想要做的事嗎？舉例來說，政府可以關掉中央化的檔案分享平臺 Napster，但禁不了分權式的檔案分享方式 BitTorrent。中本聰刻意把比特幣網路打造成比較像後者。第三個問題是：關於這些取捨，政府及／或央行是否有坦白講出他們的動機？2022 年與 2023 年，阿根廷央行先對國內銀行發出禁令，規定不得像過去一樣提供數位資產，後來又擴大到支付應用程式。宣布禁令當時，阿根廷正在對抗超過 100％的物價通膨，以及該國法定貨幣供給量毫無節制的成長，在此同時，阿根廷人迅速採用比特幣與其他加密貨幣當作逃脫路線，銀行也為顧客提供更多這類資產。主管貨幣的機構便宜行事，講出來的禁止理由就是通常和波動性與洗錢有關的風險，但當然，實際上此事關乎的是政府正盡

---

[431] U.S. Congress, "S.5267: Digital Asset Anti-Money Laundering Act of 2022."

力保護自家搖搖欲墜的貨幣。[432]

我們在看美國的《數位資產反洗錢法案》時（我只是用這套法案當成範例以利說明，另外還有很多相似的東西），會發現「非保管型錢包供應商」這件事馬上就引發了一個問題。非保管型錢包供應商只是硬體裝置，或是讓用戶可以控制自有加密貨幣金鑰（金鑰只是很大的數字）以及與金鑰互動的軟體程式。根據這項提案，單一的開放原始碼軟體開發人員就可以歸類成貨幣服務業與金融機構。從這裡繼續講下去，這些人成為金融機構之後，就不得處理或使用數位資產混幣器、隱私性貨幣或匿名化方法。

因此，如果落實了法案所寫的規定，那麼，個人使用保護隱私權技術創作開放原始碼錢包軟體或加密貨幣，就是違法之舉，換言之，這就是在控制使用數學。回到之前齊默爾曼的例子，如果他們用一本書來發表程式碼，讓用戶自己動手寫，那會怎麼樣？如果他們把程式碼印在 T 恤上，那會怎麼樣？

這類立法面臨的挑戰是，世界上誰都可以藉由擲硬幣 256 次創造出私人金鑰，誰都可以寫出能提供匿名化方法的開放原始碼。如果要施行想要禁止使用這些技術、不讓這些技術存在的法律，就必須在個人層級上執法。政府必須跑過來說「你不可以寫這些程式」或者「你不可以在你的電腦上面操作那些非惡意的開放程式碼軟體」，並隨附說明為何這麼做有違公眾利益。如果政府希望這方面的作為能有一些成果，唯一的機會就是說服大多數的民眾，遵循嚴苛的反隱私與反開放原始碼法律，並且嚴格執法，而這很可能讓渴望保有隱私權等同於本質上違法。

這類辯證與戰爭已經在許多地方如火如荼展開，未來十年情況很可能更加激烈。這是一場比拚裝備的競賽，一邊是由下而上的開發人員，他們打造出愈來愈普及、愈容易上手的加密與確保隱私性技術，另一邊是由上而下的政府與企業，他們創造的則是愈來愈無所不在的監控技術。

---

[432] Ignacio Olivera Doll and Patrick Gillespie, "Argentina Slams Brake On Crypto, Banning Purchases Through Banks," *Bloomberg,* May 5, 2022; Mat Di Salvo, "Argentina Bans Payment Apps From Offering Bitcoin to Customers," *Decrypt,* May 5, 2023.

第 30 章

要一個開放的世界，還是一個控制的世界

2022 年 5 月，我來到了一個我之前沒想過也沒打算要來的地方：我走進了奧斯陸的挪威國會大廈。我是人權基金會派過來的十二人小組之一，來此地對著幾位挪威國會議員發表演說。

人權基金會的目標，是幫忙讓威權主義與半威權主義下的人民得到基本權利。該機構在整理他們要追求的價值時，參考了 1976 年由 173 國簽署的《聯合國公民與政治權利國際公約》（International Covenant on Civil and Political Rights），內容包括以下各項：[433]

- 言論與發表的自由
- 得到法律公平待遇與正當程序的權利
- 免受奴役與折磨的自由
- 集會結社的自由
- 離開與進入本國的自由
- 不因信念受脅迫與干預的自由
- 獲取與處置財產的權利
- 免受任意拘禁或驅逐的自由
- 自由選定敬拜方式的權利
- 參與本國政府的權力

我所處的情境不同於一般，背後的來龍去脈是挪威國會有幾位議員正要提案，禁止在挪威從事比特幣挖礦。人權基金會很早就在威權主義政府經常藉由金融審查來對付人權鬥士的地方使用比特幣和穩定幣，當成促進

---

[433] 可從以下網站存取 https://hrf.org/about/mission/

人權的工具，該會當時正在挪威國會大廈所在地同一條街舉辦奧斯陸自由論壇年會。人權基金會受挪威國會之邀，派遣一群論壇講者到國會討論這件事。十二人小組裡多數成員都是人權運動人士，其他幾位，比方說我，則是以主題專家的身分過來，我們能詳細回答國會議員可能會提出的問題，解釋比特幣網絡為何與如何使用能源。

小組裡有幾位來自奈及利亞的人權運動人士，他們告訴挪威的國會議員，當他們因為抗議國內警察的過度暴力而被凍結銀行帳戶時，只能轉向用比特幣接受捐款。普丁在國內的政治對手阿列克謝·納瓦尼也一樣。納瓦克的組織也面臨銀行帳戶經常遭到凍結的問題，在俄羅斯改用比特幣接受與移轉資金，以支持他們用正當的政治手段反對普丁的獨裁行為。小組裡其他人講到全世界有很多地方的人們無法得到必要銀行服務，這些加密貨幣科技可以提升儲存與移轉價值的效率並供更多人使用，讓某些最貧困地區的人民和全球經濟搭上線。輪到我時，我長話短說，講到比特幣網絡傾向於使用廉價的與滯留的能源，而其特有的能源需求彈性非常有益處。挪威電網裡有超過九成都是潔淨水力發電，尤其是挪威北部，他們有大量的滯留資源，有利於支持這套寶貴的網絡。私人企業早已樂見其成紛紛投入，而我認為，政府沒有什麼理由介入，阻止企業做這些事。

這場會議之前的幾個月，在大西洋另一邊的加拿大有一場大規模的卡車司機示威行動，全加拿大各地都有人為此集結在加國首都，以抗議強制注射新冠疫苗的規定與行動上的限制。2021 年，加拿大實施愈來愈嚴格的限制行動政策，人們若沒有施打疫苗的證明就不得搭乘火車或飛機，這代表他們在國內移動的移動受限，還有，更重要的是，如果他們不打疫苗，就不能搭飛機或越過美國邊境，這表示他們沒有任何實際可行的方法離開加拿大。2022 年初，加拿大進一步緊縮政策，要求進加拿大的卡車司機也要出示注射疫苗證明。國際公約允許緊急狀態性暫時中止某些權利（比方說對行動設限），但疫情已經持續幾年了，到此時大家愈來愈認為疫苗只是暫時的權宜之計，而且預防傳染的能力很有限。

任何大型示威活動都會有極端人士參與其中，但這場抗議行動很平和又很符合經濟原則。加拿大的抗議人士阻礙了交通，干擾了當地的商業活動,對政府造成壓力,另一方面,有很多覺得已經被逼到角落的普通人卻很支持他們。抗議活動的整個用意,是透過干擾引起關注,抗議人士必須持續投入時間及／或金錢成本才能拉長戰線,這自然而然會限制抗議活動造成干擾的期間與範疇,這要看他們要抗爭的事情有多嚴重,以及他們投入多少。[434]

支持抗議人士的捐款開始湧入,有法定貨幣也有比特幣。班傑明・泰勒・裴林(Benjamin Tyler Perrin)是一位比特幣網絡相關技術的知名教育家,幫忙整理出一個捐款入口網站,讓人們可以發送比特幣來支持卡車司機。裴林之前投票給總理賈斯汀・杜魯道(Justin Trudeau)的政黨,但之後反對執政黨強加注射疫苗的規定與限制行動,他認為捐款都是小額,政府應該不會有異議,然而,隨著許多捐款入口網站(比方說「來資助我」〔GoFundMe〕)被告知必須關閉服務,資金轉不出去,只剩下少數管道能把捐款送到特定對象手上,比特幣網絡便是其中之一。

加拿大政府之後祭出緊急命令,開始要求銀行針對某些抗議人士以及某些單純捐款支持抗議活動的人凍結帳戶。很多凍結行動根本沒有得到法院命令許可就做了,政府和銀行行動之間的界線也變得模糊。[435]

但自行保管的比特幣不會被凍結。加國國內的加密貨幣交易所可以把某些電郵地址列為黑名單,也可以讓透過特定入口網站的比特幣兌換加幣變得很不方便,但除此之外,政府靠著自動化與遠端操控能做的事很有限。花掉比特幣或兌換比特幣的方法百百種。如果有關當局想要某個人的比特幣,他們得跑到對方家去(可以是實際上的或是比喻上的),出示搜索票或是出言威脅恐嚇。換言之,使用比特幣會使得政府執行金融審查的成本大增。多數其他來源的捐款幾乎都被完全攔下來了,但比特幣捐款有三分之二都到了設定對象的手上,只有三分之一因政府使用了鎖定特定目標的執法工具而被沒收。

2022年2月,抗議活動仍在進行中,我在社交媒體上寫了這些細微之

---

[434] Peter Chawaga, "Honk Honk HODL: How Bitcoin Fueled the Freedom Convoy and Defied Government Crackdown," *Bitcoin Magazine:* The Censorship Resistant issue, April 2022.
[435] Ben Perrin, "Enemy of the State," *What Bitcoin Did,* December 22, 2022.

處,刻意避免直接談到疫苗或加拿大政治黨派的問題。我的結論是,讓政府更難以凍結資金的技術並不是為了要躲避正當的法律,反之,其目的是為了確保政府自己能夠守法。當時我是這麼寫的:

> 保管型金融服務讓政府可以先凍結帳戶,之後再找出誰有罪、誰無辜。自行保管的金融服務強迫政府要先有罪名指控某個人,才可以施壓凍結對方的帳戶。
>
> 如果某地的法規因為任何理由而崩壞,放在當地的保管型資金就提領不出來,但如果人民能離開該地,可以在他處提領放在該地的自行保管型資金(有時候,就連他們走不了也可以領)。
>
> 這不是一個「左派還是右派」的問題,因為我們要好好想一想,如果下一次、下兩次或下三次選舉是我們最討厭的人贏了,那會怎麼樣?多數人都喜歡法治,但問題是「什麼法?」以及「順序是什麼?」
>
> 因此,比特幣和加密貨幣的重點其實不在於「逃避法律」,反而是要政府承擔起依法行事的責任,並且在政府開始往偏離自由的方向更改法律時讓人民有更多行動上的選項。[436]

疫情剛開始時,我個人便很認真看待此事,也很支持生產疫苗以及在有疫苗時分發給想要打疫苗的人。但由於新冠疫苗的效果只是暫時性的,且還涉及一些其他難以言喻的細節,我並不支持政府規定一般大眾要注射疫苗,我也不支持根據人們是否打疫苗、由上而下地對人們的行動或就業加諸限制。這觸及了政治上由來已久的個人主義與集體主義政策之爭,但我在此要說的重點,並不是抗議活動本身的主題,而是支持抗議的權利;我是認同還是反對特定的示威抗爭,並不重要。

同樣的概念也適用於政府各式各樣沒收公民權利的操作。在美國,警方每年在未提出指控罪名之下從人民手上拿走幾十億美元的現金、珠寶與其他貴重物品。在很多地方,如果有人經過機場或是被警察攔停時攜帶大

---

[436] Lyn Alden, "Custodial Financial Services," *Twitter*, February 19, 2022.

量的現金或貴重物品，就算當事人並未被控任何違法之舉，警察也可以把現金或貴重物品拿走。如果當事人寄望把資產拿回來，就必須經歷耗時且昂貴的法律程序，比起有錢人，這對一般人來說是更大的阻礙。[437] 這類操作全球可見，差在程度不同，而且擔負舉證責任的是要把資產拿回來的人民，而不是一開始沒收資產的有關單位。

我在 2022 年 5 月的奧斯陸自由論壇上遇見裴林；幾個月前，他才參與整合捐款入門網站工作。他絕對不是一個極端分子，也不擁護特定黨派。他接受彼得·麥康默克公開訪談時說，當政府開始壓制和抗議活動有關的銀行帳戶和捐款入口網站，他很擔心自己與家人的人身安全。他也公開表示，如果他事先知道政治環境會變得如此惡劣，他可能會用更私密、更無法阻擋的方法來建構捐款入口網站。就像他說的，當時他沒想過政府會出手，試圖阻攔和抗議活動相關的捐款金流，他在建置捐款入口網站時才沒有特別強調隱私性。但即便如此，他做的網站還是比「來資助我」或其他類似的中央化捐款入口網站更成功。[438]

對抗議人士或政治異己採取金融審查，是威權與半威權體制下常見的工具，但是民主社會偶爾也會出現陰影，通常是戰時或發生其他極端事件之時。在特定情境下要選擇支持還是壓制使用這些工具，心裡必須謹記政府擁有的任何權力都可以用在相反的情境當中。真正的自由，必須高於任何特定的利益，而不是讓任何人可以輕易從不喜歡的群體裡拿走什麼東西。換言之，最美善的群體應該得到正當的程序，最可憎的群體也一樣。

打造比特幣網絡與最早開始使用的，是呼應加密龐克族運動的人們；之前講過，指的是支持普遍使用加密與強化隱私權技術、把這當成帶動社會政治變革方法的那些人。以這為基礎，再來，自由意志主義（libertarian）之下有更大一群人，也成為這套網路的熱情支持者。[439] 截止我寫到這裡為

---

[437] Cassie Miller, "Civil Asset Forfeiture: Unfair, Undemocratic and Un-American."
[438] Perrin, "Enemy of the State." One scheme that could have been used by the Canadian truckers for more private donations was laid out by Econoalchemist, "How the Freedom Convoy Could Have Protected Donation Privacy with Whirlpool," *Bitcoin Magazine*, March 31, 2022.
[439] Finn Brunton traces that history in *Digital Cash: The Unknown History of the Anarchists, Utopians, and Technologists Who Created Cryptocurrency*.

止,在美國,兩黨都有一些人支持比特幣網絡,但是,與偏民主黨的政治人物相比,支持比特幣網絡的偏共和黨政治人物相對多。

自成立以來,比特幣網絡裡總是有一些政治成分。以全世界嘗試推出各種非政府數位貨幣來說,截至我寫到這裡,比特幣網絡的規模規模最大,也最成功,因此在政治上有了些分量。加密一開始促成了私密的資訊分享,如今,加密也促成了私密的價值分享。資訊和價值是個人要做交易的兩個必要元素。

但這套網絡的政治特質到底是什麼?這專屬於加密龐克族和自由意志主義人士嗎?如果一個喜歡自家政府的人,可以用比特幣嗎?比特幣網絡適不適合這種人?我們可以根據一個人對數位資產的看法來判定對方的政治觀點嗎?

自由意志主義人士與一般性批評政府的人,最常引用幾本書,包括喬治‧歐威爾(George Orwell)寫的《動物農莊》(*Animal Farm*)和《1984》(*Nineteen Eighty-Four*)。時至今日,在強調反極權主義主題中的小說中,這兩本仍躋身威力最強之列。但很多人都不明白的是,以現今的背景脈絡來看,歐威爾可說是一個民主社會主義者。他喜歡大政府,但前提是那是一個透明且透過民主方式選出來的政府。反威權主義並不專屬於政治左派或右派,只是不同邊的人用不同的方式表達。我們可以說的是,這位最知名的反權威主義作家,剛好在政治光譜上的左邊。

2008年發生全球金融危機,美國聯邦政府為銀行紓困,之後有以右翼人士為主的茶黨抗爭行動,與主要以左翼人士為主的占領華爾街示威。兩群人表達抗議的面向不同,但根本問題相同:2008年金融體系崩壞,在政經交纏權力架構下掌權的人,可以利用有彈性的公共帳本選擇性救助他們想要救助的對象,而他們選擇優先保住那些本來就已經有錢有權的人。

如今,比特幣網絡吸納了兩邊的人,給他們一些可以利用與繼續發展的東西,用新興的方式為他們提供(不盡完整的)組織架構,這樣他們就不用只靠抗議了。比特幣網絡提供了一種方法,讓他們可以選擇脫離他們認為嚴重墮落的現有金融體系,改為打造平行的點對點金融體系。很多比特幣網絡的支持者基於這個理由,指稱他們的所作所為是一種寧靜革命。

所以說，雖然這項技術確實有些政治上的意涵，但本質上並無黨派之分。

2022年，比特幣網絡支持者中自認為進步分子的人能見度大增；這指的是社會面與財政面的政治理念通常左傾的那些人。他們當中有很多人在比特幣生態體系中活躍了一陣子，而且，在2021年與2022年間，他們彼此串聯，得到了更大的舞臺發聲。其中一人是比特幣網絡網路廣播節目界很重要的人物，彼得・麥康默克，他特別把這一年時間都花在請更多政治左傾的比特幣網絡支持者上節目（比方說，《比特幣網絡的進步實情》〔Progressive's Case for Bitcoin〕的作者傑森・麥爾〔Jason Maier〕），以平衡局面；他認為，比特幣網絡的網路廣播節目與媒體圈充斥著保守派或自由意志主義文化的狀況。也因為這樣，他們快速出現在各種活動上。我個人認識很多支持比特幣網絡的人，各種政治立場都有，而且遍布全世界。

很多左派比特幣網絡支持者的共同主題之一，是把比特幣網絡當成抑制企業與裙帶資本主義過度發展的工具，就好像很多右傾的比特幣網絡支持者把這當成抑制政府過度發展的工具。兩者並不衝突，這是因為，從最廣義的角度來看，比特幣網絡確實是一種工具（還有很多其他工具），可以約束不同形式的整合權力，包括企業與政府。在權力的最高層級上，政府和企業反正都會互相糾結在一起，大型國防企業、大型食品公司、大型農業企業、大型藥廠業、大型科技公司、大型石油業者等等都對支出相關的立法有相當的影響力。利用有彈性的公共帳本，政府可以偏袒任何他們想要偏袒的企業，企業則可以利用他們的財務規模，幫忙確保他們喜歡的政府官員能掌權而且保有權位，繼續偏袒自家企業。監管人員與受監管單位之間有旋轉門，比特幣網絡則設計成要把公共帳本的某些部分拿回來。

換言之，就像喬治・歐威爾知名作品所講到的，反威權主義的觀點是來自於各種不同的政治角度。人們在各項政治議題上可以彼此有歧見（比方說，稅率到底應該怎麼樣訂，政府應該提供哪些服務），但也可以一起大力支持表達意見的自由、財產權、讓人安心的經商環境、在國內移動或離開國家的權利、隱私權、能做交易以及能自由使用工具以免辛辛苦苦賺來的儲蓄貶值。人們對於政府應該把錢花在那裡雖然立場各異，但多數人至少同意要用透明的方式花錢。舉例來說，一開始抗議美國對伊拉克開戰的人當中，政治立場左傾的比右派的人多；這場戰事的成本達幾兆美元，最後犧牲了無數的人命才畫下句點，資金的主要來源是用各種不透明的方法長期讓美元貶值，主要受惠的則是大型的國防企業包商。

艾森豪總統（Dwight Eisenhower）在 1961 年的告別演說中提出警告，要嚴防軍事產業集團興起。在艾森豪有生之年，美國不再是僅把強大軍事力量用來因應威脅的國家，而已經變成一個需要無時無刻維持龐大兵力的國家。雖然他認為這是必要的，但他也提出警示，講到這會招致哪些危險：

> 維持和平的一個重要因素，是我們的軍事體制。我們必須要有龐大的軍容，隨時準備好立即行動，讓任何可能的侵略者都不敢冒上毀滅的風險。
>
> 不管是我之前所有承平時期的總統，還是打過二戰或韓戰的士兵，我們今日的軍事組織和他們所知的可說是大不相同。
>
> 在最近的世界衝突事件之前，美國並無軍備產業。只要時間夠且有必要，美國的犁頭製造商也可以製造刀劍。但如今我們不用再讓國防冒著臨時應變的風險，我們已經創造出永久性的大規模軍備產業。除此之外，還有三百五十萬的男女加入本項產業，直接投入國防建設。我們每年花在軍事安全上的費用，超過所有美國企業的淨所得。
>
> 大規模的軍事建設加上大型的武器產業，這樣的組合是全新的美國經驗。每個市議會、每個州議會、聯邦政府的每個單位，都能感受到各種經濟上的、政治上的甚至精神上的影響力。我們理解，這樣的發展有其必要，但我們必不可不去理解當中的重大影響，事關我們付出的心力、資源與生計，以及我們的社會結構。
>
> 無論軍事產業集團是主動尋求或被動行事，在政府各部門，我們必須守住，不可任其獲得不當的影響力。這種不當權力恐怖增長的可能性已經存在，未來也將繼續存在。
>
> 我們絕對不能讓這種組合的力量危及我們的自由或民主過程。我們不應把任何事視為理所當然，唯有警覺性強且明智的人民，才能強力要求強大的國防產業與軍事體系充分契合我們追求和平的方法與目標，才能讓安

全與自由攜手共進。[440]

他在演說中也講到權力集中化的危險，以及財政上傾向於犧牲未來以便讓現在更輕鬆便利：

透過聯邦政府聘用、專案分配以及金錢的力量來控制國家學者的情況一直存在，必須特別加以重視。

我們應尊重科學研究與發明，但在此同時，我們也必須警惕另一種同樣嚴重、但方向相反的危機：公共政策本身可能成為科技菁英的俘虜。

政治家的任務，是要秉持民主體系的原則來打造、制衡與整合這些以及其他新舊力量，放眼自由社會的最崇高目標。

維持平衡的另一個要素，涉及了時間元素。當我們遙望社會的未來，我們（你、我以及我們的政府）必須克制僅為了目前而活的衝動，不要傾注未來寶貴的資源以追求自己當下的舒適與便利。我們不可不顧可能讓子孫失去政治與精神傳承的風險，逕自把他們的財富資產先拿來用。我們希望民主永存，代代相存，不要在未來成為無力償債的鬼魂。

遺憾的是，在艾森豪卸任之後，一般來說，這些事有增無減。國防產業包商、大型銀行、大型跨國企業以及他們的遊說大軍，穩穩地和政治人物交纏在一起。公共債務不斷累積，經濟體被掏空、被金融化，美國的政治體制主要的焦點放在偽帝國主義的野心（透過千百個海外軍事基地、花在非防禦性戰爭的幾兆美元、花在推動政變改變幾十個國家政治體制的幾十億美元），本國的製造能力與後勤基礎建設卻停滯不前，使得人民的政治對立與民粹主義愈演愈烈。

開發與宣導比特幣網絡的人，通常都不是政治人物或媒體描述的「加密貨幣圈白人小子」或「見首不見尾的超級程式設計師」，[441] 他們的背景

---

[440] Dwight Eisenhower, "Farewell Address," January 17, 1961.
[441] E.g., Kevin Roose, "The Latecomer's Guide to Crypto," *New York Times*, March 18, 2022.

各異，涵蓋各種政治立場，來自全世界。這些人基於各式各樣的理由，認為用開放原始碼帳本賦予個人權利這個概念很重要，很值得他們專心致志去做。在廣大的加密貨幣生態系統裡確實有很多詐欺與騙術（開發人員與創投業者憑空創造出沒有註冊的安全性代幣然後拋給散戶投資人，是很有吸引力且獲利豐厚的活動），但僅在比特幣網絡活動的人多半是出於道德以及實務理由才去做他們做的那些事。

歐比・沃蘇是一位有奈及利亞血統的英國企業家，他創辦了英國歷史最悠久的比特幣交易所，之後又創立提供比特幣錢包服務的芬蒂公司（Fedi），意在讓比特幣保管服務盡可能分權且分散。芬蒂公司利用開放原始碼 Fedimint 建置協定，以開發中國家的用戶為重心，讓世界各地的在地社區很輕鬆就能打造私有的社區銀行。以此為基礎，這些社群銀行也可以為用戶提供其他服務，例如資料儲存、處理以及各式各樣的次應用。

安妮塔・波什是奧地利人，她經常前往非洲各國教導人民如何使用比特幣網絡。她靠捐款支持，她會發布工作報告以提報她的所見所聞。她的重點是人權，尤其是要幫助在地金融系統崩壞地區的人民培養出存錢與花錢的能力。她以有幸生在歐洲的女同性戀者身分出發的觀點，寫世界各地造成問題的不自由狀態；她的目標是要讓這個世界變成一個更公平的地方。

綽伊・克洛斯（Troy Cross）是在一所文理學院任職的哲學教授，也是一位環保人士，他著眼於比特幣網絡可以善加利用滯留能源的獨特能力，他認為這對人權有好處。

他曾公開表示，起初他很憂心比特幣網絡對環境造成的衝擊，但做過詳細研究之後他改變了心意，成為強力支持比特幣網絡的人。克洛斯現在經常針對這個主題教育民眾，他也對抗假訊息，並且提倡各種盡可能以永續經營原則來操作比特幣挖礦的方法。

艾力克斯・格拉德斯坦是人權基金會的策略長，他寫了《檢查你的金融特權》這本書，詳細列出世界各個嚴重通膨與威權統治地區的人民如何使用比特幣與穩定幣。格拉德斯坦和人權基金會辦過幾次私密的靜修會，來自威權主義國家的人權運動人士、軟體開發人員與創投業者共聚一堂，討論開發出哪些技術會對人權運動人士以及他們的社群很有用，並且讓大家學習一些新近開發出來的技術。

伊莉莎白・史塔克和奧拉盧瓦・奧松托昆（Olaoluwa Osuntokun）是閃電實驗室的共同創辦人，並自 2016 年起就擔任領導人，一手打造出時至今日仍是使用最廣泛的閃電網絡節點。擁有哈佛法學院法律博士學位的史塔克，經常在世界各地發表演說，講述如何將開放原始碼貨幣技術帶給開發中國家幾十億人民。奧松托昆是電腦科學家兼應用加密學家，與人共寫了《精通閃電網絡》（*Mastering the Lightning Network*）一書，這是一本比特幣閃電網絡的入門技術性書籍。

倡導民主的法芮達・納布蕾瑪（Farida Nabourema）來自威權主義國家多哥，目前正被流放中。她親見故鄉的權力機構眼使用金融監控與凍結銀行帳戶來壓制支持民主的人。除了倡導民主之外，她也大力批評法國在非洲施行貨幣新殖民主義，她公開支持比特幣網絡，因為她認為這是一種追求自由的工具。2022 年底，她和其他人在迦納辦了一場非洲比特幣網絡大會（Africa Bitcoin Conference），全世界都有人過來參加與演講。

印度跑者印度帕克（Paco de la India），2021 年時收到一本朋友所贈以比特幣為題的書，並在友人刺激之下嘗試使用比特幣環遊世界。之後，帕克決定要把他本來對跑步的熱情與新近對比特幣的執著結合在一起，400 天內要在 40 個國家跑步，而且，只要可以，他就用比特幣作為交易媒介。他走過肯亞、蘇丹、斯里蘭卡、南非、古巴以及更多地方，拜訪過幾十國（多半是開發中國家），親自去研習會教導人們比特幣網絡相關知識。

嚴恩・普瑞茲克是天鵝網路公司的共同創辦人兼技術長。他小時候就跟著家人一起離開蘇聯，就像多數人一樣，他們只能帶走 100 美元。他一向說比特幣是一種能賦予人權力的工具，如果威權主義政府與失敗國家的難民人可以逃離，他們就能帶著儲蓄一起走。只要有可能，資本自然想要從不自由的地方流向自由之地。

來自於巴西的蕾娜塔・羅德里格（Renata Rodrigues），過去幾年都在開發中國家發展點對點比特幣網絡社群，包括一些銀行體系與加密貨幣交易所劃清界線的地方。已開發市場很多批評者認為比特幣只是一種投機工具，不過就是電腦螢幕上用來交易的數字，但她腳踏實地，在貨幣通膨、少有銀行服務的地區幫忙打造了比特幣網絡導向的社區。

我認為，這些人抱持的看法有憑有據，而他們所做的事也在情在理。以自由之家的衡量方法來看，全球的自由度自 2005 年起就不斷下滑，排名下滑的國家連續 17 年多過排名上升的國家。1980 年代、1990 年代和 2000 年代初期，特色是全世界的自由度與開放度都不斷提高，特別是，中國的經濟自由化與蘇聯的瓦解以不同方式讓很多地方得到了部分自由。然而，到了 2000 年代末期、2010 年代與 2020 年代，特色卻變成了經濟開放度下滑、各種不同形式的監視大增以及個人自由縮水。[442]

在普丁領導之下，俄羅斯的自由度大倒退，習近平治下的中國亦同。受他們影響的幾個國家，從土耳其、泰國到匈牙利，也發生同樣的狀況。全世界很多政府都轉向民粹主義的強人領導者，這些人壓迫新聞記者，把國家的經濟困境歸罪於宗教上的少數群體、性傾向上的少數群體、政治上的少數群體或是意義不明的境外勢力。自由之家給美國的評分仍列在「自由」之列，但是分數已經比較低了，表現不像過去那麼好。2001 年《愛國者法案》、刑事司法體系的各種貪腐以及其他的議題，從旁邊一點一點削掉美國的自由。

助長這種局面的因素很多，而我認為，全球金融體系的功能不彰扮演重要角色。我在本書第 3 部和第 4 部談過，全球金融體系通常每幾十年就會重新建構，部分原因是地緣政治與技術能力會隨著時間變化，另外，和長期債務循環有關的問題以及決策者不當的動機誘因，也會在金融體系與相關機構組織不斷累積。過去兩百年來，這個世界從自由銀行體系與金銀雙幣制走向央行金本位、布列敦森林體系，之後又來到了歐洲美元／石油美元體系，每一種體系最後都不合時宜、緊繃惡化，最後在自身的熵之下分崩離析，然後再重新建構出新體系。現在，很多跡象指出當前的全球金融體系正在再度崩解。幾十年赤字支出累積下來的高額主權債，加上財富愈來愈集中以及全球秩序從一元走向多元，這些因素組合起來，讓各式各樣的法定貨

---

[442] Sarah Repucci and Amy Slipowitz, *The Global Expansion of Authoritarian Rule*.

幣系統備感壓力。[443] 隨著財富往上集中，以及人們開始覺得經濟體系不再為他們效力，人民就會傾向民粹主義。這是一種古老的循環，一如文明。

民粹主義有很多種，但在政治光譜上，都屬於某些極端主義所在的最遠端。在一個愈來愈混亂的世界裡，人們總是不計一切代價希望理出秩序，就算要放棄一些自由也無所謂。他們希望有一個看來很強悍的領導者講出問題是什麼，解決方案計畫又是什麼，但讓人難過的是，這類強人領導者所指的問題到最後多半是讓人痛苦的誤診，只會為了偏袒文化上的大多數不惜犧牲社會中最脆弱的人，或是毀壞了一開始帶動高效率生產商品與服務的經濟誘因。

本書不斷探討「誰控制帳本？」這個問題，而答案會隨時間推移而改變。以早期歷史來說，答案是在地社群以及大自然（以商品貨幣而言）控制帳本。等到某些文明創造出超越其他的技術優勢，新進文明憑藉技術大量創造出較落後文明認為很罕見的商品貨幣，基本上就找到了方法掌控比較落後文明的帳本。在電信通訊技術更強的世界裡，黃金的流通速度太慢，不足以承擔貨幣的角色，銀行與央行體系隨之興起，帳本就愈來愈集中化，並由國家政府控制。各國政府及其央行基本上得以壟斷快速、長程的資金傳輸，他們可以因此享有更大的彈性，讓境內人民的儲蓄貶值，並以不透明的操作把這些價值導向他們設定的目標。展望未來，由下而上的數位貨幣（比方說比特幣）會想辦法把帳本還給人民，由上而下的數位貨幣（例如央行數位貨幣）則會給國家更大的控制權，掌握人民使用的帳本。

回到控制帳本這件事，可以分成兩部分來講。第一個問題是：「誰可以監視與審查他人的交易或凍結他人的資金？」第二個問題是：「誰可以用幾近免費的方法創造貨幣並讓他人的儲蓄與薪資貶值？」

如果某些人可以用遠低於市場價值的成本來創造貨幣，那他們就可以得到鑄幣的權力，從而掌控全部或部分帳本。相對來說，如果就像在採集型原始商品貨幣時代，部落之間的技術能力相去不遠，沒有人能免費創造貨幣，那麼，只有大自然可以掌控帳本。如果某一群人的技術優越性超過

---

[443] Dalio, *Changing World Order*, 264, 331–362.

另一群到某個程度，可以低廉的成本創造玻璃珠、貝殼項鍊、石幣、可可豆或其他技術水準較低的人們用來儲存財富的物品，那麼，他們就可以取得鑄幣的權力，至少可以維持到另一方發現問題、停止使用這種崩壞的貨幣為止。

在法定貨幣體系，主權政府與央行可以用幾乎免費的方法創造貨幣，這種貨幣即便持續遭到稀釋，區內的其他人也應該將其視為有價值。很多國家的帳本管理嚴重失當，導致貨幣供給大幅成長，整體物價也跟著上漲。當人民想要逃離，利用其他帳本或資產以保護自己的儲蓄，有關當局很少為問題負起責任，通常反倒是譴責投機客與境外勢力，因此，通常的因應之道是試圖阻止資本逃離。

黃金早已轉變成一種防禦資產與儲蓄，但在數位時代不是很好用的交易貨幣。比特幣網絡是比較新、比較快的替代選項；沒有人可以免費創造出比特幣，因此沒有人能享有鑄幣的權力。同樣的，除非能掌控網絡裡50％以上的主動算力，不然的話，任何人都無法審查刪改交易。還有，比特幣不需要經過央行這個瓶頸就可以在全球流通。然而，這套網絡仍處於相當初期的階段，當各國的中央化貨幣系統因為自身的熵長期下來逐漸動盪，央行為保護貨幣系統會發動更猛烈的攻擊，比特幣網絡是否能夠穩健以對，還有待觀察。

在本書第3部，我引用了凱因斯的話，他說控制公共帳本的人，就可以在人民並不知情之下把價值從一個群體導引到另一個群體：

> 藉由持續通貨膨脹的過程，政府可以悄悄地暗中徵用人民很大一部分財產。政府透過這種方法行事不僅是徵用，根本就是任意徵用；而且，雖然這個過程讓很多人一貧如洗，但也真的讓某些人富了起來。[444]

國家和貨幣要分開，這個想法的重點不是要消滅國家，反之，這是要創造出一種分權的貨幣技術，如果能夠被廣泛採用而且能抵擋攻擊，就能

---

[444] Keynes, *Essays in Persuasion,* 77.

讓國家和其他人都處在更公平的位置上。在一個很多人持有快速、可攜、自行保管、全球可傳輸、可對抗貶值的點對點貨幣世界裡，人民擁有更多選擇，因此，政府的行動要更透明。考量到全世界有 160 多種法定貨幣，還有超過半數的人生活在各種威權主義陰影下，這不是很容易達成的目標。以比特幣為形式的開放原始碼貨幣，最後或許會壯大到能更直接與美元相抗衡，但在現在，比較容易做到的是，對於幾十億生活在使用失敗貨幣地區（這種地區數目之多，是一般人很難想像）的人民，這樣的技術可以給他們另一種選擇。這也可以快速帶動貨幣創新，開發出在現有技術之下做不到的全新應用。

如果世界上很多地方的政治環境像過去二十年這樣，繼續偏離自由、轉向程度各異的威權主義，那麼，控制公共帳本這件事在未來會更重要，超過這幾十年。在比較不自由的地方，使用中央控制貨幣的人愈來愈無法控制帳本，也愈來愈無法看清政府如何管理公共帳本。在此同時，政府和企業卻愈來愈能掌控與透視每一個人在帳本上占有的小小位置，包括他們有多少錢以及他們能如何運用這些錢。

政治會對人和貨幣之間的互動造成局部性與暫時性的影響，技術則會對人和貨幣之間的互動造成全面性與永久性的影響。出現新技術時，某些類型的帳本就會過時並消滅，新的帳本出現並成為必需品。正因如此，新型態的貨幣多半會受到廣泛採用，而不只限於特定地區。當世界工業化程度愈來愈高，黃金勝出，打敗其他商品貨幣。接著，當電信通訊系統讓整個世界愈來愈緊密相連，每一個國家都用法定貨幣取代了黃金。如今，數位性的稀缺性與數位性的結算隨著新形態的技術成為現實，又再度開啟了新的貨幣紀元。

在整部歷史上，貨幣技術的更新大多都是集中化的過程，將權力整合到少數人手上，以換取更高的效率。現在，出現了真正的機會之窗，可以把這樣的權力分散，而且廣為散布。此外，過去因為交易與結算之間的速度落差不斷擴大，導致金融化與抽象化的程度也不斷提高。現在，由於結算加速，速度落差也隨之收斂，大有機會進入金融簡化以及穩健度更高的時期。

我們無法預知未來，只能盡力分析當下，預見我們想像中的未來應該是什麼樣，然後每一個人都扮演好自己的角色，邁向這樣的願景。在我看來，給了人們力量、不需要得到誰的許可，就可以使用而且更容許價值跨境流動的開放原始碼分權式貨幣，既強大又合乎道德。從很多方面來說，這個概念強化了現有的金融體系，約束了權力過度膨脹，因此值得探索，也值得支持。

參考書目

Acemoglu, Daron, and Robinson, James A. *Why Nations Fail: The Origins of Power, Prosperity, and Poverty.* Crown Publishing: New York, 2012.

Agarwal, Ruchir, and Krogstrup, Signe. "Cashing In: How to Make Negative Interest Rates Work." *IMF Blog.* February 5, 2019: https://www.imf.org/en/Blogs/Articles/2019/02/05/blog-cashing-in-how-to-make-negative-interest-rates-work

Akhtar, Tanzeel and Shukla, Sidharta. "China Makes a Comeback in Bitcoin Mining Despite Government Ban." Bloomberg. May 17, 2022: https://www.bloomberg.com/news/articles/2022-05-17/china-makes-a-comeback-in-bitcoin-mining-despite-government-ban

Al Jazeera. "Egyptian Pound Has Lost Half of its Value Since March." Al Jazeera News. January 11, 2023: https://www.aljazeera.com/news/2023/1/11/egyptian-pound-has-lost-half-of-its-value-since-march

Albrecht, Brian and Young, Andrew. "Wampum: The Political Economy of an Institutional Tragedy." Unpublished manuscript, November 2017. Available online via: https://briancalbrecht.github.io/albrecht-young-wampum-tragedy.pdf

Alden, Lyn. "A Look at the Lightning Network." Lyn Alden Investment Strategy. August 2022. Available online via: https://www.lynalden.com/lightning-network/

Alden, Lyn. "Analyzing Bitcoin's Network Effect." Lyn Alden Investment Strategy. March 2021. Available online via: https://www.lynalden.com/bitcoins-network-effect/

Alden, Lyn. "Banks, QE, and Money-Printing." Lyn Alden Investment Strategy. November 2020. Available online via: https://www.lynalden.com/money-printing/

Alden, Lyn. "Bitcoin's Energy Usage Isn't a Problem. Here's Why." Lyn Alden Investment Strategy. August 2021, updated January 2023. Available online via: https://www.lynalden.com/bitcoin-energy/

Alden, Lyn. "Custodial Financial Services." Twitter. February 19, 2022: https://twitter.com/lynaldencontact/status/1495153860691652609

Alden, Lyn. "How Debt Jubilees Work." Lyn Alden Investment Strategy. February 2022. Available online via: https://www.lynalden.com/debt-jubilee/

Alden, Lyn. "How to Value Bitcoin and Other Cryptocurrencies." Lyn Alden Investment Strategy. November 2017. Available online via: https://www.lynalden.com/cryptocurrencies/

Alden, Lyn. "March 2023 Newsletter: A Look at Bank Solvency." Lyn Alden Investment Strategy. March 13, 2023. Available online via: https://www.lynalden.com/march-2023-newsletter/

Alden, Lyn. "Proof-of-Stake and Stablecoins: A Blockchain Centralization Dilemma." Lyn Alden Investment Strategy. November 2021. Available online via: https://www.lynalden.com/proof-of-stake/

Alden, Lyn. "What is Money, Anyway?" Lyn Alden Investment Strategy. March 2022. Available online via: https://www.lynalden.com/what-is-money/

Aliber, Robert Z. "Eurodollars: An Economic Analysis." In *Eurodollars and International Banking,* edited by Paolo Savona and George Sutija: 77–110. Palgrave Macmillan: London, 1985.

Alioth Finance. "Inflation Calculator." U.S. Official Inflation Data. Accessed online, June 2, 2023: https://www.in2013dollars.com/

Americans for Democracy & Human Rights in Bahrain (ADHRB). "UAE: It's Time to Release Human Rights Defender Ahmed Mansoor." *IFEX.org.* April 28, 2023: https://ifex.org/uae-its-time-to-release-human-rights-defender-ahmed-mansoor/

Ammous, Saifedean, *The Fiat Standard: The Debt Slavery Alternative to Human Civilization.* Saif House: 2021.

Ammous, Saifedean. *The Bitcoin Standard: The Decentralized Alternative to Central Banking.* Wiley: Hoboken, N.J., 2018.

Anson, Michael. Cohen, Norma, Owens, Alastair, and Todman, Daniel. "Your Country Needs Funds: The Extraordinary Story of Britain's Early Efforts to Finance the First World War," *Bank Underground.* The Bank of England, August 8, 2017: https://bankunderground.co.uk/2017/08/08/your-country-needs-funds-the-extraordinary-story-of-britains-earlyefforts-to-finance-the-first-world-war/

Areddy, James T. "China Creates Its Own Digital Currency, a First for Major Economy." *Wall Street Journal.* April 5, 2021: https://

www.wsj.com/articles/china-creates-its-own-digital-currency-a-first-for-major-economy-11617634118

Associated Press in Cairo. "Egypt Devalues Currency by 48% to Meet IMF Demands for $12bn Loan." *Guardian*. November 3, 2016: https://www.theguardian.com/world/2016/nov/03/egypt-devalues-currency-meet-imf-demands-loan

Atkeson, Andrew, and Kehoe, Patrick J. 2004. "Deflation and Depression: Is There an Empirical Link?" *American Economic Review* 94, 2: 99–103.

Autor, David, Cho, David, Crane, Leland D., Goldar, Mita, Lutz, Byron, Montes, Joshua, Peterman, William B., Ratner, David, Villar, Daniel, and Yildirmaz, Ahu. "The $800 Billion Paycheck Protection Program: Where Did the Money Go and Why Did It Go There?" *Journal of Economic Perspectives* 36, 2 (Spring 2022): 55–80.

Baack, Ben. "America's First Monetary Policy: Inflation and Seigniorage During the Revolutionary War," *Financial History Review* 15, 2 (October 2008): 107–121.

Back, Adam. "Early Days of Bitcoin & Future Outlook." *Blockstream Talk* #1 (17:02-19:11): https://youtu.be/b7QT6km2hGs?t=1022

Bagus, Philipp. *In Defense of Deflation*. Springer: Cham, Switzerland, 2015.

Bajak, Frank and Gerad, Vanessa. "AP Exclusive: Polish Opposition Duo Hacked with NSO spyware." *AP News*. December 21, 2021: https://apnews.com/article/technology-business-poland-hacking-warsaw-8b52e16d1af60f9c324cf9f5099b687e

Bajak, Frank. "Probe: Journalists, Activists Among Firm's Spyware Targets." *AP News*. July 19, 2021: https://apnews.com/article/technology-middle-eastbusiness-journalists-jamal-khashoggi-00a3fb4349b04504d3d7c481eae233d3

Bangs, Robert B. "Public and Private Debt in the United States, 1929–40," Bureau of Economic Analysis *Survey of Current Business*, November 1941: 18–21.

Bank for International Settlements. "BIS International Banking Statistics and Global Liquidity Indicators at End-September 2022." BIS Explorer GLI, Table E2-USD. Available online via: https://stats.bis.org/:/statx/srs/tseries/GLI/Q.USD.3P.N.A.I.B.USD?t=e2&p=20223&m=USD&c=&o=w:20001.20224,s:line

Bank for International Settlements. "Project mBridge: Connecting Economies Through CBDC." BIS Innovation Hub. October 2022. Available online via: https://www.bis.org/publ/othp59.pdf

Berman, Elise. "Avoiding Sharing: How People Help Each Other Get out of Giving," *Current Anthropology* 61, 2: 141–282.

Bernanke, Ben. *21st Century Monetary Policy: The Federal Reserve from the Great Inflation to COVID-19*. W. W. Norton & Company: New York, 2022.

Bernholz, Peter. *Monetary Regimes and Inflation: History, Economic and Political Relationships*, 2nd edition. Edward Elgar Publishing: Cheltenham, UK, 2015.

Beuscher, Kristin. "From Pasack to the Plains." *Northern Valley Press*. May 21, 2019: https://thepressgroup.net/from-pascack-to-the-plains-the-story-of-campbell-wampum/

Bhatia, Nik. *Layered Money: From Gold and Dollars to Bitcoin and Central Bank Digital Currency*. Nik Bhatia, 2021.

Bible Gateway. "The Year for Canceling Debt." *Deuteronomy*, 15. New International Version, 2015. Available online via: https://www.biblegateway.com/passage/?search=Deuteronomy%2015&version=NIV

Bier, Jonathan. *The Blocksize War: The Battle Over Who Controls Bitcoin's Protocol Rules*. Independently published, 2021.

Blanchard, James. "An Interview with F.A. Hayek." University of Freiburg, Germany, May 1, 1984. Available online via: https://youtu.be/s-k_Fc63tZI?t=1163 (19:26–19:40).

Blimes, Linda. "The Credit Card Wars: Post-9/11 War Funding Policy in Historical Perspective." Statement in Congressional Briefing, "The $5.6 Trillion Price Tag of the Post-9/11 Wars and How We Will Pay for It," hosted by Senator Jack Reed. November 8, 2017. Available online via Watson Institute: https://watson.brown.edu/costsofwar/files/cow/imce/papers/2017/Linda%20J%20Bilmes%20_Credit%20Card%20Wars%20FINAL.pdf

Blockchain.com. "Market Capitalization (USD): The Total USD Value of Bitcoin in Circulation." Accessed online, June 13, 2023: https://www.blockchain.com/explorer/charts/market-cap

Blockchain.com. "Total Circulating Bitcoin." Accessed online, June 14, 2023: https://www.blockchain.com/explorer/charts/total-bitcoins

Board of Governors of the Federal Reserve System. "Federal Market Open Committee" Last updated May 3, 2023: https://www.federalreserve.gov/monetarypolicy/fomc.htm

Board of Governors of the Federal Reserve System. "Monetary Policy: What Are Its Goals? How Does It Work?" Last updated July 29, 2021: https://www.federalreserve.gov/monetarypolicy/monetary-policy-what-are-its-goals-how-does-it-work.htm

Board of Governors of the Federal Reserve System. "Who Owns the Federal Reserve?" Last updated March 1, 2017. Available online via: https://www.federalreserve.gov/faqs/about_14986.htm

Bolton, Jim and Guidi-Bruscoli, Francesco. "'Your Flexible Friend': The Bill of Exchange in Theory and Practice in the Fifteenth Century," *Economic History Review* 74, 4 (November 2021): 873–891.

Booth, Jeff. "The Distortion of Money." Podcast interview with Peter McCormack, *What Bitcoin Did* 489. April 15, 2022. Transcript available online via: https://www.whatbitcoindid.com/wbd489-jeff-booth

Booth, Jeff. *The Price of Tomorrow: Why Deflation is the Key to an Abundant Future*. Stanley Press: 2020.

Bordo, Michael D. "The Bretton Woods International Monetary System: A Historical Overview." In *The Bretton Woods International Monetary System: A Historical Overview*, edited by Michael Bordo and Barry Eichengreen: 3–98. University of Chicago Press: Chicago, 1993.

Bordo, Michael D. and McCauley, Robert N. "Triffin: Dilemma or Myth?", Bank for International Settlements working papers No. 684. December 2017. Available online via: https://www.bis.org/publ/work684.pdf

Boudreaux, Donald J. "'Price Gouging' After a Disaster Is Good for the Public." *Wall Street Journal*. October 3, 2017: https://www.wsj.com/articles/price-gouging-after-a-disaster-is-good-for-the-public-1507071457

Brunton, Finn. *Digital Cash: The Unknown History of the Anarchists, Utopians, and Technologists Who Created Cryptocurrency*. PUP: Princeton, N.J., 2019.

BTCCasey. "African Bitcoin Mining Firm Gridless Raises $2 Million In Funding Round Led by Stillmark, Block Inc." *Bitcoin Magazine*. December 6, 2022: https://bitcoinmagazine.com/business/bitcoin-miner-gridless-raises-2-million

Buchholz, Katarina. "U.S. Debt Rises Irrespective of Who Is in the White House." *Statista*. May 8, 2023: https://www.statista.com/chart/1505/americas-debt-ceiling-dilemma/

Bureau of Labor Statistics. "Average Hourly Earnings of Production and Nonsupervisory Employees, Total Private, Seasonally Adjusted" (CES0500000008). BLS Beta Labs, Data Viewer, accessed May 22, 2023: https://beta.bls.gov/dataViewer/view/timeseries/CES0500000008

Bureau of Labor Statistics. "CPI for all Urban Consumers: Beef and Veal in U.S. City Average, All Urban Consumers, Not Seasonally Adjusted" (CUUR0000SEFC). BLS Beta Labs, Data Viewer, accessed May 24, 2023: https://beta.bls.gov/dataViewer/view/timeseries/CUUR0000SEFC

Bureau of Labor Statistics. "CPI for all Urban Consumers: Hospital and Related Services in U.S. City Average, Seasonally Adjusted" (CUSR0000SEMD). BLS Beta Labs, Data Viewer, accessed May 22, 2023: https://beta.bls.gov/dataViewer/view/timeseries/CUSR0000SEMD

Bureau of Labor Statistics. "CPI for all Urban Consumers: Tuition, Other School Fees, and Childcare, in U.S. City Average, All Urban Consumers, Seasonally Adjusted" (CUSR0000SEEB). BLS Beta Labs, Data Viewer, accessed May 22, 2023: https://beta.bls.gov/dataViewer/view/timeseries/CUSR0000SEEB

Cambridge Centre for Alternative Finance. "Cambridge Bitcoin Electricity Consumption Index." Judge Business School, University of Cambridge. Available online via: https://ccaf.io/cbnsi/cbeci

Cantillon, Richard. *Essay on the Nature of Trade in General*. Translated, Edited, and with an Introduction by Antoin E. Murphy. Liberty Fund: Indianapolis, IN., 2019.

Carstens, Agustín. "Cross-Border Payments — A Vision for the Future." IMF Panel Discussion, October 19, 2022. Available online via: https://www.youtube.com/live/mVmKN4DSu3g?feature=share&t=1452 (24:12–25:06).

Carter, Nic. "An Interesting Externality of PoW Coins … " *Twitter*. July 27, 2018: https://twitter.com/nic__carter/status/1022836976729370624

Carter, Nic. "Debunking 'Bitcoin Wastes Energy'." Demystifying Bitcoin, 1:05-33:00. July 21, 2021. Available online via The B

Word: https://www.thebword.org/c/track-1-demystifyingbitcoin

Carter, Nic. "Imagine a 3D Topographic Map … " *Twitter*. July 27, 2018: https://twitter.com/nic__carter/status/1022837882925539330

Chancellor, Edward. *The Price of Time: The Real Story of Interest*. Allen Lane: London, 2022.

Chaum, David L. "Blind Signatures for Untraceable Payments," *Advances in Cryptology*, Proceedings of Crypto 82 (1983): 199–203.

Chaum, David L. "Computer Systems Established, Maintained and Trusted by Mutually Suspicious Groups." PhD dissertation, University of California, Berkeley, 1982. Available online via Nakamoto Institute: https://nakamotoinstitute.org/static/docs/computersystems-by-mutually-suspicious-groups.pdf

Chawaga, Peter. "Free Assange: Inside a Cypherpunk's Fight to Publish the Secrets of Superpowers." *Bitcoin Magazine*, Gatekeeper's issue (May 2023): 14–31. Available online via: https://gatekeepers.bitcoinmagazine.com/free-assange

Chawaga, Peter. "Honk Honk HODL: How Bitcoin Fueled the Freedom Convoy and Defied Government Crackdown." *Bitcoin Magazine*: The Censorship Resistant Issue (April 2022). Available online via: https://bitcoinmagazine.com/culture/how-bitcoin-fueled-canada-trucker-convoy

Chirichigno, Gregory. *Debt-slavery in Israel and the Ancient Near East*. Sheffield Academic Press: Sheffield, England, 1993.

Cipolaro, Greg and Stevens, Ross. "The Power of Bitcoin's Network Effect." NYDIG, November 2020. Available online via: https://assets-global.website-files.com/614e11536f66309636c98688/616c92ea37a2ff12923190c8_NYDIG-Power-of-Bitcoins-Network-Effect.pdf

Clarida, Richard H., Duygan-Bump, Burcu, and Scotti, Chiara. "The COVID-19 Crisis and the Federal Reserve's Policy Response," Federal Reserve Board Finance and Economics Discussion Series 2021-035. Board of Governors of the Federal Reserve System: Washington, 2021.

Cochrane, John. H. "Fiscal Inflation." In *Populism and the Future of the Fed*, edited by James A. Dorn: 119–130. Cato Institute: Washington, D.C., 2022.

Congressional Budget Office. "The Budget and Economic Outlook: 2023 to 2033." February 2023. Available online via: https://www.cbo.gov/publication/58946

Cooke, Kristina. "iPad Price Remark Gets Fed's Dudley an Earful." *Reuters*. March 11, 2011: https://www.reuters.com/article/us-usa-fed-dudley-ipad/ipad-price-remark-gets-feds-dudley-an-earful-idUSTRE72A4AC20110311

Cox, Jeff. "Yellen's Only Regret as Fed Chair: Low Inflation." *CNBC*. December 13, 2017: https://www.cnbc.com/2017/12/13/yellens-only-regret-as-fed-chair-low-inflation.html

Crawford, Neta C. "The U.S. Budgetary Costs of the Post-9/11 Wars." Watson Institute for International & Public Affairs, Brown University. September 1, 2021. Available online via: https://watson.brown.edu/costsofwar/files/cow/imce/papers/2021/Costs%20of%20War_U.S.%20Budgetary%20Costs%20of%20Post-9%2011%20Wars_9.1.21.pdf

Cuthbertson, Anthony. "Bitcoin Mining on Track to Consume All of the World's Energy by 2020." *Newsweek*. December 11, 2017: https://www.newsweek.com/bitcoin-mining-track-consume-worlds-energy-2020-744036

Cutler, Matt. "Guessing a Private Key: Beyond Chainsplaining Part IV." Blocknative. June 26, 2019: https://www.blocknative.com/blog/guessing-a-private-key

Dalio, Ray. *Principles for Dealing with the Changing World Order: Why Nations Succeed and Fail*. Simon & Schuster: New York, 2021.

Dash, Mike. "David O'Keefe: The King of Hard Currency." *Smithsonian Magazine*. July 28, 2011: https://www.smithsonianmag.com/history/david-okeefe-the-king-of-hard-currency-37051930/

Daud, Dazmin. "A Study on Two Varieties of $100 Malaya Japanese Invasion Money (Pick #M8A)," *International Bank Note Society Journal* 58, 4 (2019): 42–46.

Davies, Glyn. *A History of Money: From Ancient Times to the Present Day*, fourth edition University of Wales Press: Cardiff, 2002.

Davis, Marc. "U.S. Government Financial Bailouts." *Investopedia*. October 31, 2022. Available online via: https://www.investopedia.com/articles/economics/08/governmentfinancial-bailout.asp

de Rugy, Veronique and Leff, Gary D. "Bailouts Left Airlines, the Economy, and the Federal Budget in Worse Shape Than Before." Mercatus Center Policy Briefs, George Mason University. September 8, 2020: https://www.mercatus.org/research/policy-briefs/2020-bailouts-leftairlines-economy-and-federal-budget-worse-shape

Deaton, Angus and Case, Anne. *Deaths of Despair and the Future of Capitalism.* Princeton University Press: Princeton, N.J., 2020.

Deming, David. *Science and Technology in World History, Volume 3: The Black Death, the Renaissance, the Reformation and the Scientific Revolution.* McFarland & Company: Jefferson, N.C., 2012.

Denzel, Markus. "The European Bill of Exchange: Its Development from the Middle Ages to 1914." In *Cashless Payments and Transactions from Antiquity to 1914*, edited by Sushil Chaudhuri and Markus Denzel: 153–194. Franz Steiner Verlag: Stuttgart, 2008.

Di Salvo, Mat. "Argentina Bans Payment Apps From Offering Bitcoin to Customers." *Decrypt.* May 5, 2023: https://decrypt.co/139068/argentinas-central-bank-clamps-down-on-bitcoin

Dick, Philip K. *Galactic Pot-Healer.* Vintage Books: New York, 1994.

Dilanian, Ken and Strickler, Laura. "'Biggest Fraud in a Generation': The Looting of the Covid Relief Plan Known as PPP." *NBC News.* March 28, 2022: https://www.nbcnews.com/politics/justice-department/biggest-fraud-generation-looting-covid-relief-program-known-ppp-n1279664

Doherty, Brian, Schiff, Peter, Henderson, David R., Sumner, Scott, and Murphy, Robert. "Whatever Happened to Inflation?" *Reason.* December 2014 Issue. Available online via: https://reason.com/2014/11/30/whatever-happened-to-inflation/

Doll, Ignacio Olivera and Gillespie, Patrick. "Argentina Slams Brake On Crypto, Banning Purchases Through Banks." *Bloomberg.* May 6, 2022: https://www.bloomberg.com/news/articles/2022-05-05/argentina-slams-brake-on-crypto-banning-purchases-through-banks

Durant, Will and Durant, Ariel. *The Lessons of History.* Simon & Schuster: New York, 2010.

Dussubieux, Laure, Welling, Menno, Kaliba, Potiphar, Thomson, Jessica C. "European Trade in Malawi: The Glass Bead Evidence," *African Archeological Review* (forthcoming).

Easby, Dudly T. "Early Metallurgy in the New World," *Scientific American* 214, 4 (April 1966): 72–83.

Econoalchemist. "How the Freedom Convoy Could Have Protected Donation Privacy with Whirlpool." *Bitcoin Magazine.* March 31, 2022: https://bitcoinmagazine.com/technical/freedom-convoy-should-whirlpool-bitcoin

Eggertson, Gauti B., Juelsrud, Ragnar E., Summers, Lawrence H., Wold, Ella Getz. "Negative Nominal Interest Rates and the Bank Lending Channel," NBER Working Paper 25416, January 2019. Available online via: https://www.nber.org/system/files/working_papers/w25416/w25416.pdf

Eichengreen, Barry and Flandreau, Marc. "The Rise and Fall of the Dollar (or When Did the Dollar Replace Sterling as the Leading Reserve Currency?)," *European Review of Economic History* 13: 377–411.

Eichengreen, Barry. "The British Economy Between the Wars." In *The Cambridge Economic History of Modern Britain. Volume II: Economic Maturity, 1860-1939*, edited by Roderick Floud and Paul Johnson: 314–343. Cambridge University Press: Cambridge, 2004.

Eichengreen, Barry. *Exorbitant Privilege: The Rise and Fall of the Dollar and the Future of the International Monetary System.* Oxford University Press: Oxford, 2011.

Eichengreen, Barry. *Globalizing Capital: A History of the International Monetary System.* Princeton University Press: Princeton, N.J., 1998.

Einzig, Paul. *Primative Money: In Its Ethnological, Historical, and Economic Aspects*, second edition. Pergamon Press: Oxford, 1966.

Einzig, Paul. *The Euro-dollar System: Practice and Theory of International Interest Rates.* Macmillan: New York, 1964.

Eisenhower, Dwight D. "Farewell Address." January 17, 1961. Final TV Talk, Box 38 Speech Series. Eisenhower Library, National Archives and Records Administration. Available online via: https://www.archives.gov/milestone-documents/president-dwight-d-eisenhowers-farewell-address

Elliot, Colin P. "The Acceptance and Value of Roman Silver Coinage in the Second and Third Centuries AD," *The Numismatic Chronicle* 174 (2014): 129–152.

Elwell, Craig K. "Brief History of the Gold Standard in the United States." Congressional Research Service. June 23, 2011. Available online via: https://sgp.fas.org/crs/misc/R41887.pdf

Epstein, Jim. "When Encryption Was a Crime: The 1990s Battle for Free Speech in Software," *Reason.* October 21, 2020. Available online via: https://reason.com/video/2020/10/21/cryptowars-gilmore-zimmermann-cryptography/

Farrington, Allen and Meyers, Sacha. *Bitcoin Is*

Venice: Essays on the Past and Future of Capitalism. BTC Media: Nashville, TN., 2022.

Fay, C.R. "Newton and the Gold Standard," *The Cambridge Historical Journal* 5, 1 (1935): 109–117.

FDIC. "BankFind Suite: Find Annual Historical Bank Data." Federal Deposit Insurance Company. Accessed online, May 22, 2023: https://banks.data.fdic.gov/explore/historical?displayFields=STNAME%2CTOTAL%2CBRANCHES%2CNew_Char&selectedEndDate=2022&selectedReport=CBS&selectedStartDate=1934&selectedStates=0&sortField=YEAR&sortOrder=desc

Feavearyear, Albert E. *The Pound Sterling: A History of English Money*. Oxford University Press: Oxford, 1963.

Federal Reserve Bank of Minneapolis. "Consumer Price Index, 1913-." Available online via: https://www.minneapolisfed.org/about-us/monetary-policy/inflation-calculator/consumer-price-index-1913-Federal Reserve Economic Data. "3-Month Treasury Bill Secondary Market Rate, Discount Basis" (TB3MS). Accessed online, June 13, 2023: https://fred.stlouisfed.org/series/TB3MS

Federal Reserve Economic Data. "All Sectors; Debt Securities and Loans; Liability, Level" (TCMDO). Accessed online, June 4, 2023: https://fred.stlouisfed.org/series/TCMDO

Federal Reserve Economic Data. "Cash Assets, All Commercial Banks" (CASACBW027NBOG). Accessed online, June 2, 2023: https://fred.stlouisfed.org/series/CASACBW027NBOG

Federal Reserve Economic Data. "Consumer Price Index for All Urban Consumers: All Items in U.S. City Average" (CPIAUCSL). U.S. Bureau of Labor Statistics. Accessed online, May 21 2023: https://fred.stlouisfed.org/series/CPIAUCSL

Federal Reserve Economic Data. "Consumer Price Index for All Urban Consumers: All Items in U.S. City Average" (CPIAUCNS). U.S. Bureau of Labor Statistics. Accessed online, June 13, 2023: https://fred.stlouisfed.org/series/CPIAUCSL

Federal Reserve Economic Data. "Currency in Circulation" (CURRCIR). Accessed online, June 13, 2023: https://fred.stlouisfed.org/series/CURRCIR

Federal Reserve Economic Data. "Deposits, All Commercial Banks" (DPSACBW027NBOG). Accessed online, June 2, 2023: https://fred.stlouisfed.org/series/DPSACBW027NBOG

Federal Reserve Economic Data. "Employed Full Time: Median Usual Weekly Nominal Earnings (Second Quartile): Wage and Salary Workers: 16 Years and Over" (LEU0252881500A). Accessed online, June 3, 2023: https://fred.stlouisfed.org/series/LEU0252881500A

Federal Reserve Economic Data. "Federal Debt: Total Public Debt" (GFDEBTN). Accessed online, June 13, 2023: https://fred.stlouisfed.org/series/GFDEBTN

Federal Reserve Economic Data. "Federal Funds Effective Rate" (FEDFUNDS). Accessed online, June 14, 2023: https://fred.stlouisfed.org/series/FEDFUNDS

Federal Reserve Economic Data. "Gross Domestic Product" (GDP), quarterly. Accessed online, June 4, 2023: https://fred.stlouisfed.org/series/GDP

Federal Reserve Economic Data. "Gross Domestic Product" (GDPA), annually. Accessed online, June 5, 2023: https://fred.stlouisfed.org/series/GDPA

Federal Reserve Economic Data. "Households and Nonprofit Organizations; Net Worth, Level" (TNWBSHNO). Accessed online, June 4, 2023: https://fred.stlouisfed.org/series/TNWBSHNO

Federal Reserve Economic Data. "Industrial Production: Total Index" (INDPRO). Accessed online, June 8, 2023: https://fred.stlouisfed.org/series/INDPRO

Federal Reserve Economic Data. "M2" (M2NS). Accessed online, June 13, 2023: https://fred.stlouisfed.org/series/M2NS

Federal Reserve Economic Data. "M3 for the United States" (MABMM301USM189S). Accessed online, May 19, 2023: https://fred.stlouisfed.org/series/MABMM301USM189S

Federal Reserve Economic Data. "Median Sales Price of Houses Sold for the United States" (MSPUS): Accessed online, June 3, 2023: https://fred.stlouisfed.org/series/MSPUS

Federal Reserve Economic Data. "Monetary Base, Total" (BOGMBASE). Accessed online, May 15, 2023: https://fred.stlouisfed.org/series/BOGMBASE

Federal Reserve Economic Data. "Nonfinancial Corporate Business; Debt Securities and Loans; Liability, Level" (BCNSDODNS). Accessed online, June 14, 2023: https://fred.stlouisfed.org/series/BCNSDODNS

Federal Reserve Economic Data. "Reserves of Depository Institutions: Total" (TOTRESNS). Accessed online, May 15, 2023: https://fred.stlouisfed.org/series/TOTRESNS

Federal Reserve Economic Data. "St. Louis Adjusted Monetary Base" (AMBNS). Accessed online,

June 2, 2023: https://fred.stlouisfed.org/series/AMBNS

Federal Reserve Economic Data. "Total Net Worth Held by the Bottom 50% (1st to 50th Wealth Percentiles)" (WFRBLB50107): Accessed online, June 3, 2023: https://fred.stlouisfed.org/series/WFRBLB50107

Federal Reserve Economic Data. "Total Net Worth Held by the Top 1% (99th to 100th Wealth Percentiles)" (WFRBLT01026): Accessed online, June 3, 2023: https://fred.stlouisfed.org/series/WFRBLT01026

Federal Reserve Economic Data. "U.S. Net International Investment Position" (IIPUSNETIA). Accessed online, June 2, 2023: https://fred.stlouisfed.org/series/IIPUSNETIA

Federal Reserve Statistical Release. "Large Commercial Banks." Insurance U.S.-Chartered Commercial Banks that have Consolidated Assets of $300 Million or More, Ranked by Consolidated Assets. As of December 31, 2022. Available online via: https://www.federalreserve.gov/releases/lbr/current/

Federal Reserve. "Fedwire Funds Service: Annual Statistics." Last updated January 24, 2023. Available online via: https://www.frbservices.org/resources/financial-services/wires/volume-value-stats/annual-stats.html

Feldstein, Steven. "The Global Expansion of AI Surveillance." Carnegie Endowment for International Peace Working Paper, September 2019. Available online via: https://carnegieendowment.org/files/WP-Feldstein-AISurveillance_final1.pdf

Ferguson, Niall. *The Pity of War: Explaining World War I*. Basic Books: New York, 1999.

Feygin, Yakov and Leusder, Dominik. "The Class Politics of the Dollar System." *Phenomenal World*. May 1, 2020: https://www.phenomenalworld.org/analysis/the-class-politics-of-hedollarsystem/

Finney, Hal. "Running bitcoin." *Twitter*. 11 January, 2009: https://twitter.com/halfin/status/1110302988

Forkast.News. "ECB's Lagarde Gets Pranked, Reveals digital Euro Will Have 'Limited' Control." *Yahoo! Finance*. April 7, 2023: https://finance.yahoo.com/news/ecb-lagarde-getspranked-reveals-135218145.html

Frank, Silvan. "Gold to Silver Ratio," Longtermtrends. Accessed online, June 2, 2022: https://www.longtermtrends.net/gold-silver-ratio/

Freedom House. "Freedom in the World 2023: Bahrain." Available online via: https://freedomhouse.org/country/bahrain/freedom-world/2023

Freedom House. "Freedom in the World 2023: Poland." Available online via: https://freedomhouse.org/country/poland/freedom-world/2023

Freedom House. "Freedom in the World 2022: Spain." Available online via: https://freedomhouse.org/country/spain/freedom-world/2022

Freedom House. "Freedom in the World 2023: China." Available online via https://freedomhouse.org/country/china/freedom-world/2023

Freedom House. "Freedom in the World 2023: Thailand." Available online via: https://freedomhouse.org/country/thailand/freedom-world/2023

Friedman, Milton and Schwartz, Anna. *A Monetary History of the United States, 1867–1960*. Princeton University Press: Princeton, N.J., 1963.

Friedman, Milton. "The Optimum Quantity of Money." In *The Optimum Quantity of Money and Other Essays*, edited by Milton Friedman: 1–50. Macmillan: London, 1969.

Friedman, Milton. "Understanding Inflation" documentary, available via YouTube: https://youtu.be/GJ4TTNeSUdQ?t=181

Friedman, Milton. *Monetary Mischief: Episodes in Monetary History*. Harcourt Brace & Company: New York, 1992.

Fromm, Ingrid. "From Small Chocolatiers to Multinationals to Sustainable Sourcing: A Historic Review of the Swiss Chocolate Industry." In *The Economics of Chocolate*, edited by Mara P. Squicciarini and Johan F. M. Swinnen: 71–87. Oxford University Press: Oxford, 2016.

Garten, Jeffrey E. *Three Days at Camp David: How a Secret Meeting in 1971 Transformed the Global Economy*. HarperCollins: New York, 2021.

Gelb, Ignace J. "Sumerian Language." Encyclopedia Britannica. February 5, 2009: https://www.britannica.com/topic/Sumerian-language

Gigi. "A Failure to Understand Proof of Work is a Failure to Understand #Bitcoin." *Twitter*. May 13, 2021: https://twitter.com/dergigi/status/1392826482863579136

Gigi. "Bitcoin Is Digital Scarcity." DerGigi.com. October 2, 2022: https://dergigi.

com/2022/10/02/bitcoin-is-digital-scarcity/

Gigi. *21 Lessons: What I've Learned from Falling Down the Bitcoin Rabbit Hole.* Independently published, 2019.

Gillespie, Patrick. "Argentina Inflation Surpasses 100% as Economic Recession Looms." *Bloomberg*. March 14, 2023: https://www.bloomberg.com/news/articles/2023-03-14/argentina-surpasses-100-inflation-as-economic-recession-looms

Gladstein, Alex. "The Humanitarian and Environmental Case for Bitcoin." *Bitcoin Magazine*. May 26, 2021: https://bitcoinmagazine.com/culture/bitcoin-is-humanitarian-and-environmental

Gladstein, Alex. *Check Your Financial Privilege: Inside the Global Bitcoin Revolution.* BTC Media: Nashville, TN., 2022.

Gladstein, Alex. *Hidden Repression: How the IMF and World Bank Sell Exploitation as Development.* Bitcoin Magazine Books: Nashville, TN., 2023.

Goetzmann, William N. *Money Changes Everything: How Finance Made Civilization Possible.* Princeton University Press: Princeton, N.J., 2016.

Goldberg, Dror. "Famous Myths of 'Fiat Money'," *Journal of Money, Credit and Banking* 37, 5 (October 2005): 957–967.

Goodhart, Charles. *The Evolution of Central Banks.* The MIT Press: Cambridge, Mass., 1988.

Graeber, David. *Debt: The First 5,000 Years*. Melville House: London, 2011.

Green, Timothy. "Central Bank Gold Reserves: An Historical Perspective Since 1845." World Gold Council, Research Study No. 23. November 1999. Available online via: https://famguardian.org/Subjects/MoneyBanking/FederalReserve/CentralBankGoldReserves.pdf

Greenwald, Glenn and MacAskill, Ewen. "NSA Prism Program Taps in to User Data of Apple, Google and Others." *Guardian*. June 7, 2013: https://www.theguardian.com/world/2013/jun/06/us-tech-giants-nsa-data

Greif, Avner. "The Fundamental Problem of Exchange: A Research Agenda in Historical Institutional Analysis," *European Review of Economic History* 4 (2000): 251–284.

Gridless. Company Description. Accessed May 28, 2023: Available online via: https://gridlesscompute.com/

Grubb, Farley. "Colonial Virginia's Paper Money, 1755–1774: Value Decomposition and Performance," *Financial History Review* 25, 2 (2018): 113–140.

Grubb, Farley. "The Continental Dollar: What Happened to It after 1779?" NBER Working Paper 13770, February 2008. Available online via: https://www.nber.org/papers/w13770

Hammurabi. *The Code of Hammurabi, King of Babylon*. Translated by Robert Francis Harper. University of Chicago Press: Chicago, 1904.

Hayek, Friedrich. "The Use of Knowledge in Society," *The American Economic Review* 35, 4 (September 1945): 519–530.

Hetzel, Robert L. *The Federal Reserve: A New History*. University of Chicago Press: Chicago and London, 2022.

Hetzel, Robert. "Launch of the Bretton Woods System," Federal Reserve Bank of St. Louis. November 22, 2013. Available online via: https://www.federalreservehistory.org/essays/bretton-woods-launched

Hickel, Jason, Sullivan, Dylan and Zoomkawala, Huzaifa. "Plunder in the Post-Colonial Era: Quantifying Drain from the Global South Through Unequal Exchange, 1960–2018," *New Political Economy* 26, 6 (2021): 1030–1047.

Higgs, Robert. "Wartime Prosperity? A Reassessment of the U.S. Economy in the 1940s," *Journal of Economic History* 52, 1 (March 1992): 41–60.

Hill, Andrew T. "The Second Bank of the United States: A Chapter in the History of Central Banking." Federal Reserve Bank of Philadelphia, January 2021: 1–20. Available online via: https://www.philadelphiafed.org/-/media/frbp/assets/institutional/education/publications/second-bank-of-the-united-states.pdf

History.Com Editors. "Knights Templar," *History.com*, July 13, 2017: https://www.history.com/topics/middle-ages/the-knights-templar

Hochstein, Martin. "The Fairy Tale of Low Inflation in the Euro Area," *The Economists' Voice* September 29, 2018. Available online via: https://www.degruyter.com/document/doi/10.1515/ev-2018-0025/html?lang=en

Holzer, Henry Mark. "How Americans Lost Their Right To Own Gold And Became Criminals in the Process By Henry Mark Holzer," *Brooklyn Law Review* 39, 3 (Winter 1973): 517–550.

Howard Schneider. "Powell's Econ 101: Jobs Not inflation. And Forget About the Money Supply." *Reuters*, February 23, 2021: https://www.reuters.com/article/us-usa-fed-powell-econ-idUSKBN2AN2EM

Hughes, Eric. "A Cypherpunk's Manifesto." March 9, 1993. Available Online via Nakamoto Institute: https://nakamotoinstitute.org/static/docs/cypherpunk-manifesto.txt

Hülsmann, J. Guido. *The Ethics of Money Production*. Ludwig von Mises Institute: Auburn, AL., 2008.

IMF. "Consumer Prices, End of Period," Datamapper. Available Online: https://www.imf.org/external/datamapper/PCPI_PCH@AFRREO/NGA

Jezard, Adam. "In 2020 Bitcoin Will Consume More Power Than the World Does Today." World Economic Forum. December 15, 2017: https://www.weforum.org/agenda/2017/12/bitcoin-consume-more-power-than-world-2020/

Jevons, W. Stanley. *Money and the Mechanism of Exchange*. D. Appleton and Company: New York, 1875.

Jiang, Erica Xuewei, Matvos, Gregor, Piskorski, Thomasz and Seru, Amit. "Monetary Tightening and U.S. Bank Fragility in 2023 Mark-to-Market Losses and Uninsured Depositor Runs?" NBER Working Paper 31048, April 2023. Available Online via: https://www.nber.org/papers/w31048

Jili, Bulelani. "China's Surveillance Ecosystem & The Global Spread of its Tools." Atlantic Council Cyber Statecraft Initiative, Issue Brief October 2022. Available online via: https://www.atlanticcouncil.org/wp-content/uploads/2022/10/Chinas-Surveillance-Ecosystem-The-Global-Spread-Of-Its-Tools.pdf

Jones, David E. *Native North American Armor, Shields, and Fortifications*. University of Texas Press, Austin: Austin, TX., 2004.

Jones, Sam. "Use of Pegasus Spyware on Spain's Politicians Causing 'Crisis of Democracy'." *Guardian*. May 15, 2022: https://www.theguardian.com/world/2022/may/15/use-of-pegasus-spyware-on-spains-politicians-causing-crisis-of-democracy

Jordà, Òscar, Knoll, Katharina, Kuvshinov, Dmitry, Schularick, Moritz, and Taylor, Alan M. "The Rate of Return on Everything, 1780–2015," *The Quarterly Journal of Economics* 134, 3 (August 2019): 1225–1298.

Jordà, Òscar, Schularick, Moritz, and Taylor, Alan M. "Macrofinancial History and the New Business Cycle Facts." In *NBER Macroeconomics Annual 2016* volume 31, edited by Martin Eichenbaum and Jonathan A. Parker. Chicago: University of Chicago Press, 2017. Accessed via Macrohistory.net May 19, 2023: https://www.macrohistory.net/database/

Joshua, John. *The Belt and Road Initiative and the Global Economy: Volume II – The Changing International Financial System and Implications*. Palgrave Macmillan: Cham, Switzerland, 2019.

Kelton, Stephanie. *The Deficit Myth: Modern Monetary Theory and the Birth of the People's Economy*. Public Affairs: New York, 2020.

Kennedy, John F. "Radio and Television Report to the American People on Civil Rights, June 11, 1963." The White House, June 11, 1963. Available online via JFK Library: https://www.jfklibrary.org/archives/other-resources/john-f-kennedy-speeches/civil-rights-radio-and-television-report-19630611

Kennedy, Paul Y. *The Rise and Fall of the Great Powers 1500–2000: Economic Change and Military Control from 1500–2000*. Random House: New York, 1987.

Kenton, W. "What is a Quid? With History of the British Pound Sterling" *Investopedia*. Updated May 15, 2023: https://www.investopedia.com/terms/q/quid.asp

Key, Alys. "Nigeria Limits Cash Withdrawals to $45 per Day in CBDC, Digital Banking Push." *Yahoo! Finance*. December 7, 2022: https://finance.yahoo.com/news/nigeria-limits-cashwithdrawals-45-100611213.html

Keynes, John Maynard. "A. Mitchell-Innes. *What Is Money?*" *The Economic Journal* 24, 95 (September 1914): 419–421.

Keynes, John Maynard. *Essays in Persuasion*. Macmillan and Co: London, 1933.

Kihara, Leika. "BOJ's Kuroda Rules Out Early End of Negative Rate Policy." *Reuters*. November 20, 2018: https://www.reuters.com/article/us-japan-economy-boj-idINKCN1NP05T

Klein, Aaron. "Opinion: How Credit Card Companies Reward the Rich and Punish the Rest of Us." *Los Angeles Times*. December 20, 2019: https://www.latimes.com/opinion/story/2019-12-20/opinion-how-credit-card-companies-reward-the-rich-and-punish-the-rest-of-us

Kocherlakota, Nayarana. "Money is Memory," *Journal of Economic Theory* 81, 2 (1998): 232–251.

Kohn, Meir. "Money, Trade, and Payments in Preindustrial Europe." In *Handbook of the History of Money and Currency*, edited by Stefano Battilossi, Yousef Cassis, and Kazuhiko Yago: 1–22. Springer: Singapore, 2018.

Korotev, Randy L. "Meteorite Numbers in the United States, Canada, and Mexico." Washington University in St. Louis, Earth and Planetary Sciences. Available online via: https://sites.wustl.edu/meteoritesite/items/meteorites-in-the-united-states/

Kris Hirst. "What Did Cicero Mean by the Sword of Damocles?" *ThoughtCo*. April 12, 2018: https://www.thoughtco.com/what-is-the-sword-of-damocles-117738

Krugman, Paul. "Covid's Economic Mutations." *The New York Review of Books*, March 10, 2022: https://www.nybooks.com/articles/2022/03/10/covids-economic-mutations-krugman/

Lagarde, Christine. "Opening Statement by Christine Lagarde to the Economic and Monetary Affairs Committee of the European Parliament." International Monetary Fund, September 4, 2019. Available online via: https://www.imf.org/en/News/Articles/2019/09/04/sp090419-Opening-Statement-by-Christine-Lagarde-to-ECONCommittee-of-European-Parliament

Lavoie, Don. *Rivalry and Central Planning: The Socialist Calculation Debate Reconsidered*. Cambridge University Press: New York, 1985.

LeClair, Dylan and Rule, Sam. "Just How Big Is the Everything Bubble?" *Bitcoin Magazine PRO*. August 11, 2022: https://bmpro.substack.com/p/just-how-big-is-the-everything-bubble

Lee, Dave. "Who are the Hackers who Cracked the iPhone?" *BBC News*. August 26, 2016: https://www.bbc.com/news/technology-37192670

Lerner, Abba P. "Money as a Creature of the State," *American Economic Review* 37, 2 (May 1947): 312–17.

Lewis, Park. "U.S. Reported Set To Borrow Marks Worth $1.25 Billion." *The New York Times*. November 28, 1978: https://www.nytimes.com/1978/11/28/archives/us-reported-set-toborrow-marks-worth-125-billion-treasury-would.html

Lewis, Parker. "Bitcoin is the Great Definancialization." Unchained Capital. December 23, 2020: https://unchained.com/blog/bitcoin-is-the-great-definancialization/

Loomis, Bill. "1910-1930: The Years of Driving Dangerously." *Detroit News*. April 26, 2015: https://www.detroitnews.com/story/news/local/michigan-history/2015/04/26/auto-traffic-history-detroit/26312107/

Lougheed, Alan L. "The Discovery, Development, and Diffusion of New Technology: The Cyanide Process for the Extraction of Gold, 1887–1914." *Prometheus: Critical Studies in Innovation* 7, 1 (1989): 61–74.

Luo, Xinyi. "Bitcoin Miners Offered Way to Cut Texas Electricity Usage to Help the Grid." *CoinDesk*. December 6, 2022: https://www.coindesk.com/business/2022/12/06/texas-bitcoin-miners-are-offered-to-cut-electricity-usage-to-help-the-grid/

Luther, William J. "Is Bitcoin Intrinsically Worthless?" *The Journal of Private Enterprise* 33, 1 (2018): 31–45.

Luther, William J. and Salter, Alexander W. "Synthesizing State and Spontaneous Order Theories of Money." In *Entangled Political Economy* (*Advances in Austrian Economics, Vol. 18*): 161–178. Emerald Group Publishing Limited: Bingley, UK., 2014.

Luther, William. "Cryptocurrencies, Network Effects, and Switching Costs," *Contemporary Economic Policy* 34, 3 (July 2016): 553–571.

Lydon, Ghislaine. "Paper Instruments in Early African Economies and the Debated Role of the *Suftaja*." *Cahiers d'Études Africaines* 236 (2019): 1091–1118.

Mankiw, Gregory. "Small Menu Costs and Large Business Cycles: A Macroeconomic Model of Monopoly," *Quarterly Journal of Economics* 100, 2 (May 1985): 529–538.

Marczak, Bill, Abdulemam, Ali, Al-Jizawi, Noura, Anstis, Siena, Berdan, Kristin, Scott-Railton, John, and Deibert, Ron. "From Pearl to Pegasus: Bahraini Government Hacks Activists with NSO Group Zero-Click iPhone Exploits." TheCitizenLab, at Munk School of Global Affairs & Public Policy, University of Toronto. August 24, 2021: https://citizenlab.ca/2021/08/bahrain-hacks-activists-with-nso-group-zero-click-iphone-exploits/

Marmefelt, Thomas. *The History of Money and Monetary Arrangements: Insight from the Baltic and North Seas Region*. Routledge: Abingdon, Oxon, 2019.

Maronoti, Bafundi. "Revisiting the International Role of the Dollar," *BIS Quarterly Review* (December 2022): 36–37.

Matthews, Dylan. "Modern Monetary Theory, explained." *Vox*. April 16, 2019: https://www.vox.com/future-perfect/2019/4/16/18251646/modern-monetary-theory-new-moment-explained

Matthews, Steve. "Bullard Says Important for Fed to Defend 2% Inflation Target." *Bloomberg*. August 14, 2013: https://www.bloomberg.com/news/

Mauss, Marcel. *The Gift: The Form and Reason for Exchange in Archaic Societies*. Routledge: London, 2002.

Maverick, J.B. "A Historical Guide to the Gold-Silver Ratio." *Investopedia*. July 27, 2022: https://www.investopedia.com/articles/investing/080316/historical-guide-goldsilver-ratio.asp

McClean, Patrick. "A Corrections 103 Years Late: How the BoE Covered Up Failed War Bond Sale," *Financial Times* Aug 8, 2017: https://www.ft.com/content/1ffa3bb6-ae87-3b6caa5c-7a48ca1fc2e2

McCloskey, Donald and Zacher, J. Richard. "How the Gold Standard Worked." In *Enterprise and Trade in Victorian Britain: Essays in Historical Economics*, edited by D.N. McCloskey: 184–208. Routledge: Abingdon, Oxon, 2003.

McLeay, Michael, Amar, Radia, and Ryland, Thomas. "Money Creation in the Modern Economy," *Bank of England Quarterly Bulletin*, 2014 Q1. Available online via: https://www.bankofengland.co.uk/-/media/boe/files/quarterly-bulletin/2014/money-creation-in-themodern-economy.pdf

Mehrling, Perry. *Money and Empire: Charles P. Kindleberger and the Dollar System*. Cambridge University Press: Cambridge, 2022.

Meltzer, Allen H. *A History of the Federal Reserve, Volume 1: 1913–1951*. University of Chicago Press: Chicago, 2003.

Meltzer, Allen H. *A History of the Federal Reserve, Volume 2, Book 2: 1970–1986*. University of Chicago Press: Chicago, 2003.

Mempool.Space. "Block: 170." The Mempool Open Source Project. Available online via: https://mempool.space/block/00000000d1145790a8694403d4063f323d499e655c83426834d4ce2f8dd4a2ee

Mempool.Space. "Genesis: 0." The Mempool Open Source Project. Available online via: https://mempool.space/block/000000000019d6689c085ae165831e934ff763ae46a2a6c172b3f1b60a8ce26f

Menger, Carl. "On the Origin of Money," *The Economic Journal* 2, 6 (June 1892): 239–55.

Menger, Carl. *Principles of Economics*. Free Press: Glencoe, IL., 1950.

Miller, Cassie. "Civil Asset Forfeiture: Unfair, Undemocratic and Un-American." Southern Poverty Law Center Policy Brief. October 2017. Available online via: https://www.splcenter.org/sites/default/files/com_policybrief_civil_asset_forfeiture_web.pdf

Milstein, Eric and Wessel, David. "What Did the Fed Do in Response to the COVID-19 Crisis?" *Brookings Institution*. December 17, 2021: https://www.brookings.edu/research/fed-response-to-covid19/

Mitchell-Innes, Alfred. "The Credit Theory of Money," *The Banking Law Journal* 31: (1914): 151–168.

Mitchell-Innes, Alfred. "What is Money?" *The Banking Law Journal* 30 (May 1913): pp. 377–408.

Mitchener, Ron. "Money in the American Colonies." *EH.Net* Encyclopedia, 2011. Available online via: https://eh.net/encyclopedia/money-in-the-american-colonies/

Mohamed El-Erian. *The Only Game in Town: Central Banks, Instability, and Recovering from Another Collapse*. Random House: New York, 2016.

Moramarco, Stefania and Nemi, Loreto. "Nutritional and Health Effects of Chocolate." In *The Economics of Chocolate*, edited by Mara P. Squicciarini and Johan F. M. Swinnen: 134–156. Oxford University Press: Oxford, 2016.

Moses, Jonathan M. "Message Is Out On Beepers." *The Washington Post*, July 11, 1988: https://www.washingtonpost.com/archive/politics/1988/07/11/message-is-out-on-beepers/58840caa-523e-413b-9224-60ad94d7803f/

Mullen, Cormac, and Ainger, John. "World's Negative-Yielding Debt Pile Hits $18 Trillion Record." *Bloomberg*. December 11, 2020: https://www.bloomberg.com/news/articles/2020-12-11/world-s-negative-yield-debt-pile-at-18-trillion-for-first-time

Mundell, Robert. "Uses and Abuses of Gresham's Law in the History of Money," *Zagreb Journal of Economics* 2, 2 (1998): 3–38.

Munro, John H. "Rentes and the European 'Financial Revolution'." In *Handbook of Key Global Financial Markets, Institutions, and Infrastructure* volume 1, edited by Gerard Caprio: 235–249. Elsevier: Oxford, 2013.

Muresianu, Alex. "Personal Income Tax Adjusts for Inflation, But It Could Do Better." Tax Foundation. April 13, 2022: https://taxfoundation.org/personal-income-tax-inflation/

Murphy, Sharon Ann. *Other People's Money: How Banking Worked in the Early American*

Republic. Johns Hopkins University Press: Baltimore, MD., 2017.

Nakamoto, Satoshi. "Bitcoin Open Source Implementation of P2P Currency." P2P Foundation. February 11, 2009. Available online via: http://p2pfoundation.ning.com/forum/topics/bitcoin-open-source

Nakamoto, Satoshi. "Bitcoin P2P e-cash paper." Cryptography Mailing List. November 6, 2008. Available online via the Satoshi Nakamoto Institute: https://satoshi.nakamotoinstitute.org/emails/cryptography/4/

Nakamoto, Satoshi. "Bitcoin: A Peer-to-Peer Electronic Cash System." Bitcoin.org. October 31, 2008. Available online via: https://bitcoin.org/bitcoin.pdf

Nakamoto, Satoshi. "Emails." Cryptography Mailing List, Bitcoin P2P e-cash Paper. Available online via the Satoshi Nakamoto Institute: https://satoshi.nakamotoinstitute.org/emails/

Nakamoto, Satoshi. "Re: Bitcoin Does NOT Violate Mises' Regression Theorem." BitcoinTalk forum. August 27, 2010: https://bitcointalk.org/index.php?topic=583.msg11405#msg11405

Nakamoto, Satoshi. "Re: Bitcoin Minting is Thermodynamically Perverse." BitcoinTalk forum. August 7, 2010. Available online via the Satoshi Nakamoto Institute: https://satoshi.nakamotoinstitute.org/posts/bitcointalk/327/

Nakamoto, Satoshi. "Re: Bitcoin Minting is Thermodynamically Perverse." BitcoinTalk forum. August 9, 2010. Available online via the Satoshi Nakamoto Institute: https://satoshi.nakamotoinstitute.org/posts/bitcointalk/337/

Nakamoto, Satoshi. "Re: PC World Article on Bitcoin." BitcoinTalk forum. December 11, 2010. Available via the Satoshi Nakamoto Institute: https://satoshi.nakamotoinstitute.org/posts/bitcointalk/542/

National Archives. "The Bill of Rights: A Transcription," America's Founding Documents. Available online via: https://www.archives.gov/founding-docs/bill-of-rights-transcript

National Science Foundation. "Shell Beads from South African Cave Show Modern Human Behavior 75,000 Years Ago." News Release 04-048. April 15, 2004: https://www.nsf.gov/news/news_summ.jsp?cntn_id=100362

Neal, Larry. *The Rise of Financial Capitalism: International Capital Markets in the Age of Reason*. Cambridge University Press: Cambridge, 1990.

Newport, Frank. "Seventy-Two Percent of Americans Support War Against Iraq," Gallup News Service. March 24, 2003: https://news.gallup.com/poll/8038/seventytwo-percentamericans-support-war-against-iraq.aspx

Nguyen, Hugo. "Proof-of-Stake, Private Keys Attacks and Unforgeable Costliness the Unsung Hero." *Medium*. April 3, 2008: https://hugonguyen.medium.com/proof-of-stake-privatekeys-attacks-and-unforgeable-costliness-the-unsung-hero-5caca70b01cb

Nguyen, Hugo. "Work is Timeless, Stake is Not." *Medium*. October 12, 2008: https://hugonguyen.medium.com/work-is-timeless-stake-is-not-554c4450ce18

Krizek, Graham. "Every Company Will Be a Lightning Company." *Medium*. June 21, 2023: https://medium.com/@graham_krizek/every-company-will-be-a-lightning-company-806576920064

O'Leary, Lizzie. "Financial Panic: Inflation Isn't a Risk of Joe Biden's $1.9 Trillion Stimulus." *Washington Post*. March 4, 2021: https://www.washingtonpost.com/outlook/2021/03/04/inflation-economy-pandemic-stimulus/

O'Toole, Garson. "Tortoises All the Way Down." *QuoteInvestigator*. August 22, 2021: https://quoteinvestigator.com/2021/08/22/turtles-down/

Onu, Emele and Osae-Brown, Anthony. "Nigeria Caps ATM Cash Withdrawals at $45 Daily to Push Digital Payments." *Bloomberg*. December 6, 2022: https://www.bloomberg.com/news/articles/2022-12-06/nigeria-limits-cash-transactions-to-push-enaira-and-other-payments

Pack, Justin. *Money and Thoughtlessness: A Genealogy and Defense of the Traditional Suspicions of Money and Merchants*. Palgrave Macmillan: Cham, Switzerland, 2023.

Palma, Nuno. "The Real Effects of Monetary Expansions: Evidence from a Large-scale Historical Experiment," *Review of Economic Studies* 89, 3 (May 2022): 1593–1627.

Paul, Ron. "The End of Dollar Hegemony." Speech before House of Representatives, 15 February 2006. Congressional Record 152, 19 (2006). Government Publishing Office. Available online via: https://www.congress.gov/congressional-record/volume-152/issue-19/house-section/article/H318-2

Perrin, Ben. "Enemy of the State." Podcast interview with Peter McCormack, *What Bitcoin Did* 592. December 22, 2022. Transcript available online via: https://www.whatbitcoindid.com/wbd592-btc-sessions

Perry, Mark J. "Chart of the Day … or Century?" *American Enterprise Institute*. July 23, 2022: https://www.aei.org/carpe-diem/chart-of-the-day-or-century-8/

Phalen, William J. *How the Telegraph Changed the World*. McFarland & Company: Jefferson, NC., 2015.

Pigeaud, Fanny and Sylla, Ndongo Samba, *Africa's Last Colonial Currency: The CFA Franc Story*. Translated from French by Thomas Fazi. Pluto Press: London, 2021.

Pitta, Julie. "Requiem for a Bright Idea." *Forbes Magazine*. November 1, 1999: https://www.forbes.com/forbes/1999/1101/6411390a.html

Poon, Joseph and Dryja, Thaddeus. "The Bitcoin Lightning Network: DRAFT Version 0.5." 1 March, 2015. Available online via: http://lightning.network/lightning-network-paper-DRAFT-0.5.pdf

Poon, Joseph and Dryja, Thaddeus. "The Bitcoin Lightning Network: Scalable Off-Chain Instant Payments." January 14, 2016. Available online via: https://lightning.network/lightning-network-paper.pdf

Powell, Jerome H. "We're Not Even Thinking About Thinking About Raising Rates." Press conference, June 10, 2020. Available via *Wall Street Journal*: https://www.wsj.com/video/powell-were-not-even-thinking-about-thinking-about-raising-rates/0C020333-947B-411F-912E-6EF76EFE18C0.html (0:39-0:45).

Priest, Claire. "Currency Policies and Legal Development in Colonial New England," *The Yale Law Journal* 110, 8 (June 2001): 1303–1405.

Pritzker, Yan. "Bitcoin Mass Adoption." Podcast Interview with Peter McCormack, *What Bitcoin Did* 394, September 6, 2021. Transcript available via: https://www.whatbitcoindid.com/wbd394-yan-pritzker

Pritzker, Yan. *Inventing Bitcoin: The Technology Behind the First Truly Scarce and Decentralized Money Explained*. Amazon Kindle: 2019.

Quinn, Stephen and Roberds, William. "The Evolution of the Check as a Means of Payment: A Historical Survey," *Federal Reserve Bank of Atlanta Economic Review* 4 (2008): 1–28.

Quinn, Stephen. "Goldsmith Banking: Mutual Acceptance and Interbank Clearing in Restoration London," *Explorations in Economic History* 34: 411–432.

Real Truth Real News. "'Vovan and Lexus' Pretend to Be Zelensky and Prank the President of the European Central Bank Christine Lagarde." *Rumble*. April 2023: https://rumble.com/v2ha67g-vovan-and-lexus-who-pretend-to-be-zelensky-prank-the-president-of-the-europ.html

Reed, Stephen B. and Rippy, Darren A. "Consumer Price Index Data Quality: How Accurate is the U.S. CPI?" *Prices & Spending* 1, 12 (August 2012): U.S. Bureau of Labor Statistics.

Reinbold, Brian and Wen, Yi. "Understanding the Roots of the U.S. Trade Deficit." Federal Reserve Bank of St. Louis. October 9, 2018: https://www.stlouisfed.org/publications/regional-economist/third-quarter-2018/understanding-roots-trade-deficit

Reinhart, C. M. and Rogoff, K. S. *This Time Is Different: Eight Centuries of Financial Folly*. Princeton University Press: Princeton, N.J., 2009.

Reinhart, Carmen M. and Sbrancia, M. Belen. "The Liquidation of Government Debt," *Economic Policy* 30, 82 (April 2015): 291–333.

Repucci, Sarah and Slipowitz, Amy. *The Global Expansion of Authoritarian Rule: Freedom in the World 2022*. Freedom House, February 2022. Available online via: https://freedomhouse.org/sites/default/files/2022-02/FIW_2022_PDF_Booklet_Digital_Final_Web.pdf

Reuters. "Fed's Bullard Favors Bond Buys If Inflation Continues Decline." *CNBC*. April 17, 2013: https://www.cnbc.com/2013/04/17/feds-bullard-favors-bond-buys-if-inflationcontinuesdecline.html

Ritchie, Hannah, Hasell, Joe, Mathieu, Edouard, Appel, Cameron and Roser, Max. "Terrorism." *Our World in Data*. July 2013, last revised October 2022: https://ourworldindata.org/terrorism

Ritter, Gretchen. *Goldbugs and Greenbacks: The Antimonopoly Tradition and the Politics of Finance in America, 1865–1896*. Cambridge University Press: Cambridge, 1997.

Rizzo, Pete. "The Last Days of Satoshi: What Happened When Bitcoin's Creator Disappeared." *Bitcoin Magazine*, April 26, 2021: https://bitcoinmagazine.com/technical/what-happened-when-bitcoin-creator-satoshi-nakamoto-disappeared

Rockoff, Hugh. "Some Evidence on the Real Price of Gold, Its Costs of Production, and Commodity Prices." In *A Retrospective on the Classical Gold Standard, 1821–1931*, edited by Michael D. Bordo and Anna J. Schwartz: 613–650. University of Chicago Press: Chicago, 1984.

Rockoff, Hugh. *America's Economic Way of War: War and the U.S. Economy from the Spanish-American War to the Persian Gulf War*. Cambridge University Press: Cambridge, 2012.

Rogoff, Kenneth S. *The Curse of Cash: How Large-Denomination Bills Aid Crime and Tax Evasion and Constrain Monetary Policy*. Princeton University Press: Princeton, N.J., 2017.

Roose, Kevin. "The Latecomer's Guide to Crypto." *New York Times*. March 18, 2022: https://www.nytimes.com/interactive/2022/03/18/technology/cryptocurrency-crypto-guide.html

Roth, Jean-Pierre. "Mr Roth Discusses Demonitisation of Gold in Switzerland." Speech at 22nd Annual FT World Gold Conference in London, 14 June 1999. Printed in *BIS Review* 73 (1999). Available online via: https://www.bis.org/review/r990622b.pdf

Rybarczyk, Rachel, Armstrong, Drew, and Fabiano, Amanda. "On Bitcoin Energy Consumption: A Quantitative Approach to a Subjective Question." Galaxy Digital Research. May 31, 2021. Available online via: https://www.lopp.net/pdf/On_Bitcoin_Energy_Consumption.pdf

Saat, Deniz. "Japan's Largest Power Company Will Mine Bitcoin with Excess Energy." *BTC Times*. December 14, 2022: https://www.btctimes.com/news/japans-largest-power-company-will-mine-bitcoin-with-excess-energy

Sahlins, Marshall. *Stone Age Economics*. Routledge: Abingdon, Oxon, 2017.

Sandstedt, Emil. "Tales of Soft Money — The Trail of Beads," *Medium*. May 26, 2019: https://medium.com/@bdratings/tales-of-soft-money-the-trail-of-beads-bc9155cbda14

Sandstedt, Emil. *Money Dethroned: A Historical Journey*. Independently published, (Kindle edition) 2020.

Sangster, Alan, Stoner, Gregory N., and McCarthy, Patricia. "The Market for Luca Pacioli's *Summa Arithmetica*," *Accounting Historians Journal* 35, 1 (June 2008): 111–134.

Sarah Binder and Mark Spindel, *The Myth of Fed Independence: How Congress Governs the Federal Reserve*. Princeton University Press: Princeton, N.J., 2017.

Saylor, Michael. "Bitcoin, Inflation, and the Future of Money." *Lex Fridman Podcast*. April 14, 2022. Full transcript available via: https://chowcollection.medium.com/michael-saylorbitcoin-inflation-and-the-future-of-money-lex-fridman-podcast-276-ffe53a68ec

Saylor, Michael. "GALA 2022 Keynote Speech." Atlas Society. Transcript available online via: https://www.atlassociety.org/post/gala-2022-michael-saylor-keynote-speech

Schenk, Catherine. "Designing the Global Payments System: Telegraph to Tether." Lecture at House of Finance, Leibniz Institute SAFE and the Institute for Banking and Financial History (IBF). June 29, 2022. Available online via: https://www.ibf-frankfurt.de/popup_veranstaltung.php?uid=811

Schroeder, Frederick J. "Developments in Consumer Electronic Fund Transfers," *Federal Reserve Bulletin* 69, 6 (June 1983): 395–403.

Schuler, Kurt. "World History of Free Banking: An Overview." In *The Experience of Free Banking*, edited by Kevin Dowd: 7–47. Routledge: London and New York, 1992.

Schulze, Elizabeth. "Here's Why Economists Don't Expect Trillions of Dollars in Economic Stimulus to Create Inflation," *CNBC*. July 23, 2020: https://www.cnbc.com/2020/07/23/why-trillions-of-dollars-in-economic-stimulus-may-not-create-inflation.html

Scott-Railton, John, Marczak, Bill, Herrero, Paolo Nigro, Razzak, Bahr Abdul, Al-Jizawi, Noura, Solimano, Salvatore, and Deibert, Ron. "Extensive Hacking of Media & Civil Society in El Salvador with Pegasus Spyware." TheCitizenLab at Munk School of Global Affairs & Public Policy, University of Toronto. January 12, 2022: https://citizenlab.ca/2022/01/project-torogoz-extensive-hacking-media-civil-society-el-salvador-pegasus-spyware/

Scott-Railton, John, Marczak, Bill. Poetranto, Irene. Razzak, Bahr Abdul, Chanprasert, Sutawan, and Deibert, Ron. "GeckoSpy: Pegasus Spyware Used Against Thailand's Pro-Democracy Movement." TheCitizenLab at Munk School of Global Affairs & Public Policy, University of Toronto. July 17, 2021: https://citizenlab.ca/2022/07/geckospy-pegasus-spyware-used-against-thailands-pro-democracy-movement/

Seabright, Paul. *The Company of Strangers: A Natural History of Economic Life*, Revised Edition. Princeton University Press: Princeton, N.J., 2010.

Selgin, George A. and White, Lawrence H. "Monetary Reform and the Redemption of National Bank Notes, 1863–1913," *Business History Review* 68 (1994): 205–43.

Selgin, George A. *The Theory of Free Banking: Money Supply Under Competitive Note Issue*. Rowman & Littlefield: Totowa, N.J., 1988.

Selgin, George. "On Empty Purses and MMT Rhetoric." *Alt-M*. May 5, 2019: https://www.cato.org/blog/empty-purses-mmt-rhetoric

Selgin, George. "Salvaging Gresham's Law: The Good, the Bad, and the Illegal." *Journal of Money, Credit and Banking* 28, 4 (November 1996): 637–649.

Selgin, George. "The Fiscal and Monetary Response to COVID-19: What the Great Depression Has – and Hasn't – Taught Us," *Economic Affairs* 41, 1 (February 2021): 3–20.

Selgin, George. "The Myth of the Myth of Barter." *Alt-M*, Cato blog. March 15, 2016: https://www.cato.org/blog/myth-myth-barter

Selgin, George. "The Rise and Fall of the Gold Standard in the United States." In *The Gold Standard: Retrospect and Prospect*, edited by Peter C. Earle and William J. Luther: 13–52. American Institute for Economic Research: Great Barrington, Mass., 2021.

Selgin, George. *The Menace of Fiscal QE*. Cato Institute: Washington, D.C., 2020.

Shell, Bobby. "How Many Transactions Can the Lightning Network Handle?" Voltage. cloud. 1 November, 2022: https://voltage.cloud/blog/lightning-network-faq/how-many-transactions-can-the-lightning-network-handle/

Shell, Marc. *Wampum and the Origins of American Money*. University of Illinois Press: Champaign, IL., 2013.

Shorrocks, Anthony, Davies, James, and Lluberas, Rodrigo. "Global Wealth Report 2022: Leading Perspectives to Navigate the Future." Credit Suisse Research Institute. Available online via: https://www.credit-suisse.com/about-us/en/reports-research/global-wealth-report.html

Silber, William L. "Why did FDR's Bank Holiday Succeed?", *Economic Policy Review* 15, 1, (2009): 19–30.

Slater, Martin. *The National Debt: A Short History*. Oxford University Press: New York, 2018.

Smil, Vaclav. *How the World Really Works: The Science Behind How We Got Here and Where We're Going*. Viking: London, 2022.

Smith, Adam. *An Inquiry into the Nature and Causes of the Wealth of Nations*. Oxford University Press: New York, 1976 [1789], Edwin Cannan's 1904 compilation.

Smith, Eric Alden, Hill, Kim, Marlowe, Frank, Nolin, David, Wiessner, Polly, Gurven, Michael, Bowles, Samuel, Mulder, Monique B., Hertz, Tom, and Bell, Adrian. "Wealth Transmission and Inequality Among Hunter-Gatherers," *Current Anthropology* 51, 1 (February 2010): 19–34.

Smolenski, Natalie. "It is Time to Re-Found the American Republic." *Bitcoin Magazine*: The Orange Party issue (November 2022). Available online via: https://bitcoinmagazine.com/print/it-is-time-to-re-found-the-american-republic

Social Security Administration. "2022 OASDI Trustees Report: Covered Workers and Beneficiaries." Table IV.B3, Calendar Years 1945–2100. Available online via: https://www.ssa.gov/oact/tr/2022/lr4b3.html

Somerset Webb, Merryn. "Sound the Trumpet! Debt Jubilees Have Arrived." *Financial Times*. May 29, 2020: https://www.ft.com/content/fb2c1718-a193-11ea-94c2-0526869b56b0

Spiro, David E. *The Hidden Hand of American Hegemony Petrodollar Recycling and International Markets*. Cornell University Press: Ithaca, NY., 1999.

Steil, Benn. *The Battle for Bretton Woods: John Maynard Keynes, Harry Dexter White, and the Making of a New World Order*. Princeton University Press: Princeton, N.J., 2013.

Stein, Solomon M. "The Origins of Money in Diablo II." In *The Invisible Hand in Virtual Worlds: The Economic Order of Video Games*, edited by Matthew McCaffrey: 105-132. Cambridge University Press: Cambridge, 2021.

Steno Larsen, Andreas. "Steno Signals #21: 3 Reasons Why Everyone, Zuckerberg, Me, and Their Dogs Turn Into Idiots When Rates are 0%." *Stenos Signal*, Substack, October 30, 2022: https://andreassteno.substack.com/p/steno-signals-21-3-reasons-why-everyone

Stevens, Ross. "2020 Shareholder Letter." Stone Ridge Asset Management. Available online via: https://www.microstrategy.com/content/dam/website-assets/collateral/bitcoindownloads/Stone-Ridge-2020-Shareholder-Letter.pdf

Story, Louise and Dash, Eric. "Bankers Reaped Lavish Bonuses During Bailouts." *New York Times*. July 30, 2009: https://www.nytimes.com/2009/07/31/business/31pay.html

Sudock, Harry. "The Truth About Bitcoin's Energy." Podcast interview with Peter McCormack, *What Bitcoin Did* 361. June 16, 2021. Transcript available online via: https://www.whatbitcoindid.com/wbd361-harry-sudock

Sumner, Scott. *The Money Illusion: Market Monetarism, the Great Recession, and the Future of Monetary Policy*. University of Chicago Press: Chicago, 2021.

Szabo, Nick. "Shelling Out: The Origins of Money: New Theories on the Origins and Nature of Money." December 2002. Available online via Satoshi Nakamoto Institute: https://nakamotoinstitute.org/shelling-out/

Tardi, Carla. "Settlement Period: Definition, Process, SEC Rules." *Investopedia*. March 17, 2023: https://www.investopedia.com/terms/s/settlement_period.asp

The Clearing House. "About CHIPS." Available online via: https://www.theclearinghouse.org/payment-systems/CHIPS

Thomson, Edwina A. "Misplaced Blame: Islam, Terrorism and the Origins of *Hawala*." In *Max Planck Yearbook of United Nations Law* 11, edited by Armin von Bogdandy and Rüdiger Wolfrum: 279–305. Brill: 2007.

Thornton, Mark. "Apoplithorismosphobia," *The Quarterly Journal of Austrian Economics* 6, 4 (Winter 2003): 5–18.

U.S. Congress. "S.5267: Digital Asset Anti-Money Laundering Act of 2022." Sponsor: Elizabeth Warren, introduced December 15, 2022. Text available online via: https://www.congress.gov/bill/117th-congress/senate-bill/5267/text

U.S. Energy Information Administration. "Hydropower Explained: Ocean Thermal Energy Conversion." August 9, 2022. Available online via: https://www.eia.gov/energyexplained/hydropower/ocean-thermal-energy-conversion.php

U.S. Energy Information Administration. "U.S. Crude Oil First Purchase Price." Petroleum & Other Liquids. Available online via: https://www.eia.gov/dnav/pet/hist/LeafHandler.ashx?n=PET&s=F000000__3&f=A

U.S. Mint. "Coinage Act of April 2, 1792." Available online via: https://www.usmint.gov/learn/history/historical-documents/coinage-act-of-april-2-1792

U.S. Treasury. "Historical Debt Outstanding." FiscalData. Available online via: https://fiscaldata.treasury.gov/datasets/historical-debt-outstanding/historical-debt-outstanding

Ugolini, Stefano. *The Evolution of Central Banking: Theory and History*. Palgrave Macmillan: London, 2017.

Underwood, Jenn and Aldrich, Elizabeth. "History of Savings Account Interest Rates." *Forbes*. January 1, 2023: https://www.forbes.com/advisor/banking/savings/history-of-savings-account-interest-rates/

United Nations. "Universal Declaration of Human Rights." Available online via UN.org: https://www.un.org/en/about-us/universal-declaration-of-human-rights

van Wirdum, Aaron. *The Genesis Book*. Chapters available online via TheGenesisBook.com: https://t.co/PLv3WS6vdD

Vespene Energy. "Vespene Energy Closes $4.3 Million Funding Round Led by Polychain Capital to Pioneer Carbon-Negative Bitcoin Mining Using Captured Landfill Methane." August 9, 2022. Press Release via Cision: https://www.prnewswire.com/news-releases/vespene-energy-closes-4-3-million-funding-round-led-by-polychain-capital-to-pioneercarbon-negative-bitcoin-mining-using-captured-landfill-methane-301601766.html

Vespene Energy. Company Description. Accessed May 28, 2023. Available online via: https://vespene.energy/

Vestergaard, Jakob and Wade, Robert H. "Trapped in History: The IMF and the US Veto." Danish Institute for International Studies, DIIS Policy Brief, April 2015.

Volcker, Paul A. *Changing Fortunes: The World's Money and the Threat to American Leadership*. Crown: New York, 1992.

Volpicelli, Gian M. "This is the True Scale of China's Bitcoin Exodus." *Wired* October 13, 2021: https://www.wired.co.uk/article/china-bitcoin-mining-crackdown

Walker, Shaun. "Viktor Orbán Using NSO Spyware in Assault on Media, Data Suggests." *Guardian*. July 18, 2021: https://www.theguardian.com/news/2021/jul/18/viktor-orban-using-nso-spyware-in-assault-on-media-data-suggests

Ward, Sandy. "'Be Careful' in Stock Markets, Ex-Treasury Sec Summers Warns." *Morningstar*. April 27, 2023: https://www.morningstar.co.uk/uk/news/234563/be-careful-in-stockmarket-ex-treasury-sec-summers-warns.aspx

Wheelock, David C. "Monetary Policy in the Great Depression: What the Fed Did, and Why." *Federal Reserve Bank of St. Louis Review* 74, 2 (1992): 3–28.

White, Lawrence H. *Better Money: Gold, Fiat, or Bitcoin?* Cambridge University Press: Cambridge, 2023.

White, Lawrence H. *Free Banking in Britain: Theory, Experience, and Debate, 1800–1845*. Cambridge University Press: New York, 1984.

White, Lawrence H. *The Theory of Monetary Institutions*. Blackwell: Oxford, 1999.

Whittemore, Nathaniel. "ENCORE: Luke Gromen

on the History and (Declining) Future of the Global Dollar System," *CoinDesk* November 27, 2020: https://www.coindesk.com/markets/2020/11/27/encore-luke-gromen-on-the-history-and-declining-future-of-the-global-dollar-system/

Williamson, Samuel H. "The Annual Consumer Price Index for the United States, 1774-Present," MeasuringWorth, 2023. Available online via: http://www.measuringworth.com/uscpi/

Woetzel, Jonathan, Mischke, Jan, Madgavkar, Anu, Windhagen, Eckart, Smit, Sven, Birshan, Michael, Kemeny, Szabolcs, and Anderson, Rebecca J. "The Rise and Rise of the Global Balance Sheet: How Productively Are We Using Our Wealth?" McKinsey Global Institute, November 2021. Available online via: https://www.mckinsey.com/~/media/mckinsey/industries/financial%20services/our%20insights/the%20rise%20and%20rise%20of%20the%20global%20balance%20sheet%20how%20productively%20are%20we%20using%20our%20wealth/mgi-the-rise-and-rise-of-the-global-balance-sheet-full-report-vf.pdf

Wong, Andrea. "The Untold Story Behind Saudi Arabia's 41-Year U.S. Debt Secret." *Bloomberg*. May 30, 2016: https://www.bloomberg.com/news/features/2016-05-30/the-untold-story-behind-saudi-arabia-s-41-year-u-s-debt-secret

World Bank. "Global Gas Flaring Data." Global Gas Flaring Reduction Partnership (GGFR). Available online via: https://www.worldbank.org/en/programs/gasflaringreduction/global-flaring-data

World Bank. "Net Trade in Goods and Services (BoP, current US$) – United States." Accessed online, June 2, 2023: https://data.worldbank.org/indicator/BN.GSR.GNFS.CD?locations=US

World Bank. "Remittance Prices Worldwide Quarterly," Issue 44 (December 2022). Available online via: https://remittanceprices.worldbank.org/sites/default/files/rpw_main_report_and_annex_q422_final.pdf

World Gold Council. "Above-Ground Stock." February 8, 2023: https://www.gold.org/goldhub/data/how-much-gold

World Gold Council. "Central Bank Holdings." June 2, 2023: https://www.gold.org/goldhub/data/gold-reserves-by-country

World Gold Council. "Gold Spot Prices." May 23, 2023: https://www.gold.org/goldhub/data/gold-prices

WSJ Staff. "Open Letter to Ben Bernanke." *Wall Street Journal*. November 15, 2010: https://www.wsj.com/articles/BL-REB-12460

XE.com. "ISO 4217 Currency Codes." Accessed online, June 17, 2023: https://www.xe.com/iso4217.php

Yang, Bin. "The Rise and Fall of Cowrie Shells: The Asian Story," *Journal of World History* 22, 1 (March 2011): 1–25.

YCharts. "ICE US Dollar Index (^DXY)." Accessed online, June 13, 2023: https://ycharts.com/indices/%5EDXY

YCharts. "World Oil Consumption (I:WOCNY)." Accessed online, June 14, 2023: https://ycharts.com/indicators/world_oil_consumption

Yukhananov, Anna. "IMF Warns on Low Inflation, Calls on ECB to Act." *Reuters*. April 2, 2014: https://www.reuters.com/article/uk-imf-economy/imf-warns-on-low-inflation-calls-on-ecb-to-act-idUKBREA311BP20140402

Zetter, Kim. "Bullion and Bandits: The Improbable Rise and Fall of E-Gold." *Wired*. June 9, 2009: https://www.wired.com/2009/06/e-gold/

Zuboff, Shoshana. *The Age of Surveillance Capitalism: The Fight for a Human Future at the New Frontier of Power*. Public Affairs: New York, 2019.

alchemist 005

貨幣失能
通貨膨脹擋不住？攸關全人類的金融革命即將到來！
Broken Money: Why Our Financial System is Failing Us and How We Can Make it Better

作　　者　琳・奧爾登
譯　　者　吳書榆
總 編 輯　曹慧
副總編輯　邱昌昊
責任編輯　邱昌昊
封面設計　職日設計
內文設計　Pluto Design
行銷企畫　黃馨慧、林芳如

出　　版　奇光出版／遠足文化事業股份有限公司
　　　　　E-MAIL：lumieres@bookrep.com.tw
　　　　　粉絲團：facebook.com/lumierespublishing
發　　行　遠足文化事業股份有限公司（讀書共和國出版集團）
　　　　　www.bookrep.com.tw
　　　　　231 新北市新店區民權路 108-2 號 9 樓
　　　　　電話：（02）2218-1417
　　　　　郵撥帳號：19504465　戶名：遠足文化事業股份有限公司
法律顧問　華洋法律事務所　蘇文生律師
印　　製　東豪印刷事業有限公司
定　　價　680 元
初版一刷　2025 年 7 月
初版三刷　2025 年 9 月
Ｉ Ｓ Ｂ Ｎ　978-626-7685-15-0　書號：1LAL0005
　　　　　978-626-7685-16-7（EPUB）
　　　　　978-626-7685-17-4（PDF）

Broken Money: Why Our Financial System is Failing Us and How We Can Make it Better
Copyright © 2023 by Lyn Alden
Originally published in USA in 2023 by Timestamp Press
Chinese (in complex character only) translation rights arranged with Konsensus Network OÜ
through The PaiSha Agency
Complex Chinese Copyright © 2025 by Lumiéres Publishing, a division of Walkers Cultural Enterprises Ltd.

有著作權・侵害必究・缺頁或裝訂錯誤請寄回本社更換｜歡迎團體訂購，另有優惠，請洽業務部（02）2218-1417 #1124、1135｜特別聲明：有關本書中的言論內容，不代表本公司／出版集團之立場與意見，文責由作者自行承擔

國家圖書館出版品預行編目資料

貨幣失能：通貨膨脹擋不住？攸關全人類的金融革命即將到來！／琳・奧爾登（Lyn Alden）著；吳書榆譯 .-- 初版 .-- 新北市：奇光出版，遠足文化事業股份有限公司，2025.07
　面；　公分 .--（alchemist；5）
譯自：Broken money : why our financial system is failing us and how we can make it better
ISBN 978-626-7685-15-0（平裝）
1.CST: 貨幣史 2.CST: 國際貨幣 3.CST: 電子貨幣 4.CST: 貨幣政策
561.09　　　　　　　　　　　　　　　　　　　　　　　　114007065

用對方法富足資產・聽好故事富足人生

alchemist